KB124728

3판

교육사회학의 이해

강창동 저

The Understanding
of Educational Sociology

학지사

3판 머리말

해방 이후 지금까지 한국의 교육은 편안한 날이 없었다. 역사가 바뀔 때마다 한국 교육은 시대의 새로운 옷을 갈아입고 우리를 끊임없이 압박하였다. 그 본질에는 한결같이 학력(學歷)을 통해 사회적 신분과 지위를 실현하려는 출세주의적 욕망이 작동하고 있었다. 학력 출세주의는 시대의 무대에 따라 사회적 표현이 달랐을 뿐, 우리의 교육사회계를 지배해 온 핵심 논리였다.

학력 출세주의는 역사의 무대에서 변함없는 모습으로 일관된 영향력을 행사하였다. 일제강점기에는 치열한 입시교육이 성행했으며 학력주의가 대두되었다. 1950년대에는 치맛바람이 멈추지 않았으며, 6 · 25 전쟁 중에도 교육에 대한 열정은 멈추지 않았다. 1960년대에는 국6병과 중3병이 있었으며, 1970년대에는 고3병과 재수생 그리고 과외문제로 인해 사회가 몸살을 앓았다. 1980년대에는 학력 인플레이션이 일어났으며, 사당오락(四當五落)의 대학입시경쟁의 부작용인 학생 자살이 사회에 충격을 주었다. 1990년대에는 초등학생들뿐만 아니라 유아들도 대학입시교육을 준비하는 기이한 현상이 일어났다. 2000년대에는 저승 스펙, 죽음의 트라이앵글, 죽음의 사각지대, 죽음의 오각형, 죽음의 핵사곤 등 살벌한 용어가 대학입시교육을 대신하였다.

지금까지 우리 정부도 교육상황을 개선하기 위해 많은 노력을 해 왔다. 우리의 교육문제는 외형상 해결하기 쉬운 것처럼 보이지만, 그 이면의 깊은 뿌리에는 정치, 경제, 사회, 문화, 역사 등이 뒤엉킨 매우 복잡한 양상을 띠고 있었다. 그런데도 역대 정부는 우리의 교육문제에 너무 단순하게 접근하였다. 그간의 정부는 자신들의 교육정책을 통해 우리의 교육문제를 일시에 해결하기 위해 부동산 투기와 같은 일확천금을 노리는 로또식 인식 태도를 보였다. 정권 획득 및 유지를 위한 역대 정부의 교육정책은 입에서는 달지만, 삼키면 독이 되어 오히려 교육상황만 악화시켰다. 교육을 교육적 차원에서 보지 않고 정치적 차원으로 접근했기 때문에 생긴 부작용이다.

한국의 교육문제는 매우 복잡하다. 고려 · 조선시대를 포함해서 지난 수백 년 동안 어느 누구도 해결하지 못하였다. 한국의 교육문제는 깊은 역사적 뿌리만큼 해결하기 어려운 난제다. 한국의 교육문제가 단순했으면 이미 오래전에 해결됐을 것이다. 한국의 교육문제를 일시에 해결하려는 일부 위정자의 생각은 엄청난 착각이며, 큰 오만이다. 한국의 교육문제는 상대하기에 너무나 큰 거대한 산맥과 같다. 한국의 교육문제 앞에서는 언제나 겸손해야 한다. 그렇지 않으면 우리의 어린 학생들은 어른이 만든 가혹한 경쟁 굴레의 교육현실에서 고통을 감수해야 한다. 다음 쪽의 시 〈홀로 꽃잎〉은 이런 학생들의 안타까운 현실을 보여 주고 있다.

우리는 교육현실이 우리 사회를 불편하게 하고 실망을 주더라도 외면할 수는 없다. 그럴수록 교육현실의 왜곡을 잘 이해하고 건강하게 가꾸어, 학생들이 참다운 교육을 누릴 수 있도록 해야 한다. 교육은 불편한 것이 아니라 행복을 주는 것이어야 한다. 이를 위해서는 사회적으로 심각했던 교육문제의 심층적 뿌리에 대한 깊은 이해가 선행되어야 한다. 깊은 이해는 문제 해결의 시작이며, 치료를 위한 진단과 같다. 깊은 이해가 없는 진단은 치료 자체를 무의미하게 한다. 한국교육에 대한 성찰적 이해를 통한 정확한 진단은 교육문제의 치료적 해결을 위한 첫걸음이 된다.

교육사회학은 한국교육에 대한 체계적인 설명과 성찰적 이해 그리고 합리적 해결 단서를 제공하며, 교육현실의 사회적 병을 치유하기 위해 노력한다. 교육사회학은 교육과 사회의 역동적 관계를 분석하는 학문이다. 즉, 교육사회학은 '사회 속에서 교육의 잉태를, 교육 속에서 사회의 씨앗'을 찾는다. 교육사회학은 사회적 맥락 속에서 교육을, 교육적 맥락 속에서 사회를 밝힌다.

홀로 꽃잎

학교에 가면
친구는 없고
외로운 서열만 기다린다.

선생님은 우리를 위한다며
한숨 쉬며
사랑이 없는 경쟁을 가르친다.

인생은 아름답지만
이기는 것이 더 아름답다고
말한다.

가방을 메고 집에 왔지만
다정한 엄마는
인상 쓰며 공부만 하라고 한다.
오늘도 엄마는 전사가 되어 있다.

친구를 사귀지 말고
대학에 가면 가까이 하란다.
대학은 우리에게
삶을 해방시키는 유토피아다.

어린 꽃잎은 해방을 위해
어른이 만든 괄호 속에서
땀 흘려 인내하며
숨 한번 쉬지를 못한다.

틈 없는 괄호는
하늘의 별을 보지 말고
사랑하지 말고
그리워하지 말라고 한다.

홀로 꽃잎은
울지 못하고, 외로울 수 없어
종이 한 장 남기고
괄호를 떠난다.

이제는 시험 없는
하늘의 꽃잎 되어
어른을 용서하고
그동안 꼭꼭 숨겼던 웃음을…….

교육사회학은 이론과 실제의 학문이다. 이 책은 교육현실에 대한 이론적 분석과 한국교육에 대한 실제적 이해를 도모하기 위해 편성되었다. 또한, 교육현실에 대한 과학적이고 체계적인 분석과 심층적 이해를 통해 한국교육의 사회적 성격에 대한 깊이 있는 진단적 혜안을 높이기 위해 저술되었다. 올바른 진단이 치료의 정확성을 도모하기 때문이다.

이 책은 '이론과 실제'의 양 측면을 함께 다루고 있다. 일반적으로 교육사회학은 이론에 편중된 경향이 있지만, 여기에서는 이론뿐만 아니라 한국교육의 전반적인 실제를 체계화하였으며, 한국교육의 사회적 성격에 대한 이해를 위해 많은 비중을 두었다. 우리의 현실에서 서구의 교육이론은 익숙하지만, 한국교육에 대해 체계적으로 소개된 입문서가 많지 않기 때문이다.

　우리가 한국교육을 이해하는 것은 매우 자연스럽고 중요한 일이다. 개정판을 내면서 특히 한국교육에 대한 이해의 체계성을 높이기 위해 고민하였다. 그동안 미진했던 부분을 수정·보완하면서 '고등교육정책의 실제'라는 새로운 장을 추가하였다. 한국의 고등교육에 대한 기본적인 이해를 도모하고 학문적 관심을 조금이라도 부여하기 위해서다. 이를 통해 초·중등교육에서 고등교육까지 체계화할 수 있었다.

　교육사회학의 입문서인 이 책을 통해 독자들이 교육의 사회적 성격에 대한 체계적 이해와 합리적 인식을 도모했으면 한다. 특히 한국교육의 사회적 성격에 대한 성찰적 사고를 높이기 위한 지적 기반이 되길 바란다. 마지막으로 이 책에 영감을 준 많은 동료 학자와 책의 마무리를 위해 끊임없이 노력해 준 학지사 직원들에게 감사드린다.

2018년 8월

강창동

2판 머리말

　교육은 교사와 학생의 만남에서 시작되지만, 궁극적으로 인간 대 인간의 만남을 전제로 한다. 인간 대 인간의 만남은 인간과 인간관계에 대한 이해가 선행되어야 한다. 그래서 모든 교육적 이해는 인간과 인간관계에 대한 질문으로 시작된다. 교육에 대한 이해는 궁극적인 질문과 대면할 수밖에 없다.

　교육사회학에서 교사와 학생의 관계는 사회적 만남을 전제로 한다. 교사와 학생의 작은 만남 속에는 정치, 경제, 사회, 문화, 역사 등의 보이지 않는 역동적인 관계가 스며 있다. 교사와 학생의 작은 만남에도 교육사회학에서 볼 때는 모든 영역의 복잡한 사회적 만남이 숨어 있다. 사회적 역동 관계가 숨어 있는 교사와 학생의 만남에 대한 교육사회적 이해는 용이하지 않다.

　교사와 학생의 교육사회학적 만남은 다양한 사회적 현상으로 나타난다. 우리가 잘 알고 있는 재수, 사교육비, 비인간화교육, 조기교육, 기러기아빠, 교육자살, 학교폭력, 교육양극화, 죽음의 트라이앵글, 스펙 관리, 학력 세습화 등의 현상도 교사와 학생의 만남이 파생한 사회적 부산물이다. 이런 현상은 어느 날 갑자기 생긴 오늘날의 문제가 아니라, 이미 오래전에 그 싹이 터져 있었다. 우리의 교육문제는 그 뿌리가 매우 단단하고 깊다.

　그래서 우리를 불편하게 하는 한국교육의 사회적 문제들은 그 해결이 쉽지 않다. 역대 정부는 많은 노력을 했지만 한국교육은 어떤 틈도 허락하지 않은 거만한 요새와 같다. 많은 위정자들은 교육 수입품을 가지고 해결하려고 노력했지만, 오히려 역사적으로 교육적 상황만 악화시켰다. 그 피해는 우리의 어린 학생들에게 돌아갔다. 한국교육이 단순한 상대였다면, 오래전에 해결됐을 것이다. 한국의 교육정책은 정치적으로 국민을 현혹시키기 위해, 기본적인 이해가 없는 상태에서 출발한 경우가 많다.

한국교육의 모든 사회적 문제는 역사적으로 강화된 학력(벌)주의가 파생한 그림자에 불과하다. 학력(벌)주의의 이면에는 사회적 출세주의 인식이 자리잡고 있다. 학력(벌) 출세주의는 한국교육에 깊은 상처를 내고 있다. 학력(벌)은 우리를 괴롭히는 사회적 차별의 계급적 작용을 한다. 자연히 학력(벌)은 사회적 주홍글씨가 되어 우리의 가슴속에 깊이 새겨져 있다. 학력의 주홍글씨로 인해 학부모들은 엄청난 교육적 희생을 감수하고, 학생들은 감수성이 예민한 사춘기를 유예시키면서 살인적인 학업 일정을 마친다.

학력의 주홍글씨

교육보다 더 차가운 점수
점수보다 더 냉정한 등수
등수보다 더 무서운 학력
학생들은 학력에 깔려 숨 한번 제대로 쉬지 못한다.
학력은 신분의 그림자가 되어 우리를 불편하게 한다.
학력은 몸에 새긴 문신처럼 우리에게서 떨어지지 않는다.
학력은 주홍글씨가 되어 우리의 가슴에 문신으로 남는다.
학력의 주홍글씨는 모든 사람의 마음에 유령으로 되어 나타난다.

이 시처럼 우리의 교육현실은 녹록치 않다. 적어도 지금까지 학력(벌)주의 영향은 우리 사회에 매우 현실적으로 미치고 있다. 안타깝게도 그 해결책은 아직도 요원하다. 그러나 한국교육의 문제점을 해결하기에 앞서 한국교육에 대한 토착적 이해가 선행되어야 한다. 한국교육에 대한 정확한 이해는 문제 해결의 명확한 실마리를 제공하기 때문이다. 모든 해결책이 그렇듯이 언제나 첫걸음이 필요하다. 한국교육에 대한 이해의 첫걸음은 지금은 해결하기에 불가능한 것처럼 보이는 우리의 교육적 짐을 가볍게 하는 희미한 단서를 제공할 것이다.

이 책은 궁극적으로 한국교육에 대한 기본적인 이해를 도모하기 위해 저술되었다. 이 책은 크게 보면 '이론과 실제'라는 두 부분으로 되어 있다. 이론은 한국교육을 이해하기 위한 기본적 인식 틀을, 실제는 한국교육의 사회적 성격에 대한 분석 틀을 제공한 것이다. 이론과 실제는 한국교육에 대한 용이한 접근과 체계적 인식을 도모하도록 구성하였다. 특히 이 책의 가장 큰 특징은 한국교육의 사회적 실제를 직접 다루었다는 것이다. 이 점에 대해 독자들의 반응은 호의적이었다.

이 책은 독자들의 이해를 높이기 위해 많은 부분에서 수정 · 보완을 거쳤다. 이론 편에서는 풍부한 이해를 위해 새로운 내용을 첨삭시켰다. 실제 편에서는 생생한 사례를 보완하여 한국교육의 역동성을 더욱 부각시켰다. 이 책은 교육사회학 이론과 한국교육의 다양한 사회학적 실제를 통해 입문서로서의 이해 수준을 높일 수 있었다.

이 책은 궁극적으로 한국교육에 대해 독자들과 함께 고민하기 위해 쓰인 것이다. 그러나 이 책을 통해 한국교육을 이해하는 방식은 필자를 포함하여 독자마다 다를 것이다. 이해 방식보다 중요한 것은 지적 고민을 통해 교육의 사회학적 상상력을 높이는 것이다. 지적 고민은 학문적 상상력의 초석이며, 객관적 통찰력의 자양분이기 때문이다. 따라서 이 책이 한국교육을 고민하는 데 작은 도움이 된다면, 저자는 그것으로 큰 기쁨을 삼을 것이다.

2014년 2월

강창동

1판 머리말

교육을 이해하는 것은 매우 어려운 일이다. 교육은 인간과 인간관계의 성격에 대한 근본적 이해를 요구하기 때문이다. 자연히 이러한 주제를 다루는 교육학에 대한 강의는 부담스러울 수밖에 없다. 제한된 강의 시간 내에 교육의 변화무쌍한 성격을 전달하는 것은 언제나 심리적 압박감을 경험하게 한다.

특히 교육사회학은 강의하기에 매우 어려운 과목 중의 하나다. 대학에서 교육사회학을 강의한 지 약 20년이 되었지만 편안한 마음을 가졌던 기억이 별로 없다. 교육사회학은 때로는 철학보다 지루하고 어려운 이론을 가르쳐야 하고, 예상하지 못한 교육의 사회적 현상들에 대해 차분한 설명을 제공해야 하기 때문이다. 교육사회학 이론 자체를 이해시키는 것도 힘든 일이지만, 다양하고 급박하게 전개되는 교육의 사회적 현상에 대해 명쾌한 보충 해석을 하는 것은 결코 쉬운 일이 아니다.

교육사회학 교재는 다른 분과학문의 경우와는 달리, 저자에 따라 다소 상이한 서술 체계로 집필되어 있다. 그것은 교육사회학 주제의 중요성이 저자의 관점에 따라 다르기 때문이기도 하지만, 교육사회학의 학문적 다양성도 큰 이유가 된다. 또한 강의 내용과 방식도 학자의 개성에 따라 다를 수 있다. 저자 역시, 다른 교재로 강의하는 것은 언제나 내게 맞지 않은 옷을 입은 불편한 느낌이었다. 그래서 강의의 효율성을 높이고, 원하는 내용을 효과적으로 전달하기 위해 집필을 결심하게 되었다.

1980년대는 교육사회학의 황금기였다. 당시는 오랫동안 군부독재의 사회적 모순 상황에 대해 명쾌하게 설명을 구하는 이론적 갈증이 매우 심했던 시기였다. 1980년대를 전후로 서구의 새로운 사회과학이론이 도입되면서 교육 사회학은 엄청난 각광을 받았다. 이런 분위기로 인해 당시의 교육사회학은 일반 시민과 대다수의 학생에게도 큰 주목을 받는 과목이었다.

그러나 1985년에 구소련이 페레스트로이카(perestroika)를 선언하자 동서의 이념적 갈등이 종식되면서, 전반적으로 사회과학에 대한 관심이 급속히 약화 되었다. 한국의 교육사회학계도 서구의 사회과학을 한국교육에 적용하는 과 정에서 노출되었던 많은 한계에 대해 성찰적 반성을 하기 시작했으며, 한국 교육의 고유한 특성에 적합한 토착적 이론에 대한 관심도 커지기 시작했다.

1990년대의 학생들은 시대적 변화로 인해 서구의 교육사회학 이론에 대해 염증을 보이면서, 오히려 한국교육의 사회적 성격에 대해 더 많은 관심을 보 였다. 서구의 사회과학에 매진하던 1980년대의 학생과는 많은 차이점이 있 었다. 이 점에서 저자는 고민을 하지 않을 수 없었으며, 교육사회학 강의뿐만 아니라 교재에 대해서도 전면적인 수정이 필요하다는 것을 느꼈다.

교육사회학을 배우는 궁극적 이유는 한국교육에 대한 깊은 이해를 마련하 기 위해서다. 한국교육의 이해 없이 교육사회학을 이해하는 것은 머릿속에 쓸모없는 보석상자를 보관하는 것과 같다. 즉, '교육사회학은 있지만 한국교 육은 없고, 이론은 있지만 교육은 없는 국적 없는 교육'이 될 수 있는 것이다. 그러나 교육사회학 이론을 제대로 전하는 것도 어려운 일이지만, 한국교육의 특성을 개관하는 것은 결코 용이한 일이 아니다.

저자는 이 책에서 교육사회학의 이론과 한국교육의 사회적 특성을 함께 제 시하려고 노력하였다. '이론 없는 실제'는 인식 수준을 가볍게 하고, '실제 없 는 이론'은 현실을 외면하기 때문이다. 이론과 실제는 언제나 함께해야 할 동 전의 양면과 같다.

이 책은 한국교육의 올바른 이해를 높이기 위해서 한국교육의 사회사적 맥 락과 중요한 주제, 그리고 교육정책에 관한 내용을 중점적으로 다루었다. 섬 세한 논의가 부족한 부분도 있지만, 이 책이 한국교육의 이해를 위한 중요한 인식의 계기가 되었으면 한다.

집필 과정에서 많은 분들의 도움을 받았다. 그분들의 진심 어린 도움은 이 책을 집필하는 데 큰 힘이 되었다. 한국교육과정평가원의 김국현 박사님은 바쁘신 가운데도 냉철한 이론적 조언과 세세한 문장의 교열에 이르기까지 섬세하게 살펴 주셨고, 경희대학교 성열관 교수님은 이론적 구성의 배치와 문맥의 흐름에 대해 많은 도움을 주셨다. 두 분에게 감사한 마음을 갖는다. 그리고 까다로운 요구에도 인내를 가지고 훌륭하게 마무리해 준 학지사 직원들에게도 감사를 드린다. 마지막으로, 이 책이 교육과 사회의 관계를 이해하는 길라잡이가 되어, 한국교육에 작은 도움이 될 수 있기를 기대해 본다.

2009년 8월
강창동

차례

제1부 교육사회학의 기초

제 **1** 장 **교육사회학의 소개 _ 25**

제 **2** 장 **교육사회학의 전개 _ 45**

제3부 교육의 사회학적 이해

제5부 한국 교육정책의 사회학적 실제

제14장 고교평준화정책의 실제 _ 273

제15장 7·30 교육정책의 실제 _ 283

제16장 5·31 교육정책의 실제 _ 291

제 **1** 부

교육사회학의 기초

교육사회학은 인간과 인간관계에 대한 깊은 이해를 요구한다. 교육사회학은 교육과 사회의 제 관계를 논리적이고 체계적인 분석을 바탕으로 설명 · 예측하는 과학적 학문이며, '사회 속에서 교육의 잉태를, 교육 속에서 사회의 씨앗을' 찾는 학문이다. 즉, 교육사회학은 사회적 맥락 속에 교육을, 교육적 맥락 속에 사회를 밝히는 학문이다. 이러한 교육사회학의 학문적 대상은 매우 광범위하고 다양하다. 교육사회학은 교사에게 교육의 사회적 관계에 대한 체계적 논리와 해석적 근거를 제공해 준다.

제1장

교육사회학의 소개

1. 교육과 사회

우리는 누구며, 어떻게 형성된 것일까. 우리는 왜 특정의 가치관과 의식을 소유하고 거기에 따른 행위를 하는 것일까. 구체적으로, 한국인과 미국인 사이에 의식과 행위 방식이 다른 이유는 무엇일까. 이런 질문들은 외형상 매우 평범하게 보이지만, 근원적이며 중요한 사회학적 물음을 담고 있다. 이 물음에 대한 완벽한 해답은 없어도, 비교적 설득력 있는 대답은 존재한다.

우리는 사회 속에서 태어나 사회적 영향력을 받고 자란다. 우리의 가치관, 관습, 규범, 성격 등은 의식적 · 무의식적으로 사회관계(인간관계)의 그물망 속에서 형성된다. 사회와 독립적으로 보이는 한 개인의 의식과 성격도 사실, 거대한 사회 속에 포섭되어 나타난다.

현대사회의 가치관, 의식, 행위 양식은 조선시대와 명백한 차이가 있다. 같은 한국인이면서 차이가 발생하는 것은 각 시대가 요구하는 사회관계의 질적 영향력이 다르기 때문이다. 같은 한국인이면서도 어렸을 때에 상이한 장소에서 성장한다면 의식과 행위에서 많은 차이가 발생한다.

만일 동일한 당신이 한국과 미국, 그리고 아프리카에서 동시에 태어났다고 가정한다면, 그 각각의 당신은 동일한 가치관과 자아를 갖지는 못할 것이다. 한국과 미국, 그리고 아프리카의 사회적 영향력의 질이 다르기 때문이다. 동일한 사람이라도 태어난 장소와 시간의 위치에 따라 다른 사람이 될 수 있다. 이처럼 우리는 불가피하게 사회관계의 영향력에서 자라나고 형성된다. 우리의 자아와 의식 형태도 사회관계의 구속력에서 벗어나기 어렵다는 것이다.

사회관계는 우리의 정신과 의식에도 영향력을 미친다. 순결을 강조하던 조선시대의 여성은 남성에게 손목만 잡혀도 큰일이었지만, 오늘날에는 그것을 대수롭지 않게 여긴다. 이렇게 사회와 무관하게 보이는 한 개인의 정신적 상처도 사회관계에서 파생된 결과물이다.

인간의 본질적 욕구라고 생각하는 수치감도 사회관계 속에서 형성된다. 엘리아스(N. Elias, 1939)는 인간 욕구의 역사성을 분석하면서 수치감은 본질적이며 절대적인 것이 아니라 역사적으로 강화된 사회적 산물이라고 한다. 심지어 온화한 태도, 도시적 세련미, 예의 같은 문명화된 행동은 미덕의 가면일 뿐 그것의 진정한 얼굴이 아니라고 한다. 이러한 개인의 본질적 행위는 알게 모르게 사회관계에 의해 길들여진 신분적 차이를 나타내려는 욕망에서 비롯됐다는 것이다.

사회는 시공간의 위치에 따라 개인의 자아와 가치관의 형성에 직접적인 영향을 준다. 인간은 사회관계를 벗어나 생각할 수 없다. 그런데 사회관계라는 개념은 그 범위가 매우 복잡하고 넓다. 사회관계는 정치관계, 경제관계, 문화관계, 역사관계, 가족관계, 일상적 인간관계 등의 모든 복합적 관계를 포괄하고 있다. 우리는 이 모든 관계 속에서 영향을 받으면서 형성된다. 이 모든 관계는 의식적 · 무의식적으로 우리의 가치관과 의식, 그리고 행동 양식을 결정한다. 동일한 한국인이면서 자라난 배경(예: 한국, 미국, 아프리카 등)에 따라 가치관이 다른 것도 이런 이유 때문이다. 결국 인간은 사회적 존재라는 것이다.

교육도 예외는 아니다. 교육은 사회 속에 독립되어 나타난 것이 아니라, 사회관계에 의해 영향을 받으면서 형성된다. 교육관계는 사회관계의 그물망을 벗어날 수 없고, 사회적 토대 위에서 성립된다. 정치, 경제, 문화, 가족 등의 모든 관계도 역사적으로 강화된 사회관계에서 벗어날 수 없다. 엄격한 의미에서 이 모든 관계는 사회관계와 한 덩어리로 이루어졌다. 이 모든 관계가 독립적인 것처럼 보이는 것은 각각의 관계에서 요구하는 사회적 표현 방식이 다르기 때문이다. 즉, 사회관계망에 의해 형성된 가치관, 의식 등은 각각 요구하는 사회적 무대에서 외형상 다르게 표현될 뿐, 그 본질은 비슷한 성격을 가지고 있다.

특정의 사회적 가치관을 소유한 사람은 정치적 · 경제적 · 문화적 · 교육적 공간에서 외형상 다르게 표현하는 것처럼 보이지만, 사실 비슷한 사회적 반응을 한다. 따라서 교육은 사회 속에 놓여 있으며, 사회관계에 의해 형성된다. 교육은 교사와 학생의 만남에서 시작된다. 교사와 학생은 교육의 틀을 벗어나면 사회인과 사회인으로서 만나게 된다. 교사와 학생은 사회적 배경과 자라난 환경이 달라서, 선호하는 가치관과 의식, 그리고 행위 양식이 상이하게 형성된다. 교사와 학생은 의식적 · 무의식적으로 사회적 가치의 판단 기준이 다를 수밖에 없다. 교사와 학생은 자라 온 사회적 배경의 차이에 따라 교육관계가 형성되며, 그들의 만남은 곧 사회관계의 만남이 된다.

교육관계는 사회 속에 위치하고, 사회관계의 여타 요인과 결합되어 나타난다. 교육관계는 사회관계와 독립된 것이 아니라 그것과 한 몸으로 이루어진 다른 이름이다. 즉, 한국교육의 성격 속에 한국의 사회관계가 포함되어 있는 것이다. 한국의 독특한 교육적 가치관과 의식 등을 포괄하는 교육문화의 형성은 결국 한국의 사회관계에서 파생되었다. 교육과 사회는 밀접한 관련을 가질 수밖에 없다. 교육은 시공간적 위치에 따른 사회적 영향을 받으면서 다양한 형태로 변모한다.

그래서 교육을 이해하기 위해서는 사회적 성격에 대한 이해가 선행되어야 한다. 교육의 사회적 성격에 대한 명확한 분석은 교육을 정확하게 이해하기 위한 지름길이다. 그런 의미에서 교육사회학은 '사회 속의 교육을, 교육 속의 사회를' 이해하기 위한 학문이다.

2. 교육사회학의 성격

교육사회학에 대한 정의는 매우 다양하다. 대체로 학자들은 교육사회학이 교육과 사회의 관계를 밝히기 위한 학문이란 점에 동의를 한다. 교육사회학은 교육과 사회의 관계에 대해 사회적으로 공감할 수 있는 근거를 제시해야 한다. 교육사회학은 객관화가 가능한 과학적 방법으로 교육과 사회의 제 관계를 밝히는 학문이다.

교육사회학은 교육의 사회적 제 현상을 과학적으로 분석·설명·해석하여 합리적인 대안을 모색하기 위한 학문이다. 교육사회학은 '사회적 맥락 속에 교육'을, '교육적 맥락 속에 사회'를 밝히는 과학적 학문이라 할 수 있다.

교육사회학이 추구하는 과학은 자연과학에서 추구하는 개념과 다르다. 교육사회학은 사회과학에 의존하지만, 사회과학은 자연과학처럼 물리적 세계에 대해 자명하면서 객관적이고 변하지 않는 실증적 근거를 제시하지는 못한다. 사회과학은 자연과학의 물리적 입자와 달리 인간을 대상으로 하기 때문이다. 인간의 행동은 자연과학의 인과관계에 따라 움직이는 것이 아니라, 때로는 불규칙적이면서 무정형적으로 나타난다. 교육사회학의 과학은 축적된 일련의 지식인 이론적 기반 위에 논리적이고 체계적인 근거를 밝히는 것이다. 그러므로 교육사회학의 과학은 자연과학이 추구하는 개념과 차이가 날 수밖에 없다.

  교육사회학은 이론적 기반 위에서 논리적이고 체계적으로 교육과 사회의 인과관계를 밝히는 학문이다. 교육사회학은 교육의 사회적 제 관계를 대상으로 하며 그 분석 대상은 매우 광범위하다. 교육과 관련된 모든 사회적 관계가 교육사회학의 학문적 범위에서 벗어날 수가 없으므로, 교육의 사회적 관계에 대한 '사회학적 상상력'이 필요하다. 따라서 매우 단순한 것부터 사회학적 해석이 필요하다.

  커피는 좋은 예가 된다. 커피는 단순한 기호 식품이지만, 중세 귀족에게는 신분적 차이를 나타내는 사회적 지위의 상징물이었다. 오늘날에도 예외는 아니어서, 단지 커피를 먹는 장소만 달라졌을 뿐이다. 호텔 커피숍과 스타벅스에서 먹는 커피는 단순히 커피를 마시는 것이 아니라, 신분적 지위를 마시는 것이다.

  라캉(J. Lacan)은 인간의 욕망은 끊임없이 사회적 인정을 갈망한다고 한다. 사회의 인정 욕망은 신분적 차이의 욕망에 의해 구성된다. 우리의 사회적 행위 속에는 사회라는 대타자에게 인정받기 위해 신분적 차이를 나타내는 행위가 존재하게 된다.

  베블렌(T. Veblen, 1899)은 지나친 소비와 한가한 생활들은 단순히 개인의 취향으로 치부할 수 있지만, 그 이면을 보면 사실은 신분적 위세를 나타내기 위한 사회적 행위가 숨어 있다고 한다. 베버(M. Weber)는 사치란 봉건지배계층에게는 낭비가 아니라 스스로를 사회적으로 과시하는 수단 중의 하나라고 하였다.

  엘리아스(N. Elias, 1939)는 치명적인 살인 무기로 활용될 수 있는 포크와 나이프, 그리고 당시의 상황을 고려할 때 위생과 관련이 없는 손수건이 광범위하게 전파된 것은 상류사회에서 신분적 차이를 나타내는 상징물이었기에 가능했다고 한다. 대체로 문화는 위에서 아래로 흐르는 경향이 있기 때문이다.

  그래서 보드리야르(J. Baudrillard, 1972)는 인간의 욕구는 특정 사물에 대한 욕구가 아니라 사회적 차이에 대한 욕구가 이면에서 작동하기 때문에, 일상생활의 작은 사물도 신분적 위세 차이를 상징하는 사회적 의미가 스며 있다고 하였다.

일상생활의 단순한 개인적 행동에는 알게 모르게 사회관계가 숨어 있으며 사회적 행위로 이루어진다. 따라서 교육사회학은 매우 단순한 교육적 사실에도 의문을 제기해야 하며, 사회적 연관관계를 밝혀야 한다. 예컨대, 유치원생은 어린 나이에도 불구하고 왜 혹독한 조기교육을 받는가, 초등학생은 학교교육을 마치고도 왜 끊임없이 사교육을 받는가, 초등학생 시기에는 피아노와 미술 등의 예체능 과외를 받다가 중학생이 되면 왜 교과교육에 중점을 두는가, 고3 학생을 둔 가정에서는 왜 TV를 켜지 못하는가, 치맛바람과 촌지, 과외, 기러기 아빠 등의 교육문제를 완전히 해결할 수는 없는가와 같은 물음이 제기된다면, 그 이면에는 학력(벌)주의라는 일시에 해결하기 어려운 사회관계가 숨어 있음을 알 수 있다.

교육사회학의 학문적 영역을 확대해 보면, 교육의 사회적 행위는 매우 다양하게 나타난다. 사회와 무관한 것처럼 보이는 교실수업에도 교사와 학생의 상호작용에서는 보이지 않는 사회적 역학관계가 숨어 있다. 객관화된 지식의 구성으로 보이는 교과서도 예외가 아니다. 교과서의 지식 구성 속에는 시대의 사회적 흐름과 권력관계가 개입되어 있다.

한 걸음 더 나아가 우리가 일상생활에서 무심코 쓰는 '엿 먹어라.'라는 말의 어원에도 교육사회학적 사실이 숨어 있다. 이 말은 1964년 경기중학교 입학시험에서 엿을 만들 때 사용하는 재료를 묻는 문항에서 무즙도 답이 된다고 하여 학부형들이 법정 소송을 제기하면서, 서울시 교육청 앞에서 무즙으로 직접 엿을 만들어, 이를 먹어 보라고 했던 시위에서 비롯된 것이다.

학문적으로 무관한 것처럼 보이는 우리의 일상생활 속에도 상당 부분 교육사회학적 사실이 숨어 있다. 교육사회학은 학교교육은 물론이고, 우리의 일상생활 곳곳에 숨어 있는 교육의 사회적 인과관계를 밝히는 학문이다. 자연히 교육사회학의 학문적 대상은 광범위하며, 상상력의 정도에 따라 그 범위는 더욱 넓혀질 수 있다.

3. 교육사회학의 이해

현대사회의 교육은 정도의 차이는 있지만 사회적 영향을 받고 있다. '교육은 사회 속에서 잉태'되고, '교육 속에는 사회의 씨앗'이 숨어 있기 때문이다. 대다수의 교육현상에 대해 교육사회학적 해석이 가능해진다. 특정 교육현상에 대해 단지 개인의 해석 능력의 차이가 있을 뿐이지, 얼마든지 교육사회학적으로 접근할 수 있다. 이렇게 보면 교육사회학은 교육의 사회적 제 관계를 대상으로 하기 때문에, 세상의 모든 것을 볼 수 있는 매우 독립적인 성격을 가진 학문처럼 보인다.

교육사회학의 해석 능력은 독자적인 학문적 발전과 다양한 학문의 수용으로 인해 가능해진 것이다. 교육사회학의 학문적 발달은 다른 학문체계에 많이 의존하여 왔다. 교육사회학만이 다학문(interdiscipline)을 지향하는 것은 아니다. 실제로 모든 학문은 독자성이 있지만, 동시에 다른 학문적 성과를 수용하면서 발전한다.

특히 21세기의 학문적 조류는 다양한 학문 세계가 융합하는 방향으로 흐르고 있다. 이를 다학문 또는 초학문(transdiscipline)이라고 한다. 교육사회학은 교육에 관한 여러 사실에 대해 다학문적 근거를 가지고 독자적인 사회학적 해석을 할 수 있게 한다.

교육사회학은 교육철학, 교육사학, 교육행정학, 교육심리학, 교육과정, 교육평가, 교수–학습, 교육공학 등의 교육적 사실을 바탕으로, 그 이면에 내재하는 교육의 사회관계에 대한 독립적인 해석을 할 수 있다. 교육사회학이 특별한 학문체계를 가지고 있어서가 아니라, 교육학은 한 몸으로 얽혀 있기 때문이다.

교육사회학적 사실도 다른 교육학의 분과학문들이 그들의 학문체계에 따라 독립적으로 분석할 수 있다. 이를 통해 특정 교육적 사실에 대해 각 분과학문 자신만의 고유한 학문적 렌즈로 설명하고, 해석하는 것이 가능해진다. 이를 위해서는 교육학과 분과학문에 대한 이해가 선행되어야 한다. 그래야만 교육학의 분과학문들과 교육사회학의 관계에 대한 정확한 이해를 도모하고, 각 분과학문의 주제에 대해서도 교육사회학의 해석 영역을 넓힐 수 있다. 특정 교육주제에 대한 다양한 해석은 학문의 심층적 발전을 도모하고, 분과학문 간의 예기치 못한 학문적 오해를 해소할 수 있게 한다.

교육학은 교사와 학생의 만남에서 출발한다. 학교에서 교사와 학생의 만남은 제도적으로 규정된 만남이지만, 궁극적으로는 인간과 인간의 만남에서 비롯된다. 교육학은 인간을 대상으로 하기 때문에 '인간은 무엇인가'에 대한 존재론적 질문에서 시작될 수밖에 없다. 이 점에서 보면 대다수의 학문은 인간과 인간관계를 분석 대상으로 한다. 교육학은 인간과 인간관계에 대한 학문이라 할 수 있다. 엄격한 의미에서 교육학은 세분화되기 어려운 학문이지만 학문의 발달과 함께 다양한 층위의 분과학문으로 전문화되면서 심층적으로 연구되고 있다.

분과학문은 근본적으로 인간과 인간관계라는 뿌리에서 출발하므로, 동일체적 성격을 띠고 있다. 어떤 교육적 사실에 대해서도 각 분과학문들은 다양하고 독립적인 해석을 할 수 있다. 교육학의 다양한 분과학문들은 각각의 고유한 학문적 관점으로 동일한 교육현상에 대해 상이한 독립적 해석을 할 수 있다. 교육사회학도 예외는 아니어서, 상이한 분과학문의 특정 영역의 주제에 대해 고유하고 다양한 논의를 할 수 있다. 교육사회학의 해석 영역을 넓히고, 아울러 다양한 학문의 해석 방식을 배울 필요가 있다. 이를 위해 여기서는 교육사회학과 분과학문의 관계를 살펴보고, 다양한 교육사회학적 해석 영역을 소개하고자 한다.

1) 교육철학의 관계

철학과 사회학은 동전의 양면과 같이 상호 의존적 관계를 가지고 있다. 철학이 '인간'에 대한 궁극적인 질문을 한다면, 사회학은 '인간관계'에 대한 질문을 한다. 인간은 무엇인가에 대한 대답은 곧 인간관계의 형성에 영향을 미친다. 가령, 인간이 선한 존재라고 철학적으로 정당화되면, 인간을 대하는 사회적 태도는 호의적인 관계를 형성할 것이고, 그 역도 성립한다.

실제 중세의 유럽인들은 기독교의 원죄설로 인해 인간은 체벌을 통해서 교화를 해야 한다고 믿었다. 그러다가 루소(J. Rousseu)가 『에밀(Emile)』에서 인간을 선한 존재로 보면서, 중세의 교육관은 일대 전환기를 맞이하게 되었다. 루소의 교육사상은 신교육운동에 영향을 주면서, 오늘날까지 영향력을 미치고 있는 '아동중심 교육사상'의 뿌리가 되었다. 이처럼 교육철학의 인간 존재에 대한 접근은 인간관계에 영향을 미치고 교육관계를 형성하는 데 중요한 사회적 근거가 된다.

2) 교육사학의 관계

현대사회는 갑자기 이루어진 것이 아니라 역사의 지평 아래에서 형성된 것이다. 역사는 현대사회 속에서도 살아 숨쉬고 있는 역동적 공간이며, 역사를 이해하는 것은 인간과 인간관계에 대한 심층적 이해를 도모하는 것이 된다. TV 사극(史劇)을 보면 시대적 표현 방법은 다르지만, 오늘날과 비슷한 인간의 근원적 욕망이 작동하는 것을 볼 수 있다. 이 점에서 보면 역사학은 현대사회를 이해하는 중요한 학문이다. 역사학이 제한된 주제에 대해 집중적이고 심층적으로 연구한다면, 사회학은 역사학의 학문적 성과 아래 시대적 흐름과 사회적 역학관계에 초점을 둔다.

그래서 토피츠(E. Topitsch)는 "사회학 없는 역사학은 맹목적이고, 역사학

없는 사회학은 공허하다"고 하였다. 역사에 대해 사회학적으로 접근하는 것을 '역사사회학' 또는 '사회사학'이라고 부른다. 교육의 사회사학은 과거의 교육에 대한 인간의 태도를 분석하면서 현대사회의 교육에 대한 시사점을 찾고자 하는 것이다. 예컨대, 현대사회 교육의 다양한 사회적 현상은 조선시대와 일제강점기에도 비슷하게 나타났다. 조선시대에는 과거 위주의 입시교육이 성행하였고, 일제강점기에도 학력(벌)주의, 그리고 첨예한 입시경쟁이 있었다. 이 점에서 보면 역사는 현대사회를 반추하는 거울이라고 할 수 있다.

3) 교육행정학의 관계

행정학은 특정 목표를 달성하기 위해 인간관계를 효율적으로 조정하기 위한 제도화에 관한 학문이다. 교육행정학은 정해진 교육목표의 달성을 위해 인적·물적 자원을 지원하는 제도적 활동을 말한다. 이러한 교육행정학은 인간에 대한 기본적 이해를 통해서 교육적 인간관계를 합리적으로 조직화한다.

교육행정학은 인간과 인간관계의 시대적 변화에 민감하게 대응해야 하며, 사회환경에 대한 정확한 이해를 가져야 한다. 교육행정학은 정책결정자, 국회와 정당, 이익집단, 매스컴, 국민과 학부모 등의 사회적 역학관계를 고려해야 한다. 이렇게 보면 교육행정학과 교육사회학은 밀접한 관계를 가지고 있으며, 두 학문의 경계선이 모호해진다.

특히 사회의 이념적 측면의 변화는 교육사회학적 접근에 대한 요구와 동시에 교육행정의 변화를 수반해야 한다. 예컨대, 신자유주의 교육개혁은 선발방식과 재정적 지원에서 교육행정적 지원이 필요하다. 신자유주의 교육이념은 근본적으로 교육의 인간관계의 변화를 요구하기 때문에, 사회관계와 직접적으로 연결된다. 교육행정학과 교육사회학은 상호 의존적인 학문이라 할 수 있다.

그래서 새로운 교육정책을 도입할 경우 교육의 정치사회적 흐름을 진단하고, 인적·물적·제도적 지원에 대한 교육행정적 지원을 심층적으로 고려해야 한다. 교육사회학의 학문체계 속에서 교육행정학적 접근이 가능해지며 교육행정학과 교육사회학의 건설적 융합은 상당한 학문적 시너지 효과를 기대하게 한다.

4) 교육심리학의 관계

과거의 심리학이 타자와의 관계가 배제된 개인에게만 초점을 두고 있었다면, 현대심리학은 개인이란 타자와의 관계 속에 형성되며, '마음의 병'은 사회관계에 의해 많은 영향을 받는다고 보고 있다. 심리학과 사회학의 학문적 경계선이 모호해진 것이다. 대표적인 학자로는 프로이트(S. Freud)와 라캉 등을 들 수 있다.

그들에 의하면 무의식(욕망)은 개인 주체 내부에 의해 독립적으로 형성된 것이 아니라, 사회적 조건에 의해 구성된다고 한다. 이러한 무의식은 사회관계에 의해 형성된 상징적 질서를 통해 인간 질서에 편입된다고 한다. 사람은 태어날 때부터 아버지와 어머니라는 사회인의 영향을 받고 자라나기 때문이다. 인간의 심리구조는 사회적 관계망의 파생체라는 것이다. 무의식은 대타자인 사회에 인정받기를 원하며, 이것이 실패할 경우 심각한 마음의 상처를 받는다. 그들은 개인에게만 한정된 심리구조를 사회관계로 확장하여 설명하고 있다.

교육심리학은 교육의 성공과 실패의 원인을 개인의 심리에서 찾는 경향이 있지만, 교육의 사회심리학은 사회의 구조적 원인을 중요한 분석 대상으로 삼는다. 예컨대, 학교교육에서 매사에 소극적이며 학문적 자아 존중감이 낮은 학생의 경우, 교육의 사회심리학은 개인의 심리적 결함보다는, 그 학생이 처해진 사회적 배경과 환경에 대한 구조적 원인에 관심을 두고 있다. 교육의 사회심리학은 학생에 대해 개인 심리적 특성보다는 사회구조적 영향력에 초점을 두면서 인간에 대한 이해의 폭을 넓힌다.

5) 교육과정학의 관계

교육과정은 교육목표의 성취를 위해 교실수업에서 이루어지는 모든 과정을 포함하고 있다. 교실수업으로 한정된 교육과정은 단순히 교과서와 교사와 학생의 상호작용에 초점을 둔다. 그러나 교육과정 속에는 사회관계가 반영되어 있다. 교육과정은 교과와 학생, 그리고 사회라는 세 가지 축을 중심으로 이루어진다. 교육목표는 사회적 가치관과 관습, 그리고 시대적 흐름을 포괄하고 있다. 교육목표를 효과적으로 달성하기 위한 교과서는 자연히 사회적 특성을 반영하게 된다. 교과서의 지식은 사람에 의해 선발되고 구성된다.

교과서는 객관화된 표준적 지식으로 구성된 것이 아니라, 사회적 이해관계에 따라 특정 지식이 선발되고 편성된다. 예컨대, 근·현대 교과서에 나타난 좌익과 우익의 역사관에 대한 심각한 대립을 들 수 있다. 이는 관점에 따라 해석의 차이가 매우 심하게 나타나고 있다. 객관적 지식으로 구성된 것으로 알고 있는 과학도 예외는 아니다.

양자역학의 창시자인 플랑크(M. Plank)는 새로운 과학적 진리가 승리하기 위해서는 그 반대자들이 모두 죽고 친숙한 새로운 세대가 자라나야 한다고 하였다. 모든 지식에는 학문적 권력이 개입되어 있다는 것이다. 이것을 쿤(T. Kuhn)은 패러다임(paradigm)적 인식이라고 하였다. 즉, 새로운 진리를 수용하지 않고 기존의 학문적 패러다임 체계 내의 지식적 믿음에만 의존하는 것을 말한다. 이렇게 보면 교육과정은 사회적 영향력에 의해 구성된다. 이를 '교육과정사회학'이라고 한다. 교육과정사회학은 교육과정에 숨어 있는 사회적 역학관계를 분석하기 위한 것이다.

6) 교육평가학의 관계

교육평가는 다른 학문과 달리 매우 현실적이고 기술적인 성격을 가지고 있다. 외형상 교육평가는 교육사회학과 무관한 것처럼 보이지만, 매우 밀접한 관계를 가지고 있다. 평가의 목적은 사회 구성원들을 합법적이며, 정당하고, 공정하게 분류하기 위한 것이다. 평가체제는 사회적 이해관계를 조절하고, 효과적인 사회적 경쟁을 유도하는 제도적 장치다. 평가 방법에 따라 사회 구성원 간의 이해관계가 첨예하게 대립할 수 있다. 예컨대, 조선시대에는 급진개혁파와 온건개혁파 간에 강경(講經: 구술시험)과 제술(製述: 논술시험)의 과거제 선발 방법을 놓고 심각한 정치적 대립이 있었다. 선발 방법에 정치적 이해관계가 맞물려 있었기 때문이다.

학교교육의 평가 방법도 마찬가지다. 학교교육의 평가 방법은 유능한 인재의 양성에 목적을 두지만, 결국에는 사회적 이해관계와 불가피하게 연결되어 있다. 이런 경향은 시험이 생긴 이래 모든 역사를 관통하고 있다. 오늘날의 대학수학능력시험에서도 시험의 정치사회적 특성을 잘 보여 주고 있다. 대학수학능력시험의 치열한 경쟁이 다양한 교육문제를 발생시키고 있는 이유는, 미래의 사회적 이해관계를 선점하기 위한 사회적 경쟁의 성격을 가지고 있기 때문이다. 교육평가는 불가피하게 사회적 선발 속성을 가지고 있다. 이런 연구 접근을 교육사회학에서는 '선발의 사회학'이라고 한다.

7) 교수-학습의 관계

교수와 학습은 효과적으로 가르치고 배우는 기능적 측면을 강조한다. 우리의 경우, 학교교육에서 교수-학습방법은 현실적으로 교육평가에서 영향을 받고 있다. 교육평가와 교수-학습은 함수관계에 있다고 할 수 있다. 교육평가가 사회의 영향을 받듯이 교수-학습방법도 사회적 영향력 하에서 자유로울 수가 없게 된다. 쉬운 예로, 대학수학능력시험을 위해 학교에서 암기식 입시교육과 성적 제일주의의 비인간화 교육이 성행하는 것을 들 수 있다. 학교에서 이루어지는 교수-학습방법은 입시교육의 사회적 산물이라고 할 수 있다. 사회와 전혀 무관하게 보이는 교수-학습방법도 그 이면에는 보이지 않는 사회적 성격을 반영하고 있다. 시대의 사회적 변화는 교수-학습방법에도 영향을 준다는 것이다.

1980년대 민주화 운동으로 인해 학생인권에 대한 관심이 고조되면서, 학교교육에서 체벌권과 퇴학권이 약화되었다. 이는 교실수업에서 교사의 학생에 대한 통제권의 변화를 수반하였다. 차츰 교사의 학생 통제권이 약화되자, 교실수업은 교사의 권위보다는 학생중심의 교수-학습의 변화로 이어졌다.

지식기반사회(knowledge-based society)의 도래는 교수-학습과 밀접한 관련을 가지고 있었다. 지식기반사회의 시대적 흐름에 조응하기 위한 창조적 인재의 양성은 교수-학습방법의 새로운 전환을 요구하였다. 학교교육에서 지식에 대한 해석과 이해, 그리고 창의력을 강조하면서, 토론과 논술을 강조하는 수업 형태의 전환에 많은 영향을 주었다.

케디(N. Keddi, 1971)에 의하면 교사는 교실수업에서 학생들을 능력별로 범주화하여 가르치는 과정에서 차별하고 있다고 한다. 교사의 위계적 범주화 과정은 사회관계 속에서 도출되었으며, 교수-학습과정에서 교사와 학생의 관계는 사회적 위계성을 반영하게 된다. 교수-학습과정에는 알게 모르게 계급적 불평등이란 사회의 역학관계를 반영하고 있다는 것이다.

8) 교육공학의 관계

오늘날 학교교육에서는 사이버 교육(혹은 ICT 교육)이 강조되고 있다. 컴퓨터를 중심으로 한 교육공학은 교육현장에 많은 영향을 미치고 있다. 교육공학은 교수-학습의 효율성을 높이는 기술적·도구적 수단의 성격을 가지고 있다. 교육공학이 학교교육에서 급속하게 부각된 것은 지식기반사회의 대두와 밀접한 관련이 있다. 지식기반사회가 도래함에 따라 지식의 생성 속도가 가속화되면서, 경직된 교과서의 지식으로 감당할 수 없다는 인식이 팽배했다. 지식 간의 학문적 경계선이 붕괴되고 사회적 탈가치 현상도 두드러지게 나타났다. 이런 제반 상황에 신속하게 적응하기 위해서, 학교교육은 교육공학의 역할에 의존하게 되었다.

교육현장의 교육공학 도입은 지식기반사회라는 거대한 시대적 흐름에 적응하기 위한 사회적 변화와 밀접한 관련이 있었다. 그러나 사이버 교육은 많은 사회적 한계를 가지고 있었다. 사이버 공간의 자아와 문화적 정체감의 혼란을 일으킬 수 있으며, 원자화된 개인을 촉진하여 인간소외와 비인간화를 초래할 수 있다. 사이버 교육에는 도덕적·윤리적인 사회적 문제가 상존하고 있다. 사이버 교육은 기술적 속성뿐만 아니라 사회적 속성도 포괄하고 있다. 이 점에서 교육공학도 교육사회학적 접근이 요구된다.

4. 교육사회학과 교사

교사(교육자)가 되기 위해 교육사회학이 필요한 이유는 무엇인가? 학교에서 특정 교과의 교사는 교실수업만 잘하면 된다고 생각할 수 있다. 그러나 학교교육은 단순히 교과지식만 요구하지 않는다. 심지어 교실수업의 세계에도 교육심리학, 교육방법, 교육공학, 교육과정, 교육사회학 등의 다양한 교육학 분과학문이 필요하다.

교육학과 교과지식의 관계에서도 대체로 '교실 속은 교과교육'이, '교실 밖은 교육학'이 중심이 된다. 교실에서 벗어나면 교사는 교과지식보다 다양한 교육적 상황에 직면하게 된다. 이러한 교육적 상황에 유능하게 적응하기 위해서는 교실 밖에 대한 인식의 실마리를 제공하는 교육학적 배경이 필요하다. 구체적으로 교실 밖에서는 교육행정, 교육정책, 교육법, 교육사회 등의 다양한 교육학적 지식이 요구된다.

교육학의 모든 분과학문이 교사에게 필요한, 타당한 교육적 이유가 있다. 교육사 · 철학 같은 기초 학문은 왜 배우는지에 대한 생각을 쉽게 추론해 보면 알 수 있다. 교육사 · 철학은 교육에 대한 근본적 물음과 현재와 미래의 교사와 학생의 관계에 대한 인식의 실마리를 제공해 준다. 교육심리학은 학생에 대한 이해를 전제로 하기 때문에 교사에게는 필수적이다.

교육과정은 교과교사에게는 불필요한 학문으로 생각될 수 있다. 교과교육에서 교과 교육과정을 배우기 때문에 중복된 내용을 다룬다는 인식이 앞설 수 있다. 이 점은 육군사관학교에서 왜 정치학과 사회학, 그리고 심리학을 배워야 하는지와 동일한 질문이 된다. 고급장교가 되면 다양한 정치 · 사회적 변화의 흐름을 이해해야만 올바른 의사결정을 내릴 수 있다. 교과교사들은 앞으로 장학관과 연구관, 그리고 교육정책 의사결정자가 되기 때문에 자신의 교과를 넘어선 전략적인 학문적 배경이 필요하다. 총론 중심의 교육과정은 각론 중심의 교과 교육과정을 총괄적으로 이해하고 연결해 주는 전략적 학문이 된다.

학교교육은 특정 교과의 교육과정만을 요구하는 것은 아니다. 특정 교과의 교육과정은 다양한 교과 교육과정의 관계에서 이해해야만, 상호 간 교과 교육과정과 관련 교육행정의 이해가 분명해진다. 단위학교에서도 교육과정의 이해는 매우 중요할 수밖에 없다. 특히 장학관과 연구관, 그리고 교장(감)이 되면 더욱 그렇다. 교육과정 의사결정자가 되면 전체 교과 교육과정을 통합할 수 있는 전략적인 교육과정에 대한 이해는 필수적이다. 설령 교육과정과 무관한 교육적 업무를 수행하고 있어도 전체 교육과정을 이해하는 것은 다양한 교육적 상황에서 올바른 의사결정의 기반이 될 수 있다. 그래서 교육학의 각 분과학문들은 교육의 전 과정을 이해하고 의사결정을 도모하는 기초학문적 성격을 가지고 있다.

　　교육사회학은 다른 분과학문과 비슷한 논리적 맥락을 가지고 있다. 이 점은 교사가 교육사회학을 배워야 하는 확실한 이유가 된다. 교육사회학은 교육에 대한 인간과 인간관계에 대한 사고를 도모하는 기초 학문이다. 교육사회학은 교육의 다양한 현상을 사회적 관계에 관련지어 해석하는 학문이다. 교육사회학은 교육적 일상생활의 이면에 숨어 있는 사회적 역학관계를 밝히는 학문이다.

　　교육사회학은 과거와 현재 그리고 미래 교육의 사회적 흐름을 파악하여 교육에 대한 사회학적 · 성찰적 사고를 제공하기 위한 것이다. 교육사회학은 거시적이고, 미시적인 교육적 흐름에 민감하게 반응하며 교육의 제 현상에 대한 체계적인 논리적 인식을 제공한다.

　　교육사회학은 새롭게 대두되는 교육의 사회적 현상에 대해서도 올바른 해석과 의사결정을 도모하게 한다. 교육사회학의 기초 학문적 성격은 다양한 교과지식에 대한 해석의 지평을 넓혀 주고, 교육활동에 대한 정당한 사회적 이유를 제공한다. 따라서 교사에게 교육사회학이 필요한 학문적 이유를 정리하면 다음과 같다.

　　첫째, 학생의 심리환경에 대한 심층적 이해를 도모한다. 학생들이 학교교육에 제대로 적응하지 못할 경우, 일반적으로 개인의 재능과 노력 부족을 원인으로 꼽는다. 물론 개인의 재능과 노력 부족이 중요한 원인이 될 수는 있다. 그러나 그것만이 이유의 전부는 아니다. 학교교육의 부적응에는 사회구조적 측면이 더욱 근원적이고 중요한 원인으로 자리하고 있다. 학생의 사회경제적 배경은 개인적 심리 형성과 학업성취에 직접적인 영향을 미친다는 것이다. 따라서 교육사회학은 학교교육의 부적응 문제에 대한 사회구조적 해석을 가능하게 해 주며, 인간을 보는 관점에 대한 해석의 지평을 넓혀 준다.

　　둘째, 학생의 재능에 대해 다양하고 새로운 해석을 해 준다. 전통적으로 학교교육에서 재능은 IQ와 동일시하는 경향이 있으며, 일반적으로 낮은 학업성취는 낮은 지능과 관계가 있다고 본다. 학교교육에서 요구하는 재능과 IQ

검사는 언어와 수리검사에 한정된 매우 편협한 성격을 가지고 있다. 그러나 현대사회는 이보다 더욱 넓은 사회적 재능을 요구한다. 그런 점에서 교육사회학은 음악, 미술, 예술, 패션, 취향 등도 사회적 능력의 범주 속에 포함하는 등 인재에 대한 개념의 범위를 넓혀 준다.

셋째, 학교교육의 능력주의(meritocracy)에 대한 새로운 관점을 제공해 준다. 학교교육의 학업성취는 사회경제적 지위(Social-Economic Status: SES)와 밀접한 관련이 있다. 어렸을 때부터 미리 사교육을 받은 학생은 그렇지 않은 학생보다 학교교육의 적응력에서 차이가 날 수밖에 없다. 객관화된 검사인 시험과 IQ 및 적성검사의 결과는 학생이 사회적으로 놓인 위치에 따라 달리 나타날 수밖에 없다. 이는 마치 100m 달리기에서 상류층 학생이 20~30m 앞서 출발하는 것과 같기 때문이다. 이 점은 학교교육에서 추구하는 객관화된 검사지로 이루어진 능력주의에 대한 공정성의 심층적 한계를 보여 주면서, 학교교육에 대해 깊은 사회학적 이해를 도모하게 한다.

넷째, 학생문화의 새로운 시대적 흐름에 대한 이해를 도모한다. 디지털과 정보통신의 발달로 현대사회의 변화는 급속하게 전개되고 있다. 이러한 변화의 물결은 인간관계를 구성하는 가치관과 관습, 그리고 의식 형태의 빠른 변화를 수반한다. 시대적 흐름에 따라 사고하는 학생들의 가치체계는 기존 세대와 많은 차이를 보이고 있다. 급속하게 변화하는 학생문화에 대한 교육적 보조를 맞추지 못하면 학교교육에 대한 신뢰를 저하시킬 수 있다. 교육사회학은 시대적 흐름과 이에 따른 인간관계의 변화 속도에 대한 적응을 도모하고, 빠르게 변화하는 학생문화에 대한 심층적 이해를 고양하게 한다.

다섯째, 교실수업에 대한 사회학적 이해를 도모한다. 교실수업은 사회와 독립된 것처럼 보이지만, 그 안에서 교사와 학생의 사회적 상호작용이 이루어지며 그것은 교사와 학생의 계급적 특성을 반영하고 있다. 교육과정에서 지식의 선발과 구성은 사회적 역학관계와 무관하지 않다. 교수-학습장면에서는 궁극적으로 사회적 선발에서 우수한 위치를 점유하기 위해 기능적 효율성을 강조하는 과정이 강조되고 있다. 따라서 작은 공간에서 한정적으로 이루어지는 교실수업에서 교사와 학생의 교육적 관계의 이면에는 사회적 역학관계가 숨어 있다. 여기서 교육사회학은 교실수업의 사회적 역학관계를 밝히고 이해를 도모하게 한다.

여섯째, 교사의 사회적 정체감 형성에 도움을 준다. 교사는 학교라는 작은 공간에서 교육적 활동을 한다. 학교교육이라는 작은 틀 속에 교사의 역할을 축소시키면, 교사는 매우 제한적 공간에서 활동하는 교육적 기능인에 불과하게 된다. 교사는 사회관계에서 교육의 의미를 찾아야 하고, 교육을 거시적인 사회적 틀 아래에서 해석해야만 교사에 대한 올바른 이해를 도모할 수 있다. 교육은 고립된 섬이 아니라 사회 속에서 함께 움직이는 생명력을 가진 유기체적 성격을 가지고 있다. 교육의 사회적 역학관계의 정체를 이해하면 교사의 사회적 위치와 정체감을 확인할 수 있다. 교육사회학은 학교교육에 한정된 교사의 위치를 폭넓게 해석하게 하며, 사회 속의 교육에 대한 깊은 이해를 제공하여 교사의 사회적 역할과 정체감에 대해 심층적으로 알 수 있게 한다.

일곱째, 교육의 다양한 현상에 대한 사회학적 이해를 도모한다. 교육의 사회적 현상은 교육에 대한 인간관계 방식에 의해 나타난 것이다. 교육의 다양한 사회적 현상을 정확하게 파악하기 위해서는, 그 사회가 추구하는 인간과 인간관계의 맥락에 대한 이해가 선행되어야 한다. 또 교육에 대한 사회적 가치관, 관습, 의식 형태에 대한 이해도 도모해야 하는 것이다. 예컨대, 기러기 아빠, 과중한 사교육비, 치맛바람 등은 한국교육에서 오랫동안 나타난 비슷한 교육문화사적 맥락을 갖고 있다. 단지 시대에 따라 사회적 표현 방법이 달랐을 뿐이다. 문제의 본질은 비슷한 교육문화사적 뿌리에서 출발한다. 교육의 사회적 현상에 대한 이해는 학교교육과 교실수업에 대한 심층적 이해의 도모와 다양한 층위에 있는 교육 관계자들의 사회적 역학관계와 흐름에 대한 예측을 가능하게 한다. 교육사회학은 교육의 사회적 현상을 이해함으로써 교육에 대한 궁극적 이해와 복잡하게 얽혀 있는 교육의 사회적 역학관계를 명료하게 한다.

　여덟째, 교육정책에 대한 사회학적 이해를 통해 단위학교에서 교사의 역할 범위를 넓게 해 준다. 한 국가의 교육정책은 광범위한 성격을 가지고 있어서 단위학교의 교사와 무관한 것처럼 보인다. 교육정책은 적용 시간과 체감 정도의 차이만 있을 뿐, 결국 단위학교와 교사의 교육적 활동에도 직접적인 영향을 미친다. 교육정책은 크게 교육방향을 결정하는 이념적 측면과 이를 효과적으로 수행하기 위한 인적·물적 차원의 기능적 측면으로 구분할 수 있다. 교육정책을 이해한다는 것은 단위학교와 교사에게 미치는 영향력의 양과 질에 대한 예측을 가능하게 한다. 새로운 교육정책은 교육의 사회적 맥락과 시대적 흐름에 부응하기 위해 제안되고 출발한다. 교육사회학은 교육정책에 대한 신속한 이해의 도모와 이를 통해 교육이 미치는 사회적 영향력을 예측하게 한다.

　아홉째, 미래 교육에 대한 사회학적 이해를 도모한다. 디지털 정보통신과 과학기술의 발달, 그리고 세계의 시대적 흐름 등은 일상생활에서 사회관계, 그리고 국제관계에 이르기까지 엄청난 변화를 수반하고 있다. 학교교육도 시대적 변화에 조응하기 위해 새로운 형태의 교육으로 변모할 수밖에 없다. 미래 교육의 청사진은 세계사적 흐름을 탄력적으로 수용하여, 교육 경쟁력을 기반으로 국가 경쟁력을 높이기 위한 효율적인 교육전략과 같다. 교사 역시 미래 교육에 대한 시대적 흐름의 깊이 있는 이해가 필요하다. 앞으로 전개될 교육의 방향을 이해한다면 교육의 새로운 형태에 대한 적응력을 높이고, 남보다 앞선 사고를 촉진하여 교사 자신의 개인적 교육 경쟁력을 높일 수 있다. 교육사회학은 미래 교육에 대한 종합적 이해와 시대적 흐름에 부응하는 학교교육의 변화와 교사의 새로운 적응에 대한 역할의 질을 도모한다.

제2장
교육사회학의 전개

1. 외국의 교육사회학

19세기까지 교육사회학이라는 학문은 거의 존재하지 않았다. 20세기에 들면서 교육사회학은 20세기가 낳은 최고의 학자 중 한 명인 뒤르켐(E. Durkheim)에 의해 나타났다. 일반적으로 뒤르켐은 프랑스의 사회학자로 잘 알려져 있다. 실제 뒤르켐은 보르도 대학과 소르본 대학에서 교육학과 사회학을 담당하는 교수로 활동하였다. 그는 『교육과 사회』 『도덕교육론』 『프랑스 교육의 발전』이라는 주옥같은 교육사회학 저서를 발표하였다. 뒤르켐은 교육사회학의 이론적인 가능성에 대한 새로운 전망을 가능하게 해 준 최초의 학자라고 할 수 있다. 그런 점에서 뒤르켐은 '교육사회학의 아버지'라고 불린다. 그는 교육학을 과학적 차원으로 승화시켜 '교육과학'이라는 용어를 최초로 사용한 학자이기도 하다.

교육철학자로 알려진 미국의 듀이(J. Dewey)도 교육사회학과 무관하지 않다. 그는 주요 저서인 『민주주의와 교육』 『학교와 사회』에서 교육을 사회적 관점에서 논의했다. 그러나 공식적으로 교육사회학이 제도권에서 학문적으로 인정받기 시작한 것은 미국의 수잘로(H. Suzzallo)에 의해서다. 그는 1907년 컬럼비아 대학교에서 교육사회학을 처음 개설했으며, 1916년에는 컬럼비아 사범대학에 처음으로 교육사회학과를 설치하였다. 1917년에는 스미스(W. R. Smith)에 의해 교육사회학의 개론서 틀을 갖춘 『교육과 사회학 입문』이 저술되었다. 1920년대에는 200개 대학에 교육사회학 강좌가 개설되었고, 1923년에는 미국 교육사회학회가 발족되었다.

당시의 교육사회학은 학문적 토대가 매우 미약하여 현실 문제의 해결에 관심을 가진 실천 지향적 성격이 강하였다. 이때의 교육사회학은 '교육적 사회학(educational sociology)'이라 불렸으며, 실천적·규범적·응용적 학문의 성격이 강하여 '실천 지향적 교육사회학'이라 하였다. 교육적 사회학은 주로 교육학자가 사회학적 관점에서 논의를 하였으며, 교육을 사회진보를 이루고 현실 문제를 해결하는 수단으로 여겼다. 1930년대 지역사회학교운동으로 인해 교육적 사회학은 교육실천 문제에 더욱 치중하여 전개되었다. 교육적 사회학은 사회의 전반적인 문제에 관여함으로써 그 내용이 포괄적이고, 학문적 수준은 낮았지만 교육사회학의 학문적 가치를 제고했다는 점에서 의의가 있다.

제2차 세계대전이 종식되면서, 학문적으로 과학화 바람이 일어났는데 교육사회학도 예외가 아니었다. 1950년대부터는 교육에 대한 과학적 접근이 강조되면서 주로 사회학자가 교육의 사회적 현상에 관심을 가지는 교육의 사회학(sociology of education)이 주류를 이루기 시작하였다. 이때의 교육의 사회학을 '과학 지향적 교육사회학'이라 부른다. 규범적 성격을 가진 교육적 사회학은 과학적 연구 방법의 발달로 체계적이고 논리적인 접근을 하게 되었다. 교육의 사회학은 실증과학을 배경으로 교육의 사회적 현상에 주목하였으며, 교육의 사회적 현상에 대해 객관적이고 가치중립적인 접근을 하기 시작하였다. 교육의 사회학은 교육의 사회적 기능에 초점을 두면서 정치, 경제,

사회, 문화와 관련시켜 연구하는 경향이 강하였다. 교육의 사회학은 실증과학이라는 학문적 배경의 뒷받침으로 더욱 이론적이고 체계적인 틀을 갖출 수가 있었다.

　　교육사회학은 이러한 역사적 과정을 거치면서 학문적으로 더욱 발전할 수 있었다. 1971년 영(M. Young)이 『지식과 통제(Knowledge and control)』라는 편저를 발표하면서, 교육과정사회학이라 불리는 '신교육사회학(new sociology of education)'이 대두되었다. 전통적인 교육사회학적 접근이 교육의 사회적 현상에 대한 설명력의 한계를 보이자, 다른 형태의 접근이 필요했던 것이다. 전통적 구교육사회학은 교육과 사회의 관계, 즉 교육을 사회라는 거시적 측면에서만 접근하였고 학교교육의 불평등 현상을 사회라는 틀 속에서만 해석하였다. 그리고 학교 내부의 복잡한 사회적 역학관계를 도외시하여 학교 내부를 '검은 상자(black box)'로 취급하였다.

　　반면에 신교육사회학은 구교육사회학의 거시적 관점과 달리 교실수업 장면에서 일어나는 미시적 관점에 주목하였다. 신교육사회학은 교실수업 장면에서 교과서의 지식 구성과 교사와 학생의 상호작용에 관심을 두었다. 신교육사회학은 교과서의 지식 선발과 구성에서 작용하는 사회적 역학관계와 교사와 학생의 상호작용 속에 나타나는 계급적 이데올로기의 정체를 이해하고자 하였다. 그동안 외부세계와 단절된 것처럼 보이던 교실세계는 실은 사회적 불평등 체계가 은밀히 작동되는 사회 공간의 성격을 가지고 있었다. 이런 인식은 세계적으로 교육사회학에 대한 엄청난 관심을 촉진시켰으며, 교육에 대한 새로운 사회과학적 인식의 지평을 넓히게 되었다.

　　교육적 사회학과 교육의 사회학, 그리고 신교육사회학을 거치면서 교육사회학은 학문적으로 성숙할 수 있었다. 교육사회학은 1985년, 구소련의 페레스트로이카(perestroika) 선언으로 세계적으로 이념적 대립이 종식되면서 새로운 형태의 학문적 전환을 모색하기 시작하였다.

　　1980년대에 세계적으로 나타나기 시작한 포스트모더니즘(postmodernism)

은 교육의 새로운 사회학적 접근을 요구하였다. 디지털 정보통신의 발달로 인해 탈중심과 탈가치 사회로의 전환이 이루어졌으며, 그에 따라 교육의 사회적 현상에 대한 새로운 교육사회학적 해석과 적용에 대한 관심이 고조되었다. 그리고 '국경 없는 금융의 세계화'를 촉진한 신자유주의는 교육의 시장화라는 새로운 인식을 대두시켰다. 이러한 세기적 조류들은 교육사회학으로 하여금 새로운 교육적 이해를 요구하였다. 특히 신자유주의의 시장경쟁 원리를 기반으로 한, 교육의 사회적 현상에 대한 이념적 논쟁과 방향에 대한 명쾌한 분석은 앞으로 남겨진 교육사회학의 학문적 과제라 할 수 있다.

2. 한국의 교육사회학

해방 이후 우리 사회는 매우 불안한 상태에 놓여 있었다. 한국 근대사의 정치사회의 역동적 변화는 교육사회학의 학문적 발달에도 많은 영향을 미쳤다. 처음에는 불안한 정치사회적 여건으로 인해 교육사회학은 학문적으로 큰 진전이 없었다. 1952년이 되어서야 서울대학교 사범대학에서 처음으로 선택과목으로 채택된 교육사회학은 1954년에는 필수과목으로 개설되었다가, 1955년에는 교직의 한 과목으로 채택되었다. 교직과목이 된 교육사회학에 대한 관심은 빠르게 진전되었다.

1961년 김종철은 오타웨이(Ottaway)의 저서인『교육사회학개론』을 번역·소개하였는데, 이 책이 우리나라 최초의 교육사회학 교재였다. 같은 해에 김선호는『교육사회학』, 황종건은『교육사회학: 지역사회와 학교』를 출간하였다. 1962년에는 이규환과 진원중이『교육사회학원론』을, 1968년에는 장진호가『교육과 사회』를, 박용헌이『학교와 사회』를 출간하였으며, 1969년에는 이홍구가『교육사회학』을, 1970년에는 이중이『교육사회학』을 출간하였다. 정치사회적으로 어려운 여건에도 불구하고 이 시기에는 교육사회학 관련 서적

이 많이 나왔다고 볼 수 있다.

1967년에는 한국교육학회 내에 최초로 '교육사회학연구회'가 창립되어 회원 수 30명으로 출발하였다. 1970년대로 들어서면서 교육사회학은 이론적 진전을 다소 보이기 시작하였다. 1961년 5 · 16 군사정부는 반공을 국시로 삼고 근대화 이념을 경제발전의 기저로 삼았다. 근대화 이념은 새마을운동으로 구체화되어 전개됐으며, 새마을운동은 교육사회학의 발전에 부분적으로 공헌하였다. 즉, 해방 후 국가의 재건을 위해 향토학교운동이 일어났으며, 나중에 이 운동은 학교의 인적 · 물적 자원을 이용하여 지역사회의 발전을 도모하고자 하는 학교와 지역사회운동으로 변모하게 되었다.

새마을운동은 근면, 자조, 협동이라는 이념적 슬로건 아래 빈곤으로부터 탈피하려는 근대화운동이었다. 새마을운동이 학교와 지역사회운동으로 발전되면서, 교육사회학은 새마을운동의 이론적 · 실천적 정당성을 제공하였다. 그에 따라 교육사회학은 '학교와 지역사회'로 대치되어 교직과목으로 편성되었다. 그 이후 '학교와 지역사회'는 교직과정에서 매우 중요한 과목으로 자리를 잡았으며, 이와 관련된 많은 저서들이 출간되었다. '학교와 지역사회'는 오랫동안 교육사회학을 대치할 정도로 영향력이 컸으며, 1985년이 되어서야 교직과목에서 제외되었다.

1970년대는 불안한 군사정권으로 인해 사회적으로 저항운동이 확산되는 시기였다. 1970년대 말에는 비판적 사회학이 주목을 받았다. 1970년대에는 과거와 달리 서구의 사회과학적 이론이 도입되면서 교육사회학도 활기를 띠게 되었다. 즉, 이 시기에는 박정희 정권이 반공 이데올로기와 근대화 이념을 표방하면서 나타난 정치사회적인 모순에 대한 비판이 일기 시작하였다. 교육사회학도 사회 모순에 대한 관심을 가지며 시대의 영향력에 따라 사회 모순에 저항하는 비판적 성향이 나타나기 시작하였다. 1978년에 황종모는 일리치(I. Illich)의 『탈학교사회』, 채광식은 프레이리(P. Freire)의 『교육과 의식화』를 번역 · 소개하여 민중교육에 대한 인식을 제고하게 하였다.

1970년대부터 나타난 사회구조적 불평등에 대한 큰 관심은 학계에서도 예외는 아니었다. 1973년 김영모의 「한국사회의 교육기회에 대한 사회계층적 분석」, 1974년 박제화의 「한국 노동계급 자녀의 교육기회에 관한 일 연구」 등과 같은 비판적 성향의 연구물이 나왔다. 교육사회학계에서도 1977년 김기석의 「교육과정 개혁 과정에 대한 사회학적 분석」, 1978년에 정영애의 「가정의 사회경제적 지위와 유형에 따른 학생의 언어 모형에 관한 연구」 등의 비판적 교육사회학 논문이 나왔다.

1980년대에 들어서면서 한층 정교해진 사회과학적 서적과 비판적 연구물들이 밀물처럼 출간되기 시작하였다. 1980년대에는 김신일에 의해 갈등주의 교육이론이 소개되면서, 비판적 교육이론의 황금기가 도래하였다. 1980년은 제5공화국 정권이 들어서면서 정치사회적으로 매우 민감한 시기였다. 이 시기에는 사회구조적 모순에 대한 관심이 고조되어 1970년대와 달리 이론적이고 체계적인 저항이 일어났다. 1985년에는 민중교육지 사건이 일어났고, 1986년에 교육민주화 운동이 일어났으며, 이런 사회적 흐름에 동승하면서 1987년에는 전국교직원노동조합이 결성되었다.

당시는 정치사회적인 문제와 더불어 그동안 누적된 교육적 불만이 일시에 쏟아져 나오는 상황이었으며, 이런 교육의 사회적 현상을 정확히 진단하고 해결할 수 있는 사회과학적 인식이 필요하였다. 1980년대는 '교육사회학의 황금기'로서, 각종 교육적 모순에 대한 사회과학적 논리를 제공하였다. 재생산론, 국가론, 종속이론, 노동시장론, 지위집단론, 지식사회학, 신교육사회학 등에 관한 논문과 서적이 집중적으로 쏟아져 나왔다. 교육사회학은 1980년대 교육운동의 이론적 자양분이 되었다.

그러나 1985년 4월, 구소련의 고르바초프가 페레스트로이카를 선언하면서 세계적으로 냉전시대의 유물인 계급적 이념이 서서히 종식되기 시작하였다. 한국의 상황도 마찬가지였다. 그동안 각광받던 갈등주의 교육이론에서, 자본주의의 계급적 모순에 대한 분석은 설득력과 체계적인 근거를 갖추고 있었지만, 미흡한 해결 대안으로 인해 국내에서도 자성적 반성이 확산되었다. 이런 현상은 당시의 정치사회적 상황과 무관하지 않았다.

1980년대 중·후반부터 철학적으로 탈가치와 탈권위를 강조하는 포스트 모더니즘과 시장경쟁 원리를 강조하는 신자유주의적 이념이 세계적으로 유행하기 시작하였다. 한국에서는 1988년 서울올림픽과 더불어 기층민중에 의한 '풀뿌리 민주화'의 욕구가 분출되었으며 복지와 평등에 관한 관심이 나타났다.

그동안 외국 이론에 의존하던 한국의 교육사회학계는 새로운 방향을 모색하기 시작하였다. 교육사회학계는 외국의 이론적 틀로 한국의 교육적 상황을 분석하는 연구에 한계를 느끼면서, 자국의 토양에 적합한 사회학적 분석에 대한 관심을 고조시켰다. 앞으로도 이와 같은 한국의 교육적 상황을 한국의 사회과학적 논리로 진단하고 해결하려는 노력은 지속적으로 나타날 것이다.

제3장
교육사회학의 연구 방법

1. 교육사회학의 연구 주제

교육사회학의 연구 주제는 광범위하다. 교육사회학은 교육에 대한 인간과 인간관계에 초점을 두기 때문에, 연구 범위는 상상력의 정도에 따라 다양해진다. 어느 사회에서나 교육은 중요한 사회적 기능을 담당하고 있기 때문이다. 학교는 한 사회의 가장 대표적인 기관이다. 교육의 사회적 기능은 해석하기에 따라 다양하게 전개될 수 있다. 교육사회학의 연구 영역은 자연히 넓다고 할 수 있다. 심지어 그동안 무관하다고 생각한 교육과정과 교수-학습, 사이버 교육 등의 영역도 교육사회학적으로 폭넓게 해석되어 새로운 시각을 제공해 주고 있다.

교육사회학은 인간과 인간관계에 초점을 둔 학문적 성격으로 인해 대다수의 교육의 사회적 현상에 대한 해석적 능력을 가지고 있다. 교육사회학의 연구 주제는 사회변화에 따라 다양하게 나타난다. 이는 시대의 흐름과 변화에 따라 새로운 주제에 대해 지속적으로 적응할 수 있는 탄력적인 학문적 성격을 가지고 있다. 교육사회학의 연구 주제는 접근하기에 따라 그 영역을 많이 넓힐 수 있지만, 이를 제한된 지면에 모두 열거한다는 것은 무리가 있다.

그래서 여기서는 교육사회학의 전통적 주제와 교육의 사회적 현상에 대한 연구 주제에 대해서만 간단히 언급하고자 한다. 이런 연구 주제들은 교육사회학에 대한 학문적 성격과 용이하게 접근할 수 있는 이해의 실마리를 제공할 것이다. 교육사회학의 연구 주제에 대한 이해를 위해 세 가지 영역으로 구분하여 제시해 보겠다.

첫째, 교육사회학의 독립적인 연구 주제다. 이는 교육사회학의 이론적인 영역에 초점을 둔 것이다. 그 영역을 간단히 제시하면 ① 교육과 평등, ② 교육과 사회이동, ③ 교육과 사회계급, ④ 교육과 사회변동, ⑤ 교육과 재생산, ⑥ 교육과 사회적 지위, ⑦ 교육과 사회적 이해관계, ⑧ 교육의 사회적 기능, ⑨ 교육과 사회화, ⑩ 교육과 선발, ⑪ 교육과 문화, ⑫ 미래 교육의 변화, ⑬ 교육정책 등이다. 이외에도 학교 풍토와 조직, 학업성취, IQ 검사 등도 좋은 연구 주제다.

둘째, 교육사회학의 학문 간 연구 주제다. 이는 교육학의 분과학문과 관련된 연구 주제의 예를 열거한 것이다. 그 영역을 간단히 제시하면 ① 교육과정, ② 교실수업, ③ 교과지식의 선발과 구성, ④ 교사와 학생의 상호작용, ⑤ 교사와 학생의 사회학적 이해, ⑥ 교육의 사회사, ⑦ 사이버 교육, ⑧ 교육행정의 사회문화, ⑨ 교육과 평가, ⑩ 학교입시제도 등이다.

셋째, 교육사회학의 사회현상적인 연구 주제다. 이는 사회 속에 나타나는 현실적인 교육의 현상에 초점을 둔 것이다. 그 영역을 간단히 제시하면 ① 학력 · 학벌주의, ② 교육문화, ③ 교육열, ④ 교육정책, ⑤ 대학입시교육, ⑥ 학교의 비인간화 교육, ⑦ 사교육비, ⑧ 과외교육, ⑨ 조기교육, ⑩ 교육 양극화, ⑪ 학교의 촌지, ⑫ 강남 8학군, ⑬ 조기유학, ⑭ 기러기 아빠, ⑮ 대학수학능력시험 등이다. 이외에도 교육행정정보시스템(NEIS), 고교평준화, 3불정책,

무상급식, 반값등록금 등도 좋은 연구 주제가 된다.

2. 교육사회학의 연구 방법

어떤 현상이나 대상을 연구하기 위해서는 과학적이고 체계적인 절차가 필요하다. 과학적이고 체계적인 접근을 위해서는 연구 결과에 대해 누구나 공감할 수 있는 객관성과 공정성을 확보해야 한다. 모든 학문에서 연구 방법은 자연히 중요할 수밖에 없다.

일반적으로 연구 방법이라 하면 통계적이고 실증적인 방법을 생각한다. 실제 대다수의 서적에서도 연구 방법은 통계적이고 실증적인 방법에 초점을 두고 있다. 그러나 그렇게 간단하지 않다. 연구 방법은 매우 큰 의미를 가지고 있다. 우리는 어떤 대상이나 현상에 대한 분석적 연구를 시도할 때, 다양한 관점과 인식 틀을 가지고 과학적이고 체계적인 해석을 하려고 노력한다. 이때 학문적으로 설득력이 있으면서 체계적인 접근을 갖춘 모든 인식 틀은 연구 방법이 될 수 있다.

연구 방법의 학문적 근원은 인간관에서 출발하여 인간관계에 대한 해석 틀에 의존한다. 이러한 해석 틀을 기준으로 하여 다양한 사회적 현상에 대한 분석을 시도한다. 이러한 해석 틀은 인간과 인간관계에 대한 인식 틀이며, 연구 방법은 새로운 대상과 현상의 해석적 접근을 가능하게 해 주는 것이다.

사회학적으로 보면, 뒤르켐, 파슨스, 마르크스, 베버 등의 사회학적 분석 방법의 틀도 연구 방법에 속한다고 할 수 있다. 심지어 니체, 하이데거, 프로이트 등의 특정 인간관과 세계관에 의존하여 어떤 현상을 분석하려는 사회학적 해석도 광범위한 의미에서는 연구 방법에 해당한다. 연구 방법은 통계적 · 실증주의적 방법에만 한정된 것이 아니라, 다양한 관점에서 접근할 수 있다.

그래서 교육사회학의 연구 방법은 매우 광범위하고 폭넓은 접근이 가능해진다. 넓은 의미에서 교육사회학은 교육에 대한 인간과 인간관계를 다루는 학문이므로 다양한 학문적 배경을 가진 연구 방법에 의존할 수 있다. 교육사회학의 연구 방법은 인간과 인간관계의 인식 틀에 대한 광범위한 연구 방법을 가지게 된다.

그러나 이러한 연구 방법을 모두 언급한다는 것은 현실적으로 거의 불가능한 일이다. 여기서는 이러한 연구 방법을 총괄하여 근원적인 틀에서 간략하게 논의를 하고자 한다. 논의의 편의를 위해 연구 방법을 '인식론적 연구 방법'과 '도구적 연구 방법'으로 구분하여 접근하고자 한다. 인식론적 연구 방법은 인간관에서 출발한 사회관을 중심으로 인간관계에 대한 사회적 해석을 가능하게 한다. 도구적 연구 방법은 객관적이며 수단적인 과학적 도구를 이용하여 해석의 설득력을 높이는 것을 의미한다. 구체적으로 보면 다음과 같다.

첫째, '구조와 행위'라는 관점에 초점을 둔 인식론적 연구 방법을 들 수 있다. 구조주의는 인간을 수동적인 존재로 보고, 행위주의는 인간을 능동적인 존재로 파악한다는 점에서 차이가 있다. 양 극단의 인간관을 중심으로 교육사회학은 모든 사회적 현상을 '구조와 행위'의 인식론적 전략 틀에서 고려한다. 구조와 행위는 매우 단순한 연구 방법의 틀이지만 대다수의 사회과학적 영역에서는 이 범위를 벗어나지 못한다. 구조와 행위의 틀 속에 모든 인간관계의 해석이 가능해진다.

그림 3-1 구조와 행위의 관계

여기서 구조는 사회구조를 의미하지만, 인간관계와 사회관계 등을 포함하고 있다. 행위는 사회의 최소 단위에서 표현되는 인간의 개인적 행동을 의미한다. 이렇게 보면 인간의 행위는 사회구조의 영향을 받으면서, 동시에 사회

구조를 변화시키기도 한다. 구조와 행위는 분리될 수 없는 상호관계 속에 놓여 있다.

　구조와 행위의 예를 들면, 우리가 한국인이 된다는 것은 한국사회의 구조적 영향을 받는다는 것을 의미한다. 사회적 행위 속에 알게 모르게 자신이 속한 직업적 가치관이 표출될 때, 이는 직업세계의 구조적 영향을 받은 것이다. 학문적으로 계급의식, 계급 불평등, 집단의식 등은 암묵적으로 구조적 영향력을 설명하기 위한 것이다. 이와 반대로 행위는 구조가 요구하는 것을 거부 · 도전 · 저항하는 자유로운 성격을 가지고 있다. 사회구조가 요구하는 것을 거부하고 새로운 의미의 창출과 사회적 관계 맺기를 시도하는 것은 기존의 구조적 속박에서 벗어나 자유로움을 표현하는 것이다. 이러한 구조와 행위에 대한 연구를 대별하면 〈표 3-1〉과 같다.

표 3-1 　구조주의와 행위주의 연구 방법론

구조주의 연구 방법	행위주의 연구 방법
• 기능주의 교육이론 • 갈등주의 교육이론 • 뒤르켐의 방법론 • 마르크스의 방법론	• 현상학적 사회학 • 상징적 상호작용론 • 민속방법론 • 해석학적 방법론

　구조와 행위의 접근 방법은 인간관과 사회관에서 양극단에 놓여 있다. 모든 사회과학의 학문적 영역은 구조와 행위의 범주에서 벗어나지 못한다. 단지 구조와 행위에 대한 학문적 관점에 따라 상이하게 접근할 뿐이다. 여기서 중요한 점은 현실적으로 구조와 행위는 상호 영향력을 주고받으면서 변화한다는 것이다.

　그러나 이론적으로는 구조와 행위가 서로 영향을 미치는 통합적인 학문체계가 마련되지 못하고 있는 실정이다. 대다수의 사회과학적 이론들을 분석하면 정도의 차이가 있지만, 구조와 행위 양쪽 중 어느 한편에 놓여 있다. 이론적으로 구조와 행위를 통합하는 것은 매우 어려운 작업이다. 특정 사회현상을 구조와 행위의 통합적인 방법에서 해석하는 것이 아니라, 양 극단의 어느 한 방법에 의존하여 해석하는 경향이 강하다. 구조와 행위는 교육사회학적 해석에서 설득력 있는 중요한 방법론적 인식 틀로 이용되고 있다. 구조와 행위를 교육사회학적으로 확대 해석하면 [그림 3-2]와 같다.

그림 3-2 사회와 교육의 관계

일반적으로 사회는 교육에 영향을 미치고 교육은 사회를 변화시키는 원동력이 된다. 사회는 구조에 해당되고 교육은 개인 행위의 변화를 유도하므로 행위에 속한다. 구조와 행위는 학문적으로 사회와 교육과 대응관계를 이루고 있다고 할 수 있다. 구조와 행위의 학문적 관계 속에 사회와 교육을 해석하는 것이 교육사회학이다. 구조와 행위의 관계처럼 사회와 교육에 대한 해석 역시 용이한 일은 아니다. 사회와 교육은 상호 간 영향을 미치지만, 학문적으로는 구조와 행위를 인식론적으로 상호관계를 통합적으로 해석하는 것은 매우 어렵다. 구조와 행위의 학문적 통합의 한계로 인해 사회와 교육의 관계도 학문적으로 통합 해석하는 것에 어려움이 있다. 그러나 구조와 행위의 심층적 이해를 도모하면 사회와 교육에 대해 비교적 체계적이고 명확한 해석적 근거를 제공할 수 있을 것이다.

둘째, 양적 방법과 질적 방법이라는 도구적 연구 방법을 들 수 있다. 구조와 행위의 연구 방법은 인간관과 사회관에 근거하여 연구 방향을 설정하고 분석하는 데 매우 유용하다. 이러한 연구 방향에 대해 체계적이며 객관적인 해석을 부여하는 것이 양적 방법과 질적 방법이다. 일반적으로 이런 방법들을 연구 방법으로 여기고 있는데, 양적 방법과 질적 방법은 구조와 행위의 연구 방법에서 제공된 인간과 인간관계에 대한 인식 틀에서 출발하여 이를 중명하는 도구적이며 수단적인 성격을 가지고 있다. 구조와 행위의 인식론적 연구 방법에서는 양적 방법과 질적 방법 모두를 객관화된 도구로서 필요에 따라 활용할 수 있다.

양적 방법은 모든 현상에서 원인과 결과를 구분하는 뚜렷한 인과관계에 초점을 두며, 통계적 · 실증주의적 방법에 의존한다. 양적 방법은 분석 대상에 대해 주관적 관점을 배제하고 객관성을 높이기 위한 것이다. 양적 방법은 모든 분석 대상과 현상을 수량화 · 계량화하고 있다. 그러나 양적 방법은 뚜렷한 원인과 결과를 가정하여 인간의 복잡한 심리구조와 사회현상 등 수량화할 수 없는 대상을 수량화하고 있다는 점에서 비판을 받고 있다. 또한 양적 방법은 인간의 사회적 행위는 상황에 따라 매우 다양하게 반응하는데도, 수량화된 객관적 틀에 고정시켜 해석하는 경향이 강하며, 모든 사회적 현상을 표준화된 객관적 범주 틀에 고정하여 경직된 해석을 한다는 점에서 한계를 가지고 있다.

질적 방법은 양적 방법과는 달리 객관화보다는 주관적 행위와 의미관계에 초점을 두고 있다. 질적 방법은 특정 대상에 대한 고정적이고 일정한 해석을 거부하며, 상황에 따라 다양한 해석이 가능하다는 입장이다. 질적 방법은 어떤 개인의 행위를 일정한 학문적 틀에서 해석하는 것이 아니라, 개인이 처한 사회적 상황에 따라 유연한 해석적 관점을 취한다. 질적 방법은 한 개인에 대한 이해를 위해, 사회가 제공하는 객관적이고 표준적인 해석 틀을 버리고, 그 개인의 마음 속에 들어가 개인이 처한 상황을 직접적으로 이해하는 주관적 해석을 지향한다. 질적 방법은 주로 관찰, 면담, 녹음 등의 도구를 이용하여 사회적 상황에 따른 주관적 해석을 시도하고 있으며, 인류학, 현상학, 민속방법론 등에서 강조되고 있다. 그러나 질적 방법은 개인의 주관적 해석을 강조하기 때문에 사회적으로 객관화하기 어렵다는 한계가 있다.

이렇게 보면 양적 방법과 질적 방법은 학문적으로 양 극단에 놓여 있다. 양적 방법과 질적 방법은 상호 장단점이 공존하고 있다. 양적 방법과 질적 방법은 객관화와 주관화라는 한계를 가지고 있다. 따라서 이러한 양쪽 방법론의 한계를 극복하기 위해, 양적 방법과 질적 방법의 장점을 통합할 수 있는 삼각법(triangulation)을 지향하고 있다. 삼각법은 양적 방법의 객관성과 질적 방법의 주관성에 대한 방법론적 장점을 통합하여 연구 방법의 신뢰도를 높이기 위해 고안된 통합적 방법이다.

제4장
교육사회학의 기초 주제

1. 교육과 문화

인간에게 문화란 숨 쉬는 공기와 같다. 인간은 문화 속에 살고 있으며, 문화는 인간의 모든 일상생활을 지배하고 있다. 인간이 문화를 벗어나 산다는 것은 거의 불가능하다. 인간이 문화적 동물로 불리는 것은 이 때문이다. 설령 무인도에 갇혀 있어도 인간은 도구를 활용하기 때문에 문화를 벗어날 수 없다. 인간은 의식적이든 무의식적이든 문화의 울타리 속에서 사고하고 행동하게 된다. 따라서 우리의 일상생활을 지배하는 문화에 대한 교육사회학적 이해는 매우 중요할 수밖에 없다.

문화 'culture'는 라틴어인 'colere'에서 파생하였으며, 원래는 '재배하다'와 '경작하다'라는 뜻을 가지고 있었지만, 오늘날에 와서 가치관, 관습, 도덕, 법률, 교양 등 인간의 모든 생활과 행위를 포함하는 광범위한 의미로 사용되고 있다. 문화는 자연과 대비되는 개념으로, 자연에 인위적인 측면이 조금이라도 포함된 것을 문화라고 한다. 이러한 문화에 대한 정의는 학자마다 매우 다양하다.

기든스(Giddens, 1989: 55)는 문화란 집단의 성원이 견지하고 있는 가치(value), 그들이 준수하는 규범(norm), 그리고 그들이 창조한 물질적 재화로 구성된다고 하였다. 프리처드와 벅스톤(Prichard & Buxton, 1973: 35)은 문화란 인간이 만든 모든 환경적인 것을 포함하는 것으로서, 전체적이고 포괄적인 대상을 뜻한다고 하였다. 인간의 언어, 믿음, 태도, 그리고 현대적이거나 원시적인 생산의 방법, 교육적 체제 및 그 밖의 인간에 속한 모든 것들이 문화에 속한다는 것이다.

이종각(1984: 44)은 문화란 어떤 집단의 구성원이 공통적으로 가진 생활양식 또는 사고양식을 의미한다고 하였고, 이러한 문화는 개체의 특성을 가리키는 것이 아니라 집단에 의해 공유된 특성을 의미한다고 보았다. 홉스테드(Hofstede, 1991: 25)는 컴퓨터 프로그램에 비유하여 정신적 소프트웨어를 문화라고 하였다.

이처럼 문화는 관점에 따라 다르게 생각할 수 있으나 정신적 사고와 밀접한 관련을 가지고 있다는 점에는 대다수가 공감한다. 문화는 한 사회의 정신적 경향성이며, 집단적 사고의 흐름이라 할 수 있다. 문화는 사회관계를 규정하는 가치관, 관습, 규범 등의 정신적 기반이며, 한 개인의 행위와 지각에 영향을 미친다. 문화는 한 인간의 정신세계를 규정하는 인지적 판단의 기준으로 작용한다. 문화는 사회적으로 공유하는 진선미의 가치 기준에 의해 공통의 판단 규칙을 제공한다. 문화가 상이하다는 것은 진선미에 대한 가치 판단의 기준이 상이하다는 것을 의미한다.

그러면 문화와 문명은 어떤 관계를 가지고 있는가? 문명은 인간사회가 이룩한 구체화된 물질적 · 사회적 발전 등을 말한다. 물질적 · 사회적 발전은 그 사회가 추구하는 정신적 가치관에 의존하는데, 이러한 물질적 · 사회적 발전의 구체물은 인간의 정신이 사회적으로 외화(外化)된 결과물에 불과하다.

문명은 문화에 포섭되는 개념이라 할 수 있다. 문화는 한 사회의 정신적 소프트웨어이며, 집단적 사고의 흐름이기 때문이다. 결국 사회관계는 문화적 기준, 즉 인간관계를 규정하는 가치관, 관습, 규범, 태도 등의 정신적 가치 기준에 의존하게 된다.

문화는 고정되어 있는 것이 아니라 물의 흐름처럼 시대와 공간에 따라 다양하게 변모하는 역동적인 성격을 가지고 있다. 따라서 문화적 가치 기준이 다른 새로운 문화가 나타나면 상대적으로 기존의 문화는 사멸할 수 있게 된다. 문화는 가치 기준의 정신적 흐름이므로 실질적인 인간관계를 규정한다. 문화가 변화하면 새로운 인간관계가 나타난다.

우리의 경우 조선시대와 현대사회의 문화를 비교하면 어렵지 않게 이해할 수 있다. 문화를 이해하는 것은 사회관계의 흐름과 개인의 행위를 예측 가능하게 한다. 문화는 인간관계의 사회적 흐름을 이해하는 중요한 변인이 된다. 따라서 문화를 이해하기 위해 기본적인 문화적 용어의 개념부터 살펴볼 필요가 있다.

첫째, 문화적 상대주의(cultural relativism)를 들 수 있다. 문화 속에는 객관적이며 보편적인 가치 기준이 없으며, 문화 간에는 우열이 존재하지 않는다. 문화는 그 사회의 필요에 의해 나타났으며 다른 문화적 기준에 의해 차별을 받지 말아야 한다. 모든 문화는 태어난 배경과 환경이 다르기 때문에 그 고유한 가치를 가지고 있으며 문화 간의 비교 자체는 이루어질 수 없다. 훌륭한 문화와 그렇지 않은 문화를 규정하는 것은 자신의 문화를 보편적 가치의 절대 기준으로 삼아 사회적 우월 의식의 기반을 마련하기 위한 것으로, 사회갈등의 원인이 된다. 문화적 차이는 인정하지만, 문화적 차별의 기준으로 삼지는 말아야 한다.

둘째, 문화접변(cultural acculturation)을 들 수 있다. 문화는 시대와 공간에 따라 다르게 나타난다. 문화는 고정되어 있는 것이 아니라 물의 흐름과 같이 지속적으로 변화하는 역동적인 성격을 가지고 있다. 이러한 문화적 변화는 다른 문화와 접촉을 통해서 새로운 문화로 변용하여 나타난다. 문화접변은 두 개의 다른 문화체계가 상호작용하여 새로운 양식의 문화로 변화하는 과정과 결과를 의미한다.

셋째, 문화갈등(cultural conflict)을 들 수 있다. 문화는 가치관, 규범, 행위 등을 규정하는 정신적 기준이다. 각각의 사회는 추구하는 문화적 가치가 다르다. 이 말은 진선미의 가치 판단과 일상 행위의 가치 기준이 다르다는 것을 의미한다. 서로 다른 문화가 만나는 것은 가치 판단의 기준이 다르기 때문에 사회적 오해와 마찰이 일어날 수 있다. 특정 행위에 대해 한쪽은 선으로 판단하고, 다른 한쪽은 악으로 판단할 수 있는 것이다. 이럴 경우 충돌이 불가피해진다. 문화갈등은 추구하는 의식체계가 다른 문화들의 가치 기준 간에 오해와 충돌이 일어나는 것을 의미한다.

넷째, 문화지체(cultural lag)를 들 수 있다. 이는 오그번(W. F. Ogburn)이 제시한 용어로서, 문화 속의 다양한 요인들이 동일한 비율의 속도로 변화하지 않으며, 각 문화 요인 간의 변화 속도에는 편차가 있다는 것이다. 대표적으로 정신문화와 물질문화의 변화 속도를 예로 들 수 있다. 현대사회에서 물질문화는 급속하게 변화하고 있으나 정신문화는 물질문화의 변화 속도에 상응하지 못하고, 상대적으로 지체되는 현상을 보이고 있는 경우다.

이외에도 문화와 관련된 용어는 많다. 중심부 문화를 의미하는 중핵문화(core culture)와 주변부 문화를 의미하는 하위문화(subculture) 등 많은 용어가 있다. 문화의 사회적 개념은 다양하게 분류될 수 있기 때문이다. 그렇지만 문화는 인간관계를 연결하는 무의식적이며, 의식적인 틀로서, 인간관계의 정신적 소프트웨어이자 정신적 네트워크다. 문화는 사회와 동일시될 정도로 중요하며, '사회의 영혼'이라고 할 수 있다.

교육은 매우 중요한 문화적 기능을 한다. 한 사회에서 교육의 역할은 가늠하기 어려울 정도로 크다. 교육은 기존의 문화관계를 유지·발전시키는 기능을 담당하기 때문이다. 교육은 문화의 전승과 새로운 문화의 창출을 도모하고 있다. 교육은 문화적 갈등현상을 해소하고 상호 간에 유연한 조화를 이루게 하여, 사회의 안정적 통합에 기여한다. 또한 교육은 인간을 문화적 존재로 양성하기 위해 후천적으로 일정한 문화를 습득할 수 있는 학습과정을 제공한다. 교육을 문화화의 과정이라 언급해도 무리가 없을 정도다. 따라서 학교를 문화 전수기관이라고 불러도 무방할 것이다. 그만큼 교육과 문화는 밀접한 관계를 가지고 있다.

2. 교육과 사회계급

사회는 단순히 사람들의 모임으로만 이루어진 것은 아니다. 그 속을 자세히 살펴보면 비슷한 사람끼리 하나의 군으로 이루어져 다른 군과 구별되어 있음을 알 수 있다. 땅속을 파 보면 비슷한 지질이 모여 다른 지질과 구분되는 지층을 이루고 있듯이, 사회 속에서도 사람의 집합군이 지층과 비슷하게 하나의 층을 이루고 있다. 이 층은 여러 기준에 의해 구분된다. 우리는 보통 연령, 성별, 지위, 능력, 직업, 가치관 등으로 사람들을 구분한다. 이러한 인위적 구분은 사회적 특성과 흐름을 효과적으로 파악하기 위한 것이다.

그러나 시대와 공간에 따라 사회적 흐름이 끊임없이 변모하기 때문에 사회적 구분은 용이한 일이 아니다. 이를 위해서는 사회적 상황에 따라 다른 구분 잣대를 마련해야 하는데, 구분하는 방법은 관점에 따라 무수히 전개될 수 있다. 여기서는 기초적인 개념인 최소의 구분 단위로 나누어 논의하고자 한다.

첫째, 사회계층(social stratification)을 들 수 있다. 사회계층은 사람들의 구성원 층을 구분하면서 종적인 지위의 위계 서열을 나타내고 있다. 어느 사회든지 사람들은 자신이 위치한 공간이 있다. 그 공간 속에 사회가 주는 지위에 의해 서열이 나뉘는데, 그 기준은 매우 다양하다. 사회계층을 구분할 때는 지

위, 권력, 부, 신분, 학력, 가치관 등의 다변인을 고려한다. 사회계층은 주로
'기능주의적 관점'에서 사회적 서열을 구분하기 위해 사용하는 용어다.

둘째, 사회계급(social class)을 들 수 있다. 사회계급은 마르크스(K. Marx)
에 의해 제기된 개념으로, 경제적 부의 단일 변인이 구분의 기준이 된다. 사
회계급은 경제적 부에 의해 파생된 생산력과 생산수단의 소유에 따라 달라
지는 생산관계의 사회적 위치를 파악하기 위한 것이다. 마르크스는 사회
계급을 생산력과 생산수단을 소유하고 있는 자본가를 지칭하는 부르주아
(bourgeoisie)계급과 노동력을 제공하는 노동자를 지칭하는 프롤레타리아
(proletariat)계급으로 구분하여 자본주의 사회의 계급적 모순에 대한 이론적
도구로 활용하였다. 이런 이유로 사회계급은 주로 '갈등주의적 관점'에서 사
회적 서열을 구분하기 위해 사용하는 용어라 할 수 있다.

사회계층은 연속선상에 있는 지위의 서열을 다원적 지표로 구분하는 것으
로 상, 중, 하 또는 상상·상하, 중상·중하, 하상·하하로 위계를 정하지만,
그 방법은 상황에 따라 다양하게 구분될 수 있다. 반면에, 사회계급은 경제적
단일 요인에 의해 결정되는 것으로서 계급관계는 대립적이며 비연속적인 특
징을 가지고 있다. 사회의 위계 서열 구분에서 계층적 혹은 계급적으로 해석
하는 것은 사회관에서 상당한 차이를 보이는 것이다.

사회를 구분하는 계층관과 계급관의 뚜렷한 이론적 차이에도 불구하고, 오
늘날에는 이 두 개념을 혼용하여 쓰기도 한다. 경제적 부에만 한정시킨 계급
개념은 사회가 복잡해짐에 따라 경제에서 파생된 문화적 변인을 접목시킴으
로써 다양한 변인을 고려하게 된다. 이런 이유로 계층과 계급은 다소 모호하
게 사용되고 있다. 일반적으로 사회계층과 사회계급은 social class로 혼용되
고 있다.

사회계층과 사회계급은 수직적 지위의 위계 서열을 나타낸 개념으로 사회
적 불평등을 전제로 하고 있다. 이 점에서 교육적 의미는 커질 수밖에 없다.
교육은 재능과 노력에 의해 일정한 지위에 오를 수 있는 기회를 부여하여 사

회적 불평등을 완화하는 기능을 담당하고 있기 때문이다.

특히 현대사회는 누구에게나 차별 없이 공정한 기회를 부여하는 능력주의 (meritocracy) 이념을 지향하고 있다. 이러한 능력주의 이념을 발현하는 대표적인 장소는 학교다. 학교를 통한 제도화 교육은 자신의 능력에 따라 원하는 사회적 지위에 도달하게 한다. 학교교육에 따라 사회의 위계 서열이 달라질 수 있다. 이 점에서 학교교육은 사회적 지위의 서열을 나타내는 사회계층과 사회계급과 밀접한 관련을 가질 수밖에 없게 된다.

3. 교육과 사회이동

전통적 사회는 태어난 신분과 혈통에 의해 결정되는 귀속주의 사회(ascribed society)였다. 귀속주의 사회에서는 개인이 좋은 재능이 있고 많은 노력을 해도 출신의 한계를 벗어날 수는 없었다. 우리의 반상 제도와 인도의 카스트 제도가 대표적인 예다.

그러나 현대사회는 개인의 재능과 능력 정도에 따라 사회적 지위가 결정되는 능력주의 사회(meritocracy society)다. 능력주의 사회는 계층과 계급의 구분 없이 누구나 노력을 하면 그에 상응하는 사회적 보상이 주어지는 개방사회(open society)를 지향하고 있다. 개방사회는 모두에게 공정한 기회를 제공하며, 능력에 따라 원하는 사회적 지위를 얻을 수 있다.

귀속주의 사회에서 사회이동(social mobility)은 혈연과 신분에 의해 폐쇄되어 있지만, 능력주의 사회에서 사회이동은 비교적 자유롭게 이루어지고 있다. 능력주의 사회에서 사회이동을 가능하게 하는 대표적인 장치는 교육이다. 교육은 지위의 사다리이며, 사회이동을 촉진하는 제도적 장치다. 교육은 원하는 사회적 지위를 점유할 수 있는 기회를 제공하기 때문이다.

현대사회는 교육에 의한 능력주의 발현을 중요시하며, 그러한 교육적 능력을 통해 사회이동이 이루어지고 있다. 현대사회에서 교육은 사회이동의 실질적 장치인 것이다. 이처럼 교육과 사회이동은 밀접한 관계를 가지고 있다.

사회이동은 개인의 사회적 위치가 다른 위치로 이동하는 것을 말한다. 사회이동은 수평적 이동(horizontal mobility)과 수직적 이동(verticial mobility)으로 구분할 수 있는데, 수평적 이동은 비슷한 사회적 지위로 이동하는 것을 의미한다. 예컨대, 판사로 재직하다 국회의원의 신분으로 직종을 바꾸는 것이다. 수직적 이동은 상승이동(upward mobility)과 하강이동(downward mobility)으로 구분된다. 상승이동은 현 지위보다 높은 지위로 이동하는 것이며, 하강이동은 반대로 낮은 지위로 떨어지는 것이다. 수직적 이동은 상하의 지위 이동이 이루지는 것을 의미한다.

일반적으로 사회적 지위는 피라미드 계층의 불평등 구조로 되어 있다. 그래서 상하의 수직적 이동이 활발히 일어난다 해도 평등한 사회가 구현되는 것은 아니지만, 활발한 수직적 이동은 이론적으로 건강한 사회라고 할 수는 있다. 이러한 상하의 수직적 이동이 활발히 일어난다는 것은 공정한 기회를 제공하여 능력에 대한 사회적 보상이 적절히 주어지고 있다는 것을 의미한다. 그러나 기대와 달리 선진국 중에서도 수직적 이동이 활발한 나라를 찾아보기는 어렵다.

다음은 세대 간 이동(intergenerational mobility)과 세대 내 이동(intragenerational mobility)을 들 수 있다. 세대 간 이동은 한 세대에서 다음 세대에 걸쳐 수직적 이동이 이루어지는 것을 말한다. 세대 간 이동은 아버지와 아들에 걸쳐서 이루어지는 사회이동이다. 세대 내 이동은 개인이 경험한 직업적 지위의 이동, 즉 동일 세대 내에서 이루어지는 이동을 의미한다. 세대 내 이동은 가끔 생애이동(career mobility)이라고 표현하기도 한다.

또한 구조적 이동(structural mobility)과 교환이동(exchange mobility)이 있다. 구조적 이동은 사회구조의 변화에 의해 자연스럽게 이루어지는 이동을 말한다. 예컨대, 1950년대의 우리나라는 농림업에 종사하는 사람이 거의

70%에 달하였다. 그러다가 1960년대 초 경공업에서 중화학공업으로 산업구조가 바뀌면서 농림업의 대다수 인구는 2·3차 사업에 자연스럽게 편입되어 상승이동을 경험하게 된다. 이러한 상승이동의 확대는 산업구조의 팽창으로 기인된 경우다. 이처럼 구조적 이동은 사회와 산업구조의 변동으로 이루어지는 사회이동을 일컫는다.

교환이동은 구조적 변동 없이 순수하게 개인의 사회적 지위가 바뀌게 되는 경우다. 교환이동은 구조의 변화와 무관하게 개인의 능력에 의해 사회이동이 이루어지는 것이므로, 이런 이유로 교환이동을 '순수이동'이라고 한다. 실제 사회에서는 구조적 이동과 교환이동이 동시에 일어난다. 사회이동의 총량에서 구조적 이동량을 제외한 것을 일반적으로 교환이동이라고 한다.

지금까지 살펴본 것처럼 사회이동은 매우 다양하게 분류된다. 각각의 사회이동은 교육적으로 많은 의미를 가지고 있다. 그러나 교육과 가장 밀접한 관련을 가진 사회이동은 수직적 이동이다. 수직적 이동은 상하의 신분적 지위가 변하는 것으로 사회 구성원들의 현실적 이해관계를 반영하고 있기 때문이다. 교육의 사회이동 촉진은 수직적 이동을 의미한다.

교육은 사회적 능력의 대리 지표로 수직적 이동의 사다리 역할을 한다. 수직적 이동과 관련하여 교육은 중요하게 부각된다. 교육의 수직적 이동에 대해서는 관점에 따라 그 해석이 매우 다양하다. 예를 들면, 기능주의에서는 교육을 수직적 이동을 촉진시키는 지위의 사다리로서 긍정적으로 인식하는 반면, 갈등주의에서는 교육이 수직적 이동을 저해하고 이를 정당화하는 이데올로기적 기능을 수행한다고 본다. 학문적 관점에 따라 교육의 사회이동을 반대로 해석하고 있는 것이다. 이처럼 교육의 사회적 기능에 대해서는 다양한 해석이 이루어질 수 있다.

4. 교육사회학과 패러다임

우리는 '이론'이라 하면 까다롭고 접근하기 어려운 느낌을 갖는다. 각각의 이론들은 논리적 체계를 발전시키기 위해 어렵고 새로운 용어를 끊임없이 개발·제시하여 우리를 더욱 혼란스럽게 한다. 실제 이론은 동일한 사실이라도 학자마다 해석하는 방법에서 큰 차이를 보인다. 구조와 행위의 관점에서도 인간관에 대한 극명한 차이로 인해, 동일한 사회현상에 대해서도 상이한 해석을 한다. 각 이론들은 인간관, 사회관, 세계관에서 지향하는 관점이 상이하여 해석 기준이 다르기 때문이다.

사실, 이론의 목적은 현상 간의 관계를 과학적이고 논리적인 분석 틀을 통해 설명하고 예측하려는 체계적인 관점을 제시하는 데 있다. 이론은 사회현상에 대한 이해와 해석을 용이하게 하는 특정 관점이다. 이런 이론은 인간과 인간관계에 대한 이해 틀과 통찰력을 제공해 준다.

이론은 사회현상에 대한 특정 해석을 제공해 주는 '인식의 안경'이라 할 수 있다. 어떤 안경을 착용하느냐에 따라 세상은 하얀색, 파란색, 빨간색 등 각기 다른 색으로 보인다. 이론은 머릿속에 있는 인식의 안경이므로, 어떤 이론을 취하느냐에 따라 사회현상에 대한 해석 방식이 달라진다. 이론적 관점에 따라 인간관, 사회관, 세계관이 달라지며 세상에 대한 진선미의 판단 기준이 달라진다.

그러나 어떤 이론도 완벽하지는 않다. 이론은 인간의 머릿속에서 만들어진 것이어서 사회현상에 대한 완벽한 설명을 제공하지 못한다. 단지 사회적 공감대를 가진 설득력 있는 설명 틀을 제시해 줄 뿐이다. 시대와 공간에 따른 주변 환경의 변화로 인해 사회는 변화무쌍한 모습으로 나타난다. 이런 사회 변화를 설명하기 위해 기존의 이론이 한층 발전되거나, 새로운 이론이 나타난다. 이론 역시 변모하는 것이다.

그러나 특정 이론에만 편향되면 사회현상을 경직되고 편협한 시각으로 해석할 수 있다. 인간을 위해 만들어진 이론이 때론 칼이 되어 인간에게 깊은 상처를 주기도 한다. 인간을 위한 이론이 아니라 '이론을 위한 이론', 수단과 목적이 바뀌는 가치전도에 빠지게 된다.

이론은 이 세상을 이해하는 자신의 참고 지표일 뿐이며, 다른 사람의 이해 방식을 잠시 빌린 것에 불과하다. 특정 이론이 전부라고 생각하는 것은 독선적 잠에서 깨어나지 못한 것과 같다. 안경을 잘 보이게 하려면 끊임없이 닦아야 하듯이, 인식의 안경인 이론의 발달에도 지속적인 성찰적 사고가 필요하다. 자신의 이론적 관점을 갈고닦아서 한층 발전시키고, 다른 이론의 장점을 받아들여 자신의 부족한 점을 메워야 한다. 다른 사람의 상이한 사고도 받아들일 줄 아는 열린 자세가 필요하다. 그래야만 세상을 이해하는 자신만의 성숙한 이론적 관점을 가질 수 있다.

비록 이론이 세상을 이해하는 참고 지표지만, 기존 이론을 이해하는 것은 매우 필요하다. 이론은 사회현상에 대한 이해 방식과 인식의 안경을 끊임없이 닦을 수 있는 사고의 기반을 제공해 주므로, 이론에 대한 이해는 매우 중요하다.

그러나 이론은 무수히 많으므로, 모든 이론을 세밀하고 자세히 이해할 수는 없다. 이론을 이해하는 것도 힘든 일이지만, 이론을 분류하는 방법도 용이하지는 않다. 이론을 분류하는 방법 역시 특정 관점에 의존하기 때문에, 그 방법은 학자마다 다르다. 물론 분류 방법은 학문적 타당성이 있지만, 너무 다양하여 때로는 우리를 혼란스럽게 한다. 하지만 큰 틀에서 보면 비슷한 분류 특성을 가지고 있다. 이론의 분류 틀은 '이론을 이해하는 지도'와 같으며, 이론적 흐름과 맥락에 대한 심층적 혜안을 준다.

이론의 분류에 앞서, 패러다임(paradigm)이라는 개념을 알아야 한다. 패러다임은 이론 분류의 틀로서 이용되는 용어이기 때문에, 패러다임에 관한 인식은 중요할 수밖에 없다. 패러다임은 1962년 과학철학자 쿤(T. Kuhn)이 『과학혁명의 구조(The structure of scientific revolution)』라는 그의 저서에서 과학의 발전사를 효과적으로 설명하기 위해 만들어 낸 신조어다. 그에 의하면 과학의 발전은 점진적이며 개선적으로 이루어진 것이 아니라, 비약적이며 도약적으로 이루어졌다.

국가가 공인하는 특정 정상과학이 패러다임 I로 정착되고, 어떤 과학 문제도 패러다임 I이라는 과학적 인식 틀에서 해결하려고 하였다. 심지어 패러다임 I로 해결하지 못하는 과학 문제는 개인의 능력 부족으로 여겼으며, 다른 과학적 인식 틀은 인정하지 않았다. 기존의 과학은 패러다임 I이라는 과학적 인식의 울타리에 갇혀서 진전을 볼 수가 없었다. 그러다가 우연히 패러다임 II라는 새로운 과학적 인식 틀이 대두되면서 과학은 비약적으로 발전하게 된다. 예컨대, 평평한 지구에서 둥근 지구라는 인식의 대전환은 과학적으로 논리적이고 점진적으로 이루어진 것이 아니라 갈릴레오에 의해서 급격하게 발전된 것이었다.

뉴턴(I. Newton)은 시간과 공간을 엄격히 분리하기 위해 절대시간과 절대공간을 제시하였으며, 이것은 오랫동안 과학계에서 지배적인 패러다임으로 군림하였다. 당시의 상황에서 뉴턴의 과학관에 도전한다는 것은 곧 진리에 도전하는 것처럼 매우 어려운 일이었다.

그러나 아인슈타인(A. Einstein)이 출현하면서 뉴턴과 근본적으로 학문체계가 전혀 다른, 새로운 사고 틀이 제시되었다. 그는 상대성이론을 제시하면서, 시간과 공간은 분리된 것이 아니고 위치에 따라 시간의 흐름이 다르고 공간도 중력에 의해 휘어져 있으며 표준적인 시공간은 존재하지 않는다고 하였다. 이런 생각은 과학적 인식의 대전환을 이루는 획기적인 사건이었지만 이것을 인정하는 데에는 많은 시간이 필요하였다. 이것을 패러다임의 전환이라고 하며, 이를 도식화하면 [그림 4-1]과 같다.

정상과학으로 인정받는 패러다임 I은 자신의 과학적 인식의 울타리를 조금도 벗어나지 않으려고 하여, 비정상적인 것들에 의해 지속적으로 도전을

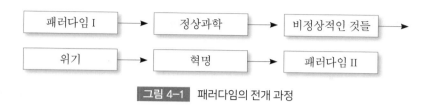

그림 4-1 패러다임의 전개 과정

받는다. 그러다가 패러다임 I이 위기를 맞음과 더불어 패러다임 II라는 새로운 과학적 인식 틀이 급격하게 대두되면서 과학은 혁명적 발전을 이루고 차츰 정상과학으로 정착된다. 이처럼 과학은 지속적이고 누적적인 발전을 하는 것이 아니라, 개념이 전혀 다른 새로운 과학적 인식 틀의 대두에 의해 혁명적인 발전을 한다.

이처럼 패러다임이라는 용어는 처음에 과학적 인식 틀을 구분하기 위해 사용한 것이다. 이후 패러다임은 점차 발전되어 다른 학문 차원에서 이론과 인식의 구분을 위해 매우 다양하게 활용되고 있다. 사회과학에서도 예외는 아니다.

사회과학에서 패러다임은 사회현상을 설명하기 위한 이론적 관점에 대한 인식 틀을 구분하기 위해 사용하고 있다. 예컨대, 규범적 패러다임(normative paradigm)과 해석적 패러다임(interpretive paradigm)으로, 또는 기능주의 패러다임과 갈등주의 패러다임 등으로 구분하여 쓴다. 교육사회학에서도 패러다임은 이론적 관점을 구분하기 위해 활용하고 있다. 여기서는 세 개의 분류 방법을 제시하여 교육사회학의 이론적 산맥에 대한 이해를 높이고자 한다. 교육사회학의 이론적 패러다임에 대해 카라벨과 핼시(J. Karabel & A. H. Halsey)의 분류, 폴스톤(R. G. Paulston)의 분류, 블랙키지와 헌트(D. Blackage & B. Hunt)의 분류 틀을 제시하면 〈표 4-1〉과 같다.

교육사회학의 이론적 패러다임은 외형상 학자마다 매우 다르지만, 자세히 살펴보면 상당히 비슷한 분류 형태를 보여 주고 있다. 큰 틀에서 보면 그것들은 대부분 블랙키지와 헌트의 분류 방법에 속해 있다. 다만 학자가 위치한 시

대적 관점의 차이와 중요도에 따라 차이를 보이는 것이다. 따라서 분류 방법
은 학자마다 다를 수 있으며 어떤 분류 방법을 택하느냐에 따라 설명력에서
약간의 차이가 있지만, 크게 중요한 것은 아니다. 제2부에서는 비교적 단순
하게 분류한 블랙키지와 헌트의 방법을 따르고자 한다. 단순한 분류 방법이
지만 교육사회학의 이론적 맥락을 이해하는 데 많은 도움을 주기 때문이다.

표 4-1   교육사회학의 이론적 분류 체계

카라벨과 핼시의 분류	폴스톤의 분류	블랙키지와 헌트의 분류
• 기능주의적 교육이론	• 진화론	• 기능주의 교육이론
• 경제적 인간자본론	• 신진화론	
• 방법론적 경험주의	• 구조기능이론	
	• 체제이론	
• 갈등주의 교육이론 　-신베버학파 　-신마르크스주의	• 마르크시즘과 네오마르크시즘 • 문화재건이론 • 무정부적 이상론	• 갈등주의 교육이론
• 신교육사회학		• 신교육사회학

제 **2** 부

교육사회학의 이론

교육사회학 이론은 교육과 사회의 관계에 대한 논리적 인식 틀을 제공한다. 교육사회학 이론은 동일한 교육의 사회적 현상에 대해서도 다양한 해석을 가능하게 한다. 전통적 교육사회학 이론인 기능주의 교육이론, 갈등주의 교육이론, 신교육사회학은 교육과 사회의 제 관계에 대해 성찰적 인식을 제공한다. 교육사회학 이론은 교육의 사회적 사실에 대한 깊은 이해와 해석을 가능하게 한다. 교육의 사회적 현상은 끊임없이 새로운 형태로 변모하는데, 교육사회학 이론도 예외는 아니다. 교육사회학 이론은 교육의 시대적 변화에 따라 한층 발전하여, 새로운 해석적 통찰력을 제공한다.

제 5 장
기능주의 교육이론

1. 대두 배경과 이론적 특징

1) 대두 배경

　기능주의(functionalism) 사회학의 출현은 당시의 지적 분위기나 사회적 혼란과 무관하지 않다. 유럽은 중세까지 신학이 중심적인 학문이었다가, 근대에 들어서면서 이성 중심의 철학이 성행하게 되었다. 19세기 전후에는 자연과학과 다윈(C. R. Darwin)의 진화론이 각광받았다. 모든 학문은 과학과 같이 엄밀함을 요구받아서, 사회학의 창시자인 콩트(A. Comte)도 사회학을 '사회물리학'으로 명명하며 출발하였다.

　사회학 출현의 또 하나의 중요한 계기는 당시의 사회적 혼란을 들 수 있다. 1789년 프랑스 대혁명이 일어나면서, 당시의 사회는 정치사회적으로 극심한 혼란의 소용돌이 속에 있었다. 그 이후에도 프랑스에서는 계속적으로 혁명이 일어났으며 불안한 상황이 지속되었다. 19세기 후반에는 보불전쟁이 일어나 사회적 정체감을 상실할 정도였다. 또한 영국에서 산업혁명이 일어나면서 경제와 사회구조의 변화를 가속화시켰다. 이처럼 19세기는 사회적으로 질서 유지가 어려운 혼란의 시기였다.

당시의 시대적 상황은 사회 불안과 혼란으로 점철되었다. 이런 상황은 사회적 위기의식을 느끼게 하였으며, 동시에 사람들은 새로운 질서를 통해서 사회가 안정되기를 갈망하였다. 이 시대의 사회학자들이 사회 안정과 질서 유지의 필요성을 느낀 것은 자연스러운 일이었다.

그래서 콩트는 사회질서 유지와 개선에 관심을 가졌으며, 사회에 관한 이론적 과학의 필요성을 느꼈다. 콩트는 새로운 사회질서와 개선을 통해 사회가 보다 안정을 취할 수 있는 사회이론을 체계화하기 시작하였다. 그는 사회질서는 자연법칙과 비슷하며, 구성원들의 지지와 보편적 합의에 의해 이루어진다고 보았다. 콩트의 이러한 관점은 기능주의 사회학의 이념을 지탱해 주는 이론적 기반이 되었다.

비슷한 시기의 스펜서(H. Spencer) 역시 적자생존과 진화의 법칙을 강조하면서 사회적 균형을 강조하였다. 뒤르켐은 정치사회적으로 극심한 혼란을 겪으면서 사회질서에 관심을 가졌는데, 그는 사회질서의 유지를 위해 사회통합의 중요성을 강조하면서, 이를 위한 도덕을 강조하였다. 이러한 기능주의의 사상적 흐름은 파슨스(T. Parsons)의 구조기능주의에 영향을 주었으며, 미국의 주류 사회학으로서 위치를 공고히 하게 하였다.

미국 역시 20세기 초에는 사회질서 유지와 진보에 관심이 많았다. 제2차 세계대전이 끝나고 자본주의와 사회주의가 서로 대립하고 정치적·경제적·군사적 냉전 갈등이 지속되는 상황에서, 사회체제의 안정과 진보는 매우 중요하였다. 미국에서 파슨스 중심의 기능주의 사회학은 1960년대 후반까지 엄청난 영향력을 미쳤으며 학문적 주류를 형성하였다. 기능주의 인식은 사회적 개선과 효율성에 초점을 두었으며, 개인의 능력에 의한 사회적 보상을 정당화하였다.

　미국의 기능주의는 근대화론, 인간자본론과 이론적 맥을 같이하며, 사회 안정과 진보를 위한 학교교육(schooling)의 역할을 강조하였다. 학교교육은 사회질서의 유지와 발전을 위한 대표적인 제도적 장치다. 이런 관점에서 사회는 개인에게 공정한 기회를 주며, 개인의 능력과 노력에 따른 보상을 부여한다. 따라서 학교교육은 지위의 사다리이며 사회 평등화를 도모하는 효과적인 기제라 할 수 있다. 기능주의는 학교교육에 대해 매우 낙관적인 사회적 전망을 가능하게 한다. 이 점에서 보면 기능주의 교육관은 보수주의와 자유주의의 이념과 크게 다르지 않다.

2) 이론적 특징

　기능주의적 교육 관점을 지지하는 대표 학자는 뒤르켐, 파슨스, 드리븐(R. Dreeben) 등이다. 기능주의와 비슷한 용어로는 구조기능주의(structural functionalism), 합의이론(consensus theory), 균형이론(equilibrium theory), 질서 모델(order model) 등을 들 수 있다. 이 용어들은 안정, 균형, 질서 등을 묵시적으로 나타내 주고 있다. 기능주의는 사회질서와 안정을 우선시하며, 사회의 각 부분에 대한 우열을 구분하지 않고 기능상의 차이만 인정한다. 기능주의를 쉽게 이해하기 위해서는 초기 기능주의가 취했던 사회를 유기체와 비교하면 명확해진다.

　우리의 몸은 병에 걸리거나 피로(사회적 불일치, 파괴 등)하면 자연적으로 건강(사회적 균형, 안정, 질서 등)을 유지하려고 한다. 내적 균형을 유지하기 위해, 몸의 각 부분(눈, 코, 심장, 위, 폐, 손, 다리 등)은 상호 의존적이며 네트워크처럼 연결되어 있다. 그 각각은 다른 부분이 대신할 수 없는 고유의 독자적 기능을 가지고 있어서, 부분들 사이에 상호 간 우열이 있을 수가 없다. 단지 기능상의 차이만 존재한다.

능력주의(meritocracy)

능력주의는 신분과 혈통에 의해 사회적 지위가 결정되는 과거의 귀속주의와 대비되는 개념으로, 업적주의와 혼용하여 사용된다. 능력주의는 1958년 영(M. Young)이 『능력주의 사회의 발흥』이라는 저서에서 현대사회는 과거와 달리 개인의 능력에 의해 사회적 지위가 결정되는 것을 설명하기 위해 사용한 신조어다.

영이 설명한 능력주의는 'IQ+노력'을 의미한다. 그러나 현대사회의 IQ개념은 다양하게 변화하기 때문에 오히려 재능으로 이해하는 것이 용이하다. 즉, 능력주의는 '재능+노력'이라고 할 수 있다. 영에 의하면 현대사회의 능력주의는 많은 부분에서 교육에 의해 결정된다고 한다. 일반적으로 교육적 능력주의와 사회적 능력주의를 동일시하는데, 교육적 능력주의는 사회적 능력주의와 반드시 일치하지 않는다고 하며, 교육적 한계를 지적하였다.

우리의 몸과 같이 사회 역시 건강을 유지하려는 자동적인 내적 균형 장치가 있다. 사회의 각 부분들은 상호 의존적이며, 유기체적 연결망을 통해 균형을 유지하려고 한다. 예를 들면, 정치가, 기업가, 예술가, 과학자, 교직원, 노동자, 청소부 등은 고유한 사회적 역할이 있다. 그들의 역할은 사회적 균형의 필요에 의해 나타나며, 이들은 고유한 사회적 기능을 수행함으로써 사회적으로 평등한 위치에 있게 된다. 단지 수행하는 사회적 역할이 다를 뿐이다. '직업에는 귀천이 없다'는 것이다.

기능주의는 사회의 안정과 질서라는 이론적 기반 위에 논리를 확장시킨다. 기능주의도 다양한 학문적 분파가 있지만 사회 안정과 질서라는 핵심 가정을 벗어나지는 않는다. 파슨스의 기능주의 성격에 대한 정의를 보아도 알 수 있다. 그는 기능주의의 특징을 다음과 같이 논하였다.

① 한 체제를 구성하고 있는 요소들은 상호 의존적이다.
② 한 체제의 구성 요소들은 체제 유지를 위해 적극적으로 작용한다.
③ 한 체제는 다른 체제에 영향을 주며, 이 체제들은 한층 높은 수준의 체제, 즉 상위체제와 하위체제로 구분된다.

기능주의 교육관은 기능주의 사회관과 논리적으로 연장선상에 있다. 한 사회에서 교육의 기능은 광범위하다. 특히 학교는 현대사회에서 대표적인 사회적 기관이다. 현실적으로 대다수의 사회 구성원들이 학교교육을 이수해야 하기 때문에 학교의 사회적 역할은 매우 크다. 학교는 사회 각 부분의 기능적 역할 기반을 제공해 주기 때문이다. 구체적으로 학교교육의 기능을 정리하면 다음과 같다.

① 학교는 아동에게 필요한 가치, 규범 등을 내면화시켜 사회에 원만하게 적응하도록 도와주는 '사회화 기능'을 한다.
② 학교는 복잡하게 분화되는 사회의 안전을 위해, 사회의 각 분야에 필요한 인재를 적재적소에 배치하는 '지위할당 기능'을 한다.
③ 학교는 효과적인 지위할당 기능의 수행을 위해 학업성취 능력에 따라 학생을 선별하는 '선발 기능'을 한다.

기능주의는 각 요소들이 상호 의존적이며 안정 지향적인 사회적 성격을 강조하고 있다. 이렇게 보면 학교의 사회적 기능은 매우 중요하고 광범위하다. 기능주의 관점에서 학교교육의 사회적 역할에 관심을 갖지 않을 수 없다. 사

표 5-1 기능주의 사회관과 교육관

사회관	교육관
1. 사회의 모든 요소는 안정 지향적이다.	1. 학교는 사회의 안정과 질서에 기여한다.
2. 사회의 각 요소들은 상호 의존적이며 통합적이다.	2. 학교는 개인의 재능과 노력에 따라 공정한 보상을 한다.
3. 사회변화는 점진적이고 누적적이며 개선적으로 이루어진다.	3. 학교는 사회 불평등을 해소해 주며, 사회 평등화를 도모한다.
4. 사회적 합의는 모든 사회 구성원들의 지지에 의해 이루어진다.	4. 학교는 지위의 사다리이며, 이를 통해 공정한 사회이동을 촉진한다.
5. 모든 사회 구성원들에게 균등하고 공정한 기회가 주어지며, 사회적 보상은 능력과 노력(능력주의)에 따라 주어진다.	5. 학교는 사회의 각 집단과 유기적인 관계를 맺고 있으며, 상호 의존적인 영향을 미친다.
6. 사회적 가치관, 관습, 규범 등은 보편적 가치를 가지고 있으며, 사회통제 이데올로기는 강제와 억압보다는 보편적 합의에 의해 이루어진다.	6. 학교에서 전수하는 교과내용과 지식은 사회 구성원들의 합의와 보편적 가치를 가지고 있다.

실, 기능주의 교육관은 기능주의 사회관과 논리적 연장선상에 있다. 기능주의 사회관을 정확히 이해하면, 기능주의 교육관도 자연스럽게 이해할 수 있다. 기능주의 사회관과 교육관을 구체적으로 살펴보면 〈표 5-1〉과 같다.

2. 뒤르켐의 교육 사회화론

일반적으로 뒤르켐은 사회학자로 잘 알려졌으나, 교육사회학에도 지대한 공헌을 하였다. 뒤르켐은 1887년에 보르도 대학에서 주로 사회학과 교육학을 강의했으며, 1902년에는 소르본 대학의 교육학과 교수로 활동하였다. 그는 이론과학으로서 사회학의 가능성을 제시한 최초의 학자였다. 그는 『사회분업론』 『사회방법의 제 규칙』 『자살론』 등과 같은 세계적으로 유명한 주옥같은 작품을 내놓았다.

교육학에서는 『교육과 사회학』 『프랑스 중등교육의 발전』 『도덕교육론』을 발표하였다. 그는 교육학을 '교육과학'이라고 명명한 최초의 학자로, 다른 학문처럼 교육과학에도 독립적 학문체계의 개연성을 부여하였다. 이처럼 뒤르켐이 사회학과 교육사회학의 창시자로서 현대사회학과 교육사회학의 성립에 커다란 공헌을 했다는 점에서는 일종의 합의가 이루어져 있다(백승학, 2000: 12).

뒤르켐은 사회가 개인의 총합 이상이라는 사회적 실제론을 주장하였다. 그는 사회를 이해하기 위해서는 객관적 실체로서의 사회를 움직이는 외적인 규칙인 사회적 사실(social facts)을 연구해야 한다고 하였다. 굳이 예를 들면, 바둑의 규칙과 같은 것이다. 사회적 사실은 개인의 심리적 사실과 다르며, 개인에게 영향을 미치는 보편적 행위의 외적 실체로서 작용한다. 뒤르켐의 교육관 역시 교육행위의 보편적 방식인 객관적 규칙이며, 외적 실체인 교육적 사실(educational facts)을 밝히는 데 초점을 두었다.

뒤르켐은 사회관에서 사회 구성원 간의 결속력 정도를 의미하는 사회적 연대(social solidarity)를 강조하였다. 사회적 연대는 기계적 연대(mechanical solidarity)와 유기적 연대(organic solidarity)로 구분된다.

기계적 연대는 사회 구성원들의 강한 공동의식과 집단 내의 강한 결속을 견지하는 집합의식(collective consciousness)을 강조한다. 집합의식은 사회의 동질성을 강조하는 몰개성의 사회를 추구하며, 여기서 벗어나면 사회적 처벌을 받는다. 원시사회와 봉건왕조사회 그리고 전제군주사회 등을 예로 들 수 있다.

유기적 연대는 공동의식보다 사회 구성원들의 개성적이며 이질적인 성격을 존중한다. 유기적 연대는 사회의 분화 수준이 높으며 전문적 의식과 개인주의가 강하다. 그러나 모든 사회에서 개인은 고립된 원자로서 살 수는 없다. 유기적 연대의 사회가 비록 고도로 분화가 되었어도, 전문화된 집단 간과 개인 간은 서로의 필요에 의해 상호 의존성이 높다.

뒤르켐의 입장에서 사회의 이질적인 분화는 사회의 안정과 필요에 의해 나타났다. 고도로 분화된 사회에서도 정도의 차이는 있지만 집단 의식이 존재하여 안정성을 추구하는 보편적 인식의 기반을 마련하고 있다. 각 전문가 집단은 자체 내에 높은 자율성을 견지하면서 사회 전체의 결속력을 유지하려고 한다. 그래서 사회변동은 낮은 수준에서 높은 수준, 즉 공동의식을 강조하는 기계적 연대에서 이질적인 분화를 강조하는 유기적 연대로 변화한다.

뒤르켐의 교육관은 논리적으로 사회관과 연장선상에 있다. 교육은 사회의 안정과 질서에 기여하는 제도적 수단이다. 교육은 개인의 욕구보다 사회의 욕구에 먼저 기여해야 한다. 교육은 아동에게, 첫째, 그가 속한 사회의 구성원으로서 부족하지 않은 육체적(physical) 상태와 정신적 상태를 신장시켜야 한다. 둘째, 특별 집단(카스트, 계층, 가족, 전문직)이 향유하고 또한 모든 사람이 공유하는 육체적 · 정신적 상태를 전수해야 한다(Blackage & Hunt, 1985: 13). 즉, 교육은 사회적 필요에 의해 개인의 능력과 잠재력을 개발해야 하는 것이다.

뒤르켐의 교육관은 '사회화(socialization)'로 함축될 수 있다. 사회화로서 교육은 사회생활의 준비를 갖추지 못한 아동에게 성인의 영향력을 행사한다. 사회화로서 교육은 사회에서 요구하는 가치, 규범, 성격 등 성인생활에 필요한 것을 아동에게 전수하여 미래의 사회생활에 원만하게 적응할 수 있도록 도와준다.

뒤르켐에 있어서 사회화는 교육의 핵심 개념이라고 할 수 있다. 그는 교육의 사회화를 보편 사회화와 특수 사회화로 구분한다.

보편 사회화(general socialization)는 사회 전체의 기반이 되는 지적 · 도덕적 · 신체적 특성 등을 아동에게 내면화시킨다. 교육은 한 사회의 동질성 확보를 위해 집합의식과 보편적 가치를 강조하여 사회적 결속력과 안정을 유지하게 한다.

특수 사회화(special socialization)는 산업화가 됨에 따라 사회적 분화가 가속화되면서 발생하는 각 직업에 필요한 지적 · 도덕적 · 신체적 특성을 마련해 주는 것이다. 교육은 각 직업에 필요한 적절한 사회화를 전수하여, 각 직업 간의 유연한 결속력과 운영의 효율을 도모한다.

외관상으로, 보편 사회화와 특수 사회화는 많은 차이가 있지만 사회의 안정과 필요에 의해 모두가 요구된다는 점에서 공통점이 있다. 따라서 교육은 보편 사회화와 특수 사회화를 동시에 필요로 한다. 보편 사회화는 사회안정을 위한 인식의 기반을 유지하고, 특수 사회화는 사회분화의 유연한 발전을 도모한다.

뒤르켐은 사회의 안정과 질서 유지를 위해 '도덕교육'을 강조하였다. 도덕은 개인의 행위를 결정하고 규제하므로, 개인에게 질서 유지를 위한 규칙적인 성향을 요구한다. 도덕의 목표는 사회의 목표이며 집단의 애착을 요구한다. 도덕적 행위는 집합적 이익에 부응하기 때문에, 우리가 사회적 존재인 한 우리는 도덕적 존재라 할 수 있다(김신일, 1984: 33-35). 도덕은 개인에게 요구하는 집합의식이며 행위의 규칙체계로서, 도덕적 생활은 사회의 안정과 밀접하게 관련된다.

뒤르켐에 있어서 도덕교육의 필요성은 강조될 수밖에 없다. 그러나 뒤르켐은 도덕의 절대적 가치를 추구하지 않는 도덕적 상대주의를 지지한다. 각 사회마다 요구하는 가치, 규범체계 등이 다르기 때문에 도덕적 가치는 상이할 수밖에 없다. 도덕은 시간과 공간에 따라 다양하게 적용된다. 비록 각 사회마다 적용되는 도덕적 가치가 다르지만, 그 사회를 유지하는 중요한 가치와 행위의 기준은 도덕이다. 따라서 도덕교육의 중요성은 자연히 부각된다. 뒤르켐의 도덕교육관은 현대사회에 유효하게 고려할 만한 요소를 많이 포함하고 있다는 점에서 시사점을 주고 있다. 그러나 이러한 장점에도 불구하고 뒤르켐의 교육관은 다음과 같은 이론적 한계를 가지고 있다.

첫째, 사회를 구성하는 각 집단 간의 갈등과 불일치를 과소평가하여, 교육적 갈등에 대한 구체적인 논의가 없었다. 현대사회에서 교육은 경우에 따라 사회의 긴장감과 갈등을 조성하는 원인으로 작용하는데, 학력(벌)주의와 사교육비, 비인간화 교육 등의 교육갈등이 좋은 예라고 할 수 있다.

둘째, 학교의 교육내용을 보편적인 합의를 지닌 사회적 가치로 단정하였다. 그러나 교육내용은 시간과 공간에 따라 변화하는 상대적 가치를 가지고 있다. 동시에 교육내용은 집단 간의 사회적 이해관계와 밀접한 관련을 가지고 전개되기도 한다.

셋째, 도덕교육의 주체가 명확하지 않다. 현대사회에서 도덕교육은 필요하지만, 도덕교육의 방법과 내용을 누가 결정해야 하느냐의 문제가 있다. 뒤르켐은 최고의 상위체제인 국가가 주도하는 도덕교육을 강조하였지만, 국가 중심의 도덕교육은 전체주의와 이데올로기적 획일화에 빠질 위험이 있으며, 국가라는 개념 자체도 매우 모호하다.

3. 파슨스의 학급 사회화론

파슨스는 미국의 가장 위대한 사회학자 중 한 사람이다. 그는 사회체계를 유기체 혹은 생존체계로 비유하고 있다. 사회체계는 각 상이한 부분들이 안정과 질서를 위해 적응한다는 점에서 뒤르켐과 큰 차이가 없다. 그러나 사회체계를 상이한 부분들이 서로 유기적으로 연결된 하나의 관계망(network)으로 파악하고 있다는 점에서, 파슨스의 관점을 구조기능주의라고 부른다.

그에 의하면 각각의 사회체계는 유기체와 같이 상호 관련되어 기능한다고 한다. 각각의 하위체계는 생존을 위한 상호 필요를 충족시키기 위해 기능적으로 연결되어 있다. 모든 사회체계는 자신의 독립적인 체계를 가지고 있지만, 생존을 위해서 다른 체계와 상호 안정적이고 균형적인 관계를 유지한다. 사회체계란 각 체계(구조)들의 기능적 관계망을 의미한다. 예컨대, 지위(status)는 사회관계의 구조라는 체계 속에 놓인 행위자의 위치로 이해된다.

특정 지위의 역할은 적절한 사회적 행동을 조절하는 구조화된 기대를 가지고 있다. 각 지위들은 상호 관계망을 가진 지위의 역할체계를 가지며, 이를 제도화(institutionalization)라고 한다. 제도화는 사회체계를 통합적이고 안정적으로 유지시키는 과정이라 할 수 있다.

학교는 제도화의 대표적인 기관 중 하나다. 학교는 사회 각 부분의 체계와 연결되어 있으며, 사회의 안녕과 질서 유지에 기여한다. 학교는 뒤르켐이 주장하듯이 아동이 미래의 역할을 원만히 수행하게 도모하는 사회화 기관이다. 한 사회가 통합적이며 안정적으로 운영되기 위해서는 학생들에게 필요한 특정 역할의 자질과 책임을 발달시켜야 한다. 또한 학교는 사회적 역할을 잘 수행할 수 있는 학생을 분류하기 위한 선발 과정을 거쳐 사회의 각 기관에 배치해야 한다. 학교는 인력 배치를 위한 선발 기관이 된다. 이처럼 학교는 사회화와 사회의 분류 및 배치를 담당하는 기관이라 할 수 있다.

　파슨스는 학교의 기능을 수행하는 실제적 장소는 학급이라고 하였다. 학급은 교사와 학생이 직접 대면하고 상호작용이 일어나는 공간이기 때문이다. 파슨스가 말하는 학교의 기능은 곧 학급의 사회적 기능을 의미한다. 학급은 사회화와 사회의 분류와 배치라는 일차적 기능을 직접적으로 수행하는 곳이다.

　파슨스는 이런 분석의 초점을 주로 초등학교에 두었다. 초등학교는 학급 사회화의 첫 번째 단계이기 때문이다. 그는 학급 사회화와 관련하여 초등학교의 학업성취를 '인지적 학습'과 '도덕적 학습'으로 구분하였다. 인지적 학습은 경험적 지식 및 기술 등을 의미하고, 도덕적 학습은 품행과 공동체 생활에 필요한 책임 있는 시민 의식의 고양과 관련 있다. 이를 위해 초등학교 단계에서는 교사에 대한 존경, 동료 학생들과의 상호 협동심과 이해, 지도성과 진취성 등의 정적 교육을 강화해야 한다.

　그러나 파슨스는 인지적 학습과 도덕적 학습은 서로 분화되어 있지 않다고 하였다. 좋은 학생에게는 인지적 요소와 도덕적 요소가 혼합되어 있으며, 초등학교의 성적 우수 학생들은 인지적 학습과 도덕적 학습의 과제 수행 능력에서 뛰어나다고 하였다. 하지만 이 점은 논란의 여지가 많다.

　파슨스는 초등학교의 선발 기능을 강조한다. 초등학교의 학급은 공정한 기회를 부여하고, 성취에 따른 적절한 보상을 하고 있다. 학급은 사회적 선발 기제로써 성취 평가를 가치 있게 여기게 하고, 개인이 내면화할 적절한 가치체계를 제공하여 통합적 기능을 수행한다. 평가체계는 성취 수준에 따라 보상과 특권이 다르기 때문에, 사회 구성원 간의 경쟁적 긴장감을 유발할 수 있다.

　그러나 평가체계에 대한 공정한 믿음이 있으면, 낮은 수준의 성취를 한 사람들은 높은 수준의 성취에 대한 보상과 특권을 어느 정도 수용한다. 그렇다고 공정한 평가가 긴장감을 완화하는 유일한 통합 기제는 아니다. 사회화된 정적 교육과 교사의 학생 사랑 그리고 또래집단 관계 등의 결속력이 평가에 의한 긴장감을 완화하는 기능을 한다. 이러한 파슨스의 학급 사회화론은 이론적 시사점이 크지만 동시에 다음과 같은 한계를 보이고 있다.

첫째, 학교교육을 통한 사회의 안정과 통합을 강조하여 교육갈등을 도외시하였다. 실제 학교교육 현장에서는 관련 사회집단, 교사, 학생 간의 다양한 갈등이 표출되고 있다. 교육의 사회적 이해관계로 인해, 학교교육은 오히려 대학입시교육, 조기유학 등과 같은 사회문제의 원인으로 작용하기도 한다.

둘째, 학교교육 평가체계의 공정성에 대해 지나친 신뢰감을 갖고 있다. 학교교육의 시험 내용은 사회적 능력을 측정하기에는 많은 한계를 가지고 있다. 특히 시험은 상류계층 아동에게 유리하게 작용할 수 있다. 학교교육의 평가체계는 외형적으로는 공정해 보이지만, 실제로는 하류계층 아동에게 불리하게 작용할 수 있다.

셋째, 학교교육의 평가체계에 의한 사회적 배분의 기능을 정당하게 보려고 한다. 상류계층과 하류계층 아동의 교육적 출발점은 같을 수가 없다. 학교교육의 학업성취는 사회경제적 지위가 높은 학생에게 유리하게 나타나고 있다. 따라서 학교교육의 학업성취에 의한 사회적 지위 배분의 정당성은 완전히 신뢰하기는 어렵다.

넷째, 성적 우수 학생이 인지적 학습과 도덕적 학습 모두에서 성취 능력이 뛰어나다고 생각한 점이다. 성적 우수 학생은 학교교육의 적응력이 뛰어나고 대체로 올바른 학문적 자아개념을 가지고 있다. 그러나 인간의 내면 깊이 뿌리를 둔 도덕을 표면화하고 객관적으로 점수화하는 데 어려움이 있다. 학교의 도덕교육은 제한된 내용을 담고 있어서, 사회의 도덕적 수행 능력과 관련시키는 것은 상당한 무리가 있다.

4. 기술기능주의론

기술기능주의(technical functionalism)는 1962년 클락(B. Clark)의 『전문가 사회와 교육』이라는 저서에 의해 대두되었다. 기술기능주의의 기본 관점은 사회의 안정과 질서 유지에 초점을 두고 있다. 기술기능주의 교육론은 각 개인은 학교교육을 통해 원하는 지위 구조에 편입할 수 있는 기회가 주어지고, 이런 기회는 그들의 성취 과정을 통해 이루어진다고 본다.

기술기능주의에서 사회의 양적·질적 변화는 안정과 질서를 유지하기 위한 것이며, 이런 변화를 수용하기 위한 학교교육의 변화는 자연스러운 현상이라고 한다. 사회의 양적·질적 변화는 새로운 직업과 직종을 증가시키고, 학교교육은 이런 변화를 신속하게 수용하여 사회발전에 기여한다는 것이다.

기술기능주의에 의하면 현대사회는 산업화의 영향으로 지식과 기술의 급속한 발전과 전문적 분화가 이루어지고 있으며, 학교는 이를 수용하기 위해 사회에 필요한 지식과 기술을 전수해야 한다. 산업사회는 고도의 지식과 기술 수준을 소유한 숙련된 기술자의 직업적 전문가를 요구하기 때문에, 각 직종은 구조적인 질적 변화를 수반하고 학교교육의 변화에 영향을 준다. 산업사회의 질적 변화는 결국 사회의 자연스러운 요구로서, 이를 수용하기 위한 학교교육의 내적 변화는 불가피해진다는 것이다. 콜린스(Collins, 1979: 119)는 산업사회와 학교교육의 관계에 대한 기술기능주의의 교육적 관점을 다음과 같이 정리하였다.

첫째, 산업사회에서 직업이 요구하는 교육적 조건은 과학기술의 변화에 따라 끊임없이 높아진다. 즉, 낮은 기술을 요구하는 직업의 비율이 감소하고, 고도의 기능을 요구하는 직업의 비율이 증가한다. 또한 동일한 직업에 있어서도 기술의 요구 수준은 높아지고 있다.

둘째, 학교교육은 특정한 기능 또는 일반적인 능력 면에서 보다 고도의 기능적 직업에 필요한 훈련을 제공한다.

셋째, 취업을 위한 교육의 요구 조건은 끊임없이 상승하고, 점차 더 많은 학교교육을 받도록 요구한다.

산업사회에서 지식과 기술의 전문적 요구 수준이 높아지므로, 학교교육은 이를 수용하여 사회변화에 적응해야 한다. 학교교육은 사회가 요구하는 높은 지식과 기술을 전수하고, 학교교육의 이수 기간은 점점 늘어난다. 직업세계의 구조적 변화는 사회적 균형을 위해 적절한 인력 공급이 필요하게 되었으며, 학교교육은 이를 수용하기 위해 구조적 변화를 경험해야 한다. 중요한 점은 학교교육의 이수 기간이 늘어나도, 거기에 따른 적합한 보상이 주어지므로 사회적 안정을 도모할 수 있다는 것이다.

따라서 지식과 기술의 분화현상은 전문적 위계성을 가지고 있으며, 교육내용은 학력 수준에 따라 이러한 특성을 반영한다. 교육내용의 위계적 특성은 학력의 이수 단계에 의존하기 때문에 결국 학력 수준은 직업 구조의 위계적 성격을 반영하게 된다.

기술기능주의 관점에서 학력은 개인의 상승이동을 촉진하는 사회적 매개체이고, 학력의 위계화는 직업의 위계화를 반영하므로, 높은 학력일수록 개인의 지위 결정에 미치는 영향력이 크게 작용한다. 고등교육의 확대는 산업사회의 영향으로 인한 자연스러운 현상인 것이다.

실제 트로우(M. Trow)는 미국에서 중등교육과 고등교육의 확대 과정을 직업구조와 관련하여 설명하였다. 그에 의하면, 1910년부터 1940년까지 중등교육이 대중화된 시기에 사무 및 관련 직종이 매우 급속하게 증가하였다고 한다. 그리고 대중화 교육시기인 1940년대 이후부터, 1950년대와 1960년대에 이르기까지 전문기술직이 매우 급격히 증가하였다. 1940년대 이후의 산업사회의 구조적 변화는 자연스럽게 고등교육의 확대로 이어졌다.

기술기능주의 교육론의 산업사회의 구조적 변화와 학교교육의 대응은 매우 설득력 있게 보인다. 우리나라의 경우를 예로 들면 이해가 쉽다. 1970년대 전후만 해도 9급 공무원은 중

고등교육의 단계별 유형

트로우는 고등교육을 엘리트형, 대중형, 보편형 단계로 구분하였다. 엘리트형 단계는 해당 인구 중에서 고등교육의 취학률이 15% 이내, 대중형 단계는 15~50%, 보편형 단계는 50% 이상인 경우다.

엘리트형 단계에 해당되는 것은 영국을 비롯한 서구 국가이며, 고등교육의 목적은 엘리트 정신과 성격을 형성하는 데 있다. 대중형 단계에 해당되는 것은 일본, 캐나다, 스웨덴 등의 국가이며 목적은 전문 분화된 엘리트와 사회지도자를 양성하는 데 있다. 보편형 단계의 예로는 미국을 들 수 있으며, 국민 모두가 산업사회에 적응하는 데 목적을 두고 있다. 현재 대다수의 국가는 대중형과 보편형 단계에 놓여 있다.

등학교 출신이 대부분이었으나, 지금은 이들의 학력 수준이 매우 높게 나타나고 있다. 단순 사무직의 경우에는 타이핑 기술만 익히면 되었으나, 지금은 복잡한 컴퓨터 프로그램을 다룰 수 있는 능력도 요구되고 있는 실정이다. 과거와 비교해도 동일한 직종에서 요구하는 지식과 기술 수준이 높아지고 있으며, 높은 학력 수준을 요구하고 있다.

기술기능주의 교육론은 외형상 상당한 정도의 이론적 설득력을 가지고 있다. 그러나 한편으로는 현대사회의 다양한 교육현상에 대한 심층적 설명에는 많은 한계를 보이고 있다. 이를 정리하면 다음과 같다.

첫째, 학력 인플레이션의 상황에 대해 적절한 설명을 못하고 있다. 기술기능주의 입장에서 학력 수준이 높아지는 것은 사회변화의 자연스런 요구이므로, 구조적 수용이 원만히 이루어져야 한다. 그러나 학력 인플레이션은 학력의 공급 과잉으로 산업구조가 이를 제대로 수용하지 못하고, 학력의 사회적 가치를 저하시키는 것이다. 학력 인플레이션은 사회적 안정보다 오히려 사회적 갈등과 긴장감을 유발하고 있다.

둘째, 학력과 직업세계가 구조적으로 일치하지 않는다. 학력의 공급 과잉 때문에 자신의 학력에 적합한 직업구조에 편입하는 것이 아니라, 실제로 자신의 학력 수준이나 전공과 무관한 직업에서 종사하고 있는 것이다.

셋째, 학교교육은 직업세계에서 필요한 지식과 기술 능력을 제대로 전수하지 못하고 있다. 현대사회의 지식과 기술의 변화는 매우 빠른 속도로 진행되고 있다. 그러나 학교교육은 산업사회의 그러한 양적 · 질적 변화를 수용할 정도의 제반 인적 · 물적 자원을 구비하지 못하고 있다.

5. 인간자본론

종래의 교육적 관점은 철학적 · 도덕적 규범으로 인해 교육을 통한 인간을 자본으로 간주하는 데 있어서 많은 어려움이 있었다. 그런데 제2차 세계대전 이후, 사회 제반 조건의 급속한 변화와 자본주의 사회의 발흥, 그리고 공교육의 팽창이 일어나면서 종래의 관념적 교육론에 대해 새로운 도전이 일어났다. 그 이유는 다음과 같다.

① 엄청난 규모의 공교육비 지출에 대한 효율성 문제의 대두다.
② 경제성장의 원인 규명에 있어서 종래의 경제학적 설명이 갖는 한계다.
③ 경제학계에서는 인간자본(human capital)에 대한 관심이 커지고 있었다.
④ 교육기회의 민주화로 인한 고등교육 확대에 대한 광범위한 요구가 있었다.

당시의 제반 상황들은 교육투자가 개인적·사회적 부를 증식시키고 사회 평등화에 기여할 수 있는 이론적 근거를 요구하고 있었다. 1950년대 말, 인간자본론(human capitalism)은 이러한 사회적 분위기에 편승하여 슐츠(T. Schultz), 베커(G. Becker), 민서(J. Mincer) 등을 중심으로 나타났다.

인간자본론은 종래의 실물자본(physical capital)을 근거로 한 경제학 이론이 경제성장과 소득 불평등에 대한 설명력에서 한계를 보이자, 이를 보완하기 위해 대두됐다. 인간자본론은 인간에 대한 투자는 노동력의 질적 향상과 생산력을 증대시킨다고 본다. 이런 관점은 노동시장의 완전경쟁 상황에서 인적 자원의 수요와 공급의 균형점에서 한계 생산력의 정도에 따라 노동임금이 결정된다는 신고전경제학의 이론에 근거를 두고 있다.

인간자본론은 교육을 종래의 소비재적 관점에서 벗어나 실물자본과 같이 투자재로 본다. 인간자본론은 실물자본의 투자와 같이 인간에 대해 교육, 실습, 건강, 정도 등에 투자하면, 생산성과 관계된 지식, 기술 등을 습득하여 보다 높은 경제적 가치를 증대시킨다고 한다.

슐츠는 인간이 자기 자신에게 투자하는 것은 생산자로서 또는 소비자로서의 능력을 높이는 것으로, 인간자본의 투자 중에서 가장 큰 투자가 교육이라고 보았다. 교육은 읽기, 쓰기, 인지, 기술 그리고 모든 직업에서 개인의 생산성을 높일 수 있는 능력을 배양한다.

교육에 대한 투자는 인간자본의 질과 경제적 생산력을 증대시킴으로써 노동임금을 결정하는 중요한 요인이 된다. 교육에 대한 투자로 개인의 인간자본이 축적되면 그만큼 인간의 자본적 가치와 수입 능력을 높이므로, 인간자본의 투자가 많을수록 더 높은 소득을 얻게 된다. 이러한 인간자본론의 교육관을 도식화하면 [그림 5-1]과 같다.

그림 5-1 인간자본론의 교육과 소득의 관계

인간자본론은 교육이 개인과 사회의 수익률을 높이는 중요한 요인이므로, 교육에 대한 투자를 적극 강조하고 있다. 일반적으로 교육에 대한 투자는 교육의 이수 정도로 나타난다. 교육의 이수 정도는 노동임금의 위계화에 반영되고 교육 수준이 높을수록 많은 소득을 보장해 준다. 특히 고등교육의 이수는 노동의 질적 능력을 반영하기 때문에 노동시장에서 소득은 높을 수밖에 없다.

따라서 대부분의 사람은 자신의 인간자본적 가치를 높이고, 높은 소득을 보장받기 위해 고등교육의 이수 경험을 필요로 한다. 고등교육은 높은 투자회수율을 보장하고 사회적 지위를 높여 주는 효과적인 제도적 장치이므로 고등교육에 대한 투자는 활성화된다는 것이다.

인간자본론은 노동시장의 수요와 공급의 균형과 완전경쟁을 가정하기 때문에 고등교육 인구의 증가는 노동시장에서 자연스럽게 충족시킬 수 있다고 본다. 인간자본론의 가정은 1950년대와 1960년대에 세계적으로 일어난 고등교육 팽창에 대한 이론적 근거를 제시하고, 교육은 사회적 평등화를 도모하는 합법적 기제라는 이념적 정당성을 제공하였다.

그러나 인간자본론이 수준 높은 이론적 설득력을 확보하려면, 교육 수준과 생산 수준의 관계가 일치되어야 한다. 교육 수준이 높을수록 생산 수준이 높게 나타난다면, 교육 수준에 의한 임금 차별의 합리적 근거가 된다. 교육 수준에 의한 지위 배분은 자연스럽게 사회적 정당성을 확보하게 되며, 교육은 개인의 지위 상승과 사회적 평등화를 도모하는 강력한 기제가 된다.

인간자본론의 이런 관점은 1970년대까지 제3세계를 비롯하여 세계적으로 많은 영향력을 미쳤다. 그러나 그 이후에 이론적 한계로 인해 점차 설득력을 잃어 갔는데, 이는 기술기능주의와 비슷한 한계를 보였기 때문이다. 인간자본론의 한계를 정리하면 다음과 같다.

첫째, 교육 수준과 생산 수준이 일치한다는 과학적 근거가 부족하다. 인간자본론은 교육 내용의 어떤 부분이 생산 수준의 향상과 관계가 있는지를 밝히지 못하고 있다. 버그(I. Berg)는 교육 수준과 생산 수준을 처음부터 단정하지 말아야 하며, 오히려 교육 수준이 높으면 생산 수준이 떨어진 경우도 있다고 하였다. 교육 수준과 생산 수준이 과학적 일치를 반드시 보장할 수는 없다는 것이다.

둘째, 학력 인플레이션의 대두다. 인간자본론은 수요와 공급의 완전경쟁을 가정하기 때문에 고등교육의 팽창으로 인한 인구 증가는 노동시장에서 충족시킬 수 있다고 보았다. 그러나 1970년대 이후 세계적으로 학력 인플레이션(한국의 경우는 1980년대)이 일어나면서 학

> **분단노동시장론**
> **(theory of segemented labor market)**
>
> 분단노동시장론은 노동시장의 차별적 장벽으로 인한 임금 수준과 근로 조건 등이 구조화되어 있어 계급 간 위계적 불평등이 발생한다고 한다. 분단노동시장론은 인간자본론의 교육과 경제적 부의 관련성을 부인하며, 오히려 교육보다 노동시장 자체가 가지고 있는 구조적 차별에 주목하고 있다. 이러한 분단노동시장론은 이중노동시장론(dual labour market theory)과 내부노동시장론(internal lobour market theory)이 대표적이다.
> 첫째, 이중노동시장론은 일차노동시장(primary labor market)과 이차노동시장(secondry labor market)으로 구분된다. 일차노동시장은 상대적으로 좋은 근로조건, 높은 임금, 다양한 승진기회, 고용의 안정성이 보장되지만, 이차노동시장은 낮은 임금, 열악한 근로조건, 적은 승진기회가 있으며, 이 시장은 생산수요가 불안전한 노동집약적 산업에서 볼 수 있다.
> 둘째, 내부노동시장론은 일차노동시장과 관련이 있으며, 기업 내의 관리 기준이나 규칙이 노동시장의 기능을 대신하는 것이다. 즉, 노동자는 기업 내부의 노동자의 선발, 배치, 임금, 승진을 추구하는 관리규칙을 따르는 것이다.

력의 사회적 가치가 저하되었고 실제 노동시장에서는 수요와 공급의 불일치가 일어났다. 인간자본론은 이러한 학력 인플레이션 등과 같은 사회갈등 현상을 제대로 설명하지 못하고 있다.

셋째, 고용주는 노동자의 선발 과정에서 대부분의 정보를 교육 수준에 의존한다는 것이다. 선별가설론(screening hypothesis)에 따르면 고용주들은 노동자에 대한 정보가 없어서 그들의 기술과 능력 수준을 학력, 즉 졸업장에 의존한다고 한다. 실제 학력은 생산 현장에서 필요로 하는 생산력 수준과 큰 상관관계가 없음에도 불구하고, 고용주는 개인의 직업적 능력을 나타내 주는 효과적인 선별 지표로서 학력을 활용한다. 따라서 교육 수준에 따라 잠재적 생산 능력의 차이를 나타낸다는 고용 관행은 고용주가 학력에 따른 채용 기준을 달리하게 되고 임금 격차를 발생하게 하는 원인이 되고 있다.

넷째, 교육 수준과 임금 수준의 차이는 시장의 구조와 밀접한 관련이 있다. 분단노동시장론은 노동시장의 사회관습과 제도화된 측면 등을 강조하는 구조적 성격이 임금을 결정한다고 본다. 개인의 임금 수준은 인간자본에 의해 결정되는 것이 아니라, 노동시장의 분단 구조가 임금 결정의 중요한 요인이라는 것이다. 결국 교육 수준에 의한 노동시장의 분단 구조는 임금 수준과 환경 조건, 그리고 승진 등에 영향을 주게 된다.

제6장
갈등주의 교육이론

1. 대두 배경과 이론적 특징

1) 대두 배경

기능주의는 제2차 세계대전 이후, 미국과 소련의 동서 냉전 상황에서 지배적인 사회학으로서 학문적 위치를 공고히 하였다. 당시는 자본주의와 사회주의의 반목과 경쟁으로 인해 체제의 발전과 수호라는 보수적 이데올로기가 팽배하였다. 이념적 체제 경쟁에서 우위를 확보하기 위해 미국은 사회적 진보와 안정에 초점을 둔 기능적 효율성을 강조하였다.

미국의 이런 상황은 주류 사회학으로서 파슨스의 구조기능주의의 위치를 공고히 하였고, 교육관은 기능주의적 인식이 지배하였다. 즉, 학교는 누구에게나 공정한 기회를 부여하는 지위의 사다리며, 학교교육(schooling)을 통해 개인의 능력과 노력에 따라 사회적 보상이 정당하게 이루어진다는 자유주의 교육관이 각광받았던 것이다. 만(H. Mann)의 주장처럼 교육은 위대한 평등화 장치(the greater equalizer)처럼 여겨졌다.

당시의 학문적 풍토는 모든 제도적 장치가 사회의 개선과 균형을 위해 기능한다는 낙관적 인식이 각광을 받았다. 이런 분위기로 인해 사회갈등에 대한 비판은 금기시되었다. 심지어 미국의 상층 권력 내부의 모순을 지적한 밀즈(R. Mills)의 『파워 엘리트(The power elite)』도 파슨스를 중심으로 한 주류 사회학의 세찬 비판을 받았다. 그들에 의해 밀즈는 '사회학의 이단자'로 낙인찍혔다. 실제 셔먼과 우드(Sherman & Wood, 1979: 29)는 1950년대에는 어떤 급진적 교수도 침묵을 지켜야 했고, 그렇지 않으면 직업을 잃을 위험에 처해 있었다고 당시의 미국 상황을 묘사하였다.

체제의 안정과 수호에 가치를 둔 기능주의 관점은 각종 사회문제를 치유할 수 있는 간단한 병리현상으로 취급하였다. 따라서 미국을 위시한 여러 자유민주주의 국가에서는 기회균등과 능력주의 이념을 통해 사회 안정화는 물론, 사회 불평등을 해소할 수 있다는 믿음이 팽배하였다.

이러한 보수자유주의적 경향은 기능주의와 이론적 맥을 같이하는 근대화론(modernization theory), 인간자본론, 기술기능주의 등의 출현 배경과 무관하지 않다. 사회적 안정과 균형을 중시하는 기능주의 시각은 1960년 중반까지 지속되었다.

그런데 1960년대 전후로 하여 기능주의의 사회구조적 모순이 서서히 노출되기 시작하였다. 이 시기에 등장한 정치사회적인 신세대는 계급, 인종 등의 문제에 본격적인 관심을 가졌다. 그들을 중심으로 신좌파운동(new left movement)이 일어났으며, 이는 곧 세계적으로 빠르게 확산되었다. 신좌파운동은 비인간화 경향, 사회적 소외감, 배금주의, 관료조직의 경직성 등 근본적인 사회구조적 문제를 비판하면서 새로운 대항문화를 창출하였다.

그리고 비슷한 시기에 나타난 흑인민권운동은 그동안 역사적으로 누적된 뿌리 깊은 인종차별에 대한 저항으로 분출하였다. 흑인들은 사회적으로 심화된 부조리한 인종차별에 대항하기 시작하였다. 1969년에는 킹(M. King) 목사의 암살을 계기로 인종 갈등 문제가 본격적인 사회문제로 확산되었다. 그리고 당시의 명분 없는 베트남 전쟁은 사회적으로 반전운동의 계기가 되었으며, 밀즈의 예측대로 권력 상층부의 부조리한 모순이 드러나기도 하였다.

많은 사회학자가 이런 상황에 관심을 가졌으며, 직접 운동에 참여하기도 하였다. 사회학자들은 지금까지 경험하지 못한 사회갈등이 자본주의 사회의 모순적 구조와 깊게 관련되어 있다고 인식하였다. 사회적 안정과 균형을 중시하는 파슨스의 주류 사회학은 증폭되는 사회갈등에 대한 설명력의 한계를 보이고 있었다. 사회학자들은 이를 효과적으로 설명하는 새로운 이론적 대안의 필요성을 느끼면서, 갈등주의 사회학에 주목하기 시작하였다.

갈등주의 사회학은 1960년대의 사회 분위기에 편승하여 교육을 통해서 사회적 불평등을 완화할 수 있다는 믿음에 의문을 제기하였다. 그리고 학교교육의 근본적 문제에 대해 신랄하게 비판하는 연구들이 나오게 되었다. 대표적으로 「콜먼 보고서(Coleman Report)」, 콜(Kohl)의 「개방교실(Open classroom)」, 코졸(J. Kozol)의 「자유학교(Free school)」, 일리치(I. Illich)의 「탈학교사회(Deschooling society)」, 프레이리(P. Freire)의 「의식화 교육」 등을 들 수 있다. 이들은 학교의 비인간화 교육에 대한 비판을 하면서, 문제의 원인을 학교교육과 사회구조적 불평등과 관련시키고 있다.

즉, 학교교육은 사회적 평등화를 도모하기보다는 오히려 사회적 불평등을 심화시키는 기제라는 것이다. 이들의 입장은 이론적으로 아주 정교하지는 않지만, 당시의 지적 분위기로 보면 세계적으로 엄청난 영향을 주었다.

1970년대에 들어 세계적으로 이전까지 경

> **🎵 콜먼 보고서**
>
> 콜먼 보고서는 1966년에 발표한 「교육의 기회균등」이라는 연구 보고서를 의미한다. 콜먼은 당시 미국 전체 학교의 약 5%에 해당하는 약 70만 명을 대상으로 대규모의 실증 조사를 실시하였다. 기존에 알려진 것과 달리, 학업성취는 학교의 내적 요인인 학교 시설보다 아동의 사회경제적 배경과 또래집단 같은 학교의 외적 요인에 더 영향을 받는다고 하였다. 지금은 일반화된 내용이지만, 당시의 상황으로는 매우 파격적인 연구 결과여서 세계 학계에 엄청난 충격을 주었다. 이 보고서를 계기로 교육의 기회균등뿐만 아니라 결과의 평등에 관심을 가지게 되었다.

험하지 못한 학력 인플레이션이 일어났다. 1960년대 중반까지는 대학 졸업
자들의 취업이 매우 용이하였다. 수요가 공급을 앞섰기 때문이다. 그래서 이
시기를 '대학 졸업자의 황금기'라고 하였다. 그러나 1973년의 제1차 석유파
동과 1978년의 제2차 석유파동으로 인해 세계경제는 심각한 타격을 받았으
며 사회불안이 가중되었다.

이런 상황은 대졸자의 구인난을 부추기는 심각한 학력 인플레이션으로 나
타났으며, 교육을 통해 원하는 지위에 도달할 수 있다는 사회적 믿음에 대한
회의가 일어나기 시작했다. 결국 이런 정치사회적 상황은 이념적으로도 교
육에 대해 새로운 조명을 하게 만들었다. 이를 정리하면 다음과 같다.

첫째, 기능주의 교육관의 설명력의 한계를 들 수 있다. 기능주의 교육관은
사회의 안정과 통합을 우선시하여 사회집단 간의 갈등을 과소평가하였다.
학교교육은 보편적이고 합일적인 가치를 추구한 것이 아니라 지배집단의 이
익을 반영하고 있다는 것이다.

둘째, 능력주의 이데올로기의 허구성을 들 수 있다. 학교에서 추구하는 능
력주의는 지배집단에게 유리하게 편성되어 있으며, 피지배집단에게는 심한
좌절감과 열등감을 심어 준다. 외형상 능력주의는 과학적 객관성에 의존하
는 것처럼 보이지만, 실제는 사회적 불평등을 강화하는 이념적 기제라는 것
이다.

따라서 이런 지적 분위기에 편승하여 1960년대와 1970년대에는 재생산
론, 지위집단이론, 저항이론 등의 갈등주의 교육사상이 출현하게 되었다. 갈
등주의 교육사상은 세계적으로 교육에 대한 이론적 설득력을 확보하였으나,
1985년 소련에서 고르바초프가 페레스트로이카(개혁·개방운동)를 선언하면
서부터 서서히 퇴색되기 시작하였다. 자본주의와 사회주의라는 이념적 대립
의 장벽이 서서히 붕괴되면서 갈등주의 교육이론은 설명력의 한계를 보였기
때문이다.

2) 이론적 특징

갈등주의 사회학의 대표 학자로는 마르크스(K. Marx), 베버(M. Weber), 짐멜(G. Simmer), 코저(L. Coser), 다렌도르프(R. Dahrendorf) 등을 들 수 있다. 교육사회학자로는 볼스와 긴티스(S. Bowles & H. Gintis), 부르디외(P. Bourdieu), 콜린스(R. Collins), 지루(H. Giroux), 애플(M. Apple) 등이 있다.

갈등주의(conflictism)는 인류의 사회적 재화는 한정되어 있지만, 요구하는 인간의 욕망은 무한하기 때문에 이를 차지하기 위한 사회적 경쟁과 투쟁이 불가피하다고 본다. 모든 사회집단은 각각의 사회적 이해관계를 가지고 있으며, 이런 이해관계를 점유하기 위해 지속적으로 대립할 수밖에 없다.

사회적 이해관계가 다른 집단들은 지배적 위치를 선점하기 위해 끊임없이 대립하며, 이것은 사회변동의 원인이 되어 새로운 사회 형태를 창출하기도 한다. 즉, 갈등주의 사회관은 지배적 위치를 선점하기 위한 지배집단과 피지배집단의 경쟁과 갈등이 끊임없이 나타난다고 한다. 여기서 갈등은 학자마다 의견이 다를 수 있지만, 개인의 긴장과 경쟁관계에서 전쟁과 혁명에 이르는 폭넓은 개념적 성격을 가지고 있다.

기능주의는 사회적 안정과 균형을 강조하지만, 사회에서 나타나는 계급갈등, 권력갈등, 사회적 병리 등의 부조리한 현상을 설명하는 데 한계를 보인다. 갈등주의는 기능주의의 이러한 이론적 한계를 극복하기 위해 대두되었다. 갈등주의에서 갈등은 파괴적이고 부정적인 개념이 아니라, 집단 상호 간의 갈등을 통해 사회적 균형을 유지하기 위한 것이다.

갈등주의의 사회적 균형은 절대적이고 완벽한 균형을 의미하는 것이 아니다. 완벽한 균형은 죽음의 상태에서만 가능하다. 사회가 살아 있으면 갈등은 끊임없이 진동할 수밖에 없다. 갈등이 사회를 이루는 속성이라는 것이다.

일반적으로 평화로운 사회는 표면상 갈등이 없는 것처럼 보인다. 하지만 그 이면을 냉철히 살펴보면 사회적 갈등은 넓게 편재되어 있다. 평화로운 사회의 학교교육을 예로 들면 이해가 쉽다. 학교는 어떤 사회기관보다 비교적 안정성을 유지하고 있다. 그러나 현대사회에서 대다수 사람들은 학교에서 시험을 경험하고 그로 인해 긴장하게 된다. 이런 긴장의 원인은 사회적 우위를 점유하기 위한 경쟁적 속성에서 비롯된다. 단순한 학교생활에서도 보이지 않는 사회적 갈등이 잠재하고 있는 것이다.

사회적 갈등을 보는 관점은 학자에 따라 상이하다. 마르크스는 자본주의 사회의 구조적 모순으로 인한 자본가와 노동자계급의 경제를 둘러싼 계급갈등으로 파악하였고, 베버는 지위와 권력, 부를 차지하기 위한 집단 간의 갈등으로 이해하였다.

갈등관은 학자마다 차이가 있지만, 대다수의 입장은 사회적 갈등이 필연적이라는 것이다. 이들은 사회적 갈등의 원인이 불평등한 구조에서 기인한다고 한다. 불평등한 사회관계는 지배집단과 피지배집단 간의 충돌의 원인이 된다. 지배집단은 자신이 가지고 있는 사회의 기득권을 유지하기 위해서, 피지배집단은 지배적 이해관계를 차지하기 위해서 끊임없이 경쟁적 노력을 하게 된다. 지배집단과 피지배집단의 기득권을 차지하기 위한 경쟁적 노력으로 상호 간 갈등과 충돌은 불가피하다는 것이다.

그래서 지배집단은 자신의 유리한 위치를 보존하기 위해 다양한 방법을 강구한다. 지배집단은 기존의 사회 불평등 질서를 유지하기 위해 피지배집단을 정신적으로 교화하거나 강제적 물리력을 동원한다. 반면에 피지배집단은 이런 불평등을 해결하기 위해 대항 세력으로 변모한다. 각 집단은 자신의 위치에서 이해관계를 반영하는 갈등의 사회적 정당성을 주장한다. 이런 집단 간의 갈등이 증폭되면 사회는 급격하게 변화할 수밖에 없게 된다.

갈등주의는 불평등한 사회의 위계구조로 인해 끊임없이 사회적으로 긴장과 갈등이 조성된다고 본다. 지배집단은 자신의 유리한 위치를 계속 보존하기 위한 전략적 방법을 동원하고, 피지배집단은 지배집단의 기득권적 위치를 차지하기 위해 대립하게 된다.

| 표 6-1 | 갈등주의 사회관과 교육관 |

사회관	교육관
1. 모든 사회는 불일치와 갈등 속에 있다.	1. 학교는 지배계급의 이익을 도모하는 제도
2. 모든 사회는 급진적이고 비약적으로 변	적 수단이다.
화한다.	2. 학교는 사회의 불평등 위계구조를 영속화
3. 사회의 각 요소들은 대립적이고 경쟁적	하고 있다.
인 관계를 가지고 있다.	3. 학교는 불평등한 사회질서를 재생산하는
4. 사회는 지배계급과 피지배계급으로 구성	이데올로기적 도구다.
되어 있으며 대립적 관계를 가지고 있다.	4. 학교의 교육내용은 지배계급의 가치를 반
5. 사회의 안정은 억압과 통제에 의해 이루	영한 것으로 그들의 이익에 기여한다.
어진다.	5. 학교는 피지배계급 학생에게 지배계급의
6. 사회는 불평등한 관계로 구성되어 있으	문화가 우월하고 거기에 순응할 것을 요구
며, 사회적 보상은 불평등하게 배분된다.	한다.
7. 사회의 각 집단은 지배집단의 이익에 기	6. 학교교육은 인간의 자아실현보다 오히려
여하고 있다.	강요와 억압을 위주로 이루어지고 있으며,
8. 사회의 공동 가치는 위장된 것으로서, 실	학생을 수동적인 존재로 전락시키고 있다.
제로 지배집단의 이익을 반영하고 있다.	7. 학교에서 행하는 능력주의는 위장된 이데
	올로기에 불과하며, 지배계급의 학생에게
	유리하게 편성되어 있다.

특히 자본주의 사회에서 학교란 지배집단이 자신의 불평등한 위계관계를 정당화하고, 계급 간의 긴장과 갈등을 완화하는 이데올로기적 교화 기관으로 보고 있다. 이 점에서 갈등주의 사회관은 교육관과 논리적으로 연결되어 있다. 좀 더 구체적으로 살펴보면 〈표 6-1〉과 같다.

2. 경제적 재생산론

경제적 재생산론(economic reproduction theory)은 자본주의 사회는 성격상 불평등한 관계로 구성되어 있어서 계급적 갈등이 불가피하므로 학교교육은

계급적 갈등을 완화하고 자본주의 사회의 불평등 체제를 유지하는 도구적 수
단이라고 본다. 경제적 재생산론자들은 학교교육이란 자본주의 사회의 계급
적 모순을 은폐하고, 불평등한 위계적 관계를 정당화하여 지배계급의 사회
적 이점을 유지하며, 재생산 기능을 수행하는 제도적 장치라고 인식하고 있
다. 이러한 경제적 재생산론은 볼스와 긴티스(S. Bowles & H. Gintis)의 대응
이론(correspondence theory)과 알튀세르(L. Althusser)의 교육의 상대적 자율
성(educatioal relative autonomy)으로 구분된다.

1) 볼스와 긴티스의 대응이론

볼스와 긴티스는 정통 마르크시즘의 입장에서 1976년에 미국의 매사추세
츠 공업 지역의 학교교육을 역사적으로 분석한『미국 자본주의 사회와 학교
교육』을 발표하면서, 경제적 재생산론이라는 새로운 관점을 제시하였다. 볼
스와 긴티스의 경제적 재생산론의 핵심은 대응이론(혹은 상응이론)이다. 대응
이론이란 자본주의 사회에서 학교교육은 불평등한 사회적 위계관계를 정당
화·합법화함으로써 지배계급인 자본가 계급의 사회적 이익을 유지하는 기
능을 한다는 것이다.

학교교육은 개인에게 사회의 생산관계에 필요한 인성을 내면화시킴으로
써 지배계급이 요구하는 불평등한 위계의식을 반영한다. 학교교육은 업적
원리와 관계된 인지적 특성을 가르치는 것이 아니라, 생산관계에서 필요한
비인지적 특성을 강조한다.

학교교육의 비인지적 특성의 강조는 기존의 자본주의 사회의 계급구조의
위계화를 공고히 하여, 계급 간의 갈등을 완화시키기 위해서다. 즉, 학교에서
높은 학업성취로 인해 좋은 학력을 취득한 사람은 그렇지 않은 사람보다 우
수하다는 인식이다. 자본가계급은 노동자계급보다 학력 수준이 높기 때문에
결국 노동자계급은 자본가계급에 순응해야 한다는 것이다. 이를 정당화하는

사회공학적 기제가 능력주의 이데올로기다.

학교교육의 능력주의는 객관화된 검사인 지능, 성적, 적성 등에 과학적 민음을 부여하여 사회적 정당성을 확보하고 있다. 검사 결과는 의심 없이 받아들여야 하는 타당한 과학적 근거가 된다. 그러나 볼스와 긴티스는 객관화된 검사는 과학적 이데올로기에 의해 지지된 사회공학적 허구며, 객관화된 검사 자체가 과학적 근거를 완전히 갖추지 못하고 있다고 하였다.

그럼에도 과학적 이데올로기에 의해 지지되는 지능·성적·적성 검사의 결과는 사회적으로 보편타당한 믿음을 부여한다. 이런 검사 결과는 과학적 믿음에서 출발하였기 때문에, 검사 결과에 따른 계급적 구분은 자연스럽게 사회적 정당성을 갖게 된다.

그러나 학교교육의 객관화된 검사는 지배계급의 학생에게 유리하게 편성되어 있어, 피지배계급 학생은 처음부터 불리할 수밖에 없다. 피지배계급 학생은 어렸을 때부터 학교교육의 지속적인 실패로 인해, 자연스럽게 자본주의의 불평등 체제에 대해 복종과 순종 의식을 내면화하게 된다. 결국 학교교육의 능력주의는 경제적 실패 요인을 개인의 능력 부족으로 여기게 하여, 불평등한 사회구조를 은폐하고 있다. 학교교육의 능력주의는 교육의 위계적 단계에 따른 계급적 분절 의식을 심어 주는 핵심적인 이데올로기적 기능을 수행한다.

교육적 위계 단계에 따른 계급적 분절의식은 대응이론에서 극명하게 나타

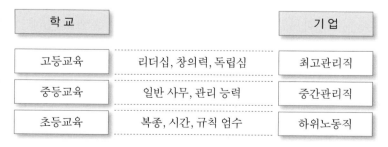

학 교		기 업
고등교육	리더십, 창의력, 독립심	최고관리직
중등교육	일반 사무, 관리 능력	중간관리직
초등교육	복종, 시간, 규칙 엄수	하위노동직

그림 6-1　학교와 기업의 대응적 위계관계

나고 있다. 대응이론은 자본주의적 생산의 위계관계를 학교에서 그대로 반영하고 있다고 한다. 학교는 노동의 위계적 분화에 따라, 초등교육은 하위노동직에게 필요한 복종, 시간, 규칙 엄수 등을, 중등교육은 중간관리직에게 필요한 일반 사무와 관리 능력 등을, 고등교육은 최고관리직에게 필요한 리더십, 창의력, 독립심 등을 강조한다. [그림 6-1]은 학교와 기업의 대응적 위계관계를 보여 주고 있다.

[그림 6-1]에서 보듯이 학교는 인지적 특성보다 비인지적 특성을 강조하고 있으며, 기업의 생산관계에 따른 교육의 계급적 분절의식을 가르치고 있다. 학교교육은 의식의 재생산을 요구하게 된다. 또한 교육의 위계관계와 노동의 생산관계는 구조적으로 매우 일치되게 나타난다.

기업의 생산관계와 교육의 위계관계가 서로 마주 보듯이 일치한다고 하여 거울이론(mirror theory)이라고도 한다. 중요한 점은 교육의 위계관계는 노동의 생산관계에 의해 결정된다는 것이다. 교육은 자본주의의 불평등한 구조를 반영하는 지배계급인 자본가 계급의 도구에 불과하기 때문이다.

교육은 경제구조의 그림자며 꼭두각시가 된다. 경제구조의 요구에 따라 교육의 모습이 결정되고, 교육은 경제구조에 어떤 영향을 주지 못한다는 것이다. 교육의 모순을 해결하기 위해서는 먼저 경제적 구조가 개혁되어야 하는데, 대응이론은 과도한 경제구조의 영향력을 강조한 나머지 '기계적 경제결정론'이라는 비판을 받기도 한다. 볼스와 긴티스는 이러한 비판을 인식하여 후기에는 교육의 상대적 영향력을 어느 정도 인정하기도 하였다.

대응이론에서 학교교육은 자본주의 사회가 요구하는 가치, 규범, 태도 등을 은연중에 내면화시켜 자본주의 사회의 구조적 모순과 심화된 불평등을 정당화하여 유지하게 한다. 학교교육에서 지배계급의 학생은 능력주의 이데올로기에 의해 보호되는 객관화된 검사에서 유리한 학업성취 능력을 보여, 사회적 정당성을 확보한 지배계급의 위치를 더욱 공고히 한다. 불평등한 경제구조를 반영한 학교교육을 통해 지배계급의 학생은 미래사회에서도 지배계

급의 사회적 위치로, 피지배계급 학생은 피지배계급의 사회적 위치로 재생산
되는 것이 경제적 재생산론이다.

2) 알튀세르의 교육의 상대적 자율성

알튀세르는 프랑스를 대표하는 사회철학자 중의 하나로 세계적인 명성을
얻고 있다. 그에 의하면 학교교육은 자본주의 사회의 불평등한 위계구조를
반영하는 가치, 규범, 태도 등을 아동에게 전수하여 변화하는 생산관계에 적
응하도록 한다.

알튀세르의 입장은 학교교육이 아동에게 자본주의 사회의 모순적 불평등
을 유지하기 위한 의식을 내면화한다는 점에서 대응이론과 큰 차이가 없다.
그러나 경제구조에 대한 교육의 상대적 영향력을 인정했다는 점에서 대응이
론과 구분된다.

알튀세르는 학교교육과 생산관계의 경제적 · 정치적 · 이데올로기적 실천
단계를 설명하기 위해 사회구성체(social formations)의 형성 요건에 대해 논의
하였다. 사회구성체는 토대(base)와 상부구조(superstructure)로 구성되어 있
다. 토대는 생산력과 생산관계를 나타내는 경제적 토대를 의미한다. 상부구
조는 정치적 · 법적 상부구조(political-legal superstructure)와 이데올로기 상부
구조(ideological superstructure)로 구성되어 있다. 토대와 상부구조의 관계는

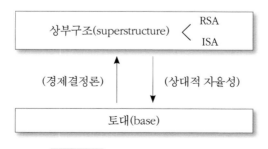

그림 6-2 토대와 상부구조의 관계

[그림 6-2]와 같다.

토대와 상부구조의 관계를 보면 상부구조는 토대에 대해 상대적 자율성 (relative autonomy)이 있으며, 토대와 상부구조는 상호 호혜적인 기능을 한다. 토대의 변화가 상부구조에 영향을 주며 상부구조의 변화도 토대에 영향을 준다.

상부구조는 정치적 · 법적 기구를 대표하는 억압적 국가기구(repressive state apparatus: RSA)와 이데올로기적 국가기구(ideological state apparatus: ISA)로 구분된다. RSA는 강제적 힘을 행사하는 경찰, 군, 행정부, 교도관 등으로 구성되어 있다. ISA는 교육, 종교, 가족, 법, 정치, 무역, 미디어 · 문화적 ISA로 구분되며, 자발적 동의를 창출하는 기능을 수행하고 있다. 즉, 강제력을 사용하지 않고 이데올로기적 조정과 통제를 통해 사회 구성원의 동의를 확보한다.

알튀세르의 관점에서 자본주의 사회의 ISA 기능은 매우 중요하다. ISA는 자본주의 사회의 불평등 체제에 대한 이데올로기적 정당성을 부여하여, 자본 축적 과정과 생산관계의 재생산에 대한 합법성을 제공한다. 그는 자본주의적 모순을 교묘하고 은밀하게 숨기는 가장 중요한 기능을 하는 ISA를 교육적 ISA라고 보았다. 구체적으로 교육적 ISA의 기능은 다음과 같다.

첫째, 변화하는 생산수단의 유지와 변형을 위해 학교교육은 방법적 지식 (know-how)을 전수하여, 생산에 필요한 독 · 서 · 산을 교육함으로써 자본주의 사회의 변형과 발전에 기여한다.

둘째, 학교교육은 자본주의 사회의 가치, 규범, 태도 등을 학생에게 전수한다. 학생은 노동의 위계적 분화에 적합한 규칙을 배움으로써 자본주의 사회의 불평등한 위계질서에 순응한다.

따라서 학교교육은 자본주의 사회의 모순적 · 이데올로기적 순응을 강화하여 다양한 계급의 학생들에게 미래에 점유하게 될 직업 유형에 따라 상이한 행동 규칙을 가르친다. 교육적 ISA는 노동의 재생산의 필수 요인인 기술의 재생산과 지배 이데올로기에 대한 복종의 재생산을 도모하고, 궁극적으로 이데올로기적 실천의 재생산에 기여한다.

볼스와 긴티스의 대응이론과 알튀세르의 교육의 상대적 자율성으로 대표되는 경제적 재생산론의 관점에서, 학교교육은 자본주의 사회의 불평등한 경제체제에 종속되어 있어 자본가계급의 이익을 반영하는 의식체계인 가치, 규범, 태도 등을 전수한다. 학교교육은 미래에 위치할 직업 유형에 순응하도록 학생을 조건화하여 생산관계를 자연스럽게 수용하게 한다. 결국 학교교육은 자본주의 사회의 불평등한 생산관계를 유지·재생산하는 기능을 수행한다.

경제적 재생산론은 학교교육에 대한 새로운 이해의 해석 틀을 제공해 주었지만, 이론적 한계도 동시에 가지고 있다. 이 점을 간단히 정리하면 다음과 같다.

첫째, 학교교육을 경제적 모순 구조에 국한시킴으로써 정치, 문화, 역사 등과 같은 다양한 측면을 간과하였다.

둘째, 학생의 의식체계를 경제구조에 구속시킴으로써, 인간을 기계적이며 수동적인 존재로만 파악하였다.

셋째, 교수−학습과정에서 나타나는 교사와 학생, 그리고 학생 간의 역동적인 관계를 간과하여 학교 내부를 검은 상자로 취급하였다.

3. 문화적 재생산론

문화적 재생산론(cultural reproduction theory)은 자본주의 사회가 불평등한 구조적 모순에도 불구하고 자연스럽게 유지되는 이유를 문화 영역과 계급구조에 초점을 두어 밝히고 있다. 학교교육은 은연중에 자본주의 사회의 지배계급인 상류층의 문화를 강조하고 있으며, 이러한 문화적 기준에 따라 학생의 선발과 배치 기능을 한다.

학교교육은 상류층의 문화가 보편적 가치 기준이 되어 지배계급 학생에게 유리하게 작용하고 있으며, 궁극적으로 자본주의 사회의 계급적 불평등을 은밀히 재생산하고 있다. 이러한 문화적 재생산론을 대표하는 학자는 부르디외(P. Bourdieu) 등을 들 수 있으며 일반적으로 번스타인(B. Bernstein)도 포함시키고 있다.

문화에 대한 정의는 관점에 따라 다를 수 있으나, 문학과 예술, 종교, 과학 등의 모든 상징체를 나타내는 포괄적인 의미를 가지고 있다. 부르디외는 문화는 절대적·보편적 가치가 존재하지 않으며, 시간과 공간에 따른 가치 기준이 달라진다는 문화적 상대주의(cultural relativism) 입장을 취한다.

그는 한 사회의 문화적 가치는 계급적 위치에 따른 상대적인 가치를 가지고 있으며, 계급적 성격에 의해 결정된다고 보았다. 그래서 문화의 가치는 정체되어 있는 것이 아니라 끊임없이 소비·분배·생산되는 경제재(기술, 성향, 지식 등)와 같다고 하였다. 문화자본의 운동 원리는 경제자본의 운동 원리와 비슷하며, 문화시장(cultural market)을 형성하여 문화재(cultural goods: 졸업장, 자격증 등)를 교환한다. 자본주의 사회에서 문화적 자본은 다른 어떤 자본보다 중요한 역할을 한다.

여기서 자본은 사회 행위자가 지배의 정당성을 획득하고 유지하기 위한 모든 수단을 의미하며, 이를 통해 궁극적으로 경제적 가치를 발생시킨다. 자본은 지배의 원리를 합법성의 가면 아래 정당화하여 사회 행위자들이 자연스럽게 수용하도록 하는 가치체계를 포함하고 있다. 부르디외는 문화적 자본의 역할을 설명하기 위해 자본의 개념을 네 가지로 분류하였다.

① 경제적 자본(economic capital)은 금전, 토지, 임금 등의 화폐 요소를 의미한다.
② 사회적 자본(social capital)은 특정 집단에 소속되어 사회 관계망을 형성하여 영향력을 미치는 자본이다. 학맥과 정치사회적 연줄 등을 의미한다.

③ 문화적 자본(cultural capital)은 특정 문화에 계급적 가치가 부여되어 자본적 역할을 수행하는 것을 의미한다.
④ 상징적 자본(symbolic capital)은 경제적 자본+사회적 자본+문화적 자본의 결합에서 파생되어 얻어진 신뢰, 위신, 명예, 존경, 명성 등을 의미한다.

부르디외는 사회에서 중요한 기능을 하고 있는 핵심 자본을 문화적 자본으로 보았다. 그는 문화적 자본을 다음의 세 가지로 구분하였다.

① 몸과 마음속에 오랫동안 지속적인 상태로 남아 있는 성향들의 형태인 아비투스적 자본(habitus capital)이다.
② 책, 그림, 사전, 도구, 기계와 같은 형태의 객관화된 자본(objective capital)이다.
③ 학위, 학력, 자격증 같은 제도화된 자본(institutional capital)이다.

부르디외는 이 중 가장 중요한 문화적 자본은 아비투스적 자본이라고 하였다. 아비투스적 자본은 계급적 배경에 의해 내면화된 지각, 인지, 행위, 습성, 성향을 의미한다. 아비투스적 자본은 다른 문화적 자본의 토대가 되는 실질적 기반으로 작용한다.

그러나 부르디외의 문화적 자본은 매우 광범위한 개념을 가지고 있다. 교육자본, 학력자본, 언어자본(linguistic capital)뿐만 아니라 심지어 일상생활의 옷차림, 패션 감각, 취향, 억양, 매너, 태도 등을 포괄하고 있다. 이러한 문화적 자본은 계급적 구별 짓기의 차이를 나타

사회적 자본

사회적 자본의 개념에 대한 접근은 학자마다 조금씩 다르다.
콜먼은 사회적 자본을 행위자의 특정한 목적을 달성하려는 사회관계와 구조로 보고 있다. 구체적으로 그는 부모와 자녀의 관계, 부모의 사회적 관계 등의 가족 자본과 지역사회의 다양한 사회적 관계망을 들었다.
푸트남(R. Putnam)은 사회적 자본으로 사회적 효율성을 높이고 사회를 개선하여, 공적·정치적인 상호 이익을 발생시키는 신뢰와 규범, 네트워크 등을 들었다.

내는 상징적 기제로 작용한다.

부르디외에 의하면 노동자는 값싸고 영양분이 있는 음식을, 전문직은 건강에 도움을 주는 가볍고 비만을 방지하는 음식을 소비한다고 한다. TV를 시청할 때도 노동자는 서커스나 스포츠를 즐기며, 전문직은 과학, 문학, 역사와 같은 교양 프로그램을 선호한다. 작은 일상생활에서도 알게 모르게 계급적 취향을 드러내고 있다는 것이다.

이런 문화적 차이는 계급적 신분을 구분하는 기준으로 작용한다. 특정문화적 자본이 신분적 구별짓기의 중요한 기준이 되는 것은 계급적 권력에 의해 사회적으로 정당성과 합법성을 부여받았기 때문이다.

따라서 상류계급의 문화적 자본은 사회의 중심적 가치를 띠게 되어, 사회적으로 힘을 행사하게 된다. 엄격한 의미에서 문화적 가치는 상대적인 것인데도 어떤 계급적 문화가 다른 문화보다 우월하다는 것은 사회적으로 규정된 허구에 불과하다.

그럼에도 상류계급의 문화가 우월하고, 보편적 가치를 띤 것처럼 착각하는 것은 상징적 폭력(symbolic violence)의 작용 때문이다. 상징적 폭력은 사회적 허구성에 의해 부여된 상류계급의 문화가 보편적 기준으로 작용하여, 다른 문화를 규정하고 계급적 차이를 만드는 권력적 작용을 의미한다.

부르디외는 상징적 폭력의 대표적 기관을 학교라고 보았다. 학교는 외형상 독립적이고 중립적인 문화를 가르치는 곳처럼 보이지만, 실제는 상류계급의 문화적 가치를 수용하고 있다. 학교는 상류계급의 문화적 가치를 객관적이고 보편적인 기준으로 상정하여 상이한 계급의 문화를 억압하는 상징적 폭력을 행사한다.

학교의 상징적 폭력 작용을 통해 학생들은 자신도 모르게 상류계급의 문화를 보편적 가치의 기준으로 수용하게 된다. 학교에서 강조하는 상류계급의 문화적 가치는 무의식적으로 공정성과 객관성을 띠게 된다. 즉, 학교교육이 중립적이고, 기회균등과 보편적 가치를 측정하는 능력주의가 공정하게 운영되는 것처럼 보이게 하는 것이다. 자연히 학업성취의 계급적 차이는 재능과 노력으로 인한 공정한 게임의 결과라고 인식하게 만든다.

이처럼 학교가 수용하는 문화는 자연히 상류계급의 학생에게 유리할 수밖에 없게 된다. 어렸을 때부터 상류계급 문화를 깊숙이 내면화하여 아비투스적 자본을 소유한 학생들은 학업성취에서 우월한 위치에 있게 되며, 나아가 지배계급의 이익을 유지하게 된다. 역으로 하류계급 학생은 불리한 사회적 위치에 계속 남을 수밖에 없다.

학교교육은 지배집단에 유리하게 편성되어 있다. 학교는 지배문화를 수용하고 있기 때문에 문화적 자본이 풍부한 학생이 유리할 수밖에 없다. 결국 학업성적은 사회적 지위를 가늠하는 중요한 지표로 작용하며 이는 곧 계급적 차이로 나타난다. 이 점에서 보면 교육의 기회균등과 능력주의는 자본주의 사회의 불평등한 구조를 은폐하려는 위장된 이데올로기에 불과하다.

부르디외의 문화적 재생산론은 교육에 대한 새로운 해석관을 제공하여 세계적으로 선풍적인 학문적 위세를 누렸다. 그의 문화적 접근 방식은 매우 독특하고 난해하지만, 교육에 대한 새로운 이해의 틀을 제공한 것은 분명하다. 그럼에도 불구하고 나타나는 문화적 재생산론의 이론적 한계는 다음과 같다.

첫째, 문화의 측면을 지나치게 강조하여 다른 외부적 요인을 간과하는 경향이 있다.

둘째, 문화구조에 인간의 특성을 제한함으로써 인간을 수동적인 존재로 파악하였다.

셋째, 문화적 자본의 핵심인 아비투스적 자본의 개념이 매우 모호하다.

넷째, 교수-학습장면에서 발생하는 교사와

언어자본

부르디외의 언어자본은 번스타인의 계급별 언어 유형을 살펴보면 이해가 쉽다. 번스타인은 언어 유형을 정교화된 코드(elaborated code)와 제한된 코드(restricted code)로 구분하였다.

전자는 주로 상위계급이 선호하는 언어 코드로서, 문법과 문장 규칙이 정확하고 의미 수준이 높은 상징체계를 많이 사용한다. 문장 구성은 복잡하며 논리적이고 체계적이다.

후자는 하위계급이 소유한 언어 코드로서, 문법과 문장 규칙이 부정확하며 사용하는 상징체계의 수준도 낮다. 문장 구성은 단순하며 비논리적이고 비체계적이다.

학교교육은 체계화된 언어 유형인 정교화된 코드를 선호하기 때문에, 상위계급 아동은 하위계급 아동보다 학업성취에서 우월하여, 미래에 차지할 직업적 지위에 대해서도 유리한 위치에 놓이게 된다.

학생, 그리고 학생 간의 복잡한 상호작용을 도외시하였다.

다섯째, 학교교육을 지배계급의 문화를 재생산하는 도구적 수단으로만 봄으로써, 학교교육을 통한 사회의 불평등 구조에 대한 저항의식을 약화시켰다.

4. 지위집단이론

지위집단이론(status-group theory)은 지위경쟁이론(status-competition theory)이라 부르기도 한다. 대표자는 콜린스(R. Collins)와 헌(C. Hurn) 등이 있으며 네오 베버리즘으로 분류된다. 지위집단이론은 1979년에 출판된 콜린스의 『자격증 사회(The credential society)』에서 비롯됐으며, 실제 내용은 학력사회에 관한 것이다.

지위집단이론은 사회적 이해관계가 지위구조와 밀접한 관계가 있으며, 이런 이해관계는 지위집단이 선호하는 문화 양식에서 영향을 받는다고 한다. 지위집단이 선호하는 문화 양식, 즉 가치와 신념체계, 삶의 양식 등은 그들의 이해관계를 반영하는 상징적 기제로서 작용한다.

여기서 지위란 한 개인 또는 집단이 유지하고 있는 신분, 직업, 학력 등에 따른 일정한 사회적 명예와 위신(prestige)의 수준을 의미한다. 지위집단은 비슷한 가치관, 신념, 규범 등의 문화 양식을 소유한 비슷한 사회적 지위의 사람들이 사회적 특권과 이익을 반영하기 위해 조직한 공동체다. 이러한 지위집단은 사회적 이익을 유지하기 위해, 그들이 선호하는 문화 양식을 토대로 유기적 연대감을 형성하고 있다. 따라서 특정 지위집단에 진입하기 위해서는 그들의 문화 양식을 체득해야만 동질적인 공감대를 가질 수 있다.

현대사회에서 지위집단의 문화가 반영되는 대표적인 제도적 장치는 학교교육이다. 학교교육은 특정 지위집단이 요구하는 문화적 경험을 반영하고 있으며 학생들에게 이를 가치 있는 상징체계라고 주입하고 있다. 따라서 지위집단은 학력과 밀접한 관계를 갖게 되며, 학력 수준은 지위집단 문화를 상징하게 된다. 학력과 지위집단의 이러한 결합력은 자연히 학력의 사회적 가치를 높아지게 만든다.

콜린스는 '학교의 지위집단 문화'와 '사회의 지위집단 문화'의 합치가 잘 이루어질 경우, 학력의 선발 지표 기능은 더욱 높아진다고 보았다. 학력은 지위집단의 문화적 수단을 나타내는 지표이므로, 사회 구성원들은 이를 획득해야만 원하는 지위집단에 편입할 수 있다. 즉, 교육의 이수 정도는 지위집단의 문화적 위계구조를 반영하고 있으며, 그 이수 정도에 따라 지위집단에 들어갈 수 있는 자격이 부여된다.

그러나 지위집단의 학력은 사회적 지위구조에 진입하는 단순한 문화적 자격증으로서 경제적 생산성이나 기능적 수월성을 나타내는 지표와는 무관하다. 학력은 지위집단의 능력이나 자질을 나타내는 것이 아니라 단순히 특정 문화적 가치를 대변하는 상징에 불과하다. 실제 학교에서 배우는 교과내용은 업무 수행에 있어서 별로 활용되지 못하고 있으며, 직업적인 능력의 배양은 직접 직업생활을 경험하면서 점진적으로 배워 간다.

콜린스는 전문 직종인 변호사, 경영자, 약사, 교사를 양성하는 대학교육은 실제의 현장 적용에서 아무런 도움이 되지 못하거나, 업무에 직접 필요한 내용에 관한 교육을 거의 전수하지 못하고 있다고 한다. 그에 의하면 대학의 학업성적은 직업적 성공과는 무관하며, 실제 고용주도 학업성적에 의거하여 직원을 선발하는 것이 아니라, 오히려 특정 학과의 수료와 전반적인 인격 형성을 요구하고 있다고 한다.

학력은 특정 지위구조에 들어갈 수 있는 문화적 자격증이다. 학력이 높으면 자격증으로서의 문화적 가치가 높아지게 된다. 학력 자격증은 문화적 자격증으로서 사회에서 문화적 화폐의 기능을 한다. 문화적 화폐 가치는 특정 지위집단의 성원이 되는 자격을 부여한다. 즉, 어떤 학력 자격을 소유하고 있느냐에 따라 문화시장에서 화폐적 가치가 달라지며, 이 화폐 가치에 따라 사회적 지위가 결정된다.

높은 학력은 상위계급인 엘리트 집단에 들어갈 수 있는 문화적 자격의 기능을 한다. 학력의 문화적 가치가 높은 고등교육은 사회적 지위를 가늠하는 중요한 제도적 기준이므로, 각 지위집단은 문화적 수혜자가 되기 위해 치열한 학력경쟁을 하게 된다.

따라서 학력 자격의 획득을 위해 사람들은 고등교육의 개방을 요구하게 되며, 이런 요구는 고등교육의 확대를 초래한다. 그렇게 되면 점차 고등교육의 수혜자는 증가하지만, 직업구조는 그들을 수용할 변화가 이루어지지 않아 사회이동에 거의 도움을 주지 못하게 된다. 따라서 특정 지위집단에 진입하기 위한 학력 요건은 점차 높아질 뿐이다. 엘리트 지위집단은 더욱 높은 학력 수준을 요구하기 때문이다.

결국 학력은 개인의 중요한 성공 요소라기보다는 출신계급을 나타내는 신분 지표가 된다. 학력은 문화적 지위를 점유할 수 있는 중요한 자격증이므로, 각 지위집단의 학력에 대한 요구는 치열한 학력경쟁을 부추긴다. 지위집단이론에서 학력은 실질적 능력과 사회생산적인 효과와 관계없는 형식적 자격증에 불과하지만, 지위집단에 진입하기 위한 실질적 자격증으로서의 역할을 한다. 따라서 특정 지위집단에 진입하기 위한 학력경쟁은 더욱 치열해지고, 학력 인플레이션을 촉진한다. 지위집단이론은 많은 점에서 교육적 시사점을 주지만 다음과 같은 한계도 가지고 있다.

첫째, 학력의 문화적 자격증 기능을 부인할 수 없지만, 현대사회의 교육은 특정 생산적 능력을 중요시하는 경향이 있다.

둘째, 고등교육 확대의 원인은 개인적 요구보다는 국가와 사회구조적 요구와도 많은 관계가 있다.

셋째, 학력 인플레이션의 원인은 교육적 요인보다는 산업사회의 구조적 요인과도 많은 관련이 있다.

5. 저항이론

저항이론(resistance theory)의 대표자로는 지루(H. Giroux), 윌리스(P. Willis), 애플(M. Apple) 등이 있다. 저항이론은 프랑크푸르트 학파의 비판철학에서 영향을 받았으며, 실질적 저항이론가로는 지루를 꼽을 수 있다.

재생산론의 인간관은 경제와 문화라는 구조에 인간을 한정시킴으로써 지배계급에 종속되는 구조적 존재로 보고 있다. 인간을 사회구조에 의해서만 영향을 받는 수동적 존재로 이해하기 때문에 불평등한 사회구조의 변화에 대한 설명력이 미흡할 수밖에 없다. 그런데 저항이론은 재생산론과 같이 인간을 구조적이며 수동적 존재로 파악하는 관점을 비판하면서, 인간을 새로운 사회개혁을 주도하는 능동적이고 자율적인 존재로 인식한다.

저항이론은 기존의 구조적 이론과는 다른 인간관에서 출발한다. 저항이론에서 인간은 사회구조가 규정하는 것을 수동적으로 받아들이는 꼭두각시 같은 존재가 아니라, 주체적 의지를 가진 존재로서 불평등한 사회구조를 비판하고, 거부하며 저항하는 능동적인 존재가 된다.

저항이론은 윌리스의 『노동과 학습(Learning to labor)』에서 이론적으로 중요한 시사를 받는다. 이 책은 공장 주변에 위치한 영국의 남녀공학 중등학교(우리의 전문계 학교와 비슷함)를 분석 대상으로 삼았다. 이 학교의 문제아들은 가부장적 육체문화가 지배하는 부모의 공장문화(shop-floor culture)를 선호한다. 공장문화의 영향으로 그들은 '사나이(lad)'라고 지칭된다. 사나이들은 모범 학생들을 수동적 존재라는 의미에서 '귓구멍(ear'ole)'이라고 부른다. 우리의 경우 '범생이'와 비슷한 의미를 가진 은어다.

학교의 문제아인 사나이들은 공장의 가부장적 육체문화의 영향으로 인해 학교에서 담배 피우기, 이상한 옷맵시, 비속어 등을 사용하는 등 구조적 순응을 거부하는 반문화(counter culture) 행위를 한다. 중요한 점은 사나이들은 자신들이 열등한 사회구조적 위치에 있는 것을 간파(penetration)하고 있으나, 불평등한 사회구조로 인해 교육을 통해 상승이동할 수 없다는 체념 같은 한계(limitation)를 인식하고 있다는 것이다. 이를 문화생성론(cultural production theory)이라고 한다.

지루의 저항이론은 사회의 구조적 불평등의 간파를 통해 한계 인식에 멈추는 것이 아니라, 사회개혁을 위해 적극적으로 거부, 비판, 저항을 해야 한다는 점에서 문화생성론과 차이가 있다. 일반적으로 보수주의 교육관은 대항행위를 개인의 심리적 문제, 즉 일탈행위(deviant behavior)로 보고 있으며, 단순히 사회병리학적으로 치료되어야 할 대상으로 보고 있다. 그러나 저항이론은 이러한 일탈행위가 개인적 문제라기보다는 사회구조적 불평등에서 귀인한다고 본다.

저항이론은 사회의 구조적 불평등에 대해 철저한 의심과 비판을 해야 한다고 주장하며, 자신과 사회의 해방을 위해 의식화 교육을 통한 현실 참여적인 실천(praxis)을 중요하게 여긴다. 저항이론은 철저한 성찰적 사고를 통해 정치사회적 이데올로기에 대한 비판과 저항을 하면서, 궁극적으로 구조적 불평등의 사슬에서 해방되는 사회를 강조한다. 즉, 저항은 사회구조적 모순에 대한 폭로의 기능을 가져야 한다. 자기해방과 사회변혁을 지향하는 투쟁의 요소로서 저항은 사회 실체에 대해 비판적이며 반성적 사고를 요구한다. 따라서 저항의 궁극적 가치는 사회의 구조적 불평등에 대한 비판을 통해 집단적인 정치 투쟁과 관련을 맺고 있다.

저항이론은 사회적 불평등에 대한 정치사회적 의심과 비판을 강조하는 의식화 교육에 초점을 두고 있다. 저항이론의 교육관은 학생을 주체적이고 인격적인 존재로 보고 있으며, 교육을 통해 사회 모순적 실체를 이해하는 비판적 사고를 고양하는 데 있다. 이를 통해 사회구조적 모순을 해결하는 실천적 행위로서 저항을 강조하고 있다. 학교교육을 통해 불평등한 사회를 개혁해야 한다는 것이다.

저항이론은 사회개혁에 대한 급진적인 관점을 가지고 있으나, 이론적으로 제고해야 할 많은 시사점을 준다. 저항이론은 완성된 이론적 체계성을 갖춘 것이 아니라, 아직도 많은 점에서 보완될 여지가 있는데 구체적인 한계를 지적하면 다음과 같다.

첫째, 성(sex)과 인종문제에 대해 잘 설명하지 못하고 있다.

둘째, 학생들의 저항 행위에 대한 대상이 명확하지 않다는 점이다.

셋째, 저항을 요구하는 사회 모순적 실체의 역사적 발달 과정에 대한 설명이 미흡하다.

넷째, 사회의 불평등 체제가 학생의 인성 형성에 구체적으로 어떤 영향을 미쳤는지에 대해 명확하게 제시하지 못하고 있다.

6. 무정부적 이상론

교육을 통해 사회 평등화를 도모하고자 하는 보수·자유주의적 교육관점은 1960년대에 오면서 사회적으로 비판을 받기 시작하였다. 구체적으로 홀트(J. Holt)는 학교교육의 경직성을 비판하면서 학교가 학생을 소위 정답 제조기(producer)로 만들어 버린다고 하였다. 1966년 굿맨(P. Goodman)은 미국의 공립학교는 쓸모없는 지식만을 전하고, 아동의 자연적 호기심을 죽이고 있다고 하였다. 코졸(J. Kozol)은 공립학교를 '지적이고 보호적인 감옥'이라고 비유하면서, 공립학교가 하는 일은 천한 노동을 제품화하는 과정이라고 하였다.

교육은 사회의 구조적 모순을 해결하는 엘도라도가 아니라는 회의적 인식은 1970년대 전후로 더욱 가속화된다. 특히 남미의 교육적 모순을 체계적으로 분석한 프레이리(P. Freire)와 일리치(I. Illich), 그리고 라이머(E. Remier)의 입장은 1970년대에 세계적으로 주목을 받음과 동시에 엄청난 영향을 주었다.

브라질의 교육적 모순을 목격한 프레이리는 현행 교육제도는 지배자의 이념을 강요하고, 힘 없고 가난한 자에게 복종과 순응을 강요하는 지배계급의 통치 기구에 불과하며, 불평등한 현실을 그대로 수용하는 강제된 순화 기구라고 하였다(Elias, 1976: 97). 따라서 학교는 만인을 위한 교육이 아니라 지배계급을 위한 교육을 실시하는 기관에 불과하여서, 교육은 결코 중립적이 될 수 없게 된다.

이러한 지배계급의 도구적 수단으로 전락한 교육 형태는 은행저축식교육(banking education)이다. 은행저축식교육은 기계적으로 암기하고 반복시킴으로써 사회의 불평등한 실체를 이해하지 못하게 하고, 수동적이며 타율적인 인간으로 길들인다. 이를 극복하기 위해 프레이리는 억압받는 민중들이 그들 자신의 삶을 반성하고 사회현실을 올바르게 인식할 수 있는 '의식화 교육'을 강조하였다. 구체적으로 그는 교사와 학생의 수평적 관계 속에서 사회 현실에 대한 올바른 이해와 성찰적 사고를 통해 비판적 사고를 형성하게 하는 문제제기식교육(problem-posing education)을 제안하였다.

가톨릭 신부인 일리치는 남미 사회의 제도화된 교육의 모순을 목격하고, 1970년에 『탈학교사회』를 발표하였다. 그에 의하면 남미의 교육은 인간의 자주성과 창의성을 마비시키고 인간을 정형화된 규격체로 양성하고 있다고 한다. 제도화된 기관들은 인간의 욕구와 잠재 능력을 억압하고 있으며 사회 실체를 왜곡하고 있다고 비판하였다.

학교교육은 인간의 자아실현과 인간성 회복을 저해하고 있으며, 지배계급의 이념을 주입시킴으로써 사회의 모순적 불평등을 심화시킨다. 학교교육은 지배계급의 이익을 영속화하고, 학업성취가 낮은 피지배계급을 사회적 실패자나 낙오자로 낙인찍어 심한 좌절감과 패배감을 형성시킨다. 그는 교육의 이러한 모순적 기능을 극복하기 위해서 제도화되고, 정형화된 틀을 강요하는 교육에서 벗어나는 '탈학교'를 주장하였다.

탈학교는 제도화된 틀에서 해방된 인간의 본질적 자유를 추구할 수 있는 새로운 교육적 대안이다. 그는 탈학교의 구체적 실현을 위해 모든 사람이 언제, 어디서든 원하면 교육을 받을 수 있는 '학습망(learning web)'을 제안하였다. 학습망은 교육의 피라미드 구조를 해체 · 분산시켜, 학습을 원하는 사람은 누구든지 쉽게 접근할 수 있는 제도며, 학습자의 사회적 신분과 경력, 그리고 학벌과 관계없이 이용할 수 있는 교육체제다.

따라서 탈학교론은 교육의 폐지가 아니라 사회의 불평등을 심화시키는 제도화된 학교교육을 폐지하자는 것이며, 인간성 회복을 위한 새로운 교육적 대안인 학습망의 구축을 강조한다. 굳이 비교하면 학습망은 오늘날의 사이버 교육체제와 매우 유사하다. 학습망은 사람을 구분짓는 계급적 경계선이 존재하지 않으며, 순수하게 원하는 교육을 받을 수 있는 교육체제다. 학습망은 인간의 본래 모습을 회복시키고, 제도화된 불평등 위계체제의 모순을 극복하는 새로운 교육의 대안이 된다.

라이머는 교육을 통한 인간성의 회복이라는 점에서 일리치와 비슷한 생각을 하였다. 그는 1971년에 발표한 『학교는 죽었다』에서 오늘날 교육은 인간을 억압하고, 사회적 불평등을 심화시킨다고 하였다. 그는 본래의 목적에서 벗어난 이러한 교육적 상황에 대해 학교는 죽어 가고 있으며, 현대교육은 "부자를 부자 되게 하고, 가난한 사람을 더욱 가난하게 하고 있다."라고 강하게 비판하였다.

그에 의하면 학교는 학생의 보호 기능, 차별적 선별 기능, 이데올로기의 주입 기능, 지식과 기술의 개발 기능을 수행하여 폐쇄된 기술사회를 강화하고 있다고 한다. 그러나 라이머는 교육적 · 모순적 기능에 대해 훌륭한 통찰력을 보였지만, 이를 해결할 수 있는 교육적 대안을 제시하지 못한 점이 프레이리나 일리치와 다른 점이다.

프레이리와 일리치 그리고 라이머의 교육적 모순에 대한 체계적인 비판은 1970년대에 세계적으로 선풍적인 각광을 받았으며, 특히 제3세계에서 더욱 주목을 받았다. 당시의 정치사회적 상황은 교육적 모순의 비판에 대한 이론적 갈증이 증폭되고 있었다. 이들의 비판적 통찰력은 교육에 대한 새로운 해석적 안목을 제공하여 매우 큰 관심을 받았다.

우리나라의 경우, 1970년대의 야학운동과 무관하지 않다. 이들의 무정부적 이상론은 세계적으로 교육적 모순에 대한 이론적인 각성과 새로운 교육적 방향의 모색에 대한 깊은 통찰력을 제공하였지만, 많은 점에서 한계를 보이고 있다.

첫째, 학교교육의 모순을 극복하기 위한 교육적 대안이 현실적으로 매우 미흡하다.

둘째, 그들의 교육적 대안으로 사회적 모순구조의 해결이 가능할 수 있는가의 문제다.

셋째, 지배계급은 교육을 통해 그들의 사회적 이익을 쉽게 포기할 수 있는가의 문제다.

넷째, 무정부적 이상론은 경험적인 실증적 근거가 불충분하며, 기능적이고 관념적인 요소에 너무 의존하고 있다.

제**7**장
신교육사회학 교육이론

1. 대두 배경과 이론적 특징

1) 대두 배경

교육을 통해 사회적 평등화를 도모하려는 인식은 오랫동안 지속적으로 유지되어 왔다. 즉, 교육을 통해 인간의 삶의 질과 자아실현을 도모하고, 사회적 불평등을 완화하며, 공동체적 삶을 향상시키고자 하였다. 교육은 사회의 기능적 효율성과 안정화를 추구하는 장치였다.

그래서 만(H. Mann)은 교육을 위대한 평등화 장치라고 하였다. 교육정책도 이런 믿음 아래 이루어졌으며, 교육의 기회균등에 대한 정책적 배려와 노동계급 아동을 위한 보상교육 프로그램의 실시, 교육의 병리현상 해소 등의 정책적 노력이 있었다. 그러나 이러한 교육정책들은 의도와 달리 큰 실효를 거두지 못하였다. 오히려 학교교육이 계급 간 위계화와 사회적 불평등을 심화시키고 있다는 지적이 대두됐다.

실제 영국에서는 어렸을 때부터 계급 간의 교육적 차이를 심화시키는 11⁺를 폐지하고, 노동계급 아동의 재능 손실을 막기 위해 종합화 정책을 실시하였다. 11⁺는 아동들을 11세에 조기 선발하여 복선형 학제에 따른 교육 수준과 방향을 결정하기 때문에 교육자원이 풍부한 상류계급 아동에게 유리할 수밖에 없었다. 11⁺는 계급 간의 사회적 불평등을 정당화하는 기능을 수행하고 있다는 비판이 제기됐다.

11⁺가 폐지됨으로써 이를 보완하기 위한 새로운 교육정책이 필요했는데, 그 대안으로 모색된 것이 종합화 정책(comprehensive policy)이었다. 종합화 정책은 모든 아동들에게 기회를 균등하게 주어 학교교육을 통해 실제적인 사회적 평등화를 도모하려는 것이다. 그러나 이러한 정책적 노력은 큰 실효를 거두지 못하였다. 교육정책의 배려에도 불구하고 노동계급 아동의 학업성취는 크게 향상되지 못하였다. 이처럼 사회적 평등화를 실현하려는 정책적 노력에도 큰 성과가 나타나지 않자, 새로운 교육적 대안이 필요하였다.

1950년대와 1960년대를 지배한 구조기능주의는 교육문제를 거시적 관점에서 해결하려고 하였다. 즉, 사회라는 거시적 관계 속에서 교육을 파악하였다. 영(M. Young)에 의하면 교육사회학은 그동안 주로 교육기회의 균등을 증진시키거나, 학교교육의 효율성, 교육적 일탈을 통제하는 일에 주된 관심을 기울여 왔다고 한다. 이러한 전통적 관점은 지식과 교육과정의 선발과 조직의 원리를 무시하고 학교와 교실에서 일어나는 제도적 장면과 상호작용의 특성을 무시하는 과오를 범했다고 하였다(Bernbaum, 1977: 14).

신교육사회학은 학교 외부에서 교육적 불평등을 해결하려는 종래의 관점에 비판을 제기하면서 등장하였다. 소위 구교육사회학이라 불리는 기존의 입장은 학교를 검은 상자(black box)로 취급하여 학교 내부에서 일어나는 복잡한 사회적 역학관계를 간과하여서 교육문제에 대한 접근이 잘못되었다는 것이다.

이처럼 신교육사회학은 학교 외부에서 문제를 해결하려는 종래의 관점에서 벗어나 학교 내부의 역학관계에 관심을 가질 것을 강조하면서 대두됐다. 신교육사회학은 1971년 영이 『지식과 통제』를 편집·발표하면서 세계적으로 주목을 받았다. 영에 의해 주도된 신교육사회학은 교육내용 지식의 사회적 성격과 교사와 학생의 사회적 역학관계에 관심을 가질 것을 강조하였다. 주로 학교 외부에서 문제를 해결하려는 종래의 관점에서 벗어나, 학교 내부에 숨어 있는 사회적 불평등 체계를 밝혀야 함을 요구한 것이다.

이러한 신교육사회학의 관점은 교육 불평등의 원인을 학교 외부에서 내부로 돌렸다는 점에서 패러다임의 전환이라고 할 수 있다. 그래서 고르버트 (D. Gorbutt)는 이러한 관점을 '신교육사회학'이라고 명명하고, 교육적 불평등을 해결할 수 있는 새로운 교육적 대안이라는 의미에서 '대안적 패러다임 (alternative paradigm)'이라고 하였다.

종래의 구교육사회학은 교육과 사회의 관계를 거시적 수준에서 분석하였기 때문에, 학교의 사회적 기능에만 초점을 두는 소위 투입-산출(input-output) 모형에만 의존하였다. 이와 같은 거시적 수준에서 일정한 규칙에 의해 해석하는 것을 '규범적 패러다임(normative paradigm)'이라 한다.

신교육사회학은 학교의 내부 과정에서 이루어지는 미시적 수준을 분석하고, 인간의 상호작용 행위에 대해 객관적이고 일정한 틀보다는 상황에 따른 해석적 과정을 요구한다. 신교육사회학의 이런 관점을 '해석적 패러다임 (interpretive paradigm)'이라고 한다.

신교육사회학은 학교 내부의 미시적 수준에 대한 분석을 강조하지만, 실제 학교 내부의 사회적 역학관계에 대해 관심을 가지고 있다. 신교육사회학이 태동한 『지식과 통제』에서는 거시적 측면에서 학교 내부를 분석하는 부르디외와 번스타인의 관점도 포함하고 있다. 이 점에서 보면 신교육사회학은 '교육과정사회학(curriculum sociology)'과 크게 다르지 않다.

교육과정사회학은 학교 내부의 교육과정에 대한 사회학적 관점이라 지칭

할 수 있다. 기능주의와 갈등주의의 거시적 측면도 교육과정에 대한 다양한 사회학적 분석을 하고 있다. 교육과정사회학은 학교 내부의 미시적 측면과 사회관계의 거시적 측면에 이르기까지 교육과정에 대한 사회학적 분석을 모두 포함한다. 그런 점에서 교육과정사회학은 신교육사회학보다 개념적으로 넓다고 할 수 있다.

2) 이론적 특징

신교육사회학은 거시적 수준에서 벗어나 미시적 수준의 학교 내부에 숨어 있는 사회적 역학관계를 밝히기 위한 것이다. 신교육사회학은 교과내용의 지식 구성과 교사와 학생의 상호작용 관계에 주목하고 있다. 신교육사회학은 이러한 미시적 수준의 사회적 관계를 이해하기 위해, 연구 방법론을 주로 해석적 패러다임에 의존하였다. 해석적 패러다임은 인간의 상호작용 속에 일어나는 해석과 의미 부여에 관심을 두고 있으며, 연역적 설명보다 귀납적 설명, 즉 일상생활의 세계를 구체적으로 이해할 수 있는 해석적 과정에 초점을 두고 있다.

번스타인(Bernstein, 1973: 163)은 해석적 패러다임의 특징을 다음과 같이 논의하였다. ① 사회 세계의 창조와 구성, 그리고 의미 창조자로서 인간관, ② 거시적-기능적 사회학에 대한 반대, ③ 사회질서의 제반 가정들을 의문시, ④ 객관적 범주의 사용과 양적 연구에 대한 불신, ⑤ 해석적 절차의 습득과 전달의 강조다. 따라서 해석적 패러다임은 거시적 방법의 일정한 틀에 의해 부여된 정형화된 해석에 반대를 하며, 역동적으로 변화하는 상황에 따른 과

해석학(hermeneutics)

해석학과 해석적 패러다임은 많은 점에서 차이가 있다. 해석학은 철학, 문학, 역사 등의 텍스트적 이해를 위한 것이다. 전통적인 해석학의 관점은 보편적 법칙을 추구하여 인간의 생성과 흐름을 정태적으로 이해하려고 한다. 슐라이어마허(Schleriermacher)의 보편적 이해, 딜타이(W. Dilthey)의 해석의 과학화, 베티(E. Betti)의 객관적으로 타당한 해석, 가드머(H. S. Gadmer)의 지평융합을 통한 합의적 의미, 하버마스(J. Harbermas)의 보편적 화용론 등과 같이 객관화된 해석적 성격이 강하다. 물론 해석학에는 인간의 자율적인 해석적 능력을 강조하는 학파가 있지만, 전반적으로 영미 중심의 해석적 패러다임과 동일하게 보기는 어렵다.

정적 해석을 강조하고 있다.

해석적 패러다임은 이러한 특징 속에 중요한 개념을 포함하고 있다. 블랙키지와 헌트(Blackage & Hunt, 1985: 234-236)는 이를 다음과 같이 제시하였다. ① 일상생활(everyday activity): 일상생활은 사회적으로 구성된다. ② 자유(freedom): 일상생활은 개인의 자유와 자율성에 의해 이루어진다. ③ 의미(meaning): 일상생활을 이해하기 위해서는 행위자가 그들의 행위에 부여되는 의미를 파악해야 한다. ④ 상호작용(interaction): 일상생활은 여러 사람과의 상호작용으로 이루어진다. ⑤ 교섭(negotiation): 행위자는 서로의 이해와 해석을 공유하며, 이는 지속적인 의미의 교섭 과정을 통해 이루어진다.

신교육사회학은 교실 내부의 미시적 분석을 하기 위해 해석적 패러다임에 의존하고 있지만 실제로는 다양한 연구 방법이 활용된다. 구체적으로 지식사회학(sociology of knowledge)과 인본주의 마르크시즘(humanitic marxism), 상징적 상호작용론(symbolic interaction), 현상학적 사회학(phenomenological sociology), 민속방법론(ethnomethodology)을 들 수 있다.

사실, 해석적 패러다임에는 상징적 상호작용론과 현상학적 사회학, 그리고 민속방법론이 직접적으로 해당된다. 지식사회학과 마르크시즘은 어떤 부분에서 거시적 측면의 성격을 포함하고 있어서 해석적 패러다임에는 적합하지 않다. 그러나 신교육사회학은 이러한 연구 방법론에 멀티패러다임(multiparadigm)을 복합적으로 이용하여, 교실 내부의 사회적 역학관계를 밝히기 위한 도구로 이용하고 있다는 점에 유의할 필요가 있다. 다음에서 이러한 연구 방법에 대한 개요의 정리를 살펴보기로 한다.

(1) 지식사회학

대표자는 만하임(K. Mannheim)을 들 수 있다. 지식사회학의 이론적 관점은 지식의 상대성이다. 지식의 상대성에서 지식은 역사와 사회적 조건에 의해 구성된다. 지식은 시간과 공간을 초월하여 존재하는 것이 아니라, 당시의 사회적 성격에 의해 그 가치가 규정된다. 프로타고라스(Protagoras)는 "인간은 만물의 척도"라고 하였다. 만물은 끊임없이 유전하며, 모든 감각은 주관적이고, 객관적 진리는 존재하지 않는다. 단지 역사적 시공간에서 주어진 대상만 인식할 뿐이다. 마르크스는 지식이 지배계급의 경제적 이데올로기에 의해 구속된다는 '지식의 존재 결정론'을, 만하임은 계급적 배경에 따라 '지식의 사회적 구속성'을 주장하였다. 또한 니체는 진리란 사회적 힘과의 관계로 결정된다는 '진리 의지'를 강조하였다.

(2) 인본주의 마르크시즘

대표자는 루카치(G. Lukács), 사르트르(J. Sartre) 등이 있다. 인본주의는 인간의 자유로운 주체 의지를 강조하여 역사와 사회를 설명하려 한다. 인본주의 마르크시즘은 기능주의 해석이나 결정론적 관점을 거부하고 있다. 자본주의 사회에서 상품은 객관적 가치를 부여받는 물신화(物神化)가 이루어지며, 모든 영역에서도 동일하게 적용된다고 한다. 자본주의의 물신화로 인해 계급의식이 생기는데, 인본주의에서는 이러한 계급의식을 고양하여 자본주의 사회의 불평등 체계를 극복하고자 한다. 계급의식은 즉자적(卽自的) 계급의식과 대자적(對自的) 계급의식으로 구분된다. 전자는 자신이 놓인 계급적 상황을 의식하지 못하는 계급이며, 후자는 계급의 불평등한 상황을 인식하고 대항하는 주체적이고 자율적인 계급을 의미한다. 인본주의 마르크시즘에서는 인간의 자율적인 대자적 계급의식을 통해 자본주의의 구조적 모순을 해결하고자 한다.

(3) 상징적 상호작용론

대표자는 미드(G. H. Mead), 호먼스(G. C. Homans), 블라우(P. M. Blau) 등이 있다. 상징적 상호작용론은 거대한 사회구조나 제도보다 일상생활에서 인간이 서로 얼굴을 맞대고 일어나는 상호작용과 커뮤니케이션에 초점을 두고 있다. 상징적 상호작용론에 의하면 인간 상징을 매개로 일어나는 상호작용 속에서 사고와 자아개념이 형성되고, 사회적 현실이 생성·유지·변화된다고 한다. 인간은 사회적·문화적 산물이 아니라 일상생활의 상호작용 속에 능동적으로 의미를 구성하는 주체적 존재다. 더불어 인간은 의미 있는 상징의 공유를 기반으로 사회적 상호작용 속에 새로운 의미를 만들고 새로운 세계를 창출한다.

(4) 현상학적 사회학

대표자는 슈츠(A. Schutz)다. 독일 철학자 후설(E. Hussel)의 현상학(phenomenology)을 슈츠가 미국에서 현상학적 사회학으로 발전시켰다. 현상학은 인간의 의식에 관심을 가지며, 우리가 살고 있는 세계는 우리의 머릿속에서 창조되었다는 의식의 구성을 강조한다. 현상학은 의식의 근원을 알기 위해 우리에게 주어지는 사회적 질서와 가정에 대해 의문을 제기해야 한다고 주장한다. 그리고 인간의 주관성을 인정하며, 너와 내가 인정하는 상호 주관성에 의해 사회질서를 구축해야 하며, 이에 따라 개인은 정형화(typification)된다고 본다. 현상학은 세계를 한 개인의 창조물로 이해하며, 각 개인은 전기적 상황(biographical situation)에 따라 정형화된 해석의 범주를 가지게 된다. 우리 모두는 자신만의 정형화된 해석 범주를 가지고 있으며, 이러한 해석 범주는 새로운 상황에 따라 변화가 이루어진다.

(5) 민속방법론

대표자는 가핑클(H. Garfiinkel)이다. 민속방법론은 현상학적 방법론에 의존하여 일상 세계의 구체적인 모습에 초점을 두고 있다. 그런데 현상학은 인간의 의식적 작용을 통한 의미 구성에 초점을 두지만, 민속방법론은 의식의 과정에서 나타나는 관찰 가능한 행위에 초점을 두는 질적 방법이다. 민속방법론은 걷기나 웃음, 전화 대화 같은 구체적 모습을 통해 일상생활의 기본 구조와 원칙을 발견하려고 한다. 민속방법론은 사회에서 당연하게 받아들이는 행위의 규명에 초점을 두고, 사람들이 상호작용을 통해 어떻게 공통된 인식을 가지는가에 대해 관심을 가진다. 민속방법론은 객관화된 사회 실체를 인정하지 않고 상호작용 속에 이루어지는 의미의 창조와 구성을 강조하며, 이를 통해 사회적 의미의 공통 기반을 찾고자 노력하는 연구 방법이다.

2. 교육과정의 사회적 구성

교육과정은 사회와 분리·독립되어 구성된 것이 아니라, 사회적 특성과 계급적 불평등 관계를 반영하고 있다. 교육과정 속에는 외견상 계급적 이데올로기가 작용되지 않은 것처럼 보이지만, 학교의 교육과정 속에 은밀히 반영되어 있다.

학교교육을 직접적으로 구현하는 교육과정은 계급적 이데올로기를 은연중에 심어 주고 있으며, 계급적 불평등을 정당화하고 합법화하는 기능을 한다. 교육과정은 지배계급의 가치관, 규범, 태도의 사회적 우월성을 정당화하여 학생들에게 자연스럽게 내면화하도록 한다. 즉, 교육과정은 지배집단의 이해관계를 반영하는 사회적 구성물이다.

애플(M. Apple)은 학교의 일상생활에서 나타나는 사회적 불평등을 분석하면서 교육과정의 보이지 않는 이데올로기적 통제 형태에 주목한다. 교수-학습과정의 일상생활 규칙 속에서 자본주의 이데올로기가 자연스럽게 강조되고 있으며, 이런 과정을 통해 사회적 불평등을 은폐한다고 본다. 그는 학교의 일상생활을 통해 기존의 불평등한 모순 구조를 학생들이 자연스럽게 내면화하는 과정을 설명하기 위해 숨은 교육과정(hidden curriculum)을 제시하였으며, 이를 설명하기 위해 그람시(A. Gramsci)의 헤게모니(hegemony) 개념을 차용하였다.

헤게모니는 자본가계급이 그들의 지배적 가치관, 규범, 문화체계 등의 우
월성을 일상생활을 통해 은연중에 사회 구성원들에게 내면화시켜, 자신들의
지배적 위치를 정당화·합법화하는 과정을 말한다. 애플에 의하면 학교는
지배계급의 헤게모니를 창출하는 기관이라고 한다. 학교 현장에 스며 있는
계급적 영향력, 즉 헤게모니의 작용으로 인해 사회적 불평등을 오히려 자연
스러운 사회적 결과로 받아들이게 되는 것이다.

학교의 일상생활 속에 침투된 숨은 교육과정은 계급 간의 모순을 은폐하는
헤게모니가 작용하고 있으며, 학생들은 은연중에 기존의 불평등한 체제를 정
당한 것으로 받아들이게 된다. 외견상 학교의 일상생활은 학생의 자본주의
이데올로기와 무관하게 보이지만, 교묘한 방법으로 교수−학습과정에 지배
적 헤게모니가 침투하여 학생들은 자신들도 모르는 사이에 자본주의 이데올
로기에 동화된다.

번스타인 역시 교육과정은 사회적 위계 원칙을 반영한 사회적 산물이라고
인식한다. 즉, 사회의 권력과 통제 원칙에 따라 지식의 분류화와 구조화가 이
루어지며, 이를 기반으로 교육적 지식 코드(통합형 코드와 집합형 코드)가 만들
어져 교육과정에 반영된다고 보는 것이다. 그는 학교지식을 구체적으로 전
달하는 교육과정(curriculum), 교수(pedagogy), 평가(evaluation) 체제를 구체
화했다.

교육과정은 타당한 지식, 교수는 타당한 지식의 전달, 평가는 타당한 지식
의 실현을 의미한다. 특히 교육과정은 학교교육과 사회구조의 관계를 코드
로써 설명하는 이론적 출발점이다. 교육과정은 내용 사이의 관계를 통제하
는 원칙이며, 사회적 지위의 차이를 반영하고 있다.

번스타인은 사회적 지위의 차이를 반영하는 교육과정을 명료화하기 위해
집합형 코드(collection code)와 통합형 코드(intergrated code)로 구분하였다.
집합형 코드로 구성된 교육과정은 교과목 간의 전문성이 강조되며 교과내용
의 경계선이 뚜렷이 구분된다. 수평적 관계보다 수직적 관계를 추구하여 사

| 표 7-1 | 집합형과 통합형 코드 유형 |

사회관			교육관		
1	C^+	F^+	3	C^-	F^+
2	C^+	F^-	4	C^-	F^-

회의 위계적 계급구조를 반영한다. 반면, 통합형 코드로 구성된 교육과정은 교과목 간의 내용 경계선이 구분되지 않으며, 교과목의 통합으로 인한 수평적 관계와 이데올로기적 합의가 내재해 있다.

그는 교육과정을 더욱 구체화하기 위해 분류화(classfication)와 구조화(framing)를 제시한다. 분류화는 내용 사이의 경계 유지 정도를 의미한다. 즉, C^+면 내용 사이의 경계선이 강하며, C^-면 내용 사이의 경계선이 약하다. 구조화는 교수과정에서 나타난 교사의 통제력 정도를 의미한다. F^+면 교사의 통제력이 강하며, F^-면 교사의 통제력이 약하고 상대적으로 학생의 통제력이 강하다. 이를 도식화하면 〈표 7-1〉과 같다.

번스타인에 의하면 이러한 코드 유형은 사회적 위계원리를 반영하고 있는데, 대체로 사회의 권력 형태는 1 → 4의 코드로 변화하며, 교육과정도 비슷한 모습을 가진다고 한다. 중앙집권적인 왕권사회는 1의 형태와, 민주주의 사회는 4의 형태와 비슷하다. 산업사회와 비유되는 테일러즘은 1의 형태와 가까우며, 노동자가 중심인 산업민주주의 사회는 4의 형태와 가까운 생산 규칙을 보인다. 교사 중심의 전통적 교육은 1의 형태와, 학생 중심의 진보주의 교육은 4의 형태와 비슷하다고 할 수 있다.

3. 교과내용의 사회적 구성

영에 의해 주도된 신교육사회학은 지식의 사회적 구성에 주목하면서 출발하였다. 신교육사회학의 관점에서 지식은 절대적이며 보편적 가치를 띤 것이 아니라, 사회적 구성에 따른 상대적 가치를 추구한다. 지식은 사회적·역사적 조건을 초월한 절대적 진리가 아니라, 사회적 성격에 따라 규정되는 것이다. 따라서 지식의 가치는 사회적으로 구성된 것이며, 특정 집단의 이해관계와 관련을 맺고 있다. 그래서 푸코(M. Foucault)는 지식이란 단순히 언어적 구성물로만 존재하는 것이 아닌, 사회적 관계를 규정하는 성격을 지니고 있다면서, 지식과 권력을 동일선상에서 보았다.

지식이 특정 집단의 권력과 이해관계를 반영하는 대표적인 합법적 장치로서 작용하는 것은 교과내용이다. 교과내용은 객관적이며 초월적인 지식을 선발·분류한 것이 아니라, 시간과 공간에 제한된 사회적 권력과 이해관계를 반영한 구성물이다. 소위 '학교지식(school knowledge)'이라 불리는 교과내용의 지식은 사회적 이해관계의 반영을 통해, 불평등한 위계적 관계를 정당화·합법화하는 이데올로기적 기능을 수행하고 있다. 따라서 학교지식의 사회적 정체성에 대해 끊임없는 의문을 제기해야 하는데 이를 구체적으로 살펴보면 다음과 같다.

첫째, 학교지식은 누구에 의해 선발되고 분류되는가.

둘째, 학교지식은 어떻게 구조화되고, 누구에 의해 합법화되는가.

셋째, 학교지식은 구체적으로 누구의 계급적 이익에 기여하고 있는가.

학교지식이 지배집단의 이해관계를 반영하는 정치사회적 산물이라면, 교과내용은 사회의 계급적 불평등을 정당화하거나 은폐하는 기능을 하게 된다. 교과내용은 특정 집단과 관련을 맺고 있으며, 교과내용으로 선발된 지식은 계급적 위계관계를 유지해 주는 이데올로기적 의식체계를 주입하고 있다. 교과내용으로 구성된 지식체계는 사회적 이해관계를 담고 있으며, 계급적 차별을 하고 있다.

교과내용의 지식 구성은 지배계급에 유리하게 편성되며, 계급적 불평등에 대해 이데올로기적 정당성을 제공한다. 교과내용의 지식은 사회적 위계원리를 반영한 이데올로기적 성격을 가지고 있으며, 은연중에 사회의 모순적 구조에 대해서는 합법적인 정당성을 갖게 한다.

에슬랜드(G. Esland)는 현상학적 이해를 통해 교수-학습과정에서 일어나는 지식의 전달, 조직, 선발의 사회적 성격을 밝히고자 하였다. 그에 의하면 학교지식은 교사와 학생 세계관의 변증법적 관계를 통해 상호 주관성(intersubjectivity)을 공유해야 하는데, 오히려 교사와 학생에게 발생하는 저항을 최소화하려는 조작적 성격을 가지고 있다고 한다. 학교지식은 외부세계에서 규정한 객관성을 강요하고 있으며, 여기에 관해서 의문을 제기하지 않는다.

케디(N. Keddi)는 교수-학습과정에서 나타나는 교사와 학생의 지식관이 상호 교환되는 과정을 통해 학업성취의 사회적 의미를 밝히고자 하였다. 그녀에 의하면 학교에서 가르치고 있는 지식은 객관적이고 보편적인 가치를 지닌 것이 아니라, 사회의 정치 이데올로기적 헤게모니를 지닌 집단의 산물이라고 한다.

교사는 학생의 계급적 성격에 따라 지식을 구성하는 사회적 특성을 다르게 보고, 교수-학습과정에서 계급적 지식의 성격에 따라 학생들을 범주화함으로써 결국 사회 속에 내재해 있는 불평등을 표면화한다. 교사들은 학교에서 가르치는 지식은 당연시되어야 하며, 그러한 지식은 선험적으로 주어진 객관적인 가치를 지니고 있기 때문에, 일상생활의 지식보다 위계적으로 높은 가치를 지녔다고 여긴다. 교사는 이런 과정을 통해 학구적인 지식에 높은 가치를 부여하고 계급적 차이를 정당화·합법화한다.

애니언(J. Anyon)은 미국의 역사 교과서를 분석하여, 자본주의 이데올로기가 어떤 형태로 조직되고 누구의 이익을 반영하고 있는지를 명확하게 분석하였다. 그녀에 의하면 미국의 17권의 역사 교과서는 기업들의 생산력에 의한 사회변화를 선호하고 있으나, 이로 인해 파생된 도시빈민이나 사회문제와 갈등관계를 소홀히 다루고 있다고 한다. 여기서는 기업가의 생산적 노력을 영응시하거나 그들의 업적을 고무적인 것으로 표현하고 있으나, 이로 인해 파생된 사회문제와 노사 간의 갈등은 은폐하거나 부정적으로 묘사하고 있다. 노동자 파업에 대해서도 실패한 파업을 주로 다루고 있으며 노동운동에 대해 부정적인 인식을 은연중에 심어 주고 있다. 그녀가 분석한 교과내용의 지식은 자본가에게 유리하게 편재되어 있으며, 사회에 편재된 계급적 불평등에 대해 은폐하거나 부정적 인식을 심어 줌으로써 정당화·합법화하는 정치사회적 이데올로기 기능을 하고 있다.

교과내용에 선발된 지식은 사회적 실체를 담고 있으며, 지식의 구성과 형식 또한 사회관계와 밀접한 관련을 가지고 있다. 학교지식은 객관적이고 중립적인 가치를 지닌 것이 아니라 사회적 이해관계를 반영하며, 학생들에게 계급적 불평등을 정당한 것으로 내면화시킨다.

4. 교수–학습의 사회적 구성

사람은 누구든지 자신이 위치한 사회적 상황에서 자라고 성장한다. 이는 개인의 의식체계를 구성하여, 세계관과 사회관을 형성한다. 교수–학습장면에서 교사와 학생의 만남은 전기적 상황에 의해 구성된 사회적 의식체계의 만남이다. 교사와 학생의 만남은 교육적 만남 이전에 사회적 만남이 되기도 한다. 교사는 자신의 전기적 상황에 의해 세계관을 구축하고, 이를 통해 사회적 해석을 한다. 학생은 자신의 고유한 의식체계를 가지고 있으며 교사와 상호작용을 통해 자신의 세계관과 사회관을 구성한다.

그러므로 교수–학습과정은 역동적인 사회적 산물이다. 교사와 학생은 자신들의 사회적 기준에 따라, 각자 서로를 해석하는 사회관을 가지고 있기 때문이다. 교수–학습과정에서 교사와 학생은 상호작용을 통해 현실세계를 조정하고 변형하여 새로운 사회관을 만드는 탄력적인 관계다. 따라서 교사와

학생의 만남은 서로 존중하는 열린 세계에서 이루어져야 하며, 교수-학습과
정은 사회가 규정한 정태적이고 범주적인 틀로써 해석하지 말아야 한다.

　교육현실은 생생한 과정과 경험으로 구성되기 때문에 모든 사회적 가정이
나 인지 양식, 그리고 상식 등에 대한 판단 중지를 통해 이루어져야 한다. 교
사와 학생의 만남이 이루어지는 교수-학습과정은 서로 존중하는 열린 과정
의 체계로서 교육현실을 이해해야 한다. 그러나 현실적으로 교수-학습과정
은 사회적으로 규정된 교사의 세계관에 의존하여, 학생에게 사회적 편견에
따른 불평등한 대우를 받도록 하고 있다.

　케디에 의하면 교사의 세계관은 은연중에 학생에 대한 편견을 조장하여 학
생들을 계급적으로 차별하게 한다고 한다. 교사는 계급적 편견에 따라 학생
의 지식과 능력 수준을 분류하여 이들을 범주화한다. 즉, 교사는 학생을 A,
B, C라는 세 범주로 선별하여 학생에 대한 교수과정과 태도에 차이를 둔다.
A계열의 학생들은 교사가 요구하는 적절한 지식의 구조를 가지고 있으며 능
력 있는 학생으로 대우받는다. 반대로 C계열의 학생들은 노동계급의 아동으
로서 추상적이거나 학구적인 내용을 제대로 이해할 수 없고, 근본적으로 교
육의 지식구조를 이해하는 데 상대적으로 열등한 대우를 받는다. 교수-학습
상황에서 교사의 범주화된 규정은 학생에게 직접적으로 적용되어 알게 모르
게 교사에 의한 사회적 차별이 이루어진다. 그러나 교수-학습과정에서 이루
어지는 교사의 위계적 범주화는 계급적 위계성이 반영된 사회적 편견에 불과
하다.

　애니언에 의하면 교수-학습과정에서는 계급구조에 따라 학교지식이 전수
된다고 한다. 상위계급 학생에게는 법, 의학, 경영지식과 같은 고도의 추상적
지식이 주로 전수되지만, 상대적으로 하위계급 학생에게는 단편적이고 구체
적인 지식이 전수된다. 하위계급 학교의 학생은 자신의 계급적 상황에 대한
역사적·사회적 특성을 배우지 못하고, 자본주의를 정당화하는 조작된 이념
이나 상징을 배운다. 중간계급 학교의 학생은 노동의 역사를 배우지 않거나

대다수의 중간 직업에 적합한 지식체계를 배운다. 상위계급 학교의 학생은 그들 자신의 역사를 배우고, 자본가 계급의 권력에 대한 합법성과 정당성을 배운다.

특히 노동자계급의 학교에서는 학습이 단계적 과정으로 수행되고 있으며, 그 과정은 기계적이고 지루한 암기만을 요구한다. 그 과정에서 의사결정 같은 고도의 지적 능력을 요구하는 행위는 거의 이루어지지 않는다. 여기서 교사는 학생들에게 유순하고 순종적인 태도를 익히도록 지도한다. 중간계급의 학교에서는 모든 학습이 모범 해답을 제시하는 데 초점을 두고 있으며, 학생들은 정답을 얻기 위해 교사의 지시에 따라야 한다. 그 지시에는 약간의 선택과 의사결정이 포함되어 있다. 그러나 상위계급의 학교에서 학습은 대부분 독자적으로 이루어진 창의적 활동으로 구성되어 있다. 학생들은 지속적으로 개념을 표현하고 적용하도록 요구받는다. 이런 학습은 개성적인 사고와 표현, 관념의 확장과 예시, 적절한 방법과 내용의 선택 등이 중심을 이룬다.

학교의 교수-학습과정에는 보이지 않는 계급적 관계가 스며 있으며, 이런 내적 과정을 통해 학생들은 자신의 계급적 위치를 자연스럽게 수용하게 된다.

5. 종합 논의

신교육사회학에서 학교는 보편적이고 중립적인 기관이 아니라, 지배집단의 이해관계를 실현하는 이데올로기적 도구다. 교육과정은 사회적 위계 관계를 반영하고 있으며, 학교지식은 불평등한 이데올로기를 대변해 주고 있다. 교수-학습과정은 지배집단의 학생에게 유리하게 편재되어 있다. 교육과정과 학교지식, 그리고 교수-학습과정은 지배집단의 이데올로기를 정당화하는 사회적 구성물이며, 학교교육은 사회적 역학관계가 작동하는 이데올로기적 기관이다. 교사와 학생의 만남은 암묵적으로 계급적 편견에 의해 교육적 차별이 이루어지는 사회적 만남이 된다. 이러한 신교육사회학의 관점을 개괄적으로 정리하면 다음과 같다.

첫째, 교육과정과 학교지식에 관한 것이다. 교육과정은 사회의 통제와 원칙을 담고 있으며, 계급적 이해관계를 실현하는 사회적 산물이다. 학교지식의 선발과 분류 과정에서 지배계급은 일정한 영향력을 행사한다. 학교지식은 지배계급의 이익과 밀접하게 관련되어 있으며, 기존의 불평등한 체제를 은밀히 정당화한다.

둘째, 숨은 교육과정을 들 수 있다. 학교의 일상생활에는 계급적 이데올로기가 스며 있으며, 계급적 차별을 정당화하고 있다. 숨은 교육과정은 지배계급 이데올로기를 정당화하고 사회적 불평등을 당연한 것으로 받아들이게 한다.

셋째, 교사와 학생의 상호작용을 들 수 있다. 교수-학습과정에서 교사는 학생들을 알게 모르게 계급적 차별의 범주화를 한다. 교사의 범주화 과정 속에는 계급적 의식이 숨어 있으며, 이를 통해 학생들을 불평등하게 대우한다.

신교육사회학이 교육과정과 교수-학습을 사회적 역학관계가 작용하는 공간으로 본 점은 많은 시사점을 준다. 신교육사회학은 미시적 수준에서 보이지 않는 계급적 불평등을 밝혀냈다는 점에서 의미가 있다. 그러나 신교육사회학이 교육의 사회적 관점에 대해 새로운 해석적 지평을 열어 준 것은 사실이지만, 다음과 같은 한계점을 지닌 것도 부인할 수 없다.

첫째, 신교육사회학은 학교교육의 미시적 장면에서 일어나는 복잡한 사회적 역학관계에 대한 이해의 틀을 제공했지만, 현실적 대안은 매우 미흡하였다. 1980년대 중반까지 신교육사회학은 교육의 사회적 모순구조에 대해 날카로운 통찰력을 제공했지만, 이를 해결할 수 있는 교육적 대안은 큰 신뢰를 주지 못하였다.

둘째, 지식의 상대성에 대한 역설적 오류다. 지식의 상대성은 러셀(B. Russell)이 발견한 역설의 함정에 빠진다. 역설에 대한 러셀의 예를 들면 "어떤 크레타인이 말하길, 모든 크레타인은 거짓말쟁이다."라는 말이 성립되는

사회과학 속의 역설(paradox)

역설은 고대철학의 '제논의 역설'에서도 나타나지만, 역설 개념이 체계화된 것은 근대사회부터다. 19세기 말에 수학자 칸토어(G. Cantor)가 제시한 무한집합론은 수학이 투명하고, 완전하고, 무모순성을 보증한다고 믿는 당시 수학계에 엄청난 충격을 주었다. 예컨대, N을 무한집합이라고 가정한다면, "N=N+2N+3N+…+NN"이 성립된다. 이렇게 되면 부분이 전체가 되고, 전체가 부분이 되는 모호한 결론에 도달한다. 이런 난제를 해결하기 위해 당시의 수학자들은 엄청난 노력을 하였지만, 오히려 1931년 괴델(K.Gödel)의 '불완전성의 정리'에 의해 투명하던 수학은 완전히 침몰하고, 수학 역시 역설이라는 회색의 영역 속에 갇히게 된다. 당시 러셀은 칸토어의 무한집합론을 해결하려고 노력했지만, 오히려 수학뿐만 아니라 논리학으로 확대시키면서 역설 개념을 전면 부각시켰다. 그 유명한 '이발사의 역설'을 예로 들 수 있다.

과학계는 '빛의 파동설과 입자설' '상대성이론' '양자역학' '프렉탈 구조' 등과 같은 수많은 과학적 역설을 발견한다. 동양 사회의 역설은 모순(矛盾)으로 상징되지만, 고대사회부터 역설 개념은 매우 발달되어 있었다. 유교, 불교, 도교 등은 역설과 매우 밀접한 관련이 있다. 예컨대, '無(限)와 有(限)' '陰과 陽' '眞과 僞' '色과 空' '삶과 죽음' '빛과 어둠' '시간과 공간' 등은 절대적으로 분리된 것이 아니라 불가능한 공존이 이루어지고 있다. 약과 독을 동시에 품는 파르마콘과 같다. 형식논리학에서 불가능한 모순이 안정적으로 동시에 공존하는 것이 역설의 세계다.

이 점에서 보면, 사회과학은 개인과 사회라는 극단적 가치를 조화시키려는 역설적 학문이라고 할 수 있다. 예컨대, '자유(개인)와 민주(집단)' '자유(개인)와 평등(집단)' '경쟁(개인)과 협동(집단)'은 반대 지점에 있는 극단의 가치들이다. 사회(집단) 속의 자유(개인)와 인권(개인)이란 각각의 개념 자체도 역설을 품게 된다. 나의 자유(인권)를 극단적으로 확대하면, 불가피하게 타인의 자유(인권)를 제한하게 된다. 자유(인권)가 자유(인권)를 억압하는 이상한 결론에 이른다. 사회(집단)라는 큰 틀 속에서 개인(자유와 인권)을 해석하게 되면 자연히 논리적 충돌이 생기게 된다. 시험(제도)의 필요악도 마찬가지다. 심리학에서는 아니무스(animus)와 아니마(anima)를 들 수 있다. 나(개인)라는 존재 역시 타자(부모를 포함)를 전제로 한 역설적 개념이다. 나 속에는 순수한 나(개인적 자아)와 타자 속의 나(사회적 자아)가 공존하고 있는 셈이다. 문학에서는 '소리 없는 아우성' '찬란한 슬픔의 봄' '님은 갔지만 나는 님을 보내지 않았다'라는 표현에서 볼 수 있다. 일상생활에서는 '시원섭섭하다' '뜨거운 국물을 먹고 시원하다' '애증관계' '미운정 고운정' '필요악' '침묵의 소리' '질서 속의 무질서, 무질서 속의 질서' '공간이 있으면서 없는 사이버 공간(유한과 무한의 공존)' '인권을 지키기 위해 인권을 침해하는 CCTV' 등은 역설의 좋은 예다. 따라서 일상생활에서도 우리는 잘 느끼지 못하지만, 어쩌면 철저한 역설의 세계 속에 살고 있는지 모른다. 학문이 어렵다는 것은 형식논리로 풀지 못하는 곤혹스런 역설의 세계와 계속 대면해야 하기 때문이다. 역설은 아마 학문적으로 해결해야 할 마지막 영역이 아닌가 싶다.

가다. 이는 벽에 쓰인 '낙서금지'와 같은 논리라고 할 수 있다. 즉, 지식의 상대성 자체가 지배계급의 이해관계를 위한 지식적 산물이 되는 역설적 오류가 생기는 것이다.

　셋째, 현상학적 인간관을 들 수 있다. 현상학적 인간관은 인간을 사회적 의미를 생성하는 인식의 주체로 보고, 인간 행위의 교류를 통해 사회개혁을 주도할 수 있다는 순진한 낙관주의에 빠져 있다. 즉, 새로운 사회현실을 창조할 수 있는 인간의 능동적이며 주체적인 의지를 너무 강조한 나머지, 사회의 구조적 영향력을 간과한 것이다.

교육의 사회학적 이해

한층 성숙된 교육사회학적 통찰력을 고양하기 위해서는 교육현장의 이론적 적용을 통한 이해가 선행되어야 한다. 이론과 실제가 분리되면 학문적 절름발이가 되어, 교육의 사회적 현상을 왜곡할 수 있다. 이론과 실제는 균형을 유지해 주는 두 개의 수레바퀴처럼 언제나 함께 인식해야 한다. 교육실제에 대한 이론적 해석은 교육사회학에 대한 이해의 깊이와 폭을 넓히면서 현실적인 교육의 사회적 통찰력을 높인다. 교육사회학에서도 이론과 실제의 균형적 인식은 다양하고, 급속하게 변화하는 교육의 사회적 현상에 대해 유연하고 깊은 해석적 사고의 틀을 제공한다.

제8장
교육과 사회적 평등

1. 교육적 평등관의 논의

평등(equality)은 사회학의 매우 중요한 궁극적인 주제다. 평등은 사회를 지탱하는 이념적 축이자, 갈등의 원천이다. 사회에서 일어나는 대부분의 갈등은 평등과 밀접한 관련이 있다. 단지 추구하는 평등관의 성격에 따라 사회적 갈등의 양상이 달라질 뿐이다. 평등은 한마디로 정의하기 어려운 매우 복잡한 개념적 속성을 가지고 있다.

일반적으로 인간은 평등하게 창조되었다고 하지만, 현실은 평등한 사회적 대우를 하지 않는다. 우리는 외모부터 시작하여 경제적 배경에 따라 많은 사회적 차이를 가지고 태어난다. 이런 차이는 사회 속에서 차별로 나타나며, 차별은 불평등의 원인이 되어 사회적 갈등을 야기한다. 따라서 사회 속의 평등은 불가피하게 개념적으로 불평등(inequality)을 포함하고 있으며, 대다수의 학자는 사회를 불평등 체제로 보고 있다.

현실적으로 모든 것이 똑같은 평등사회를 구축하는 것은 불가능한 일이다. 계급, 계층, 사회이동, 구별 짓기 등의 사회학적 개념들은 암묵적으로 사회적 차이와 불평등을 전제하고 있다. 사회학은 사회적 불평등에 관한 학문이라 할 수 있다. 동시에 차이가 차별이 되지 않고 공존하는 사회, 즉 사회적 불평등을 최소화하기 위한 학문이다. 그런 의미에서 교육사회학은 교육에서 오는 사회적 불평등을 해소하기 위한 학문이다.

현대사회에서 사회적 평등을 실현해 주는 이념적 장치는 학교교육이다. 학교교육은 사회적 불평등을 해소하기 위한 대표적 장치로서, 사회적으로 이동할 수 있는 기회를 준다. 건강한 사회는 상승과 하강의 수직적 이동이 활발하게 일어난다. 학교교육은 수직적 이동을 도모하는 기제다. 학교교육의 수직적 이동은 능력주의 원리에 의해 지지를 받는다. 능력주의는 재능과 노력에 따른 업적에 의해 원하는 사회적 지위에 도달할 수 있는 이념적 기제다. 학교는 교육적 능력주의를 실현하는 대표적인 기관이다.

능력주의는 공정성, 공평성, 형평성, 투명성 그리고 정의라는 문제를 수반한다. 정의는 모든 사람에게 공정하게 적용하는 사회적 규칙으로, 사회의 이익을 극대화하기 위한 것이다. 정의는 사회적 불평등 개념과 밀접하게 연결되어 있다. 정의는 근원적으로 사회적 불평등을 해소하거나, 혹은 사회 구성원들이 합의하여 사회적 불평등을 인정하는 공정성의 원리에 기초하고 있다. 따라서 사회적 불평등과 관련된 정의의 개념은 복잡할 수밖에 없다.

공리주의(utilitarianism)에서 정의로운 사회란 모든 사람이 행복한 사회, 즉 '최대 다수의 최대 행복'을 의미한다. 여기서 최대 다수의 최대 행복이란, 사회의 평균적 이익을 극대화하는 것이다. 능력은 이러한 사회의 평균적 이익을 최대화할 수 있어야 하며, 동시에 교육기회는 사회의 평균적 이익을 최대한 높일 수 있는 능력을 근거로 배분되어야 한다. 교육기회의 배분은 사회 전체 선의 기여에 따라 정당화되며, 역으로 사회의 평균적 이익을 최대화하면 어떤 교육적 불평등도 용인할 수 있게 된다. 이 점은 사회의 평균적 이익을 위해서라면 어떤 불평등(이윤착취, 인종차별, 노예제도, 소수의 희생)도 용인되는 획일적인 평균이 가지는 이론적 한계를 가지게 된다.

롤스(J. Rawles)에 의하면 자유주의 평등관은 정의로운 사회의 출발점이라고 한다. 전통적인 자유주의는 개인의 권리와 가치를 중시하며, 다른 사람에게 해를 끼치지 않는 한에서 개인의 이익을 추구한다. 롤스는 전통적인 자유주의 가치를 인정하면서 평등을 정의의 기본 이념으로 제시하고 있다. 그러나 자유와 평등은 양립하기 매우 어려운 가치다. '자유는 개인적 가치'에, '평등은 사회적 가치'에 중심을 두고 있기 때문이다. 하지만 자유와 평등은 어느 한쪽도 포기할 수 없는 인간의 기본적이고 천부적인 권리이며, 개인과 사회의 균형과 조화를 위해 반드시 필요한 가치들이다.

롤스의 정의론(a theory of justice)은 이 점에서 돋보인다. 그는 양극단에 있는 두 가지의 정의 원칙을 수용하여 사회적 불평등을 해소하려고 하였고, 자유와 평등을 동시에 실현하기 위한 다음과 같은 정의 원칙을 제안하였다.

제1원칙은 '평등의 원칙'이다. 모든 사람은 다른 사람의 유사한 자유와 상충되지 않는 한, 가장 광범위한 기본적 자유에서 동등한 권리를 가진다는 것이다.

제2원칙은 '차등의 원칙'이다. 사회적·경제적 불평등은 다음 두 조건을 만족시키도록 조정되어야 한다. ① 불평등이 모든 사람에게 이익이 되도록 합당하게 기대되어야 한다. ② 불평등이 모든 사람에게 개방된 직위와 직책에 결부되어야 한다.

제1원칙인 '평등의 원칙'은 인간의 기본적 권리로서 어떤 정치사회적 조건에 의해 차등되지 않고 모든 사람에게 동등한 대우를 해야 한다는 것이다. 개인의 자유는 사회 전체의 목적과 이익을 위해 침해할 수 없는 불가침의 권리이기 때문이다.

제2원칙인 '차등의 원칙'은 모든 사람의 이익을 증대시키기 위해 불가피하게 나타나는 불평등을 정당한 것으로 간주하고 있다. 그러나 롤스는 특정 개인의 이익을 극대화하기 위한 능력주의는 부정의하고 불평등한 것으로 보고, '최소 수혜자에게 최대 이익'인 사회적 선을 실현하는 것이 정의로운 사회라고 역설한다.

롤스는 정의를 구현하기 위한 과정으로 '공정한 기회균등의 원리'를 강조한다. 능력주의는 외관상 공정하게 보이지만, 사실 사회의 출발선상에서 보이지 않는 계급적 혜택에 의해 좌우된다. 그는 이런 문제를 보완하기 위해 '사회적 우연성', 즉 계급적 배경의 혜택을 배제하고, 누구나 동일한 교육적 출발선상에 놓이게 할 것을 주장한다.

태어나면서 부여받는 계급적 혜택으로 인해 사회적 지위가 결정되는 것은 천부적인 우연성의 누적된 혜택의 결과다. 비슷한 능력의 소유자들은 사회경제적 배경을 배제한 공정한 사회적 기회를 부여받아야 한다. 그래서 롤스는 천부적 우연성인 계급적 교육 혜택을 배제하지 않은 교육기회는 공정하지 않으며, 개인적 이익만을 추구하게 된다고 한다. 교육의 결과는 사회적 우연의 누적된 결과이기 때문이다.

그러나 롤스는 교육이 비록 사회적 우연의 결과일지라도 사회적 공동선을 실현하기 위해 제도적으로 활용할 필요가 있다고 주장한다. 그의 교육관은 '차등의 원칙'을 고려하여, 모든 사람의 최대 이익을 구현하는 사회적 · 집단적 공동선을 실현하는 자유를 통해서 모두가 행복할 수 있는 사회적 평등의 최대화에 있다. 롤스는 개인의 자유 가치를 존중하면서 사회의 평등 원리를 지향하고 있지만, 궁극적으로 평등 원리에 비중을 더 두고 있다.

노직(R. Nozick)은 사회적 평등보다 개인의 자유와 권리를 더욱 중요하게 여긴다. 롤스는 사회적 평등을 위해 국가의 적극적인 개입을 주장하지만, 반대로 노직은 개인의 자유와 권리를 위해 국가의 개입은 최소화해야 한다고 본다. 롤스와 노직은 이 점에서 상반된 입장을 보인다. 노직은 개인의 자유와 권리를 최우선 가치에 두면서, 어떤 형태도 이 가치를 침해할 수 없다고 한다. 사회적 공동선을 실현한다고 하는 어떤 명분 아래에서도 개인의 자유와 권리를 침해해서는 안 된다. 국가는 개인의 자유와 권리를 침해하지 않아야만 좋은 국가가 된다. 노직은 개인의 자유와 권리를 최대한 증진시키기 위해 국가 역할을 최대한 축소시킬 것을 제안하면서 '최소 국가(minimal state)'를 제시하였다.

노직은 개인의 자유와 권리를 보장하기 위해 개인의 소유권을 중요하게 여겼다. 그에게 있어 소유권은 곧 정의 문제로 귀결된다. 자유주의 전통에서 신체와 정신의 주체는 개인이며, 재산도 개인의 신체와 같은 것이다. 사회적으로 정당하게 소유한 것이라면, 정당한 권리를 가질 수 있고 그 권리는 능력이 있으면 얼마든지 축적할 수 있다. 개인의 소유권은 그 자체로서 정당한 권리라는 것이다. 따라서 그는 개인의 자유와 권리에 대해 배타적 소유를 강조하면서, 심지어 천부적이고 사회적인 우연으로 축적된 재화와 용역의 소유권도 정당한 것으로 보았다.

노직에 의하면 시장은 모든 개인의 합리적인 선택을 근거로 하여 자발적인 교환이 일어나는 체제다. 시장의 자발적 교환행위는 개인의 소유권에 대한 정당성을 제공하며, 개인의 자유와 권리를 보호하는 장치다. 그래서 그는 가난한 사람을 돕기 위해 과세하는 것 역시 정당하지 않다고 하였다. 개인의 소유권과 시장의 자발적 행위를 저해하기 때문이다.

노직에 의하면 교육의 기회균등은 개인의 자율적 선택을 보장하는 것이다. 즉, 교육의 기회균등은 개인의 자유로운 선택 기회를 최대한 보장하고, 그에 따른 정당한 소유권을 인정하는 것이다. 개인의 사회적 우연성에 의해 획득된 학습 능력은 정당한 것이며, 여기에 따른 사회적 분배도 공정하게 본다. 노직은 계급적 차이로 인한 사회적 우연성을 보충하기 위한 학습은 불공정한 경쟁이며, 이를 위해 과세하는 것도 정의롭지 못하다고 하였다.

노직의 입장에서 공교육체제는 집단의 평등성을 도모하게 하며, 자발적 교환행위를 추구하는 개인의 합리적인 자율성을 저해하고 있다. 그는 정당한 권리에 근거한 개인의 소유권을 인정하고, 합리적 선택에 따른 자유로운 교육경쟁을 강조한다. 노직의 관점에 따르면 개인의 정당한 소유권에 의한 교육경쟁의 차별적 결과는 정당한 것으로 간주되기 때문에, 사회경제적 배경에 따른 사교육체제를 인정하게 된다.

노직의 이런 관점은 개인의 합리적 선택에 의한 정당한 사회적 경쟁을 가정한다는 점에서 스미스(A. Smith)의 '시장의 보이지 않는 손'을 연상시킨다. 그러나 시장에서 개인의 자발적 교환행위가 반드시 합리적 참여를 보장하지 않듯이, 노직은 자유를 위해 개인의 자유와 권리를 지나치게 강조했다는 점에서 한계를 가지고 있다.

2. 교육적 평등관의 유형

근대 시민사회에서 능력주의 이념이 사회의 지배원리로 등장하면서, 자연히 교육적 평등의식이 싹트기 시작하였다. 이 시기에는 사회적 지위의 교육적 영향력이 높아지면서 교육에 대한 관심이 커지고 있었다. 사회적 선별 과정의 지표로 활용되기 시작한 교육에 대해 사회 구성원들은 예민하게 받아들였다.

그러나 당시의 교육기회는 매우 제한되어 있어서, 신분 상승의 사회적 기회는 차단되어 있었다. 사회적으로 교육기회의 불평등은 주목받기 시작하였으나, 폭넓게 확산되지는 못하였다. 1960년대 중반까지 교육을 통해 사회적 이동을 할 수 있다는 교육적 평등관이 우세하였기 때문이다.

교육적 평등관에 관심을 가지게 된 직접적인 계기는 '콜먼 보고서'를 통해서였다. 콜먼 보고서는 전국을 대상으로 학생 645,000명과 교사 60,000명, 그리고 학교 4,000개를 표집하여 교육기회의 불평등에 대한 조사를 실시하였다(오욱환, 2007: 201). 이 조사는 학교시설보다 학생의 사회경제적 지위(SES)가 학업성취와 직접적인 관계가 있다고 하여 세계적으로 충격을 주었다. 이런 이유로 콜먼 보고서는 교육적 평등관에 대한 논의를 확산시켰으며, 교육기회뿐만 아니라 교육결과의 평등을 고려하게 하여 교육적 평등관의 유형 분류 가능성을 제시하였다.

물론 평등관의 유형은 사회학적 관점에서도 분류된다. 플루(A. Flew)는 평등관을 다음의 네 가지로 구분하였다. 첫째, 본체론적 평등은 종교적·도덕적 성격과 밀접히 관련된 것으로 인간의 본질적 평등과도 관련이 있다. 둘째, 기회의 평등은 승진과 성취 등에서 부모의 계급적 배경과 무관하게 개인의 능력에 의해 획득되는 것을 의미한다. 셋째, 조건의 평등은 생활 조건을 공평하게 해 주는 것이다. 넷째, 결과의 평등은 불평등한 분배를 해소하는 것이며, 사회주의 정책들과 관련이 있다. 특히 기회의 평등과 조건의 평등은 시민권의 발달을 통해 이루어졌으며, 재능과 업적에 의해 모든 것을 개방하는 능력주의 이념을 지지하고 있다. 기회의 평등과 조건의 평등은 보편적 교육체제를 통한 재능과 기술 개발이라는 현대사회의 특징과 밀접한 관련이 있다 (Turner, 1978: 43-47). 플루는 기회의 평등과 조건의 평등을 교육이나 능력주의 이념과 결부시키고 있다. 교육은 사회적 평등을 구현하는 중요한 장치이므로 사회적 평등관을 어떤 형태로 분류해도 교육적 평등관을 고려하지 않을 수 없다는 것이다. 교육적 평등관은 사회적 평등관의 기반이 되기 때문이다.

그래서 패럴(Farrell, 1982)은 교육적 평등관을 다음의 네 가지로 정리하였다. 첫째, 교육접근의 평등(equality of access)이다. 다양한 사회계층 배경의 아동이 학교에 접근할 수 있는 가능성의 평등을 의미한다. 둘째, 교육생존의 평등(equality of survival)이다. 다양한 사회계층 배경의 아동이 초등·중등·고등교육에서 무사히 살아남아 졸업할 수 있는 가능성의 평등을 의미한다. 셋째, 교육산출의 평등(equality of output)이다. 다양한 사회계층 배경의 아동이 각 학교 단계에서 비슷한 수준의 내용을 학습하고 비슷한 학업 수준을 성취할 수 있는 가능성의 평등을 의미한다. 넷째, 교육성과의 평등(equality of outcome)이다. 다양한 사회계층 배경의 아동이 학교교육의 결과에 의해 비슷한 수준의 수입, 지위, 직업, 권력 등을 획득하여 상대적으로 비슷한 생활을 영위할 수 있는 가능성의 평등을 의미한다.

대체로 패럴의 교육적 평등관은 사회계층 배경이 다른 학생의 교육적 산출과 사회적 성과의 확률적 수준의 일치에 따라 교육적 평등의 실현 여부를 가늠하고 있다. 즉, 패럴은 투입(input)과 산출(output)의 일치 수준에 따라 교육적 평등의 정도를 평가하고 있다.

패럴은 사회계급과 학교, 그리고 노동시장에서 확률적 일치 여부에 따라 이루어지는 교육적 평등관을 논의하였다. 그러나 이러한 교육적 평등관은 궁극적으로 결과의 평등과 크게 다르지 않으며, 교육의 복잡한 평등관을 명쾌하게 설명하지 못하고 있다. 교육적 평등관은 매우 복잡하고 시대에 따라 다르게 변모하여 왔으며, 형식 논리로서 정의하기 어려운 속성을 가지고 있기 때문이다.

교육적 평등관의 유형화는 어느 정도의 이론적 위험성을 감수해야 한다. 또 교육적 평등관의 유형화는 의미상으로 상호 중복될 가능성이 많으며, 의도와 달리 대립적인 성격을 가질 수 있다. 그럼에도 불구하고 교육적 평등관의 유형화는 매우 필요하다. 이것은 교육적 평등관에 대한 인식을 용이하게 하며, 교육적 불평등의 이면에 대한 깊은 성찰을 제공하기 때문이다. 이를 위해 콜먼의 평등관을 새롭게 조명한 김신일(2006: 243-250)의 교육적 평등관을 논의하고자 한다.

첫째, 교육기회의 허용적 평등이다. 모든 사람에게 동등한 교육기회를 허용해야 하며, 주어진 기회를 누릴 수 있는지의 여부는 개인의 역량과 형편에 달려 있다. 법이나 제도에 의해 특정 집단에게만 허용하던 제도적 차별을 철폐하고 모든 집단에게 균등하게 교육기회를 제공하는 것이다. 특히 신분, 성, 종교, 지역, 인종 등으로 차별해 오던 것을 철폐하여 누구나 원하고 능력이 미치는 데까지 교육을 받을 수 있도록 허용하는 것이다. 허용적 평등관은 교육기회를 제한하던 일체의 '제도적 차별'을 철폐하여 모든 사람에게 교육기회를 개방하는 데 있다.

둘째, 교육기회의 보장적 평등이다. 제도적으로 교육기회를 허용해도 교육적 불평등이 해소되는 것은 아니다. 불가피하게 개인적 상황으로 인해 교육기회가 손실될 수 있으므로, 교육적 평등을 실현하기 위해서 취학을 가로막는 경제적 · 지리적 · 사회적 제반 장애를 제거해 주어야 한다. 예컨대, 경제적으로 어려운 학생이나, 지리적으로 낙도 등에 불리하게 위치한 학생에게도 취학을 보장할 수 있는 동등한 기회를 제공해야 한다.

셋째, 교육조건의 평등이다. 모든 사람이 학교에 다니는 것만으로 평등하지는 않다. 학교 간의 환경적 차이가 크기 때문이다. 그러므로 모든 학생에게 학교 간의 환경 조건을 동등하게 해 주어야 한다. 학교시설, 교사 자질, 교육과정 등에서 학교 간의 차이가 없어야 평등하다는 것이다. 고교평준화정책을 예로 들 수 있다.

넷째, 교육결과의 평등이다. 교육기회의 보장적 · 허용적 평등, 그리고 교육조건의 평등이 이루어졌다고 해도 교육결과의 평등을 보장할 수는 없다. 교육의 목적은 일정한 학업성취 수준을 높이는 데 있으며, 다른 교육적 평등이 이루어졌다 해도 학업성취가 균등하지 않으면 교육결과의 평등이 이루어진 것은 아니다. 다양한 교육적 지원을 통해 학업성취를 균등하게 해야만 교육결과의 평등을 실현할 수 있다.

교육결과의 평등을 위해 롤스는 보상적 평등주의(redemptive egalitarianism)를 주장한다. 사회적 행복의 총량을 증가시키기 위해 우수한 학생보다 열등한 학생에게 더 좋은 보상적 교육조건을 제공해야 한다는 것이다.

롤스의 이런 관점은 개인의 자유와 권리를 주장한 노직과 상반된 입장을 보인다. 노직은 보상적 교육이 오히려 우수한 학생에 대한 '역차별'을 발생시킨다고 한다. 모든 사회계층에게 공정하게 과세한 세비는 모든 학생에게 공정한 교육적 혜택을 제공하는 데 쓰여야 한다. 그러나 열등한 학생을 위한 보상교육 프로그램의 실시는 엄청난 세비 지출을 감당해야 한다. 열등한 학생을 위해 지출된 세비는 우수한 학생이 받아야 할 교육적 세비 혜택을 받을 수 없게 한다. 우수한 학생이 단지 능력이 있다는 이유로 교육적 세비 혜택을 받을 수 없게 되면, 보상적 교육의 세비 지출은 의도와 달리 우수한 학생의 자유와 권리를 훼손하는 역차별을 발생시킨다는 것이다.

3. 교육적 능력주의와 사회적 평등

사회적 평등을 도모하는 대표적 장치가 교육이라면, 교육적 평등은 매우 중요한 이론적 전제가 된다. 교육적 평등은 사회적 평등을 실현하는 이념적 출발이기 때문이다. 교육적 평등은 사회적 평등의 이론적 토대가 되며, 교육적 평등의 실현은 이념적으로 능력주의와 밀접한 관련을 가진다.

능력주의는 'IQ(재능)+노력'에 따라 사회적 보상을 받는 것을 말한다. 능력주의는 사회적 평등화를 도모하는 이념적 기제가 되는데, 재능과 노력의 업적에 따른 보상이 주어지기 때문에 개인과 사회적으로 정당하다는 분배의 원리를 반영하고 있다.

현대사회에서 능력주의를 실현하는 대표적 장치는 교육이다. 교육적 재능과 노력은 사회적 재능과 노력을 상징한다. 교육은 원하는 지위에 도달할 수 있게 하며, 개인의 사회적 불평등을 해소하게 해 준다. 즉, 교육적 능력주의는 개인이 불리한 사회적 위치에 있더라도 교육적 재능과 노력에 따라 원하는 지위에 오를 수 있는 토대를 마련해 준다. 교육에 의한 사회적 평등화를 도모하는 것은 사회적 이동을 가능하게 하는 교육적 능력주의와 밀접한 관련이 있다. 교육적 능력주의는 정당한 사회적 이동을 촉진하여 사회적 평등화를 구현하는 이념적 기제다.

이 점에서 보면 교육적 평등관은 사회적 평등관과 밀접하게 관련된다. 교육적으로 불평등하면 사회적으로 불평등하게 된다. 사회적 평등의 출발은 교육적 평등에서 시작되기 때문이다. 공정한 능력주의 사회가 실현되려면 공정한 교육적 평등이 이루어져야 한다. 바로 이 점에서 교육적 평등에 대한 해석이 달라진다. 과연 모든 사람이 교육적으로 평등하게 출발하고 있느냐의 문제다. 교육적 평등관의 해석이 달라지면 사회적 평등관 역시 논리적으로 달라질 수밖에 없다. 여기서는 교육의 사회적 평등화 기능에 대해, 상호 대립적인 입장을 보이는 교육적 능력주의 옹호론과 비판론을 비교하고자 한다.

1) 교육적 능력주의 옹호론과 사회적 평등

보수 · 자유주의로 대변되는 교육적 능력주의 옹호론은 교육에 대한 낙관적 믿음을 전제로 하며, 대체로 우리의 일반적인 교육적 믿음과 비슷하다. 여기서 교육은 지위의 사다리이며, 사회적 평등화를 도모하는 도구가 된다. 가난한 사람은 교육을 통해 부자가 될 수 있고, 부자라도 교육적 재능과 노력이 부족하면 가난하게 살아야 한다. 능력주의에 입각한 교육의 선별 기능은 엄격하고 공정하게 이루어지기 때문이다. 만(Bowles & Gintis, 1976: 28, 재인용)은 교육적 능력주의의 사회적 기능에 대해 다음과 같이 논의하였다.

> 교육은 인류 역사상 인간이 만들어 낸 가장 위대한 창조물이다. 교육은 인간 조건의 위대한 평등화 장치며, 사회적 기제의 균형을 잡아 주는 장치다. …〈중략〉… 교육은 빈자가 부자에 대해 갖고 있는 적의를 해소시키며, 가난을 막아 주는 좋은 도구다.

여기서 교육은 사회적 평등화를 도모하는 만병통치약이다. 교육은 가난을 막아 주는 장치며, 사회에서 요구하는 재능과 노력만 있으면 모두에게 신분적 지위를 개방하는 실제적 기준이 된다. 이러한 교육관은 능력주의 이념에 의존하고 있다. 능력주의는 재능과 노력에 대한 사회적 경쟁의 공정성과 사회적 지위의 개방성을 전제로 하고 있다. 능력주의는 모두에게 공정한 기회를 제공하며, 개인의 재능과 노력에 의해 모든 사회적 지위를 개방하고 있다.

따라서 능력주의에 의한 지위의 불평등한 점유는 사회적으로 정당하고 공정한 게임의 결과가 된다. 능력주의는 모든 사람이 합의할 수 있는 객관적이고 합리적인 게임 규칙에 의해 운영되므로, 그에 따른 결과는 순전히 개인의 몫이다. 능력주의는 지위적 불평등에서 오는 사회적 갈등을 해소하는 이념적 축이다. 능력주의에 의한 개인의 불평등한 지위는 자신의 재능과 노력의 부족에서 기인된 당연한 결과며, 아울러 노력만 하면 원하는 지위에 도달할 수 있다는 믿음을 심어 준다.

이러한 사회적 능력주의는 교육적 능력주의에 의해 실현된다. 교육적 능력주의에 따르면 계급적 구분 없이 누구나 공정한 교육기회를 제공받으며, 객관적이고 과학적인 평가를 통해 재능과 노력에 대한 교육적 보상이 이루어진다. 교육적 능력주의의 전제는 모든 학생의 학업성취 수준은 공정한 교육적 출발선과 공정한 교육경쟁을 통해 이루어진 결과라는 것이다. 교육적 능력주의에 의한 사회적 지위 배분은 재능과 노력에 의해 선별된 정당한 결과가 된다. 교육적 능력주의에 의해 초래된 사회적 불평등은 공정한 기회의 제공으로 인한 경쟁의 결과이므로, 이의를 제기할 수 없는 정당성을 가지게 된다.

그런데 교육적 능력주의의 공정성을 증명하기 위해서는 과학적인 근거가 필요하다. 대표적인 것이 지능(IQ)검사다. 지능검사는 개인의 천부적인 재능을 구분하는 객관화된 검사 도구다. 사실, 지능검사는 주로 시험성적과 밀접히 관련된 언어와 수리 요인을 측정하고 있다. 이러한 지능지수와 시험성적은 교육적 능력주의의 정당성에 대한 객관적이고 합리적인 과학적 근거를 제시해 준다. 대표적 예는 지능의 일반요인설을 지지하는 스피어먼(C. E. Spearman)의 g 이론이다.

g 이론은 모든 사람은 일반적이고 공통적이며 변화하지 않는 고정적 지능

을 가지고 있다고 본다. g 이론에서 지능적 차이는 시험성적의 차이와 사회적 차별에 대한 과학적 정당성을 제공한다. g 이론의 과학적 근거에 의해 뒷받침된 교육적 능력주의에 의한 사회적 불평등은 선천적으로 주어진 유전적 결과며, 과학적으로 공정한 게임의 결과가 된다.

공정한 교육적 평등관을 지탱하는 교육적 능력주의에 의한 사회적 차별은 정당한 것이 되며, 사회적 평등을 도모하는 이념적 기제가 된다. 교육적 공정성을 담보로 한 교육적 능력주의에 의한 계급적 차별은 정당하며, 역으로 사회적 평등화의 결과가 된다. 따라서 자유주의적 교육관은 개인의 자율성에 대한 사회적 책임을 엄격히 묻고 있으므로, 이에 따른 사회적 불평등에 대해 갈등과 불만이 생길 수가 없다. 자유주의적 교육관에서 교육의 사회적 평등화 도모는 계급적 불평등의 실제적 완화보다는, 게임 규칙의 공정성에 의존하고 있다.

2) 교육적 능력주의 비판론과 사회적 평등

교육은 지위의 사다리며, 사회적 평등을 도모한다는 교육적 능력주의의 관점에 대한 비판론은 다른 입장을 가진다. 실제 교육적 평등은 허구며, 교육에 의한 사회적 평등의 도모는 기존의 불평등 체계를 합리적으로 유지하려는 이데올로기적 환상에 불과하다. 교육적 능력주의는 근원적으로 공정하게 출발하지 않았으며, 상류계급 아동에게 유리하게 편성되어 있다. 교육적 능력주의는 단지 사회적 계급화를 정당화하는 이념에 불과하다. 능력주의라는 신조어를 만든 영(Young, 1958: 42)은 교육은 공개경쟁 원칙에 따라 운영되지 않으며 재능에 맞춰 실시되지 못하고 있다면서, 다음과 같이 교육적 모순을 꼬집었다.

능력으로 판단한다면 충분히 재상이 되었을 아이들이 15세에 학교를 떠

나야 했고, 떠난 후에는 우체부가 될 수밖에 없었다. …〈중략〉…능력은 없
지만 좋은 배경을 가진 어린이들은 명문학교인 이튼과 발리울을 가까스로
졸업하고는 성인이 되어 외무부의 고관이 된다. 우체부감이 외교 결정을
좌지우지하다니 이 얼마나 비극적인 희극인가!

영의 개탄과 같이 교육적 능력주의는 공정성을 위장한 객관화된 이념에 불
과하다. 교육적 능력주의는 실제 불공정한 사회적 게임이다. 상류계급 아동
은 입학 전과 입학 후에도 유리한 교육적 환경 조건으로 인해 우수한 학업성
취를 나타낸다. 교육적 능력주의는 근원적이며 선천적인 교육적 능력을 평가
하는 것이 아니라, 사회적 환경에 의해 인위적으로 만들어진 능력에 의해
좌우된다. 교육적 능력주의는 처음부터 불공정성이 개입된 오염된 능력주의
가 된다. 즉, 교육적 능력주의 옹호론자들은 재능과 노력의 부족을 개인의 책
임으로 돌리지만, 반대론자들은 사회구조적 불평등에서 원인을 찾고 있다.
학업성취는 개인보다는 사회구조적 책임이 더 크다는 것이다.

교육적 능력주의를 지지하는 지능검사의 과학적 근거에 대해서도 이들은
신랄하게 비판한다. 영은 '지능의 유동성'을 주장하면서, 지능의 폭이 큰 사
람의 경우 어떤 때는 IQ가 140이 되기도 하고, 또 다른 때는 90이 되기도 한
다고 하였다. 더욱이 지능이 늦게 발달하는 사람도 있을 수 있는데, 단 한 번
의 선발시험으로 우둔한 부류에 섞이는 것은 개인에게는 가혹한 형벌이고,
사회적으로는 엄청난 인적 낭비라고 하였다(Young, 1958: 98-99).

가드너(H. Gardner)는 지능검사와 학업평가검사는 언어와 수학 점수를 합
친 것에 불과하다고 하면서, 뇌와 직접적인 관계가 있는 여덟 개의 다중지능
(multiple intelligence: 언어지능, 논리수학지능, 공간지능, 신체운동지능, 음악지능,
대인관계지능, 자기이해지능, 자기탐구지능)이론을 제시하였다. 그에 의하면 인
간의 지능은 사회문화적 가치에 따라 상대적 비중이 달라진다고 한다. 인간
은 다양한 능력을 보유하고 있어서 일정한 기준으로 평가하기 어려우며, 현

재의 지능검사는 인간의 능력을 평가하는 데 있어서 편협하고 획일적이며 과학적으로 불완전하다고 보았다. 지능검사는 학교성적의 유전적 차이를 정당화하고 사회적 불평등에 과학적 보편성을 부여하는 이데올로기적 성격을 가지고 있다. 이러한 지능검사에 대해 오욱환(2003: 20)은 다음과 같은 명쾌한 지적을 한다.

> IQ와 학업성취의 관계를 유전적으로 매개될 것이라고 가정하는 것은 순진한 발상이다. …〈중략〉… 지능검사의 점수는 순수한 능력만으로 산출된 것은 아니다. 즉, 지능검사는 일종의 성취검사이며 능력과 성취의 구별은 임의적이며 정도의 문제일 뿐이다. 지식이나 지적 기술을 획득할 기회에 의해 '오염되지 않은 능력'을 검사할 수 있는 방법은 현실적으로 없다.

교육적 능력주의는 오염된 지능검사에 의해 부여된 과학적 이데올로기에 지나지 않는다. 지능검사와 시험성적의 차이가 유전적으로 매개되었다는 과학적 근거는 정당성을 잃게 된다. 교육적 능력주의는 과학적이고 유전적인 정당한 승리라기보다는 인위적으로 만들어진 불평등한 사회적 승리라는 것이다. 볼스와 긴티스의 지적과 같이 지능검사는 기존의 사회 불평등적 위계화를 정당화하는 사회공학적 이데올로기에 불과하다. 교육적 능력주의에 의해 사회적 평등화를 도모할 수 있다는 믿음은 이들에 의해 신랄한 비판을 받았다.

교육적 능력주의 옹호론은 교육에 의한 능력주의 결과에 대해 과학적 믿음을 통한 정당성을 부여하고 있다. 개인의 재능과 노력에 따른 사회적 보상은 공정한 게임의 결과이므로, 모든 사람들은 이러한 게임 과정에 정당성을 부여하고 수용해야 한다. 개인의 성공과 실패는 개인의 책임이지, 사회의 책임이 아니라는 것이다. 이들은 교육을 통해 누구든지 원하는 지위에 도달할 수 있다는 보편적 믿음 체제가 사회적 평등화에 기여한다고 본다.

교육적 능력주의 비판론은 교육적 능력은 공정한 게임의 결과가 아니며, 인위적으로 만들어진 사회적 능력에 불과하다고 한다. 교육적 능력주의의 과학적 정당성은 신뢰하기 어려우며, 단지 기존의 사회적 불평등 체계를 유지하기 위한 '위장된 이데올로기'에 지나지 않는다는 것이다.

제 9 장
교육과 시험의 이해

1. 시험의 역사와 기원

시험은 원래 관료를 선발하기 위해 수(隋) 왕조의 문제(文帝)에 의해 고안된 제도적 장치였다. 이전에는 관료 선발을 위한 한대(漢代)의 향거리선거법(鄉居里選擧法)과 위진남북조(魏晉南北朝) 시대의 구품관인법(九品官人法)이 있었으나, 이들은 모두 '추천제와 천거제'로 이루어져 왕권에 도전하는 문벌적 폐해가 심하였다.

수의 문제는 강력한 중앙집권적 도모와 유능한 인재의 합리적 선발을 위해 시험에 의한 과거제를 고안했으나, 당시에는 처음 시도되어서 큰 기능을 발휘하지 못하였다. 엄밀한 의미에서 시험을 기준으로 한 과거제는 당대(唐代)에 와서 처음 생겼다고 할 수 있다. 시험에 의한 인재 선발은 능력주의를 원칙으로 하며, 보편적인 성격과 정실의 개입을 줄일 수 있는 객관적이며 합리적인 성격을 가지고 있었다. 아시아에서는 중국과 한국, 그리고 베트남 정도가 시험에 의한 관료 선발을 위한 과거제를 채택하였다.

우리나라는 신라 원성왕 때, 과거제와 비슷한 독서삼품과(讀書三品科)가 있었다. 그러나 독서삼품과는 시험에 의해 차등을 두어 관료를 선발했지만 혈통 중심의 골품제도(骨品制度)로 인해 큰 실효를 거두지 못하였다. 실제 시험에 의한 과거제는 고려의 광종(光宗)이 후주(後周)의 쌍기(雙冀)의 건의로 도입한 것이었다.

광종은 유능한 관료의 합리적인 선발보다는 호족세력의 권력을 약화시키고 불안한 왕권을 강화하기 위한 정치적 목적으로 과거제를 도입하였다. 중국에서도 과거제는 원래 천자(天子)가 귀족에 맞서 싸우기 위한 무기로 창안된 것이었다. 시험은 객관적이며 합리적인 사회적 선발의 기능보다는 왕권 강화를 위한 정치적 목적에 의해서 탄생되었다.

시험에 의한 과거제는 16세기 말인 당말(唐末)에 이탈리아 선교사인 마테오 리치(M. Ricci)가 로마 교황청에 보고한 것을 계기로 유럽에 전파되었다. 중세 유럽인들은 관료 선발에서 출신과 신분, 지위보다는 오로지 개인의 능력과 학식에만 의존하는 시험제도에 대해 비상한 관심을 가졌다. 프랑스는 1791년에 문관시험을 실험적으로 실시하였고, 1853년 이후부터는 영국에서도 문관시험을 점차 시행하였다. 18세기 이후에는 유럽 대학들이 학업 수준을 측정하는 필기시험을 채택하였다. 실질적으로 유럽 전체에 영향을 미친 것은 영국의 시험제도에 의해서였다(金諍, 1990: 19-20).

시험은 동양에서 먼저 시작했지만, 서양에 의해 더욱 정교화되었다. 특히 20세기 초부터 미국에서 교육 측정과 평가의 발달로 '시험의 과학화'가 이루어지면서, 서양의 시험은 오히려 동양으로 역수출되는 역사의 아이러니가 일어났다.

2. 교육과 시험의 기능

시험은 객관적이고 합리적으로 인재를 선별하여 사회적 지위를 배분하는 효과적 장치다. 시험은 모든 사람에게 공정한 기회를 주어 적절한 사회적 보상을 하는 제도적 장치다. 시험은 능력주의적 선발 경쟁으로 인해 보편적이고 중립적인 가치를 가지고 있다. 시험에 의한 공정한 선발 과정은 사회 구성원들의 보편적 합의에 의해 지지되고 있으며, 공정한 기회와 평가, 그리고 합리적 선별 과정으로 인해 누구나 신뢰할 만한 인재 선발 장치라고 인식되고 있다.

그러나 시험은 제도적 경쟁을 촉진하고, 개인의 끊임없는 노력을 요구하는 선발 장치다. 시험은 사회적으로 인재를 효과적으로 배분하지만, 한편으로는 지나친 경쟁으로 인해 모든 사람을 불편하게 한다. 그래서 '시험은 사회의 필요악이며, 사회의 계륵 같은 존재'다. 시험의 사회 부정적 기능 역시 만만치 않다는 것이다. 시험의 이런 역기능은 시험이 생길 때부터 실과 바늘처럼 필연적으로 따라붙었다. 이 점은 시험이 정치적 목적에 의해 탄생된 것부터 태생적인 한계를 보여 준다.

시험의 기원인 과거제는 인격적 도야를 통한 유능한 관료 선발보다는 단지 과거 합격을 위한 수단이 되기도 하였다. 과거 합격으로 인해 세속적인 지위, 권력, 부를 일시에 얻을 수 있었기 때문이었다. 과거 합격은 곧 신분의 상승이었으며, 사회적 권위의 정당성을 얻는 지름길이었다. 때문에 과거 합격을 위해 수단과 방법을 가리지 않는 현상이 나타났다. 이런 사회적 현상에 대해 우리나라(손인수, 1999: 16)와 중국(金諍, 1990: 186)에서는 과거제에 대한 당시의 실태를 다음과 같이 전하고 있다.

조선시대의 유생들은 경서를 읽지 않고 모범 답안지인 초집(抄集)만을 읽으며, 글짓기의 바탕이 되는 경학(經學)의 공부가 미약하며, 유학의 근본인 경서는 공부하지 않고 도리어 유자(儒者)의 말기(末技)인 사상이나 시문에만 흐르고 있다고 하였다.

주희(朱熹)는 경전을 공부하는 자들이 더 이상 경전의 원문과 선현들의 주석은 보지 않고 근래 과거시험에 합격된 문장만 가져다 외우고 모방하여 …〈중략〉… 당시 일반 학교들 역시 이미 과거시험의 준비 기구로 전락해 사인(士人)들에게 쓸모없는 빈말들뿐인 과문 짓는 것만 가르치고 있다고 하였다.

과거제는 효과적인 인재 선발의 합리적 장치였지만, 사회의 신분적 혜택과 직접적으로 연결되어 있어서, 원래의 교육적 의도와 달리 사회적 폐해가 발생하였다. 또한 과거제 시행 당시에도 현대의 평가요소인 시험의 타당도, 신뢰도, 객관도, 실용도에 대해 끊임없는 문제제기가 있었다. 이 점은 현대사회의 시험제도와 비슷하게 나타난 현상이다.

그러나 시험의 사회적 폐해가 심하다고 해서 시험을 폐지할 수는 없다. 아직까지 시험을 대체할 만한 현실적인 제도가 없으며, 여전히 시험은 인류가 발명한 가장 효과적인 선발 장치다. 시험은 개인에게는 영광과 고통, 사회에게는 효과적 인력 배분과 부정적 폐해를 동시에 주는, 양면성의 야누스적 속성이 있다. 그래서 '시험은 사회의 필요악'이다.

1) 시험의 사회적 순기능

시험은 교육평가에서 매우 중요한 요소다. 시험은 교육목적을 실현하기 위한 평가 도구며 사회에서 대다수의 시험은 학교교육과 밀접한 관련을 가지고 있다. 시험의 교육적 기능은 아무리 강조해도 지나치지 않다. 시험은 교육목적과 교육내용, 그리고 교수-학습체제와 밀접한 관련이 있으며, 이러한 체제의 교육적 구현을 확인하고 촉진하는 피드백(feedback) 과정이 이루어지게 한다. 학교시험은 개인의 교육적 재능과 노력을 확인하는 평가 장치이자 모든 학생에게 공정한 기회를 부여하며, 정당한 교육경쟁을 통해 이루어지는 합리적 체제다.

학교시험에 의한 경쟁은 학생에게 뚜렷한 교육목적을 심어 주어, 학업성취라는 긍정적 자아개념을 형성하게 한다. 학교시험은 합리적 선별 과정으로 인해 사회적 공정성과 개인의 재능과 노력에 따라 원하는 학업성적을 높일 수 있다는 인식을 고양시킨다. 시험의 교육적 기능은 교육의 내적 목적을 구현하고, 은연중에 사회질서의 정당성에 대한 인식을 심어 주고 있다. 따라서 학교시험은 능력주의를 실현하는 교육적 기반이며, 이를 통해 교육적 능력주의의 공정성에 대한 합리적 인식을 촉진하고, 아울러 사회적 능력주의에 대한 정당성을 확인하게 한다.

교육적으로 이런 시험의 기능을 대신할 만한 제도는 거의 찾아보기 어렵다. 객관적인 시험 장치가 없다면 학생에게 학업 성취동기를 촉진하는 데 어려움이 있을 수 있으며, 상당한 정도의 교육적 기능이 약화될 수 있다. 학교시험은 교육적 평등화를 구현하는 실질적 기반이며, 교육을 통한 공정한 사회적 지위 이동을 보장하는 기능을 한다. 따라서 학교시험은 계급 분류의 공정한 사회적 장치가 된다. 시험은 교육뿐만 아니라 사회적 기능을 안정적으로 수행하고 있다. 시험의 중요한 사회적 기능은 인력의 공정하고 합리적인 선발과 배분에 있다.

특히 현대사회는 복잡한 직업적 분화를 겪고 있다. 각 직업은 사회의 필요에 의해 나타난 것으로 적절한 인력을 수급해야 한다. 그래야만 사회가 원활하게 기능할 수 있다. 사회의 균형적인 발전을 위해 교육은 각 분야에 적당한 인력을 양성하고 배분해야 한다. 그러나 대다수의 사람들은 사회적 보상이 높은 지위를 요구하지만, 사회는 이 모든 사람의 욕구를 충족시킬 수는 없다.

따라서 사람들에게 공정한 기회를 부여해서 능력에 의한 선발을 통해 지위 배분이 이루어져야 한다. 시험은 누구에게나 공정한 기회를 부여하고 객관적인 선발 경쟁을 보장함으로써 개인의 재능과 노력에 대한 사회적 보상을 한다. 시험은 사회의 신뢰받는 선발 장치로서, 시험에 의한 지위 배분은 사회적 갈등을 완화하는 기능을 하고, 시험은 사회적 분화에 적절하게 대응할 수 있는 능력 있는 사람을 분류·배치한다.

시험은 공정한 기회를 통해 긍정적·사회적 경쟁에 대한 인식을 높인다. 시험은 사회질서에 모든 사람을 통합하게 하는 객관적 선별 장치의 기능을 한다. 공정한 경쟁을 보장하는 시험은 개인에게 원하는 지위에 도달할 수 있다는 신뢰할 만한 희망을 주고, 미래사회의 발전에 대한 낙관적 동기를 갖게 한다. 시험은 개인과 사회에 분명한 목표의식을 주기 때문이다. 따라서 시험은 지위 배분과 선발에서 오는 사회적 갈등을 합리적으로 조절하는 질서 유지의 안전 장치가 된다.

2) 시험의 사회적 역기능

학교시험은 교육목적의 실현 정도를 측정하기 위해 고안된 도구다. 시험은 교육의 전 과정에 의미 있는 시사를 주지만, 선발과 분류의 최종 지표이기도 하다. 그래서 시험은 과정보다 결과에 의존하는 성향을 보이는데, 시험의 이런 성격으로 인해 과정보다 성적 중심의 결과주의 경쟁을 부채질하는 계기가 되었다. 시험은 '인간을 위한 도구'가 아니라, '시험을 위한 시험'이 되어 인간을 억압하는 기제가 된 것이다.

현대사회에서의 시험은 효율적 선별 과정을 위해 선택형과 객관식 문항이 주를 이루고 있다. 선택형과 객관식 문항은 단편적인 암기식 교육의 성행을, 결과주의적 시험 경쟁은 비인간화를 촉진하고 있다. 오늘날 시험은 교육목적을 저해하고, 교육과정은 시험에 맞춰지고 있는 실정이다. 교육과 시험이라는 목적과 수단이 바뀌고 있다. 학교는 학생을 행복하고 편안하게 해 주는 공간이 아니라, 그들에게 시험으로 인한 심리적 긴장과 압박을 가중하는 공간이 되었다. 이 모두가 시험에 의해 사회적 보상의 배분이 이루어진 결과다.

시험 결과는 곧 사회적 보상 정도를 나타낸다. 시험 결과가 사회적 지위의 성취 정도를 나타내기 때문에 여기에서의 경쟁은 더욱 치열해지고 인간을 불편하게 만든다. 즉, 사회적 생존의 문제와 직결되는 시험 결과로 인해, 사람들은 보다 높은 사회적 지위를 보장받기 위해 끊임없는 시험 경쟁의 굴레에 속박당하게 된다. 이런 시험의 역기능은 시험의 탄생부터 끊임없이 제기된 문제다.

그리고 시험은 긍정적인 교육적 경쟁의식을 촉진하는 것이 아니라, 하류계급 아동에게는 오히려 좌절감과 순종, 복종 등의 열등의식을 심어 준다. 볼스와 긴티스에 의하면 학교시험은 공정한 기회의 보장에 의한 객관적인 분류장치로서 계급적 불평등을 유지하고 존속하는 도구에 불과하다. 학교시험의 결과는 유전적 결과라는 허구적인 과학적 인식을 심어 주어 계급적 차별을 정당화한다. 학교시험은 자본주의 사회의 불평등 체제를 유지해 주는 사회공학적 장치다. 시험은 경쟁의 객관성과 중립성을 부여하기 때문에 모든 사람들에게 선발이 공정하다는 인식을 심어 준다.

이와 같은 시험의 위장된 공정성은 시험에 의한 계급적 분류를 정당하게 받아들이게 하고, 학생에게 불평등한 구조적 모순을 자연스럽게 내면화시킨다. 시험은 공정성, 객관성, 과학성이라는 보편적 가치로 위장하고 있지만, 시험에 대한 신뢰도는 사회적 주술에 걸린 것처럼 신비화되어 있다. 그래서 마르크스는 시험은 단지 세속적 지식을 신성한 지식으로 전환시켜 공식적으로 승인한 것이고, 단지 지식에 대한 관료적 세례에 불과하다고 하였다. 시험은 자체의 내적 신비화를 통해 세속적 지식에 대한 합리적인 사회적 권위를 부여하고 있다. 시험의 이러한 기능에 대해 부르디외와 파세롱(Bourdieu & Passeron, 1977: 142-143)은 다음과 같이 논의하였다.

사실, 시험은 학문의 가치와 교육체계의 암묵적인 선택을 가장 분명하게 보여 주고 있다. 시험은 지식의 사회적 규정과 지식을 표현하는 방식에 대해 대학이 승인한 가치를 부여한다. 시험은 지배문화와 그 문화의 가치를 가르치는 기획에 대한 가장 효과적인 도구 중의 하나다. …〈중략〉… 다양한 학교시험은 제도화된 의사소통 모델로서 항상 존재하며, 교육 메시지와 특정 지적 야망(강연, 보고서, 정치연설, 기자회견 등)에 대한 메시지의 전형을 보여 준다.

시험은 학교라는 공간에서 독립적으로 공정하게 시행되는 것이 아니라, 사회적으로 위계화된 가치체계를 전달하는 장치다. 시험에 의한 능력주의는 교육의 중립성이나 기회균등을 통한 사회적 평등화를 도모할 수 있다는 이데올로기적 합의를 만들어 내지만, 실제는 불평등한 사회관계를 은폐하기 위한 위장된 이데올로기에 불과하다. 즉, 시험의 공정성과 객관성, 보편성에 대한 믿음이 존재하지만, 실제로는 계급적 분류를 효과적으로 수행하는 허구적인 과학적 장치다. 시험은 자본주의 불평등 체제를 유지하고, 피지배계급을 억압하는 도구에 불과할 뿐이다.

3. 한국 대학입시제도의 특징

한국의 입시제도는 크게 중등교육입시제도와 대학입시제도로 구분할 수 있다. 이 모두는 역사적 변천 상황에 따라 다양하게 변화되어 왔으며, 교육선발에 관해 광범위한 내용을 가지고 있다. 여기서는 한국사회에 비교적 많은 영향을 준 대학입시제도를 분류하고 그 사회적 특징을 간단히 살펴보고자 한다. 대학입시제도는 한국교육의 사회적 특징을 대표적으로 보여 주기 때문이다.

　해방 이후 한국의 대학입시제도는 정권이 바뀔 때마다 크고 작은 정도의 차이만 있을 뿐 거의 매년 변화되어 왔다. 대학입시제도는 교육적 차원을 넘어서 사회적 차원에서도 언제나 큰 관심의 대상이 되어 왔다. 이러한 대학입시제도의 변화는 시대적 특성에 따라 몇 가지 방법이 지속적으로 혼용·결합되어 나타났다. 비록 그 형태에 있어서 비슷한 입시전형을 되풀이하고 있었지만, 끊임없는 변화로 인해 이에 대한 분류는 매우 까다로운 성격을 가진다. 그래서 보통 대학입시제도의 체계를 임의적으로 분류하여 제시하는데, 여기서는 이러한 분류체계 모두를 열거하기는 어려우므로, 중범위의 네 가지로 구분된 체제 중심으로 살펴보겠다. 이를 통해 당시의 교육사회적 특징에 대해서도 개괄적으로 논의하고자 한다. 대학입시제도의 분류체계는 〈표 9-1〉과 같다.

표 9-1 대학입시제도의 분류체계

구분	시험 유형과 적용 시기
대학별 단독시험기	1. 대학별 단독고사제(1945~1953년) 2. 대학입학 국가연합고사와 대학별 고사 병행제(1954년) 3. 대학별 단독시험과 무시험 병행제(1955~1961년) 4. 대학입학자격 국가고사제(1962~1963년) 5. 대학별 단독시험제(1964~1968년)
대학입학 예비고사기	6. 대학입학 예비고사와 대학별 고사 병행제(1969~1980년) 7. 대학입학 예비고사와 고교 내신 병행제(1981년)
대학입학 학력고사기	8. 대학입학 학력고사와 고교 내신 병행제(1982~1985년) 9. 대학입학 학력고사와 고교 내신 및 논술고사 병행제(1986~1987년) 10. 대학입학 학력고사와 고교 내신 및 면접 병행제(1988~1993년)
대학수학 능력시험기	11. 대학수학능력시험과 고교 내신 및 대학별 고사 병행제(1994~1996년) 12. 대학수학능력시험과 학생부(종생부) 및 대학별 고사 병행제 　　(1997~2001년) 13. 대학수학능력시험과 선택 중심 교육과정, 무시험 전형제, 학생부 및 대학별 고사 병행제(2002~2008년) 14. 입학사정관제 시행(2008년~현재) 15. 학생부종합전형 도입(2013년~현재)

1) 대학별 단독 시험기(1945~1968년)의 특징

이 시기의 대학입학제도는 20년 이상 대학별 단독시험이 주를 이루었다. 부분적으로 약간의 변화가 있지만, 역사적 맥락으로 볼 때 대학별 단독시험이 큰 제도적 축으로 활용됐다. 그 이유는 해방 이후 미군정의 미국식 자유방임적 고등교육이 모태가 되어서, 대학의 학생 선발 자율권을 총·학장에게 일임하였기 때문이다. 이 시기는 소위 '대학의 붐'으로 불릴 정도로 고등교육의 팽창이 두드러진 것이 특징이다. 이 시기의 대학입시제도는 〈표 9-1〉에서 보는 것처럼 크게 다섯 번의 변화를 겪었다. 이때의 대학입시제도 변화 배경의 교육사회적 특징을 살펴보면 다음과 같다.

첫째, 일제강점기로부터의 해방과 6·25 전쟁, 그리고 5·16 군사정변 후 군사정부의 등장과 같은 정치사회적 격동과 대학입시제도의 허술한 관리는 입시제도의 변화를 불가피하게 만들었다.

둘째, 당시의 특수한 사정으로 설립된 사학재단의 부실한 재정은 부정 입학자와 정원외 입학을 성행하게 만들었다.

셋째, 무시험 전형제를 도입했지만 일부 특권층이 자신의 권력을 이용하여 자녀를 부정입학시키는 사례가 발생하였다.

넷째, 대학수학능력 부적격자 입학으로 고등교육 수준의 질적 하락이 심각하였다.

다섯째, 당시의 열악한 경제 사정으로 인해 고등교육 실업자가 대량으로 양성되었다.

여섯째, 대학수학능력 부적격자를 분류하기 위해 정원 110%로 제한한 예비시험인 국가연합고사를 도입했지만, 일류 대학에 집중하는 경향이 높아져 심각한 대학입학정원 미달 사태를 초래하였다.

일곱째, 국가연합고사를 도입했지만 대학의 학생 선발 자율권을 침해한다는 사회적 비판이 조성되었다.

여덟째, 학생들의 대학입시 부담이 가중되어 고등학교 교육을 정상화하기 위한 정책적 노력이 필요하였다.

2) 대학입학 예비고사기(1969~1981년)의 특징

이 시기의 정치사회적 특징은 5 · 16 군사정부와 제5공 정권의 등장이다. 정권 교체와 맞물려 대학입시제도는 두 번의 변화가 이루어졌다. 구체적으로 5 · 16 군사정부는 고등교육의 부정입학, 고등교육의 실업자 해소, 고등교육의 질적 수준 관리, 초 · 중등교육의 심각한 입시문제가 정치적 부담으로 작용하여, 이를 해결하기 위해 1969년에 대학입학 예비고사를 도입하였다. 5 · 16 군사정부가 제안한 대학입학 예비고사는 처음으로 10년 이상 장기적으로 지속된 시험이었다. 상대적으로 제5공 정권의 대학입학 예비고사는 그 생명력이 1년에 불과하였다.

대학입학 예비고사는 대학의 선발시험으로 단독으로 이용되지는 않았지만, 자격시험으로 중요한 역할을 했다. 그래서 이 시기를 대학입학 예비고사기라 한다. 이 시기는 대학입학 예비고사를 중심으로 대학별 본고사와 고교내신성적이 병행되었다. 고교내신성적은 제5공 정권이 등장하면서 각종 교육문제 해결을 위해 도입했지만, 당시 제5공 정권은 새로운 대학입시제도를 준비할 수 있는 시간이 부족해서, 부분적인 개편만을 하였다. 1980년의 대학입시제도는 박정희 정권의 연장선상에 놓여 있었다.

그러나 제5공 정권은 당시의 과열 과외와 재수생 문제를 해결하기 위해 1980년 「교육정상화를 위한 과열 과외 해소 방안」이라는 소위 '7 · 30 교육개혁조치'를 발표하였다. 그 내용은 본고사를 폐지하고 고교내신성적과 예비고사성적으로 선발하며 궁극적으로 예비고사도 폐지하겠다는 것이었다. 또한 졸업정원제의 실시, 대학입학정원의 확대, 과외의 강제적 금지 등을 주요 골자로 삼았다. 이러한 제5공 정권의 특성을 반영한 실제적 대학입시제도는

1982학년도부터 시작되었다고 할 수 있다. 이 시기의 대학입시제도의 변화 배경에 관한 교육사회적 특징은 다음과 같다.

첫째, 각 정권은 태생적인 정치적 한계로 인해 교육문제를 일시에 해결하여 사회적으로 폭넓은 지지를 얻고자 하였다.

둘째, 대학의 입시부정이 심각하여, 대학수학능력 적격자를 선별할 수 있는 자격시험이 절실히 요청되었다.

셋째, 대학입학정원 미달 사태를 방지하기 위해, 자격고사인 예비시험의 합격률을 조정할 필요가 있었다.

넷째, 초·중등 입시 부담이 가중되어 이를 해결하기 위한 중학교 무시험제와 고교평준화정책을 시행하면서 이와 연동할 수 있는 대학입시제도가 필요하였다.

다섯째, 과열 과외와 재수생의 급격한 증가가 사회적으로 심각한 문제가 되자, 이를 해결하기 위해 대학별 본고사를 폐지하고 고교 내신제를 도입하였다.

여섯째, 대학별 본고사의 중심인 국어, 영어, 수학 문제가 매우 난해하여 대학입시 부담의 중요한 원인이 되었는데 이를 경감할 수 있는 새로운 전형 방법이 필요하였다.

3) 대학입학 학력고사기(1982~1993년)의 특징

이 시기의 정치사회적 특징은 제5공과 제6공 정권이 집권한 것이다. 제6공 정권은 1987년 대선을 통해 집권하기 시작하였다. 제5공과 제6공은 쌍둥이 정권이라 불릴 정도로 동일 연장선상에 있었으며, 대학입시제도 역시 비슷한 맥락을 유지하고 있었다. 이 시기 대학입시제도의 특징은 대학별 본고사를 폐지하고 학력고사를 중심으로 개편한 것이었다. 이 시기의 대학입시제도는 크게 세 번의 변화를 겪지만, 전체로 보았을 때 부분적인 수정·보완에 불과하였다. 그러나 그 변화 내용은 뚜렷하게 전개되었다. 그동안 형식적이던 고교내신과 논술고사, 그리고 면접고사의 성적을 대학입학성적에 의무적으로 적용하였다. 즉, 학력고사, 논술고사, 고교 내신, 면접고사의 배점 비율을 다르게 적용하여, 학교교육의 내실화를 기하고자 하였다. 지원 방식은 선시험 → 후지원, 혹은 선지원 → 후시험이라는 특이한 방법을 순차적으로 채택하였다. 이 시기의 대학입시제도는 그전보다 내용적으로 많은 변화가 있었다. 이러한 대학입시제도 변화 배경의 교육사회적 특징은 다음과 같다.

첫째, 객관식 출제로 인해 암기식과 주입식 교육이 성행하여 고차원적 사고 능력을 측정할 수 있는 검사가 필요하였다.

둘째, 대학입학 지원 방식에서 눈치작전과 배짱 지원이 성행하여 사회적 여론이 악화되었다.

셋째, 과열 과외와 재수생 등의 문제가 더욱 심각해지자, 이를 해결하면서 학교교육의 내실화를 꾀하기 위해 고교 내신제와 논술고사, 그리고 면접고사 같은 제도가 필요하였다.

넷째, 고교내신성적의 대학입시 비중으로 인하여 같은 교실의 학생들 간에 비교육적 경쟁이 심화되었다.

다섯째, 지역 간, 학교 간 차이를 무시한 고교내신성적에 대한 불신이 가중되어 수정·보완의 필요성이 대두되었다.

4) 대학수학능력시험기(1994년~현재)의 특징

제5·6공 정권이 물러나고 민주 정부가 들어서면서 대학입시제도는 전면적으로 개편되었다. 가장 두드러진 특징은 객관식 일변도의 학력고사가 대학수학능력시험으로 변화한 것이다. 이 시험의 목적은 통합적이고 범교과적인 출제로 인해 고차원적 사고 능력을 측정하여 대학수학의 적격자를 선발하는 데 있다. 이 시기 대학입학제도의 특징은 대학수학능력시험, 대학별 고사 병행제, 학생종합생활기록부, 무시험 전형제 등을 들 수 있다. 대학수학능력시험은 범교과적으로 출제가 이루어졌으며 그동안 객관식 일변도였던 형태에서 벗어나 주관식 문항이 30% 정도의 비중을 차지하였다. 문항 내용도 암기식이 아니라 통합적 사고력을 측정하여, 종전과는 문항의 질이나 내용 면에서 많은 차이를 보였다. 대학수학능력시험의 점수 체제는 표준점수와 등급제 등을 활용한 것이 큰 특징이다.

대학별 고사는 국어, 영어, 수학 중심의 본고사를 제외하고 다양한 전형자료를 이용하여 자율적으로 실시할 수 있었다. 학교생활기록부에서는 교과성적과 비교과성적 등을 이용할 수 있고, 전형 방법은 전반적으로 대학이 자율적으로 결정할 수 있는 특징을 가졌다. 이 시기의 대학입시제도는 크게 세 번의 변화를 겪는데, 정권 교체와 맞물려 있었다. 이 시기는 참여정부와 중첩된 2007학년도로 한정됐지만, 국민의 정부 개선안이 지속되었다고 할 수 있다. 참여정부의 개선안은 2008년부터 시작되었다. 이 시기의 대학입시제도 변화 배경의 교육사회적 특징은 다음과 같다.

첫째, 지식기반사회를 대비한 창의적 인재 양성의 시대적 요구에 부응하기 위해 학생 개인의 적성과 잠재적 소질을 반영하였다.

둘째, 학교교육의 정상화를 꾀하기 위해 학생부의 내신성적 반영을 권장하였다.

셋째, 개인의 적성과 잠재적 소질을 개발하기 위해 무시험 전형제도를 도입하였다.

넷째, 과열 과외 및 사교육비의 증가, 그리고 기러기 아빠와 같은 심각한 사회문제가 나타나자, 이를 해결할 수 있는 새로운 대학입시제도(안)가 요구되었다.

다섯째, 고교내신성적이 대학입시에서 중요한 비중을 차지하여 학생의 입시 부담이 가중되면서 새로운 제도 개선이 필요하였다.

여섯째, 입학사정관제가 실시되어 대학입시부담을 완화하려고 하였으나,

스펙 경쟁이라는 새로운 사교육을 불러일으키기도 하였다.

일곱째, 학생부종합전형을 도입하여 학교교육의 내실화를 도모하려고 노력하였으나, 오히려 대학입시부담이 늘어났으며 비교과경쟁이라는 교육적 부작용을 초래하기도 하였다.

제**10**장
신자유주의 교육의 이해

1. 신자유주의의 특징

신자유주의(neo-liberalism)는 1970년대에 높은 인플레이션과 경기침체가 병행되는 스태그플레이션(stagflation)이 일어나자, 국가 주도의 공공 정책을 표방한 케인즈 학파가 이를 적절히 설명하지 못하면서 대두되었다. 신자유주의는 국가의 역할을 축소하고 시장경제를 활성화하기 위해 나타난 것으로, 대표자는 하이에크(F. A. Hayek)와 시카고 학파의 프리드먼(M. Friedman)을 들 수 있다.

신자유주의는 영국의 대처리즘과 미국의 레이거노믹스의 이론적 기반이 되었으며, 1980년대에 나타난 세계화(globalization)의 조류와 함께 지배적인 패러다임으로 등장하였다. 신자유주의는 금융의 세계화를 촉진하였으며 시장의 보이지 않는 손인 마법의 손을 강조하였다. 신자유주의는 수요와 공급의 균형점인 완전경쟁을 가정하면서, '완전경쟁하의 일반 균형은 파레토의

자유주의의 사상적 기원

자유주의는 서구의 오랜 사상적 전통에서 그 연원을 찾아볼 수 있지만, 자유주의가 체계화된 것은 시민계급이 부상한 근대사회가 대두되면서 부각됐다. 자유주의의 핵심적 가치는 자유다. 자유주의는 왕과 귀족, 그리고 시민계급의 갈등 속에서 탄생하였다. 자유주의는 자본가계급의 핵심인 시민계급이 중심세력으로 부각되면서 자신들의 위치를 정당화하기 위해 대두됐다.

자유주의의 사상적 효시는 로크(J. Locke)다. 그는 자연상태에서 인간은 누구나 자유롭고 평등한 존재라는 천부권을 강조한다. 왕과 귀족, 그리고 시민 누구나 고귀한 존재라는 것이다. 당시의 이 사상은 매우 급진적이었다. 그러나 로크가 강조한 자연상태의 자유는 방종의 상태를 의미한 것은 아니다. 인간은 타인의 천부권인 '생명, 자유, 재산'을 함부로 침해해서는 안 된다. 인간의 자유는 정부가 만든 법의 경계선 내에서 제한되어야 한다. 법의 목적은 올바른 개인의 자유를 고양하는 것이다. 만일 법이 개인의 자유를 보장하지 못하면, 로크는 정부에 대항하는 것이 정당하다는 '저항권'을 주장한다. 정부는 인간의 자유를 고양하는 수단이기 때문이다. 따라서 로크는 인간의 자유를 보장하고 확대하기 위해 개인의 소유권을 주장한다. 소유권은 인간의 자유를 보호하는 사회적 방어막이기 때문이다. 로크의 소유권론은 자본주의의 형성과 자본가계급의 이념적 기초가 되었다. 사적 소유권과 시장경쟁은 자연스럽게 중요한 이념으로 부각됐다. 사적 소유권과 시장경쟁은 인간존엄성과 자유를 보장하기 때문이다. 그러나 로크는 타인과의 조화로운 공동체 삶을 강조하기 위해, 최소한의 소유권을 강조하는 그 유명한 '로크의 단서'를 제안하였다. 이러한 자유주의는 인간의 존엄성과 가치를 높였지만 근대적 개인주의를 탄생케 하는 이론적 배경이 되었다.

로크의 자유주의는 루소를 비롯하여 경제학의 시조인 스미스(A. Smith)와 밀(J. S. Mill)에 의해 계승되어 오늘날 민주주의 가치의 이념적 기반을 마련하였다. 역사적으로 자유주의는 로크와 밀의 정치적 자유주의와 스미스의 경제적 자유주의로 구분된다. 밀의 자유주의는 사회적 · 수정적 · 진보적 자유주의로 불리기도 한다. 정치적 자유주의는 롤스(J. Rawles)와 샌델(M. Sandel) 등으로 대표되는 공동체적 자유주의와 사상적으로 연결된다. 경제적 자유주의는 오이켄(W. Eucken)의 질서자유주의와 하이에크와 프리드먼의 신자유주의와 사상적 맥을 같이한다.

최적'이라는 후생경제학에 기초하고 있다.

신자유주의는 개인의 합리적 선택에 기초한 시장의 자유경쟁을 통한 경제성장에 주안점을 두었다. 시장 속의 개인은 자유로우며, 타인에 의해서 강제로 거래를 하지 않는다. 또한 개인은 평등한 자유로운 존재이므로 개인의 사유권은 철저히 보장되어야 한다. 신자유주의는 개인주의에 이론적 기초를 둔 자유주의 사상에서 출발하고 있다. 신자유주의는 개인을 매우 합리적이며 도덕적으로 선한 존재로 가정한다. 이러한 신자유주의 이념과 경제적 특

표 10-1	신자유주의 이념과 경제적 특징

이념적 측면	경제적 측면
• 개인의 자유 • 자유경쟁 원리 • 경쟁의 효율성 • 공정한 기회의 제공 • 합리적 선택과 책무성	• 작은 정부 • 시장경쟁 원리 • 공기업의 민영화 • 개인의 사유재산권 보장 • 정부 규제의 철폐 내지는 축소

징을 살펴보면 〈표 10-1〉과 같다.

　신자유주의는 1980년대 이후 세계적으로 지배적인 영향을 주었다. 특히 신자유주의는 신보수주의(new conservatism)와 연합하여 신우익(new right)이라는 새로운 모습으로 나타나면서 더욱 강력한 영향력을 발휘하였다. 신보수주의는 전통적 가치의 부활과 과거로의 회귀를 주장하면서, 강력한 국가를 요구하였다. 신자유주의는 개인에, 신보수주의는 국가에 그 중심을 두고 있어서 이념적으로 매우 상치된다. 단지 평등주의에 반대하기 위해 신자유주의는 신보수주의와 기묘한 전략적 동거를 하였지만, 전반적으로 신우익은 신자유주의 관점을 받아들였다.

　신자유주의는 1980년대에 세계 경제의 희망으로 보랏빛 청사진을 제시하며, '국경 없는 금융의 세계화'를 촉진하였다. 신자유주의는 투명하고 공정한 시장의 철저한 완전경쟁을 통해 세계의 경제성장은 물론이고, 도처에 편재한 사회적 불평등을 해소할 수 있다고 보았다.

　그러나 이러한 의도와 달리 신자유주의는 각계의 많은 비판을 받았다. 그 비판의 주된 내용은 신자유주의의 시장경쟁은 가진 자에게만 유리한 제도며, 오히려 사회적 불평등의 골을 더욱 깊게 하는 계급 양극화를 촉진한다는 것이다. 신자유주의의 시장경쟁은 강자만이 살아남는 약육강식의 정글 법칙을 연상케 한다. 그래서 신자유주의의 정책에 대한 거부감과 비판은 세계적으로 광범위하게 확산되었다. 신자유주의 정책은 냉혹한 적자생존의 논리를 기반으로 하고 있다.

안병영(2000: 49-50)은 신자유주의가 경쟁과 승패 개념을 중시한다고 하였다. 시장이 이긴 자와 진 자를 가름함으로써 신자유주의는 사회적 양극화와 도덕적 빈곤을 야기하고 있으며, 자유시장경제의 뛰어난 역동성과 효율성에도 불구하고 분배의 정의를 실현하는 데는 실패하였다는 것이다.

장하준(Jang, Ha-Joon, 2002)은 그에게 세계적 명성을 안겨 준 저서 『사다리 걷어차기』에서 역사적 분석을 통해 신자유주의 원조인 영국과 미국이 보호무역에 의해 엄청난 부와 기술을 축적하여 확실한 비교우위의 경쟁력을 확보했다고 주장하였다. 이를 바탕으로 영국과 미국은 보호무역이라는 사다리를 걷어차고 신흥국가에게는 자신들에게 유리한 경쟁제도인 시장 중심의 신자유주의를 채택했다고 하였다. 또한 그는 1980년대 이후의 신자유주의적 세계화는 당혹스러울 정도의 저성장을 기록하였고, 오히려 소득 불평등과 빈곤이 증대되었으며, 영국과 미국 주도의 신자유주의 정책은 사실상 실패로 끝났다고 보았다.

마틴과 슈만(Martin & Schumann, 1996: 62-71)은 358명의 초특급 부자들의 재산을 합하면, 지구촌 인구의 절반인 25억 명의 전 재산을 합친 것과 비슷하고, 세계 인구의 5분의 1에 해당하는 나라가 지구 전체 부의 생산 중 84.7%를, 전체 무역량의 84.2%를 차지하고 있으며, 부의 양극화 현상인 20 대 80의 지구촌 시대가 도래할 것이라고 하였다. 시장경제는 사회적으로 부의 불평등을 가중시켰으며, 시장경제의 치열한 경쟁은 깊은 인간 소외를 경험하게 하였다.

이런 현상에도 불구하고 신자유주의는 시장이 선이며 국가는 악이라고 보고, 시장을 통해 모든 사회문제를 해결하려고 하였다. 여기서 시장은 만능해결사가 된다. 그래서 헤닉(Henig, 1994: 203)은 "시장은 만능해결사라기보다는 실용적 도구에 지나지 않는다."라고 하였다. 신자유주의는 '신의 절대적 도구가 아니라 인간이 만들어 낸 편의적인 도구'에 불과하다. 그러나 신자유주의

적자생존의 원리는 인간은 사라지고, 시장이라는 도구만이 지배하게 한다.

2. 신자유주의의 교육관

1990년대에 미국과 영국을 중심으로 시장 원리를 바탕으로 한 신자유주의 교육개혁 운동이 일어났다. 미국에서는 첩과 모우(Chubb & Moe, 1990) 등이 공교육을 개혁하기 위한 교육의 시장경쟁체제를 주장하였다. 신자유주의 교육관은 선택(choice)과 자유(liberty), 그리고 책무성(accountability)이라는 세 가지 이념 축을 가지고 전개된다.

신자유주의 교육관은 시장에서 인간은 자유로운 존재고 그들의 선택은 합리성을 기반으로 이루어져서 선택에 대한 책임은 전적으로 개인에게 있다고 한다. 교육시장에서 인간은 자유로운 선택경쟁을 통해 교육을 받을 수 있다는 소비자(학생과 학부모) 주권을 강조한다. 이러한 신자유주의 교육관을 정리하면 다음과 같다.

① 교육의 시장경쟁은 교육의 질을 높인다.
② 교육 소비자는 자유로운 존재며, 합리적인 선택을 한다.
③ 교육 소비자는 원하는 학교를 선택할 자유로운 권리가 있다.
④ 단위학교는 교육 소비자가 원하는 질 높은 교육을 제공한다.
⑤ 단위학교는 정부의 규제 없이 자율적으로 관리 · 운영할 수 있다.
⑥ 단위학교는 학업성취, 즉 교육적 결과에 따른 책무성을 가진다.
⑦ 실패한 단위학교는 시장 원리에 의해 교육시장에서 퇴출될 수 있다.
⑧ 다수의 범재보다 한 명의 천재를 위한 수월성 위주의 엘리트 교육을 지향한다.

신자유주의는 교육을 시장 영역의 상품으로 보고 있다. 시장에서는 상품의 질이 높아야만 경쟁의 비교우위를 확보할 수 있듯이, 교육시장에서는 교육의 질을 높인 상품을 교육 소비자에게 공급해야 한다. 교육의 시장경쟁 원리는 교육상품의 질을 높이는 실질적인 이념적 기반이다. 교육의 시장경쟁은 교육 공급의 질을 높이고, 교육 소비자는 원하는 교육상품을 합리적으로 선택한다.

첩과 모우는 교육의 질을 높이는 시장경쟁의 우위성에 대해, 공립학교보다 뛰어난 학업성취 능력을 보이는 사립학교의 효과성을 예로 들었다. 공립학교는 경직된 법과 규제로 인해 학생을 위한 자율경영을 할 수 없으며, 아울러 관료제의 경직성은 교육의 질을 저하시키는 장벽이 되고 있다고 한다.

사립학교는 공립학교와 달리, 학교 운영에서 자율성이 강하여 고객의 입장을 잘 헤아리고 그들에게 필요한 교육상품을 제공하는 유연한 위치에 있기 때문에 교육 경쟁력의 확보가 용이하다. 이런 이유를 들어 첩과 모우는 공교육의 시장화 정책을 주장한다.

공교육의 시장화 정책은 수요자의 학교 선택제(school choice)와 연결된다. 학교 선택제는 그 형태가 매우 다양한데, 여기서는 대표적인 유형 중의 하나인 차터스쿨(charter school)을 간단히 개관하고자 한다. 차터스쿨은 공교육의 시장화 정책의 일환으로 나타났다. 차터스쿨은 학교와 교육과정의 운영에서 포괄적인 자율성에 대한 권한을 위임받은 학교다. 차터스쿨은 각종 규제를 완화해 주는 웨이버(waivers)를 받는다.

차터스쿨은 그동안 교육구의 교육위원회 권한이었던 교육과정, 학생선발, 교사채용, 예산 등에서 자율적인 결정을 할 수 있다. 또한 교과목, 교수법, 수업시수 등은 물론 특허(charter)를 내준 교육구의 교육위원회에도 계약한 사항(주로 학업성취) 이외에는 보고할 의무가 없다. 심지어 교사의 근로 규정과 봉급, 노조의 허용 여부, 교사 통제 여부 등에 일체의 관여를 하지 않는다(성열관, 1998: 96).

차터스쿨은 단위학교의 모든 규제를 철폐하고, 자율경영이 가능하도록 재량권을 위임받는다. 즉, 차터스쿨은 자율성을 가진 공립학교라고 할 수 있다. 그러나 교육구 교육위원회와의 계약 사항인 일정한 학업성취 목표의 달성 여부, 학교 운영 및 재정에 대한 효과적인 경영에 엄격한 책무성이 존재한다. 학업성취 목표의 달성에 실패한 학교는 학교의 재정적 지원이 끊기며, 심지어 폐교까지 감수해야 한다.

정부는 공교육비를 바우처(voucher)라는 교육상품권으로 전환하여 학부모에게 지급한다. 학부모는 원하는 학교에 등록금을 대신하여 바우처라는 교육상품권을 제출한다. 교육상품권을 가진 학부모는 자연히 우수한 학교를 선택하게 되고, 그렇지 못한 학교는 등록금의 부족으로 폐교될 위치에 처하게 된다.

신자유주의에 의하면 교육 소비자는 교육시장에서 교육상품들을 비교하여, 좋은 교육을 받을 수 있는 자신의 자율적 선택권을 높일 수 있다. 학교는 교육 소비자가 무엇을 원하는지를 정확히 파악하여 고객이 선호하는 맞춤식 교육의 개발을 위해 끊임없는 노력을 해야 한다.

학교는 교육 소비자를 우대하고, 그들의 의견을 반영하여 교육 서비스의 질을 높여야 한다. 학부모의 입장에서 보면 학교 선택제를 선호할 수밖에 없다. 학부모는 교육상품을 구매하는 고객으로서 우월적 위치에 있기 때문이다. 신자유주의의 학교 선택제는 교육의 질을 높이는 대안적 장치가 된다.

그러나 대다수의 연구에서는, 미국의 학교 선택제가 공정한 경쟁을 조장하기보다는 인종차별과 성 차별을 더욱 조장하여 기존의 성취 수준이 낮은 학교로부터 우수한 학생을 빼앗아 가는 우수학생 흡수효과로 인한 결과라고 비판한다(송기창, 2007: 157).

위티(Whitty, 1985)는 미국의 사례를 살펴본 후, 학교 선택론자들은 가난한 학생들에게 기회를 제공하고, 또 경쟁이 학교의 효율성과 책임감을 증가시켰다고 하지만, 이는 여전히 그릇된 희망이라고 보았다. 그리고 이러한 희망은 아직도 현실화되지 못했고 미래에도 실현될 것 같지 않다고 하였다(Apple, 2001: 76). 이렇게 신자유주의 교육관은 다양한 비판에 직면해 있다. 신자유주의 교육관의 한계점을 지적하면 다음과 같다.

① 교육시장의 상품화로 인한 비인간화 교육이 성행할 수 있다.
② 학생 간 수월성 위주의 성적 중심 경쟁이 치열할 것으로 예상된다.
③ 교육의 시장경쟁에서는 사회경제적 배경이 높은 학생이 유리하다.
④ 학교 간에 교육상품의 질을 높이기 위한 학업성취 경쟁이 촉진된다.
⑤ 빈민 지역의 학교는 학업성취 경쟁력의 저하로 폐교될 가능성이 크다.
⑥ 빈곤한 학생은 경제적 이유로 통학 거리가 먼, 좋은 학교를 선택하기 어렵다.
⑦ 교육시장의 공정성은 학업성취 수준이 낮은 학생의 보상교육에 대해서 부정적이다.
⑧ 단위학교의 시장적 경영을 위해 경영자인 교장에게는 자율성과 권한이 집중되지만, 상대적으로 교사의 자율성과 권한은 약화된다.
⑨ 교육의 시장경쟁에 의해 공교육의 본질을 훼손하여 공교육 단위학교의 양극화를 파생시켜, 단위학교 간에도 '교육 빈곤의 악순환'을 초래할 수 있다.

　교육의 시장경쟁은 성적 위주의 교육으로 인해, 불가피하게 학교와 학생을 상품화시킨다. 수월성 위주의 성적 중심 교육경쟁이 이루어질 경우, 부르디외가 주장했듯이 상류계층 아동은 어렸을 때부터 자연스럽게 소유한 문화적 자본으로 학업성취에서 우월적 위치에 있게 된다. 결국 교육의 시장경쟁은 천부적인 능력보다 인위적으로 만들어진 성적에 의해 교육상품의 질을 결정하게 한다. 그것은 풍부한 교육적 자본을 소유한 부자에게 유리한 '교육의 부익부 빈익빈 현상'을 초래할 수 있다.

신자유주의 교육관은 이론적으로 학업성취 능력이 낮은 학생을 위한 보상교육에 대해서도 부정적 입장을 취하고 있다. 구체적으로 노직은 개인의 소유권을 극단적으로 인정하기 때문에 과세에 의한 보상교육은 정당하지 않다고 보고 있다. 공정하게 적용될 과세임에도 불구하고 학업성취 능력이 낮은 학생에게 보상교육이 집중되기 때문에, 반대로 학업성취 능력이 높은 학생은 그 혜택을 받을 수 없어서 오히려 역차별을 당할 수 있다는 것이다.

그리고 빈민 지역의 학교는 낮은 학업성취 수준으로 인해 시장의 무한경쟁 원리에서 퇴출될 가능성이 높다. 이 지역의 학생들은 학교에서 퇴출되면 불가피하게 타 지역으로 전학할 수밖에 없는데, 그렇게 되면 멀어진 통학 거리 때문에 교육받을 기회를 잃을 수가 있다.

공리주의를 지지하는 신자유주의는 한 명의 천재적 능력으로 인해 사회의 평균적 행복지수가 높아진다면, 다수의 범재에 대한 차별은 정당한 것으로 간주한다. 한 명의 천재를 위한 수월성 위주의 엘리트 교육이 촉발될 수 있는 것이다. 신자유주의는 다수의 일반 대중보다 소수의 엘리트를 위한 교육을 지향하며, 교육투자 역시 한 명의 천재를 위한 교육에 집중하는 것을 정당한 것으로 간주한다.

신자유주의 교육관은 그 자체에 이론적 한계를 내재하고 있지만, 동시에 자율성이라는 장점도 가지고 있다. 예컨대, 교원의 자율성은 신자유주의 원리가 도입되기 이전에도 끊임없이 강조된 것이다. 다만 자율성이라도 한국 교육의 실정에 맞는 적용상의 문제가 있다. 신자유주의 교육정책 모두를 매도해서도 안 되지만, 그것을 모든 교육정책의 절대 기준으로 적용하는 것은 더욱 많은 부작용을 예상하게 한다. 신자유주의는 근본적으로 수월성 중심의 교육경쟁 만능주의에 의존하기 때문이다.

교육은 인간을 위해 존재하는 것이지 인간을 억압하는 도구가 돼서는 안 된다. 신자유주의적 원리를 우리의 교육적 토양에 적합한 교육정책으로 재가공하기 위한 각고의 지혜로운 노력이 필요하다. 신자유주의 원리는 교육

갈등을 해소하고 자연스럽게 교육 경쟁력을 고양하는 '이념적 약'이 되어야
지, 우리 모두를 불편하게 하는 '이념적 독'이 되어서는 안 된다. 이념은 인간
을 위한 편의적인 도구에 불과하기 때문이다.

3. 신자유주의와 한국교육

1990년대는 세계화가 급속히 진행된 시기였다. 세계화 이념은 개인주의를
존중하면서 탈규제와 시장경쟁 원리를 지향하고 있었다. 신자유주의적 시장
경쟁 원리는 국가의 경제적 경계선을 무너지게 하여, 세계를 단일 경제촌으
로 변모하게 하였다. 지구촌은 경제전쟁의 각축장이 되었으며, 교육이 국가
경쟁력의 핵심으로 부상하게 되었다. 이러한 신자유주의의 세계적 추세는
우리나라의 교육정책에도 직접적인 영향을 주었다. 그래서 나온 것이 문민
정부의 김영삼 정권이 1995년에 「신교육체제 수립을 위한 교육개혁 방안」으
로 발표한 5 · 31 교육개혁안이다. 당시 교육개혁위원회가 제시한 5 · 31 교
육개혁안의 출현 배경을 살펴보면 다음과 같다.

> 국경 없는 무한 경쟁 속에서 세계는 우수 인적 자원이 국가 경쟁력의 원천
> 임을 인식하고 군비경쟁, 경제전쟁으로부터 교육경쟁으로 치닫게 될 것임.

5 · 31 교육개혁안은 국가 경쟁력의 원천을 교육 경쟁력으로 보고, 이념적
으로는 신자유주의 교육관을 수용하고 있다. 구체적인 교육개혁 방향을 살
펴보면, '교육 공급자의 편의 위주 교육에서 교육 소비자의 선택 중심 교육'
'규제 위주 교육에서 자율과 책무성에 바탕을 둔 교육'으로의 전환을 강조하
고 있다.
이때부터 교육에서 소비자라는 개념이 본격적으로 등장하였으며, 경직된

관료적 교육 대신에 교육의 자율성을 확대하여 기업가적 교육을 등장시켜야 한다는 관점이 주목을 받기 시작하였다. 즉, 5·31 교육개혁안에서 수요자 중심의 교육(소비자 주권론), 수준별 교육과정, 교육공급시장의 다양화 및 특성화(자립형 사립고, 특수목적고) 등의 정책은 교육을 상품시장에 비유해 다양한 교육상품을 공급하고 이를 수요자가 선택할 수 있게 한다는 시장주의적 교육개혁의 성격을 띠고 있었다(박도순 외, 2007: 13).

　시장주의적 원리에 기반한 5·31 교육개혁안은 교육 공급자의 경쟁을 통해 교육 소비자의 주권을 보호해야 한다면서, 교육을 서비스적 관점에서 학교와 교원을 교육 공급자로, 그리고 학생, 학부모, 기업을 고객인 교육 소비자로 인식하게 하였다. 교육 수요자는 교육 공급자 간의 경쟁으로 인해 질 좋은 다양한 교육상품을 선택할 수 있다는 것이다. 구체적으로 자립형 사립고, 특수목적고, 자율형 공영학교 등의 교육상품의 다변화 모색을 통해 탈규제와 기업가적 경영 마인드를 권고하고 있다. 또한 교육상품에 대한 정확한 정보를 전달하기 위해 교육정보센터를 설립하여 평균성적, 교사의 질 등 학교 정보 공개의 필요성이 제기되었다. 수준별 교육과정과 선택 중심 교육과정을 통해 학생의 교육 선택권을 강화해 주었다.

　국민의 정부에서도 5·31 교육개혁안의 신자유주의 원리를 그대로 계승하였다. 국민의 정부는 자립형 사립고에 등록금의 자율 결정권을 부여했으며 학생의 학교 선택권을 확대하였다. 자립형 사립고는 차터스쿨과 같이 교원인사, 교육과정 편성·운영, 신입생 선발 등에서 상당한 정도로 학교 운영의 자율권이 보장되었다. 교직계에서는 많은 사회적 논란에도 불구하고 오랫동안 유지된 교원 정년 단축이 전격적으로 단행되었다. 교원의 정년을 단축하면서 생긴 비용으로 새로운 젊은 교사를 선발하여 교육의 질을 높이겠다는 것이 정부의 의도였다.

　당시의 사회는 신자유주의적 경쟁 원리에 따른 연봉제와 성과급 등의 제도 도입이 일반화되고 있었는데 이 성과급제도가 교원에게도 도입되었다. 대학교육은 시장경쟁 원리에 의해 대학의 구조조정이 단행되었다. 대학 간의 경쟁을 유도하기 위해서 대학평가를 시도하였으며, 그 결과에 따라 차등 지원하는 정책도 추진하였다. 상아탑에 안주해 있던 대학 교수 역시 예외는 아니었다. 교수는 연구, 교육, 봉사 등의 다양한 업적평가를 받았는데, 이 업적평가의 결과는 인사 승진뿐만 아니라 연봉과 성과급에 반영되었다.

참여정부에 들어서도 신자유주의적 5 · 31 교육개혁안은 조금도 약화되지 않았다. 교육 책무성을 강화하기 위해 교원 평가제를 도입하여 시범 실시하였고, 각 지방에 건설될 혁신도시에는 공영형 혁신학교를 도입하여 교육과정, 학생선발, 교원자격 등에서 자율적 운영권을 보장하기도 하였다. 학교에서는 기업가적인 자율적 경영 방식을 서서히 도입하고 있었다. 교육개방으로 인해 경제자유구역 내에서 외국인을 위한 국제자율학교의 설립 계획을 발표하였다. 또한 국립대의 통폐합과 정원 축소를 통해 대학의 교육 경쟁력을 높이려고 하였다. 당시 대통령은 "대학은 기업이다."라는 말로 시장주의적 인식을 드러내기도 했다.

이명박 정부에 들어서는 신자유주의 교육정책이 더욱 가속화된다. 전국 초 · 중등학교에서는 일제식 학력평가를 통해 지역별, 학교별, 개인별로 성적을 공개하여 차등 지원의 기초 자료로 삼고 있으며, 학교와 교장, 교원평가에 반영할 계획도 가지고 있다. 한편, 세계화와 교육 경쟁력이라는 미명 아래, 영어의 공교육을 제안하면서 초등교육부터 영어몰입교육을 강조하였으며, 또한 사회적으로 엄청난 논란이 있었던 국제중학교를 설립하여, 초등학교부터 이루어질 치열한 입시경쟁을 예상하게 하고 있다. 전 서울시 교육감인 유인종은 이런 정책을 두고 교육이 1960년대로 회귀한다는 의미에서, 후진 기어를 넣고 액셀을 밟는 상황이라고 묘사하였다.

그리고 학생의 선택권과 교육의 질을 높이기 위해 기숙형 공립 고등학교와 마이스터 고등학교의 새로운 설립(안), 자율형 사립학교의 100개 확대 계획은 치열한 경쟁을 예고하는 학교의 등급화에 대한 우려를 낳고 있다. 정부는 교원의 경쟁력과 전문성 신장을 위해서는 교원평가를 입법화하여 교원 간의 경쟁을 유도하겠다는 계획을 가지고 있다. 그동안 정부가 가지고 있던 교육 권한의 상당 부분을 시·도교육청에 위임하였으며, 사립학교 총장들의 협의회 기구인 대학교육협의회에 상당한 권한을 이양하여 대학의 자율성을 확대하였다. 이명박 정부의 신자유주의 교육정책은 자율적인 경쟁을 통한 교육의 질을 확보하는 데 목적이 있었다.

이상으로 우리나라의 신자유주의 교육정책의 흐름을 살펴보았다. 5·31 교육개혁안은 우리나라 신자유주의 교육의 실질적 뿌리며, 지금까지 대부분의 교육정책이 5·31 교육개혁안의 연장선에 있거나, 변형된 정책 아이디어에 불과하다. 정도의 차이는 있지만 신자유주의 교육원리는 오랫동안 우리의 교육을 지배하는 이념적 축으로 활용되었다. 5·31 교육개혁안은 문민정부에서 시작되었지만, 국민의 정부와 참여정부, 그리고 이명박 정부에 들어서도 신자유주의 교육이 조금도 퇴색하지 않았으며, 오히려 한층 노골적으로 진행되었다. 그런데도 이명박 정부가 국민의 정부와 참여정부의 신자유주의 교육정책을 좌파적 관점으로 평가한 것은 역사의 아이러니다.

제11장
포스트모더니즘 교육의 이해

1. 포스트모더니즘의 전개

포스트모더니즘(postmodernism)은 새로운 사조의 흐름으로서 한때 상당한 각광을 받았다. 포스트모더니즘은 1960~1970년대 미국에서 문학, 건축, 예술 분야 등에서 활용되면서 나타났지만, 후에는 거의 전 분야에 영향력을 주었다. 포스트모더니즘의 사상적 성격으로 인해 철학, 사회학, 심리학, 정치학, 경제학, 자연과학 등에까지 그 영향력이 미치지 않은 데가 없을 정도였다.

포스트모더니즘은 근대성(modernity)의 반대로 대두되었지만, post라는 접두어는 매우 미묘하게 쓰이고 있다. post는 크게 '후기'와 '탈'이라는 두 가지 의미로 쓰인다. '후기'라고 해석하는 경우는 '이성의 기획'이라는 근대성의 개념이 아직도 유효하다고 보는 하버마스(J. Habermas) 계열의 입장을 말한다. 즉, 이성에 의한 근대화의 기획은 실패한 것이 아니라 단지 잘못 적용된 것이며, 이성에 대한 적극적인 이해를 통해 사회적 합리성을 높여야 한다는 입장이다. 하버마스는 기존의 도구적 합리성은 전체주의적 · 보편적 이성을 중심으로 폐쇄적인 합의를 가정한다고 한다. 그래서 그는 사회 구성원 간의 열린 대화와 비판적 합의를 구성할 수 있는 의사소통의 합리성을 제안한다.

'탈'로 해석하는 경우는 이성의 근대성 자체를 적극적으로 부정하는 입장이다. 대표적 인물로는 데리다(J. Derrida), 푸코(M. Foucault), 들뢰즈(G. Deleuze), 라캉(J. Lacan), 리오타르(J. Lyotard), 알튀세르(L. Althusser), 보드리야르(J. Baudrillard) 등을 들 수 있다. 포스트모더니즘은 리오타르가 이러한 사상적 흐름에 대해 '포스트모더니즘'이라는 용어를 적극적으로 사용하면서 일반화되었다.

그러나 탈모더니즘의 입장에 있는 대다수 사람들은 자신의 사상을 포스트모더니즘으로 분류하는 것에 대해 상당한 거부감을 나타냈다. 이것은 이전에는 대체로 후기구조주의(poststructuralism)로 지칭되었다. 일반적으로 포스트모더니즘은 주로 탈모더니즘의 사상을 지칭한다.

사실, 이들 사상가들은 접근 방법이 확연히 구분될 정도로 그 개성이 독특하여 일정한 범주의 틀 속에 포함시키는 것은 상당한 무리가 있다. 대체로 자명한 주체와 자아, 그리고 이성을 부정하며, 절대적 진리와 본질은 허구라는 입장에서는 공통점을 가지지만, 단지 논의

구조주의(structuralism)의 탄생

구조주의는 어떤 사물의 의미를 개별적이고, 독립적으로 존재하는 것이 아니라, 전체의 체계와 사물들 간의 관계에 따라 규정한다. 구조주의는 소쉬르(F. Saussure)의 언어학에서 비롯됐다. 그에 의하면 어떤 단어는 그 자체가 개별적으로 대상을 지시하지 못한다고 한다. 즉, 호랑이라는 단어 자체는 실제 호랑이와 전혀 다른 무의미한 글자에 불과하다. 호랑이란 단어는 다른 단어와의 차별적 관계에 의해 의미를 부여받는다. 홍길동이란 이름도 다른 사람의 이름과 차별되기 때문에, 어떤 대상을 지시할 수 있게 된다. 기의(기호의 의미)는 기표(기호의 표상)들 간의 차이적 관계에 의해 정해진다. 기의는 기표의 전체 관계망 속에 이루어지게 된다. 기의를 결정하는 기표의 차이적 관계는 사회적으로 약속된 보편적인 규칙이 된다. 따라서 개인은 사회라는 보편적인 구조에 의해 탄생한다. 개인은 사회라는 구조의 그림자며 부속물이 된다.

레비-스트로스(Levi-Strauss)는 이러한 언어학적 관점을 인류학 연구에 접목시킨다. 그에 의하면 모든 인간 사회는 '근친상간 금지'라는 무의식적 심층구조에 의해 인간의 질서가 형성된다고 한다. 사회의 기본적 질서인 친족관계도 근친상간 금지라는 보편적인 무의식적 심층구조에 의해서 나타난다. 근친상간 금지는 모든 인간 사회의 질서를 형성하는 근본적이며 보편적인 규칙이라는 것이다. 이렇게 보면 구조주의는 시공간을 초월한 절대적인 보편적 구조를 상정하고 있다. 그러나 후기구조주의는 대체로 구조의 획일적 영향력을 부정하고 탄력적이며 융통적인 구조적 작용에 초점을 둔다.

의 편의를 위해 포스트모더니즘으로 총칭하고 있을 뿐이다.

다소 차이는 있지만 이들 포스트모더니즘의 사상적 뿌리로는 대체로 니체(F. Nietzsche)와 프로이트(S. Freud), 그리고 마르크스(K. Marx)를 들고 있다. 이들의 사상은 너무 독특하여 철학계에서는 이들의 학문세계를 '아버지 없는 자식'이라고 부른다. 이들은 한결같이 절대진리와 전체주의적 동일자를 거부하고 있다.

니체에 의하면 이 세계는 끊임없는 힘의 변화와 생성을 추구하고 다양한 힘들이 중첩되어 있는 복수성의 세계로 구성되어 있기 때문에, 일정한 기준은 존재할 수 없다고 한다. 진리는 힘들의 관계에서 나타난 어떤 힘의 의지적 작용의 결과다. 본질 역시 독립적이며 절대적으로 존재하는 것이 아니라 힘의 관계망에 의해서 나타난 것이다. 따라서 안정적이고 절대적인 진리와 본질은 존재하지 않으며, 진리라고 여기는 것은 인과론의 안정성에 의지하려는 습관에 불과하다고 한다. 니체는 우리가 생각하는 진리는 힘의 관계망에 의해 파생된 상대적 지식에 불과하다는 새로운 인식의 계기를 마련해 주었다.

프로이트는 데카르트의 "나는 생각한다. 고로 나는 존재한다."라는 코기토(cogito)적인 의식체계를 비판한다. 데카르트는 의심할 수 없는 '나'라는 확실한 주체를 확고부동한 진리의 기반으로 여겼다. 주체는 이성, 의식, 자아(ego)와 비슷한 의미를 가진다. 모더니즘에서 확실한 주체의 기반이라고 믿어 온 이성, 의식, 자아에 대해, 프로이트는 사실상 무의식에서 파생된 그림자라고 본다. 무의식은 아버지와 어머니, 그리고 '나'라는 오이디푸스 삼각형 틀에서 생겨난다. 여기서 아버지는 사회를 상징하고, '나'라는 주체는 아버지라는 상징계(사회)에 진입해야만 자아가 생긴다. 따라서 '나'라는 주체는 사회관계가 만들어 낸 파생물이며, '나'라는 자아는 사회적 자아에 불과하게 된다. '나'라는 주체적이고 독립적이며 절대적인 존재가 없다는 것이다.

마르크스 역시 절대적 구심점을 부정한다. 그는 특정 장소의 이데올로기는 그 자체가 상상적 허구며, 인간 뇌 속의 환영이라고 하였다. 『자본론』에서 그는 상품이란 단순한 기호가 아니라 신비한 힘으로 가득 찬 사회적 상형문자며, 그 이면에는 사물들 사이의 환상적 관계형식에 지나지 않는 가상세계가 숨어 있다고 하였다. 마르크스에게 있어서 총체성은 서로 다른 구심점, 서로 다른 심급이 만드는 상이한 동심원들이 서로 겹치고 간섭하는 구조, 탈중심화된 구조를 이루고 있는 것이다(김상환, 2002: 167-174).

이렇게 보면 세계는 인간의 머릿속에 만들어진 허상에 불과하다. '나'라는 존재도 사회관계에 의해 만들어진 상대적 존재이므로, 어떤 획일적 기준에 의해 규정된 절대적 동일성으로 환원되지 못하는 존재가 된다.

니체와 프로이트, 그리고 마르크스는 접근 방법은 다르지만 기원, 시초, 중심, 근원, 진리, 본질, 이성, 의식, 자아, 주체, 태양, 자명함, 동일성, 전체성, 객관성, 보편성, 초월성, 규칙성 등 묵시적으로 절대적 기준을 상정하는 개념을 거부하고 있다. 포스트모더니즘의 사상가들 역시 절대성을 상정하는 개념에 대해 비판적으로 출발하고 있다. 심지어 그들은 절대성뿐만 아니라 상대성도 거부하고 있다. 상대성 역시 인간의 머릿속에서 나온 개념이기 때문이다. 따라서 이들은 세계의 끊임없는 힘의 생성과 차이를 강조하며, 일정한 기준에 의해 동일자로 환원하는 전체주의 사상을 근본적으로 부정한다.

2. 포스트모더니즘의 사상적 특징

근대성은 데카르트의 "나는 생각한다. 고로 존재한다."라는 코기토의 개념에서 출발하였다. 이런 생각은 의심할 수 없는 확실한 주체인 '나'라는 자아를 통한 이성이 진리의 기반이라는 믿음에서 시작됐다. 이성의 자명성은 실증주의적 지식의 합리성에 의해 찾았다. 이성이 진리의 근거라면, 이성에 의한 실증주의적 지식과 합리성은 객관적 가치를 지니게 된다. 실증주의적 인과론은 영원히 변하지 않는 보편타당한 가치를 갖게 되며, 의심할 수 없는 진리의 강력한 이론적 근거가 된다.

그러나 흄(D. Hume)은 과학적 인과론은 사실 인간의 습관적 믿음에 불과한 것이라며, 이에 대해 근본적으로 회의한다. 칸트(I. Kant)는 흄의 생각을 받아들였지만, 그 역시 선험적 범주론을 제시하여 인간의 주관과는 무관한 보편적 지식을 추구하였다. 이러한 근대철학은 이성의 기반 위에 객관성, 보편성, 합리성, 초월성을 추구하고자 하였다. 진리는 이성의 재현이며, 객관적이고 보편적인 영원불변한 실재라는 것이다.

근대성은 진리라는 객관적 실제의 틀 속에 인간을 동일화하고 표준화하며 평균적인 관점에서 해석한다. 인간의 주관적 영역에 일정한 경계선으로 표준화된 한계를 설정하려는 프로크루스테스의 침대와 같다. 모든 인간을 일정한 동일성 속으로 환원시키는 것이다. 니체, 프로이트, 마르크스에게서 보듯이 인간을 일정한 객관적 틀 속에 표준화시키는 전체주의적 인식은 잘못된 믿음에 근거하고 있다. 인간과 지식, 그리고 세계는 일정한 기준이 없이 끊임없는 변화와 흐름만이 존재하며, 언제나 생성과 차이의 운동이 일어난다고 한다. 니체에 의하면 영원히 변하지 않는 정태적 진리관은 그렇게 되길 요구하는 어떤 힘들의 '진리의지'에 불과하다.

현대적 포스트모더니즘은 이러한 사상을 수용하여 다양하게 발전시켰다. 포스트모더니즘은 비록 매우 다양하게 전개되지만, 한결같이 전체성, 보편성, 동일자, 객관성을 거부하고 있다. 포스트모더니즘의 이런 입장을 세 가지로 구분하여 개관하면 다음과 같다.

첫째, 포스트모더니즘의 주체(인간)관에 관한 입장이다. 근대성의 주체는 자명한 이성의 주체인 '나'를 상정한다. 여기서 나는 의심할 수 없는 독립적이고 자율적이며, 중심적인 자아를 가진 주체가 된다. 라캉에 의하면 자아가 안정적이고 총체적으로 연결되어 있다는 것은 상상적 허구라고 한다. 자아를 형성하는 무의식은 주체 내부에서 독립적으로 형성되는 것이 아니라 외부의 사회적 조건에 의해 구성된다. 무의식이란 인간적 주체를 만들어 내는 상징적 질서의 메커니즘이며, 주체로서 사고하고 표상하게 하는 지반이요, 조건이다. 타자로서 무의식은 상징을 통해 욕망을 질서 짓는다(이진경, 2002: 50).

따라서 무의식은 타자의 담론이며, 타자의 욕망이다. 무의식이 사회의 요구와 부름에 응함으로써 인간은 사회질서에 편입할 수 있다. 인간의 무의식은 대타자(사회관계)의 질서에 편입하기 위해 상징적 의미를 체계화한다. 의식체계인 자아는 결국 대타자가 요구하는 상징적 질서의 범위 내에서만 작동한다. 주체는 상징적 지표들이 체계화된 대타자의 공간이라는 것이다. 대타자는 위치와 공간에 따라 그 성격이 가변적이다. 대타자에 종속된 주체는 언제나 불안정한 체계를 가지게 된다.

둘째, 포스트모더니즘의 지식관에 관한 입장이다. 객관적 진리는 인간의 주체에서 벗어나 독립적으로 존재한다. 객관적 인식은 어떤 대상을 분절화하고 의미의 경계선을 친다. 객관적 지식은 의미의 구획과 경계선을 치고 제한하였기 때문에 일정 부분만을 지시하게 된다. 예컨대, 누구를 안다고 할 때 그를 구성하는 모든 것, 즉 맥박, 심장, 세포의 구성 등 모든 기의(signifié)를 이해해야 한다. 그러나 단지 우리는 그 사람의 형상인 기표(signifiant)만 떠올린다. 이러한 불안정한 기표 속에 의미를 나타내는 기의를 고정시키고, 이를 재현하려는 진리관이 모더니즘의 입장이다.

그러나 라캉은 기표와 기의는 대응하지 않으며 기의는 기표에 의해 계속 미끄러진다고 하였다. 예컨대, '재떨이'에 대한 본질적인 개념(기의)적 정의를 하기 위해서는 담배, 재, 재료, 인간의 신체적 구조 등의 무한적이고 연쇄적인 기표가 필요하다. 하지만 기표의 무한 연쇄를 동원해도 재떨이라는 본질적 의미인 기의에 접근하기 어렵다. 이를 '기표의 악순환'이라고 한다. 기호의 의미가 안정성을 유지하는 것은 임의적 마침표를 찍어 문장 속에 의미를 잠시 고정해 놓은 것에 불과하다.

푸코는 우리의 인식은 보편적이고 초월적인 성격을 가진 것이 아니라, 사물을 판단하는 표상체계의 시대적 구속력인 무의식적 인식 틀인 에피스테메

(episteme)에 의해 규정된다고 하였다. 역사적으로 시대마다 사물을 판단하는 방식이 다르며, 무의식적 인식 기반인 에피스테메의 작동에 의해 지식은 가치를 갖는다. 지식은 무의식적 선험 구조인 에피스테메에 의해 규정된 시대적 인식에 불과하다. 우리의 인식은 특정 시대를 표상하는 에피스테메에 의해 질서가 세워진다는 것이다. 이런 표상의 에피스테메는 사회관계망에 의해 파생된 것이고 권력적 속성을 가지고 있다. 따라서 포스트모더니즘에서 지식이란 인식과 언어의 근본적인 불안성으로 인해 초월적이고 보편적이며, 인간의 주관과 무관한 독립적 가치를 가질 수 없다는 입장이다.

셋째, 포스트모더니즘의 사회관에 대한 입장이다. 사회는 일정하게 고정된 규칙에 의한 안정적 기반 위에 있는 것이 아니라, 다양한 미시적 흐름들의 생성과 변화에 의해 새로운 모습으로 나타나기 위해 운동한다.

들뢰즈에 의하면 개인의 욕망은 사회관계에 의해 구성되고, 사회는 이런 욕망의 흐름과 배치에 의해 이루어진다. 사회는 욕망의 관계망이다. 그런데 욕망은 근원적으로 무정형적이며 자유로운 에너지다. 이러한 욕망의 자유로운 분열적 속성으로 인해, 욕망은 새로운 사회를 변이시키는 힘이 된다. 사회는 이와 같은 욕망의 규정되지 않고 고정되지 않는 근원적 힘으로 끊임없는 생성운동을 한다.

보드리야르 역시 인간의 욕망을 사회적인 것으로 보았다. 그는 자본주의 사회의 소비 성향을 분석하면서, 절대적이며 본질적인 욕구인 사용가치는 존재하지 않고, 상황에 따라 가변적으로 변화하는 교환가치에 의해 규정된다고 하였다. 인간의 욕구는 실질 대상을 소비하는 것이 아니라, 사회적 차별의 논리 속에 형성된 기호가치를 소비한다. 사회는 교환가치에 의해 사회적 차별을 나타내는 기호의 관계망이 된다. 상품과 생산은 차이에 의해 사회적 차별이라는 기호가치에 의해 움직인다. 이러한 사회의 기호질서를 통해 상징이 상징(모사)을 낳고, 이미지가 이미지를 낳으며, 가짜가 가짜를 낳는다. 즉, 복사본이 격렬하게 확산되어 원본과 복사본이 구분이 안 되며 오히려 원본보다 더욱 생생하며 실제 같은 복사본, 원본 없는 복사본이 과잉실제(hyperreality) 한다. 과잉실제는 복사본이 원본을 대신하여, 질서의 상상적 재현이 파괴되고 무질서를 갖게 한다.

들뢰즈와 보드리야르의 사상적 예에서도 보듯이 사회는 끊임없이 움직이고 변화하는 공간이므로 안정적이고 고정적인 질서는 자연히 거부된다. 사회관계는 절대적이고 보편적인 기준에 구속되어 있는 것이 아니라, 끊임없이 새로운 관계를 창출한다. 사회를 움직이는 가치 기준은 고정되어 있지 않기 때문에, 사회관계는 특정 기준으로만 재단할 수 없는 가변적인 관계를 형성한다.

3. 포스트모더니즘 교육의 사회학적 이해

포스트모더니즘의 인간관과 지식관, 사회관은 분리되고 독립된 개념이 아니라 논리적 관련성을 가지고 있다. 그러나 학자마다 이해하는 방식이 다르며, 학문적 개성이 너무 강한 나머지 오히려 상이한 입장을 가지고 있다. 이런 학자들의 학문적 성격을 모두 포괄하는 것은 거의 불가능하여, 여기서는 포스트모더니즘이란 큰 틀 속에서 대체적인 학문적 흐름을 제시하고자 한다.

포스트모더니즘의 학자들은 교육에 대해 많은 논의를 하지 않았다. 여기서 제시한 포스트모더니즘의 교육관은 단지 그들의 입장을 교육학적으로 응용·적용한 것이다. 포스트모더니즘의 인간관과 지식관, 그리고 사회관의 사상적 맥락 속에 논리적 연관성이 있듯이, 교육관은 이러한 논리적 흐름을 응용하고 적용한 것이다.

특히 교육사회학에서 포스트모더니즘의 연계성은 찾아보기가 더욱 어렵다. 교육사회학이 교육과 사회관계의 학문이라면, 포스트모더니즘은 인간과 지식이 사회관계의 산물이라고 한다. 이 점에서 포스트모더니즘은 교육사회학과 밀접한 관련성을 가진다. 따라서 여기서는 포스트모더니즘의 사상 속에 내재해 있는 교육사회학의 입장을 응용·적용하여 소개하고자 한다.

첫째, 교육은 보편적이고 전체주의적인 체계를 거부한다. 포스트모더니즘은 다양성과 차이, 그리고 끊임없는 변화와 생성의 긍정성을 강조한다. 포스트모더니즘은 특정 표상 위에 동일자를 생성하는 표준화되고 획일화된 가치에 대해서는 부정적이다.

리오타르는 보편타당한 객관적 질서를 지배한 대서사(grand narratives)를 부정하고 소서사적 질서를 강조한다. 그는 언어놀이를 예로 들어, 각각의 수많은 언어놀이는 고유하고 독립적인 규칙을 가지고 있어서 비교 자체가 불가능하며, 이 모든 것을 통괄하는 보편적 언어 규칙은 존재할 수 없다고 하였다. 그래서 리오타르는 동일자를 생성하는 초언어놀이인 메타 담론(meta discourse)에 의한 전체주의를 강하게 거부한다.

푸코에 의하면 절대적으로 믿는 인식체계는 사실 시대가 요구하는 표상체계인 에피스테메에 의해 규정된다고 한다. 특정 표상체계는 사회관계망에 의해 파생됐으며, 강한 구속력을 지닌 권력적 속성을 가지고 있다. 특정 표상체계는 동일한 것을 반복적인 질서로 되풀이하고 있다. 표상적인 질서 담론을 유지하기 위해 군대, 학교, 병원, 공장 등에서는 우리의 몸을 끊임없이 통제하는 규율과 훈육을 강요한다. 시험, 시간표 등의 각종 검사체계는 개인을 객관화·수량화한 가시적 형태로 표출하여 기존의 표상과 권력체계를 정당화하는 기능을 수행한다. 전체주의적 질서를 형성하는 표상체계는 특정 시공간에 위치한 사회관계망에서 파생된 것이어서, 시대마다 달라질 수 있는 임시적이고 일시적인 인식 틀에 불과하다. 따라서 푸코는 이러한 표상의 억압에서 탈주할 것을 요구하며, 미시적인 사회적 흐름을 강조한다. 포스트모더니즘은 보편적이고 전체주의적인 질서는 진리라는 이름의 가면을 쓰고 동일자를 반복적으로 양성하는 체계에 불과하다고 보고, 이들의 해체를 주장한다.

둘째, 교육지식의 표준화는 사회관계망에 의해 구성되므로 비판적 해석을 해야 한다. 플라톤 이래 서양철학에서는 '진리란 무엇인가'라는 진리의 본질에 대해 탐구하였다. 니체는 '어떤 것이 진리인가, 그것을 진리라고 생각하는 사람은 누구인가'라는 계보학적 질문을 한다. 즉, 누가 진리를 찾고 있으며, 그들은 그것이 왜 진리이기를 원하는가다. 이런 관점은 포스트모더니즘에 매우 큰 영향을 주었다.

끊임없이 새로운 것으로 변화하게 하는 생성과 차이의 운동으로 인해 고정적이고 정태적인 진리는 근원적으로 존재할 수 없다. 단지 진리라고 여기는 것은 어떤 권력관계망의 파생체에 불과하다. 그것을 진리라고 여기는 것은 특정 세력의 권력의지에 의한 것이다. 에피스테메 역시 힘의 관계망에 의해 파생된 인식 틀이다. 이런 에피스테메 속에 우리는 진리를 찾고 정당성을 모색하고 있는 것이다. 진리는 존재하지 않으며, 사회의 권력관계망에 따라 달리 나타난다. 진리는 권력의지의 작용이 빚어낸 역사적·사회적 구성물이라는 것이다.

그래서 니체는 세계를 설명하는 절대적 기준은 없으며, 단지 해석만이 존재할 뿐이라고 한다. 객관적이고 절대적인 해석은 존재하지 않으며, 어떤 힘에 의해 나타난 징후만 해석한다. 표준화된 지식은 표준화된 해석이 존재하지만, 차이와 다양성을 강조하는 입장에서는 각 개인의 독특한 능동적 해석을 강조한다. 능동적 해석은 동일자를 요구하는 진리의 이면을 밝히고, 궁극적으로 차이를 생성하는 사회적 긍정성을 창출하기 위함이다. 그것을 진리라고 여기는 이면 속에 숨어 있는 힘의 관계를 정확히 파악해야 한다는 것이다. 자연히 모든 지식은 의심의 대상이 된다. 그래서 니체는 "위대한 진리는 비판되기를 원하는 것이지, 우상화되기를 원하지 않는다."라고 하였다. 포스트모더니즘은 근본적으로 지식에 대해 비판적이며 능동적인 해석을 강조한다.

셋째, 교육열은 사회적 욕망에 의해 파생된 것이다. 들뢰즈는 욕망이란 근원부터 사회적이라고 보았다. 사회관계, 권력욕, 언어, 관습, 문화 등은 사회적으로 배치된 욕망의 결과물이다. 인간의 욕망은 우리를 움직이는 무정형적 에너지다. 이런 욕망의 에너지 흐름이 조절되고 배치되어, 사회를 구성하게 한다. 동시에 사회가 요구하는 정형화된 욕망을 거부하는 자유로움을 추구하기도 한다. 들뢰즈는 정형화된 사회적 집착에 의한 것을 '편집증적 욕망'이라고 하였으며, 여기서 벗어나 자유로운 운동을 추구하는 것을 '분열증적 욕망'이라고 하였다.

논의를 유추하면, 교육열은 교육을 받고자 하는 욕망, 더 나아가 교육에 대한 집착 정도를 나타내는 편집증적 욕망이다. 정확하게 표현하면 사회적으로 학력에 의해 형성된 집착적 욕망이라 할 수 있다. 그리고 교육을 통해 사회의 모든 구속 틀에서 벗어난 자유로운 운동 에너지를 표출하는 것을 분열증적 욕망이라 한다. 굳이 예를 들면 기존의 교육체제를 거부하는 대안교육을 들 수 있다.

그러나 대다수의 교육열은 학력에 대한 집착 정도를 나타내는 편집증적 욕망과 관련이 있다. 편집증적 욕망은 사회에 의해 길들여진 집착적 욕망이다. 인간의 욕망이 사회관계 속에 형성된 욕망이라면 교육적 욕망은 사회적 욕망이 된다. 교육열은 사회관계에 의해 파생된 교육적 욕망이라는 것이다.

넷째, 교육적 욕망은 사회적으로 인정받기 위한 욕망이다. 라캉에 의하면 인간은 아버지인 대타자를 통해서 상징계에 진입하여, 자아와 욕망이 형성된다고 한다. 인간의 욕망은 대타자인 사회가 욕망하는 타자의 욕망이 된다. 따라서 인간은 사회관계 속에서 자아와 욕망이 형성되며, 대타자인 사회에 끊임없이 인정받기를 원한다. 인간은 근원적으로 대타자인 사회적 욕망에 순응하며 구성되는 사회적 산물이다. 인간은 대타자인 사회의 인정을 받지 못하면 정신적 균열이 일어나 신경증과 분열증이 생긴다. 인간은 대타자인 사회에 끊임없이 인정을 갈구하는 존재다. 대타자인 사회의 인정 중에 신분 인정은 매우 중요하다. 이것은 현실적으로 대타자인 사회의 욕망을 충족시키기 때문이다.

그래서 라캉은 본능과 달리 상징적 차원에서 작동하는 충동은 사회 신분적 차이를 발생시킨다고 본다. 예컨대, 블루 칼라는 바나나를, 화이트 칼라는 사과를 먹는데 이것은 사과와 관련된 사회(타자)의 승인, 혹은 그가 타자의 승인이라고 믿는 것, 자기 환상을 먹는 것이다(김상환, 홍준기, 2002: 47-48). 쉽게 말하면 우리가 명품을 걸치거나, 특정 장소에서 비싼 커피를 먹는 것은 암묵적으로 신분의 차별적 위세를 과시하기 위한, 즉 타자의 승인이라 믿는 자기 환상의 심리적 착각에 불과하다는 것이다.

따라서 인간의 욕망은 타자의 인정 욕망에서 비롯되며, 인정 욕망은 현실적으로 신분 욕망으로 구현된다. 이 점에서 학력에 대한 교육적 욕망은 신분 욕망에서 비롯되며, 사회적으로 인정받기 위한 욕망이다. 교육적 욕망의 이면에는 신분적 차이를 발생시키는 사회적 인정 욕망이 작동하고 있다는 것이다. 그래서 '교육적 욕망이 사회적 욕망'이며, '사회적 욕망이 교육적 욕망'이 된다.

제**4**부

한국교육의 사회학적 이해

교육사회학을 배우는 궁극적 이유는 한국교육의 깊은 성찰을 위해서다. 한국교육에 대한 깊은 이해를 위해서는 한국교육의 사회사적 형성 과정에 대한 통찰이 필요하다. 한국교육의 뿌리는 어느 날 갑자기 이루어진 것이 아니라, 역사적으로 오랜 시간을 거쳐 축적된 것이다. 그래서 제4부에서는 한국교육에 대한 이해의 기본적 틀을 위해 일제강점기부터 현대사회에 이르기까지 한국교육의 사회사적 특징에 대해 논의하였다. 역사의 시공간 속에는 오래된 인간의 체온과 긴 호흡이 담겨져 있기 때문이다. 한국교육의 사회사적 맥락에 대한 이해는 오늘날의 한국교육을 분석하는 중요한 해석적 근거가 된다. 당시의 교육적 상황에 대한 고찰은 한국교육의 심층적 이해를 도모할 것이다. 한국교육의 사회사적 특징을 명확히 하기 위해 주요 주제들의 분석과 심층적 내용을 제시하였다.

제 12 장
한국교육의 사회사적 이해

　오늘날 한국교육은 열거하기 어려울 정도의 다양한 문제와 갈등 상황에 놓여 있다. 이런 교육문제와 갈등을 해결하기 위해 오랫동안 정부와 언론, 그리고 학계 등에서 많은 노력을 해 왔지만, 아직도 그 핵심 실마리를 찾지 못하고 있다.

　의사는 환자의 병에 대한 정확한 정보를 알기 위해 먼저 진단부터 하고, 그 다음에 치료를 한다. 이와 마찬가지로 한국교육도 그 문제를 치료하기 위해서는 한국교육의 고유한 특성부터 진단할 필요가 있다. 한국교육을 먼저 알고, 그에 적절한 처방과 해결책을 제시해야 한다. 한국교육에 대한 정확한 이해가 없으면 어떤 처방도 무의미해지기 때문이다.

　한국교육을 올바로 이해하기 위해서는 교육의 역사적 흐름을 먼저 살펴보아야 한다. 역사는 인간이 살아 숨 쉬었던 시공간이므로, 현재는 역사의 긴 호흡 속에 형성된다. 현재는 역사의 지평 아래 새로운 모습으로 나타난다. 현재는 단지 시대라는 새로운 옷을 입고, 사회적 표현 방법을 달리할 뿐이다.

그러나 오랫동안의 역사적 변천에도 불구하고 교육에 대한 사람들의 이해는 크게 다르지 않다. 시대에 따라 교육에 대한 사회적 표현 방법이 다를 뿐, 그 성격은 비슷하다. 오늘날 한국교육의 심층적 이해를 위해서는 한국교육의 사회사적 흐름과 특징에 대해 먼저 알 필요가 있다. 그래야만 한국교육에 대한 의미 있는 진단과 시사를 받을 수 있다. 여기서는 한국교육의 사회사적 흐름 모두를 소개할 수는 없고, 오늘날 한국교육에 대한 기본적 이해를 도모하는 정도에서 시대적 특징을 간단히 개관하고자 한다.

1. 일제강점기 교육의 특징

구한말은 근대학제의 개편이 서서히 시작된 시기다. 1894년 군국기무처를 중심으로 이루어진 갑오개혁에서 과거제를 폐지하고 새로운 관리임용 시험제도를 채택하였다. 1895년에는 고종이 '교육입국조서'를 공포하여 역사적으로 처음 근대식 교육제도를 도입하였다. 당시의 근대학제는 매우 미약한 상황이었으나 서서히 제도적으로 교육의 사회적 혜택이 부여되어, 교육경쟁 양식은 사회적 이해관계와 관련을 맺고 전개되기 시작하였다.

이만규(1988: 57-58)에 의하면, 당시는 신교육에 대한 이해의 부족으로 학교는 옛 과거를 대신할 새 과거로 인식됐으며 졸업은 곧 과거급제로 알았다고 한다. 중도에 벼슬을 할 수 있으면 자퇴하는 것이 보통이었다. 또한 외국세력이 강해짐에 따라 벼슬길이 빠른 외국어 학교가 제일 선호되었고, 다음에는 교과 초사(初仕)가 약속된 사범학교와 벼슬길에 오르기 쉬운 법학 학교의 시세가 좋았다고 한다.

이원호(1987: 128)는 1897년과 1906년에 한학(漢學)이 감소하고 영어, 불어, 일어, 독어 학교의 순으로 인기가 있었다고 하였다. 한일합방 직전인 1907년에서 1910년에는 일본어 학교가 압도적인 우위를 보이면서 영어가 그

뒤를 따랐으며, 나머지 외국어 학교는 비교가
안 될 정도로 매우 미미하였다.

이 시기의 교육적 상황에 대해 아펜젤러(H.
G. Appenzeller)는 한국 사람의 영어 향학열은
높았지만, 보다 높은 자리를 올라가는 디딤돌
의 구실로 생각하였다고 한다(오천석, 1975a:
55). 그 당시에도 외국어교육을 출세의 도구로
인식하고 있었다는 것은 오늘날 우리에게 시
사하는 바가 크다.

한말의 이런 상황은 일제강점기에 들어서면
서 근대학제가 더욱 체계화되고, 학력과 직업
구조의 연계가 강화되는 쪽으로 변하기 시작

일제강점기의 교육풍경 1

보통(초등)학교 입학 경쟁률은 지역에 따라 달랐
는데, 평균적으로 2 대 1이었다. 경성 지역의 경
쟁률이 가장 높아, 일부 학교의 경우엔 4.6 대 1의
경쟁률을 기록하기도 하였다. 이 경쟁을 뚫고 보
통학교 명찰을 달기 위해서는 교사 앞에서 구두
시험을 치러야 했다. "언니는 사과 세 개를 가지
고 너는 사과 두 개를 가졌는데 둘을 합하면 몇
개가 되느냐?"(백 원짜리 지폐를 내보이며) "이
것은 얼마짜리냐?" "다른 사람이 네 발등을 밟
아 피가 나면 어떻게 할 테냐?" 1922년 3월 광
주공립보통학교 입학식에서는 입학시험에 떨어
진 400여 명의 아이들이 운동장을 점거하고 하
염없이 우는 비극이 연출되기도 했다(강준만,
2009: 36-37).

하였다. 근대학제가 강화되면서 각 입학 단계마다 일정한 학력과 시험을 요
구하고, 교육적 능력주의를 강조하였다. 특히 학력과 직업구조가 연계되어
학력의 사회적 가치가 높아지고, 이를 위한 진학경쟁은 치열하게 전개되었
다. 학력이 사회적 신분의 지표로 등장함에 따라 학력경쟁은 지금과 큰 차이
가 없을 정도였다.

1920년대에 들어 취학 욕구가 급격하게 나타나면서 학력경쟁은 본격적으
로 점화되기 시작하였다. 당시는 세계에서 유례를 찾아보기 힘든 국민학교
입학시험이 있었으며, 그 경쟁 또한 매우 심하였다. 그리고 학력과 직업이 연
계됨에 따라 상급학교의 진학이 매우 중요했으며 그에 따른 진학경쟁률도 높
게 나타났다. 이 시기에 학력이 사회적 신분의 상징 지표가 되는 학력주의(學
歷主義)가 대두된 것이다. 학력에 의한 사회적 신분의 결정은 첨예한 교육경
쟁으로 표면화되었고, 사회적 신분의 우위를 점유하기 위한 교육경쟁은 치열
하게 전개되었다.

이경숙(2005: 39-41)에 의하면, 1927년에 언론에 의해 '시험지옥'이라는 용

어가 처음 나타났다고 한다. 당시의 언론은 입학시험의 치열한 경쟁을 빗대어 "소가 바늘구멍을 나가는 듯한 입학시험"이라고 표현했으며, 아울러 최고 38 대 1의 입학경쟁률은 시험지옥의 절정이라면서 이와 같은 상황을 참담, 백열화(白熱化), 혈전, 살도(殺到), 홍수지원, 패닉 등으로 묘사하였다고 한다.

당시의 상황에 대해 동아일보는 조선과 같이 입학난이 심한 곳은 세계 각국을 돌아다녀도 없을 것이라며, 구체적인 사례를 전하고 있다. "사랑하던 아들이 바라고 바라던 학교에 뜻대로 입학되지 못함을 비관하고 집을 나간 어머니가 있다." "입학시험을 치르기 위해 기숙하던 지방 학생이 합격하지 못하자 집에 돌아가지 않고, 기숙사에 남아 우는 슬픈 사연은 매년 되풀이 되는 상황" 등이었다. 심지어 "고등보통학교의 시험에 낙제하였음을 비관하고 있던 아버지가 물에 빠져 죽었다는 시험지옥의 희생"을 전하고 있다(이혜영, 윤종혁, 류방란, 1997: 74-110). 이런 비극적인 교육상황은 학교 졸업장이 사회적 신분 지표와 직접적인 관련을 맺고 나타난 학력(벌)주의가 초래한 현상이다.

손준종(2003: 101-111)은 1920년부터 학교 졸업장을 중심으로 동창회와 학회가 결성되어 사회적 영향력을 행사하는 학벌(學閥)이 대두되었다고 한다. 학교 선택은 입신출세와 관련을 맺고 사회적 출세는 실력보다는 학교 졸업장에 의해 결정되었다. 당시 언론에 의하면 한마디로 금벌(金閥)과 학벌이 단단히 악수하고 있는 현상이었다 한다. 심지어 해외 유학파도 일본과 구미 유학생으로 구분되었으며, 교수채용 과정에서도 학교벌주의(學校閥主義)가 작용하고 있었다고 한다. 당시의 언론과 잡지는 순수한 실력에 의해 가늠하는 것이 아니라, 학교에서 표준화되고 규격화된 능력에 의해 선발된다고 하였다.

1920년대 이후부터 교육과 직업구조가 직접적인 연계성을 가지면서, 학력(벌)주의는 사회적으로 성행하였다. 진학시험은 사회적으로 매우 민감하게 받아들여졌고, 교육경쟁은 더욱 가속화되었다. 학력을 획득하기 위한 입학경쟁이 치열해지자 많은 교육적 부작용이 나타났다. 이를 해소하기 위해 대두된 것이 내신제였다.

손준종(2006: 134-156)에 의하면 내신제는 1927년에 도입되어서 1939년에는 전국의 모든 학교가 의무적으로 준수하였다고 한다. 내신제는 중등학교 입학을 위한 국민학교 입시경쟁과 학과시험 중심의 파행적 교육, 입시교과 중심의 교육, 아동의 심신발육 저해 등의 교육 황폐화를 막기 위한 것이었다. 그러나 학교장과 교사에 의해 주관적으로 작성되는 내신제는 그 자체의 신뢰성과 학교 간 학력격차의 문제로 인해, 중등학교는 상당한 불신을 받았다고 한다.

일제강점기의 교육풍경 2

보통(초등)학교 입시경쟁을 뚫은 학생들에겐 진짜 경쟁이 무엇인가를 실감케 하는 중등학교 입시경쟁이 기다리고 있었다. 1937년 28,172명의 중등학교 지원자 중 합격자는 4,489명으로 전국 평균 6 대 1을 넘었지만, 제일고보 10 대 1, 양정 11 대 1, 배재 13 대 1, 보성 12 대 1 등 서울 시내 학교는 대부분 10 대 1을 상회했다. 여기서 탈락한 학생들 중 매년 수십 명이 자살을 하거나 시도했다. 1934년 대전에서는 입학시험에 낙제한 19세 소년이 할복자살했고, 1937년 청진에서는 수험생이 작문시험 답안지에 연필 깎는 칼로 왼편 손등을 갈라 흐르는 피로 "낙제하는 경우에는 자살하겠다"는 혈서를 썼다. 이 학생이 불합격하자 덜컥 겁이 난 교장은 수시로 찾아가 학생을 위로해야 했고, 경찰은 한동안 학생 주위를 경계하며 불상사를 막으려고 애썼다(강준만, 2009: 56).

내신제의 도입은 과도한 교육경쟁의 폐해를 막고 교육 정상화를 도모하기 위한 것이지만, 그 근본적 원인은 학력(벌)주의에 있었다. 당시 학력(벌)주의의 정점에 있는 학교는 경성제국대학이었다. 경성제국대학의 법학생은 입학과 동시에 조선인으로서 최고의 관료직인 군수 자리를 절반쯤 보장받았다고 한다. 경성제국대학의 입학정원은 일본 학생들이 과반수를 차지하여 2 대 1 또는 3 대 1의 경쟁률을 보였지만, 조선인 학생은 한 학급에 적게는 11명, 많아야 19명으로 제한하여 10 대 1이 넘는 치열한 경쟁률을 보였다고 한다(이충우, 1980: 225).

조선인들 입장에서 경성제국대학의 예과에 입학하는 것은 하늘의 별따기였다. 따라서 이때도 진학성적에 따른 학교 간 경쟁의식이 심하였다. 박철희(2002: 171)에 의하면 같은 조선인 학교지만 학교 간의 경쟁의식이 심하였고, 공부의 우열은 바로 상급학교 합격률에 의해 판가름났으며, 상급학교 합격률을 높이는 것은 자신만을 위한 것이 아니라 학교의 명예를 높이는 것이라 생각했다고 한다.

지금까지의 내용을 정리하면, 일제강점기에 학력과 신분적 지위의 연계성
이 강화되자, 학력경쟁이 심각하게 나타났다. 상급학교 입학시험은 높은 경
쟁률을 보였으며 많은 교육적 부작용을 낳았다. 즉, 입학시험은 기계적 학습,
지식 위주의 교육, 입시 중심의 교육, 진학에 따른 학교의 등급화 등을 초래
하였다. 일제강점기에서도 교육과 사회적 혜택의 연계에 따라 학력을 위한
진학경쟁은 생존경쟁의 형태를 띠면서 치열하게 전개됐다.

2. 1950년대 교육의 특징

해방 이후 남한의 경제사정은 매우 열악하였다. 당시의 경제 수준으로 볼
때 학교에 보낸다는 것은 쉬운 일이 아니었지만, 교육열은 조금도 약화되지
않았다. 오히려 일제강점기에 억눌렸던 교육열이 폭발하면서 교육체제는
초·중등교육에서 고등교육에 이르기까지 크게 증가하였고, 특히 고등교육
의 증가가 두드러졌다. 즉, 대학설립기준령(1946년), 농지개혁법(1949년), 대
학생징집연기잠정령(1956년) 등으로 인해 대학 설립이 급격히 증가하였다.
문교부(1988: 76)는 광복이 되자 우후죽순처럼 대학 설립 기성회가 각 시·도
에서 조직되었고 그 설립 인가서가 문교부에 쇄도하여, 매우 감격적이었다고
한다. 이러한 교육체제의 양적 증가는 1950년대까지 지속되었다.

교육체제의 양적 증가는 교육을 통해 더 높은 신분적 지위에 오르려는 간
절한 열망에서 비롯됐다. 당시의 상황에 대해 오천석(1969: 285)은 누구나 다
새롭게 수립될 나라에서 좋은 생을 살아 보고 싶은 욕망에 불타서 성인은 모
든 것을 희생하며 자녀를 학교에 보냈으며, 특히 대학에 패느시아(panacea)
가 있는 것처럼 사람들은 대학으로 대학으로 몰렸다고 하였다.

미육군성 관계자의 말에 따르면, 한국인들은 교육에 관심이 매우 많았고
그 기회를 잡으려고 열망하였다. 난방이 전혀 되지 않은 추운 학교 교실에 앉

아 공부하는 소년 소녀들도 있었는데, 그들은 부족한 교과서로 매 순간을 놓치지 않고 열심히 공부하였다고 한다(정태수, 1991: 182). 당시의 경제적 상황은 매우 심각하였지만, 교육은 우리에게 희망이었으며, 부모들은 자식의 교육을 위해 엄청난 희생을 감수하고 있었다.

그러나 1950년에 일어난 6 · 25 전쟁은 재기하기 어려울 정도로 전 국토를 쑥대밭으로 만들어 놓았다. 하지만 전쟁 중에 먹고 살기가 힘든 상황임에도 우리 국민은 교육의 끈을 놓지 않았으며, 국난을 겪고 있었지만 정부 차원에서도 포기하지 않았다.

문교부(1988: 114)는 1951년 2월 26일 전시하교육특별배치요강에서 ① 피난 학생의 독려, ② 가교실, 피난 특설 학교 설치, ③ 북한 피난 학생 수용, ④ 도시 피난 학교 설치, ⑤ 전시연합대 설치, ⑥ 생벽돌 교사(校舍)의 건축, ⑦ 임시교사, 1,000개의 교실 건축 계획, ⑧ 전시 교재의 발행 및 교과서 발간과 배부에 대한 조치를 발표하였으며, 교육에 대한 강한 의지를 드러냈다.

전시하특별배치요강에서 보듯이 전란의 상황은 매우 어려웠고, 실제의 교육적 상황은 더욱 극심하였다. 그러나 아무리 힘겨운 상황이라도 우리의 교육적 집념은 약화되지 않았다. 당시의 상황에 대해 『타임』에서는 남한은 어딜 가든 정거장에서, 약탈당한 건물 안에서, 천막 속에서, 그리고 묘지에서 수업을 하고 있었으며, 어느 시골에 가도 나무 밑에 학생들이 모여 앉아서 나뭇가지에 흑판을 걸고 떨어져 가는 책을 나누어 보고 있었다고 묘사하였다(오천석, 1975b: 73-74).

그리고 미국의 트루먼 대통령의 특사로 온 제섭(Jessup)이 기록한 1950년 1월 11일부터 14일까지의 당시 교육상황에 대한 보고서에 의하면, 전국 초등학교 중 17,561개는 지붕이 없는 노천교실에서 학생들이 공부하였으며, 여기서 수업을 받는 학생의 수는 무려 1,229,270명에 달했다고 한다. 또한 학교는 부유한 학부모들의 영향력으로 좌지우지되는 치맛바람으로 인해 적지 않은 비리가 있었다고 한다(한국일보, 2009. 6. 24.).

고등교육도 이와 비슷하게 전개되었다. 6 · 25 전쟁 중에도 교육은 나라를 부흥시키는 유일한 희망이었기 때문에 고등교육을 포기하지 않았다. 전시연합대의 설립이 대표적인 예다. 전시연합대는 전쟁 중의 피난처인 각 지방에 임시로 설치한 대학이다. 전시연합대는 1952년에 경북대학교, 전북대학교, 전남대학교 등으로 설립되었으며, 1953년에는 충남대학교, 충북대학교 등으로 발족하였고, 그 후 1955년에는 제주대학교가 창설되었다(김종철, 1979: 180). 이러한 전시연합대는 6 · 25 전쟁이 끝난 후, 당시 서울에 집중되었던 고등교육을 지방으로 분산하기 위한 정책의 일환이 되어 '지방 국립대학의 효시'가 되었다.

또한 전시연합대는 사립학교의 설립을 촉진하여 '대학의 붐'을 조성하는 계기가 되었다. 이렇게 6 · 25 전쟁 중의 절박한 상황에서도 우리는 교육을 결코 포기하지 않았다. 전쟁 중의 이런 교육상황은 세계에서 그 유례를 찾아보기가 어려울 정도였다. 6 · 25 전쟁은 우리의 경제기반을 초토화하였으나, 전쟁이 종결되자 고등교육은 오히려 팽창하였다.

당시 학생들에게 생존을 위한 취업은 매우 중요하였다. 그러나 산업시설의 붕괴로 극심한 취업난을 겪어야 했다. 매우 우수한 소수의 학생들은 취업이 가능했지만, 대다수의 학생들은 인생의 유예기간을 만들기 위해 대학으로 진학하였다. 이런 학생들을 흡수할 수 있었던 것은 이 시기의 대학이 확대 · 팽창되고 있었기 때문이었다.

무분별한 대학의 확대 · 팽창은 교육의 질적 저하로 이어졌으며, 이는 '고등교육은 절름발이 교육'이라는 말을 듣게 하였다. 즉, 대학은 부족한 재정을 충당하기 위해, 무분별하게 학생을 받아들였다. 심지어 국민학교도 제대로 졸업하지 못한 학생들도 있었다. 또한 야간대학, 청강생, 별과생 제도의 무분별한 운영, 그리고 군인과 상이군인에게 일정한 인원의 입학 특혜로 인해 고등교육이 팽창하는 기이한 현상이 벌어졌다.

당시 우리의 경제 사정은 농촌에 거의 의존하고 있을 정도로 매우 열악하

였다. 대다수가 농업 생산에 의존했던 상황에서 소와 밭을 팔아서 학자금을
마련한다는 의미로 대학의 상아탑을 빗대어 '우골탑'이라 불렀다. 이런 상황
이 한 나라의 경제기반인 농촌경제를 붕괴시키자, '대학망국론'이라고 상징
적으로 표현되었다. 대학을 졸업해도 취업을 할 수 있는 직업 구조가 형성되
어 있지 않아서, 대량실업으로 이어졌기 때문이다. 그래서 대학 졸업의 실업
자를 '고등교육유민'이라고 불렀으며 사회적 불안의 원인이 되었다.

　고등교육 이수자들의 심각한 실업난과 농촌의 극심한 상황에도 불구하고
우리의 부모들은 맹목적 신앙에 가까울 정도로 교육만은 결코 포기하지 않
았다.

　교육에 대한 집념은 중학교 입학준비교육에
서도 잘 나타나고 있다. 당시에는 국민학교를
졸업하면 중학교 입학시험을 통과해야 했다.
중학교 입학시험은 사회적으로 매우 골치 아
픈 문제였다.

　강일국(2002: 198-199)에 의하면 중학교 입
학을 희망하는 학생들은 시험 준비에 시달려
야 했으며, 중학교 입학성적이 나쁘면 학부형
의 공격 대상이 되어 학교장의 신념은 흔들릴
수밖에 없었다고 한다. 당시에도 '사당오락'이
라는 말이 나올 정도로 6학년 학생의 생활은
힘들었으며, 이들은 예외적으로 입시준비를
하였다고 한다.

　지금까지의 내용을 정리하면, 1950년대의
경제 상황은 회고하기 싫을 정도로 매우 극심
한 빈곤 상태에 있었다. 우리는 이런 상황에서

1950년대의 교육풍경

1955~1956년경 초등학교 5, 6학년 학생들은 월
100여 시간의 과외 수업을 받는 날 아침 6시에
등교해 저녁 7시가 되어서 교문을 나와야 했다.
그런 외중에 과외공부로 인해 '초등학교 아동보
건 이상론'까지 나왔다. 서울 돈암초등학교 6학
년 학생이 등굣길 노상에서 졸도 사망한 사건이
일어나자 그것이 과외 때문이냐, 평소 건강 때문
이냐를 놓고 논란이 벌어질 정도였다. 일부 학부
모들이 과외 수업을 금지해 달라고 문교부에 진
정을 하기도 했지만, 대부분의 학부모들이 과외
공부를 지지하는 바람에 아무것도 달라지지 않았
다. 언론보도에 의하면, 1957년 1월, 문교부는 과
외 수업을 시킨 창경국민학교장에게 세칭 3류 초
등학교로 좌천 인사 조치를 취했다고 한다. 초
등학교에 대해서조차 일류, 이류, 삼류를 따지
는 풍토에서 그 어떤 변화를 기대할 수 있겠는
가. 1957년 서울 시내 초등학교장들이 모여 방
학 중엔 과외 수업을 하지 않겠다고 서약하기도
했지만 자발적인 것은 아니었다(강준만, 2009:
93-94).

도 교육을 포기하지 않았고, 교육에 대한 희망의 끈을 놓지 않았다. 해석하기

에 따라 다르지만 사실 전쟁 상황에서도 지칠 줄 모르는 우리 국민의 교육적 열망은 거의 불가사의할 정도였다. 교육에 대한 끊임없는 집착은 우리의 전통 교육문화와 무관하지 않으며, 1960년대에 들어서면 더욱 표면화되었다.

3. 1960~1970년대 교육의 특징

1960년대에 들어서도 중학교의 입시경쟁은 전혀 수그러들지 않았다. 국민학생들은 치열한 입시경쟁의 소용돌이에 있었으며, 학교 간 시험경쟁도 극심하여, 일류 중학교 진학에 따른 학교 등급이 정해지기도 하였다. 당시의 상황을 문교부(1988: 390)는 다음과 같이 전하고 있다.

> 치열한 입시경쟁과 함께 중요한 것은 일류 지향성이다. 이른바 일류병 때문에 재수생이 늘어나 사회문제가 되었다. 어린 국민학생들이 일류 중학교에 입학하기 위해 심신의 발육에 지장을 줄 정도까지 과외공부를 하면서 입시 준비에 시달리고, 또 국민학교 교육 자체가 입시 준비를 하여 비정상적으로 이용되고 있다.

국민학교의 일류 지향적 입시경쟁은 거의 생존권적 경쟁이라 해도 무방할 정도로 치열하였다. 당시 교육의 사회적 분위기는 입시경쟁이 팽배하여 사회적으로 많은 부작용이 있었다.

그 유명한 무즙 파동(1964년)과 창칼 파동(1968년)을 들 수 있다. 그리고 1967년 10월 부산에서 국민학교 5학년 학생이 밤 12시가 통행금지인 당시에, 깊은 밤에 속하는 10시경에 과외공부를 받고 돌아오다가 납치되어 피살되는 불행한 사건이 발생하였다. 이 사건이 직접적인 계기가 되어 소위 7 · 15 교육혁명이라 불리던 '중학교 무시험제'를 전격적으로 단행하여 중학교 평준화를 도모하였고, 이때부터 학군별 추첨제를 실시하였다.

중학교 무시험제는 아동의 정상적 발달 촉진, 과열 과외 해소, 사교육비 경감, 학교 간 격차 해소 등을 위해 대두된 것이다. 실제 민관식(1975: 60) 전 문교부 장관은 중학교 입시제도의 문제점에 대해 다음과 같이 생생한 회고를 하였다.

> 1960년대의 중학교 입시제도는 도에 넘치는 경쟁으로 학생들에게 과중한 입시준비의 부담을 주어 어린 학생들의 신체적, 정신적 내지는 정서적 발달을 저해하였다. 또 무분별한 학부모들이 일류교 입학 집념 때문에 소위 치맛바람을 불러일으켜, 교육적으로나 사회적으로 많은 물의를 야기하였다.

1960년대의 중학교 입시 파동

- **무즙 파동**: 1964년 경기중학교 입학시험의 자연 과목에서 "엿기름 대신 넣어서 엿을 만들 수 있는 것은?"이라는 문항이 출제되었다. 정답은 디아스타아제였다. 그러나 학부형들은 무즙도 정답이 된다고 하여 법정에 소송을 제기하였으며, 낙방한 학생의 학부모들은 서울시 교육위원회 앞에서 무즙으로 만든 엿을 먹어 보라며 솥째 들고 항의 시위를 하였다. 6개월 후, 무즙이 정답으로 인정되어 낙방한 학생 38명이 정원 외 입학하였다. 이 사건은 1, 2점이 입학시험의 당락뿐만 아니라 인생의 향로를 결정지을 수 있다는 학부모의 절박한 심정에서 비롯되었다. 무즙 파동은 서울시 교육감과 문교부 차관, 그리고 청와대 비서관 2명이 물러나고서야 수습되었다.
- **창칼 파동**: 1968년 경기중학교 입학시험의 미술 과목에서 목판화를 새길 때 창칼을 바로 쓰는 법을 물었지만, 모호한 점이 많아 복수정답을 인정하였다. 낙방한 학생의 학부모들은 학교 측이 서울시 교육위원회의 채점 기준을 따르지 않는다며 시위를 벌이고 교장과 교감을 연금하였다. 이는 법원이 학교의 손을 들어 주는 것으로 마무리되었다.

중학교 입시제도는 교육적·사회적으로 과중한 부담을 주어, 1969년부터 주요 일류 중학교를 연차적으로 폐쇄하거나 학교명을 바꾸게 하여 중학교 입시경쟁의 뿌리를 제거하기 시작하였다. 그리고 중학교의 증축과 교원 수의 증가를 통해 교육기회를 확대하여 중학교 입시문제를 해결하려고 하였다. 중학교의 양적 증가는 국민학교의 입시 위주 교육문제를 상당히 해소하였으나, 곧 중학교의 치열한 입시경쟁으로 나타나기 시작하였다. 중학교의 양적 확대는 곧 고등학교 입시의 병목현상을 초래하였다.

중학교의 심각한 입시지옥을 해결하기 위해 1973년을 시작으로 고등학교평준화정책(이하 고교평준화)을 실시하여 고등학교에 대한 기회를 확대하였다. 고등학교의 양적 팽창은 고등교육의 통제로 인해 대학입학의 치열한 경쟁의 서막을 올리게 하였다. 즉, '국6병이 중3병'으로, '중3병이 고3병'으로 이어지게 되었던 것이다. 국6병에서 중3병으로 넘어오는 과정에서 고교평준화를 실시할 수밖에 없었던 당시의 상황에 대해 민관식(1975: 73)은 다음과 같이 전하였다.

> 국민학교에서 중학교로 오는데, 아무런 제약 없이 입학한 학생들은 세칭 일류 고등학교에 입학하기 위하여 다시 고교입시 준비라는 쓰디쓴 맛을 보지 않을 수 없게 되었다. 학교 과외공부의 극성, 올빼미 교사의 횡행, 독버섯 같이 돋아나는 영수 학관 등 입시로 인한 부작용은 더욱 심각하게 되었던 것이다.

중3병이 사회적으로 심각해지자 이를 해소하기 위해 1973년에 고교평준화정책을 공포했다. 비록 1974년부터 고교평준화를 실시하였지만, 중학교의 교육기회 확대로 인해 입시 병목현상이 일어나 대학입학의 문은 더욱 좁아지게 되었다. 이런 현상은 대학입시경쟁을 과열시켜 재수생과 과외 문제를 사회적으로 심각한 수준으로 만들었다. 구체적으로 1970년의 재수생 숫자가 100명이었다면 1980년에는 약 402명으로 급격한 증가세를 보이면서, 과외는 과열 열풍으로 치닫고 있었다.

고등학교의 입시문제는 5 · 16 군사정부의 고등교육 통제와 관련이 있었다. 1950년대에

1960년대의 교육풍경

1960년대 후반 신문의 사회면엔 「'죽음의 과외공부': 충무국민학교생 합승에 머리 치여」「과외공부 손녀 기다리다 역사(轢死)」「과외공부 귀로(歸路) 어린이 피살」 등과 같은 섬뜩한 제목의 기사들이 등장하곤 했다. 당시 언론에 따르면, 일부 국민(초등)학생들은 가방에 드링크제를 넣고 다니면서 코피 흘려 가며 밤늦게까지 과외를 했고, 교사들의 30%는 부직(副職)으로 과외를 할 정도였다. 서울 덕수초등학교 6학년생 4명이 가출해 1주일째 행방을 알 수 없는 사건이 일어났다. 언론은 과외공부에 대한 '동심(童心)의 저항'이라 했고, 학부모들은 언론을 통해 "이젠 과외 안 시킨다. 빨리 집으로 와 다오"라고 호소하였다. 그래서 서울시교육위원회는 시내 초등학교 교사 8,221명으로부터 "과외수업을 하지 않겠다"는 각서를 받도록 시내 187개 초등학교장에게 긴급 지시하기도 하였다. 1968년 1월, 사회 · 언론 · 정부기관의 회의체인 사회정화대책회의는 1968년을 '과외 추방의 해'로 정하기도 하였다(강준만, 2009: 114-115).

방만하게 팽창된 고등교육은 그 질적 저하가 심각하였고, 당시 대학 졸업생들의 취업률은 30%대에 머물고 있어 사회적 불안을 야기하고 있었다. 고등교육은 농촌경제를 피폐화시키고 있어서 '대학망국론'이라는 부정적 여론이 확산되었다.

따라서 5 · 16 군사정부는 1961년에 「교육에 관한 임시특례법」을 발표하여 대학정원을 감축하였고, 1963년에는 「사립학교법」을 발표하고, 1965년에는 「대학학생정원령」을 공포하였다. 그 배경은 수용 능력을 무시한 학생 수의 증가, 간판과 영리 위주의 대학 운영, 부정입학과 졸업을 막기 위해서였다. 실제 1968년 사립대학 특별감사에 의하면 대학들은 수많은 정원 외 학생을 뽑았고, 부정입학과 졸업을 남발하였다. 당시 전국 73개의 사립대학 총 정원은 101,455명이지만 특감위의 조사결과에 의하면 정원 외 학생이 4만 내지 5만이나 되었다고 한다(윤용남, 1969: 124-129).

그래서 5 · 16 군사정부는 4년제 대학의 정원을 대폭 감소하였지만 초급대학과 교육대학 등은 오히려 증가시켰다. 전체적으로 볼 때, 과거와 큰 차이는 없으나 그동안 무분별하게 팽창했던 4년제 대학의 감축은 큰 의미를 가지고 있었다. 1960년대 후반에는 산업정책을 경공업에서 중화학공업으로 바꾸면서 이공계와 상과 계통의 학과를 증설하였다.

1973년 발표된 대학학생조정안으로 인해 고교평준화에 따른 교원수급의 필요성으로 사범계 정원이 증가하였고, 산업적 수요로 인한 이공계 정원도 급속히 증가하였다. 1973년에서 1978년까지 대학정원은 연평균 약 13.7%의 비교적 높은 증가세를 보이지만, 이 기간의 입학정원 증원은 2년제 대학에 집중되었다. 실제 4년제 대학의 입학정원은 57.6% 증가한 데 비해서, 2년제 대학의 입학정원은 251.2%가 증가하였다(이혜영, 1992: 126-127). 따라서 대학입시의 실질적 중심이었던 4년제 대학의 정원에 있어서 1960년대의 감소와 1970년대의 완만한 증가세는 재수생과 과외 문제를 가중시키는 원인으로 작용하였다.

주목할 점은 이 시기의 교육도 우리의 기대에서 어긋나지 않았다는 것이다. 1950년대는 무분별한 고등교육 팽창으로 인해 '대학망국론'이라고 부를 정도의 심각한 고등교육 실업률을 보였다. 1960년대 후반부터 중화학공업으로 전환함에 따라 산업이 안정되면서, 많은 인력수급이 필요하였다. 당시 약 70%에 달하던 농림업 인구는 제2 · 3차 산업에 편입하면서 자연히 거의 모든 계층에서 상승이동을 경험할 수가 있었다. 학력 수준이 낮은 고등교육 유민들도 자연히 산업구조에 편입할 수 있었던 것이다.

따라서 이 시기의 상승이동은 개인 능력에 의한 순수이동이라기보다는 산업구조의 확대로 생긴 구조적 이동에 가깝다. 즉, 경제규모가 확대됨에 따라 산업인력이 필요해졌고, 취업 선발 과정에서 자연히 학력은 중요한 선별 지표로서 작용하였다. 외형상 학력이 사회의 객관적 능력 지표로서 강력한 지위 배분의 선별 도구로 이용되었다. 따라서 교육을 받으면 사회적 보상을 받을 수 있다는 인식을 확실히 경험한 시기라고 할 수 있다.

당시의 상황은 학력이 능력의 대리 지표라는 환상을 강화할 수 있었다. 더욱이 1960년대와 1970년대는 고등교육이 통제된 시기여서 대학인구는 산업인력의 수요에 미치지 못하였고, 따라서 대학 학력의 사회적 가치는 상승할 수밖에 없었다. 당시의 산업경제 부흥은 교육을 통한 사회적 지위이동, 즉 '학력은 평생 동안 퇴화하지 않는 자격증'이라는 인식을 강화시켰다고 할 수 있다.

4. 1980년대 교육의 특징

해방 이후에서 지금까지 경제적으로 아무리 어려운 상황에 놓여 있어도 우리의 교육열은 약화되지 않았다. 게다가 1970년대에는 경제적 상황이 호전되면서 교육열은 오히려 확대되기 시작하였다. 이 당시에는 치맛바람, 비인간화 교육, 과열 과외, 재수생의 증가 등으로 인해 사회 전체가 몸살을 앓고 있었다. 1970년 당시 약 4만 5,000명이던 재수생이 1980년에는 약 18만 5,000명으로 증가하였는데, 재수생의 증가와 더불어 과열 과외 역시 매우 극성인 상황이었다.

정태수(1991: 112-117)에 의하면 과외 금지 이전인 1979년 한 해 과외비 지출은 약 1조 원 규모였고, 7·30 조치 바로 전인 1980년 1월 27일까지는 3,275억 원으로 당시 정부 예산의 6%, 문교 예산의 30%에 달했다고 한다. 정확한 통계는 밝혀지지 않았지만 교육 전문가들은 2조 원 이상의 과외비가 지출되었을 것으로 추정하고 있다. 그리고 63%가 과외 경험이 있는 것으로 조사되었고, 200만 원 이상의 고액 과외도 있었으며 75%의 가정이 가계 부담을 느끼고 있었다고 한다.

당시의 화폐 가치 기준으로 볼 때, 상당히 높은 비용의 지출이었음을 알 수 있다. 과열 과외는 국가의 고질적 문제였다. 국6병이 중3병, 고3병으로 이어진 교육 도미노 현상은 교육기회의 양적 증가라는 획일적 접근 방식으로만 문제를 해결한 결과였다. 양적 팽창에 의해 기인된 교육 도미노 현상과 당시의 교육상황은 결국 대학교의 입학 문을 열게 하는 양적 정책을 예고하게 된다. 실제 7·30 교육정책을 주도했던 인사 중의 하나인 정태수(1991: 26-30)는 다음과 같이 회고하고 있다.

중학교 무시험입학제, 고교배정입학제의 실시로 중학교 진학률이 국졸의 98% 선에 이르고 고등학교 진학률이 중졸의 85% 선을 넘게 된 상태에서 배출된 수많은 고졸 청년들 …〈중략〉… 이런 중등교육의 보편화 현상은 대학교육의 병목현상으로 작용하게 되었다. 그리고 부모의 희생적인 자녀 교육열, 대졸자와 고졸자의 극심한 임금격차와 차등의식, 2년제 대학 기피증과 4년제 대학의 선호. 이런 요인들은 필경 대학입시경쟁을 치열화하여 수단을 가리지 않는 비정상적 교육풍토가 조성되고 소득계층 간에 위화감이 조성되어 출혈 과외로 치닫는 사회문제로 발전하였다.

이런 상황에서 군사정부인 제5공 정권이 들어섰다. 정치사회적 기반이 약했던 제5공 정권은 전 국민의 관심사였던 교육문제를 해소하면 정치적 위상을 확보할 수 있다고 인식하고, 1980년에 「교육정상화를 위한 과열 과외 해소 방안」이라는 소위 '7 · 30 교육정책'을 발표하였다. 주요 골자는 졸업정원제의 실시, 과외의 강제적 금지 등을 들 수 있다. 특히 제5공 정권은 과열 과외와 재수생 문제를 해결하기 위해, 교육문제의 원인을 대학의 좁은 문이라고 생각하고 대학입학정원을 일시에 강제로 30% 증가시켰다. 세계에서 유래가 없는 일이었다. 정부는 30% 증가한 대학정원을 졸업정원제에서 탈락시킨다는 의도를 가지고 있었다. 그러나 이 정책은 거의 실패로 돌아갔고 나중에 대학입시정책뿐만 아니라, 전반적인 교육의 짐을 가중시키는 원인으로 작용하였다.

1970년대는 대학의 좁은 문으로 인해, 일정한 학력을 갖추지 못하면 진학 자체를 희망하지 않은 교육의 냉각 기간이었다. 하지만 7 · 30 교육정책의 대학정원 증원은 오히려 교육의 열기를 부채질하였다. 대학입시를 포기했던 낮은 학력 수준의 학생과 직장인 등이 전국적으로 가세하여 오히려 대학입시 경쟁을 가중시키고, 재수생을 급격하게 증가시켰다. 당시 상황에 대해 김재웅(1996: 55)은 다음과 같이 전하고 있다.

> 한 고등학교의 성적이 50% 정도 되는 학생까지 대학에 가게 되다 보니, 종전의 대학 문턱은 자기에게 너무 높아 감히 올려다 보지 못하던 학생(예컨대, 성적이 한 학교에 70% 내지 80% 수준에 있는 학생)까지도 대학 진학 경쟁에 뛰어들게 된 것이다. 따라서 이기기 위하여 과외 수업을 필요로 하는 학생의 수는 오히려 더 늘었다고 할 수 있다.

1970년의 재수생을 100명으로 잡았을 때 1970년대 내내 약 200명을 유지하고 있었지만, 1980년대에는 약 500명에서 600명이라는 현격한 증가세를 보였다. 대학생 수에 대한 인식조사에서 '많다'는 79.7%, '적절하다'는 14.9%, '적다'는 5.5%로 나타났다(전경갑, 최상근, 백은순, 1987: 127). 대학생 수가 많다고 인식하였지만 대학에 대한 열망은 끊이질 않았다.

1980년대에는 7·30 교육정책에도 불구하고 오히려 학력 인플레이션이 일어났으며, 재수생이 급격히 증가하였다. 대학 진학이 차지하는 사회적 가치가 그만큼 크기 때문이었다. 실제 교육효과 인식의 5단계 척도 조사에 의하면 '경제적 부의 증대'에서 '크다' 이상이 전체의 73.5%, '사회적 지위향상'은 '크다' 이상이 전체의 82.0%, '심리적 만족감'은 '크다' 이상이 전체의 70.0%로 나타났다(배천웅, 최상근, 박인종, 1986: 153). 교육에 대한 도구적 가치가 매우 중요한 것으로 나타난 것이다.

7·30 교육정책이 기대와 달리 성공을 거두지 못한 이유는 우리나라 교육경쟁의 수직적·수평적 학력경쟁 구조를 간과하였기 때문이다. 수직적(양적) 학력경쟁은 단순히 고등학교에서 대학교의 진학경쟁을 의미하며, 수평적(질적) 학력경쟁은 원하는 특정 대학과 학과에 진학하는 경쟁 형태를 의미한다. 실제 조사에 의하면 '일류 대학에 진학'은 26.5%, '원하는 대학 진학'은 58.7%, '어떤 대학이든 진학'은 9.7%, '기타'는 5.1%로 나타났다(최영표, 한만길, 이혜영, 1989: 111).

우리나라의 학력경쟁 구조에서 대학 진학에 초점을 둔 수직적 경쟁은 매우 미비한 수준이며, 원하는 대학과 일류 대학에 진학하겠다는 수평적 학력경쟁은 85.7%로 나타났다. 7·30 교육정책은 수직적 학력경쟁 구조인 양적 측면에 초점을 두어, 수평적 학력경쟁인 질적 측면을 간과했기 때문에 실패할 가능성이 높았다.

7·30 교육정책은 과외비로 인한 가계 압박을 더욱 가중시켰다. 과외비 지출 실태를 보면 특A급 과외비는 80만 원에서 150만 원이 보통이며, 베테랑급 학원 강사의 경우 5과목의 한 달 과외비는 월 6백만 원 정도였다. 예체능계의 경우 레슨비까지 합하면 월 1천만 원을 넘기도 했다. 유명 학원의 베테랑급

강사는 한 달에 1천만 원에서 1,500백만 원의 수익을 올리고 있었다(중앙일보, 1989. 9. 22.). 더욱 심각한 것은 부모의 과외비 조달 방법이었다. 1980년 초반부터 과외비를 마련하기 위해 부모가 부업이나 파출부를 하는 현상이 일어나기 시작하였다. 이미나(1992: 271)에 의하면 과외나 학원에 자녀를 보내는 가구들 중, 그 비용을 조달하기 위해 부업을 하는 가구가 9%이며, 심지어 파출부를 하여 과외비를 마련하는 부업 주부도 7%나 된다고 하였다.

대학입시경쟁은 매우 치열하게 전개되었다. 당시 고등학생은 '재수는 필수 삼수는 선택' '사당오락(四當五落)', 즉 4시간 자면 합격하고, 5시간 자면 떨어진다는 교육 언표가 유행할 정도였다. 사당오락은 당시의 치열한 입시경쟁을 잘 표현해 주는 말이라 할 수 있다.

프랑스의 한 교육 월간지는 당시의 우리 교육 실태에 대해 시험에 합격하기 위해 엄청난 시간표가 부과되며, 고등학교는 지옥이라는 데 교수, 학생 모두가 의견을 같이한다고 하였다. "일요일을 제외하고는 매일 6시에 일어나, 7시 30분 수업이 시작되기 적어도 30분 전에는 학교에 있어야 한다. …〈중략〉… 어떤 날에는 세 개의 도시락을 가지고 학교에 간다. …〈중략〉… 학생들은 지식을 머리에 담고 일련의 사건만을 기계적으로 배우며, 결국 그의 지식을 실제적인 데에 전혀 써먹을 수가 없다. 이 교육제도는 모든 대화 형식이나 모든 개인적 사고를 반복 학습으로 배제하고 있다고 하였다."(곽병선, 1991: 228-229)

이런 상황에서 대학입시교육은 조금도 개선되지 않았으며, 오히려 교육지옥을 연상시킬 만큼 더욱 심각해지고 있었다. 교육지옥 상황에 대해 어느 고교생이 쓴 '고교교육헌장'은 당시 사회에서 상당히 회자될 정도로 대학입시 위주 교육의 현실을 냉소적이고, 신랄한 비판으로 생생하게 전해 주고 있다.

우리는 명문대학 입학의 역사적 사명을 띠고 이 학교에 들어왔다. 선배의 빛난 성적을 오늘에 되살려 안으로는 이기주의적 자세를 확립하고 밖으로는 친구 타도에 이바지할 때다. 이에 우리의 나아갈 바를 밝혀 입시의 지표로 삼는다.

영악한 마음과 빈약한 몸으로 입시의 기술을 배우고 익히며, 타고난 저마다의 소질을 무시하고 우리의 성적만을 행복의 기준으로 삼아 찍기의 힘과 눈치의 정신을 기른다. 시기심과 배타성을 앞세우며 능률적 찍기 기술을 숭상하고, 경애와 신의에 뿌리 박은 상부상조의 전통을 바탕으로 성적이 향상되며, 남의 성공이 나의 파멸의 근본임을 깨달아 견제와 시샘에 따르는 책임과 의무를 다하며 스스로 남의 실패를 도와주고, 봉사하는 척하는 학생 정신을 드높인다.

이기 정신에 투철한 이기 전략이 우리의 삶의 길이며 영광된 명문대에 앞날을 내다보며 신념과 긍지를 지닌 눈치 빠른 학생으로서 남의 실패를 모아 줄기찬 배타주의로 명문대에 입학하자.

따라서 당시 교육지옥의 상황을 이기지 못하고 자살하는 학생이 속출하였다. 비공식 통계지만 자살한 학생은 1985년 113명, 1986년 116명, 1987년과 1988년 각각 100명이나 되며, 자살 동기는 대부분 성적과 관련이 있었다. 구체적으로 '행복은 성적순이 아니잖아요.' '새가 되어 날고 싶다. 시험 없는 세상에서 살고 싶다.' '시험을 못 봐서 엄마 아빠에게 죄송해서' '전교 1, 2등이던 성적이 떨어져서' '책이 무서워서' 등등 많은 이유가 있었다(중앙일보 특별취재반, 1990: 11-12). 1980년대의 교육상황은 과거와 달리 크게 개선되지 못하고 있었다. 그 이유는 학력에 의해 사회적 가치를 재단하는 학력(벌)주의 문화와 깊은 관련이 있었기 때문이다.

5. 1990년대 교육의 특징

1990년대 들어도 한국의 교육문제는 약화될 기미가 보이지 않았다. 오히려 다양한 형태로 확대 재생산되고 있었다. 1990년대의 교육상황은 과거와 크게 다르지 않았으며, 대학입시 위주의 교육은 더욱 치열하게 전개되었다. 이런 교육상황이 생긴 이유는 교육을 받지 못하면 사회에서 많은 불이익을 받는 학력(벌)주의 인식이 팽배했기 때문이다. 1990년대의 학부모는 다른 시대와 달리 교육의 사회적 혜택을 직접적으로 느낀 세대라고 할 수 있다. 이때의 학부모는 1960년대와 1970년대에 교육을 받고 사회적 활동을 한 세대이므로 학력(벌)이 주는 느낌은 남다를 수밖에 없었다.

실제 한 조사에 의하면 대학을 나오지 않은 사람들이 겪는 가장 큰 문제에서, '사회적으로 인정을 받는 직업을 갖기 어렵다.'는 46.0%, '승진이 안 된다.'는 23.0%, '인간적으로 무시당한다.'는 15.5%로 나타났다(김영화, 이인효, 임진영, 1994: 188). 특히 교육을 받지 못하면 인간적으로 무시당한다는 인식은 개인적으로 학력(벌)에 대한 병적인 집착의 원인이 될 수 있다.

한국에서 학력(벌)은 경제적·사회적·상징적 가치를 포함하여 매우 폭넓고 높은 가치를 가지고 있다. 실제 일본 내각부의 세계 5개국을 대상으로 한, 사회, 교육에 대한 인식조사에서 한국은 학벌, 일본은 취업난, 미국과 스웨덴은 인종차별, 독일은 취업난을 가장 심각한 사회문제로 여기고 있다는 결과가 나왔다. 학교에 다니는 이유는 한국은 학벌 취득, 일본은 친구 사귀기, 미국과 독일은 기초지식 습득, 스웨덴은 재능 신장과 관련이 있다고 하였다. 대학 졸업자 평가 기준도 한국은 일류 대학, 일본은 전공, 미국은 대학 및 학부, 스웨덴과 독일은 성적이라고 하였다(중앙일보, 2004. 1. 12.).

한국의 학벌주의에 대한 강한 인식은 대학입시경쟁을 더욱 치열하게 만들 수밖에 없다. 이 시기에 들어 '사당오락'도 '삼당사락'이란 말로 슬그머니 바뀌고 있었다. 실제 치열한 대학입시경쟁에 관한 한 조사에 의하면, 고3 수험생의 학교 수업 이외의 공부 시간은 하루에 3시간이 15.1%, 4시간이 20.7%, 5시간이 28.1%, 6시간이 16.4%, 7시간 이상이 10.0%로 나타났다(김명자, 1994: 103). 3시간 이상 공부하는 학생이 무려 93.3%에 달하고 있는 것이다.

수험생의 고통은 극심할 수밖에 없었고, 이런 상황에서 교사 역시 대학입시 경쟁의 부담감을 벗어날 수 없었다. 당시 한 교사는 대학입시의 어려움을 다음과 같이 대변하였다(정범모 외, 1993: 257).

> 우리 교사, 나 자신은 마치 거대한 악마의 운명 속에 갇힌 한 톱니바퀴에 지나지 않습니다. 이 톱니바퀴 하나가 거대한 악마에게 달려들면 금방 희생되고 맙니다. 교장은 학부모의 압력을 받고, 교사는 교장의 교육방침에 매달려야 하고…… 어느 누구 하나가 딱 끊어 줘야 하는데 누가 그걸 합니까?

당시의 특이한 현상은 대학입시교육을 초등학교 이전부터 준비했다는 것이다. 1990년대 초에는 소위 패키지 학원이 등장하였다. 패키지 학원은 한 건물 안에서 영어, 수학, 음악, 미술 등의 모든 과목을 가르치는 것을 의미한다. 또한 당시의 학부모는 대학입시를 직접 경험하였기 때문에 효율적인 입시준비를 어떻게 하면 잘할 수 있는지 아는 세대였고, 따라서 초등학교부터 입시준비를 하는 대학입시의 도미노 현상이 일어났다. 학부모가 원하는 대학에 진학하려면 초등학교 때부터 기본을 확실히 잡아 놔야 한다는 인식을 하고 있었던 것이다. 대학입시에서나 볼 듯한 논술 대비 학원이 성행하였으며 지원자가 몰려 대기자만 수백 명이 된다고 하였다(조선일보, 2002. 3. 3.).

심지어 영어 발음을 좋게 하기 위해 유아 단계에 있는 어린 아동의 혀를 길게 하는 수술이 성행되는 기현상이 회자되기도 하였다. 한마디로 대학입시의 광풍이 몰고 온 결과라고 할 수 있다. 이런 상황에서 학부모 역시 예외가 될 수 없었다. 오히려 과거와 달리 대학입시의 경험 있는 학부모는 더욱 적극적으로 대학입시에 개입하고 있었다. 어떤 수험생의 학부모들(조선일보, 2001. 1. 1.)은 다음과 같이 각자의 어려움을 토로하였다.

> 우린 노예죠. 운전해서 아이를 날라야지, 정보 수집하고 전략 세워야지,

어디 가서 추천서 받아 와야지, 아이들이나 남편이나 스트레스 많다지만 그것 다 우리한테 쏟아붓지……

고3 엄마는 체력이 국력이죠. 사실, 우리 나이는 우울증이 왔다 갔다 하는 나이예요. 얼마 전에 애가 말도 안 되는 소리 하는 것 참고 참다가 나중에 혼자 엉엉 소리 내고 울었어요.

옛날에는 가정 형편이 어려워도 저만 열심히 하면 되지 않았어요? 요즘은 제도가 하도 복잡해서 정보 없으면 대학 못 가요. 근데 그 정보란 게 엄마 혼자 되는 것도 아니고, 학원이니 뭐니 다 돈 드는 것 아니에요. 그런 점에서……

자동차, 운전면허. 아이들 실어 나르는 데 필수 중의 필수죠. 한밤중이나 새벽에 아이 눈이라도 잠시 붙이도록 해 줄 수 있어요. 고3 엄마는 철인이에요.

우리나라에서 고3 수험생의 어머니가 힘들다는 것은 공공연한 사실이다. 설령 위의 상황이 과장되었다고 해도, 매우 심각한 상황인 것은 분명하다. 그래서 1990년대 후반에 교육이민이 성행하게 되었다. 2001년 한나라당에서 20세 이상의 성인을 대상으로 한 설문조사에 의하면 '교육이민을 가고 싶다.'는 응답자가 무려 41.5%가 나왔다. 우리의 교육 현주소를 잘 나타내 주고 있는 결과다. 이때부터 교육 엑소더스인 조기유학 현상이 두드러지게 나타났다.

사실, 조기유학은 1980년대에도 나타났지만 1990년대의 경제적 안정으로 인해 더욱 급속하게 증가하였다. 이러한 조기유학의 이면에는 우리의 고질병인 학력(벌)주의가 뿌리깊게 자리잡고 있었다. 2003년도 국정홍보처의 조사에 의하면 우리 사회에서 '출신학교에 따른 차별을 심각하게 인식하는 정도'는 87.7%나 되었으며, '사회생활에서 차별 경험도'는 31.9%가 그렇다고 응답했다. 결국 조기유학의 이면에는 원하는 학력(벌)을 획득하여 높은 사회적 지위를 점유하기 위한 열망이 자리잡고 있다.

6. 2000년대 교육의 특징

이 시기는 과거와 달리 유례없이 교육에 대한 이념적 갈등이 첨예하게 대립된 교육의 격동기였다. 교육에 대한 진보와 보수의 이념적 논쟁은 온 나라를 뜨거운 용광로 속에 몰아넣었다. 교육행정정보시스템(NEIS), 고교평준화, 3불정책(본고사, 고교등급제, 기여입학제 불가), 무상급식, 반값등록금 등은 정치사회적으로 날 선 이념적 대립각을 세워 국론을 분열시킬 정도였다. 그만

반값등록금과 우골탑(牛骨塔)의 부활

상아탑(象牙塔)은 세속적인 생활에 관심을 갖지 않고, 고고하고 조용하게 학문과 예술에만 매진하는 것으로서 19세기에 프랑스에서 나온 말이다. 그 이후 상아탑은 세속적인 일을 떠나 학문에만 전념하는 대학을 상징하는 단어가 되었다. 현대사를 거치면서 상아탑은 우리의 대학 현실을 빗댄 용어로 새롭게 등장한다. 해방 이후, 우리나라는 일제강점기와 6·25 전쟁을 거치면서 전 국토가 쑥대밭이 되었다. 특히 남한은 지하자원뿐만 아니라 산업기술도 전무하고, 경제적으로는 전근대적 농업에만 의존하였다. 1950년대의 농촌경제는 전체 경제의 거의 70%를 차지하고 있었다. 그런데 대학에 보내기 위해서는 목숨만큼 소중한 소와 논밭을 팔아야만 했다. 당시의 소와 논밭은 한 가정을 지탱하는 생명줄이었다. 소와 논밭이라는 생명줄의 대가로 대학 등록금을 마련해야 했기 때문에, 그 슬픈 애환을 표현하기 위해 대학의 상아탑을 빗대어 '우골탑'이라고 하였다. 당시 이런 현상은 농촌경제에 의존하던 우리나라 경제의 전반에 영향을 주어,

'대학망국론'이라는 신조어를 탄생하게 하였다. 그러다가 약 50년 후에 뜻밖에 우골탑은 다른 이름으로 부활하였다. 한국의 등록금이 물가상승률을 앞질러 급속하게 인상되기 시작한 것은 1989년과 2003년 국립대학 기성회비와 사립대학 등록금의 자율화 조치가 계기가 되었다. 2011년의 반값등록금 운동은 이런 배경에서 탄생했다. 당시 우리나라는 1인당 국민소득이 세계 20위권이었지만, 대학 등록금은 미국 다음으로 세계에서 2위에 해당하였다. 대학 등록금의 부담은 1950년대의 우골탑으로 회귀할 정도로 엄청났다. 구체적으로 우골탑을 빗대어, 부모의 등골이 휜다는 '등골탑(骨塔)', 부모의 등골이 빠진다는 '인골탑(人骨塔)', 돈이 없어 쪽방에 쪼그려 자며 대학에 다녀야 한다는 '쪼글탑' 이외에 가골탑(家骨塔), 모골탑(母骨塔)이라는 유행어가 생겼다. 대학 등록금이 너무나 큰 부담이 되어, 생생하다 못해 이처럼 섬뜩한 용어가 등장하게 된 우리의 대학교육현실이 안타까울 뿐이다.

큼 우리의 교육은 온 국민이 생존권적 차원에서 뜨거운 관심을 가진 매우 현실적인 주제여서 정치사회적으로 매우 민감하게 반응하였다.

2000년대에 들어서면서 '이해찬 세대'라는 말이 사회적으로 회자되었다. 1998년 이해찬 교육부장관은 밀레니엄 시대에 적합한 창의적 인재를 양성하기 위해, 당시 중학교 3학년을 대상으로 한 '2002학년도 대학입시제도안'을 발표하였다. 그 내용은 특기와 적성을 중시하여 공부를 안 해도 대학에 갈 수 있으며, 아울러 하나만 잘해도 대학에 입학할 수 있다는 것이다. 기대와 달리 2002학년도 대학입학수학능력시험은 너무 어려워 사회적으로 엄청난 분노를 일으켰으며, 이해찬 세대는 '단군 이래 최저 학력'이라는 오명만을 썼다. 이런 교육정책은 한국교육에 대한 최소한의 본질적 측면을 도외시한 구름 위의 정책에 불과했다.

한국교육의 기저에는 역사적으로 오랫동안 형성된 학력(벌)주의라는 뿌리깊은 의식이 작동하고 있다. 학력(벌)주의는 우리의 교육을 움직이는 근간이며, 대다수의 교육문제는 학력(벌)주의의 파생체에 불과하다. 이해찬 세대는 우리의 학력(벌)주의를 과소평가한 안이한 인식의 결과다. 학력(벌)을 통한 우리의 교육 출세주의 인식은 어느 날 갑자기 형성된 것이 아니라, 역사적으로 긴 세월을 거쳐 매우 단단하게 축적된 것이다.

그래서 한국 교육문제의 실제적 뿌리인 학력(벌) 출세주의를 특정 교육정책에 의해 단숨에 해결할 수 있다는 인식은 '한강에서 바늘을 찾는 것'처럼 요행을 바라는 거의 기만적 행위에 해당한다. 한국의 교육문제는 외형은 쉽게 해결할 수 있는 것처럼 보이지만, 교육문제의 핵심에 접근하면 정치, 경제, 사회, 문화, 역사 등과 뒤엉켜 있어 매우 복잡한 양상을 띠고 있다.

실제 이 시기에 들어서도 학력(벌)을 통한 교육 출세주의 인식은 크게 변하지 않았으며, 우리의 교육문제를 더욱 복잡하게 만들고 있었다. 정태화(2003)의 조사에 의하면, '개인의 능력이 동일할 경우 사회적 성공과 출세에 가장 중요한 요소'에서 응답자의 76.9%가 학벌과 학력을 가장 중요한 요소로 생각하였다. '학벌이 지위상승·경제적 이익 추구에 도움을 준다'에서 '그렇다'는 69.3%이며, '아니다'는 14.0%로 나타났다. '공교육 부실과 사교육 확대 원인이 학벌이다'에서 '그렇다'는 74.6%이며, '아니다'는 10.6%로 나타났다. '대학입시경쟁의 심화 원인이 학벌이다'에서 '그렇다'는 81.4%이며, '아니다'는 7.8%에 불과하였다.

「이코노미스트」(2007. 11. 27.)의 조사에 의하면, '능력·성적을 떠나 출신대학이 취업에 영향을 미친다'에서 94.3%가, '능력·성적을 떠나 출신대학이 승진에 영향을 미친다'에서 63.9%가 동의하고 있다. '우리 사회는 학벌사회다'에는 89.6%가, '우리 사회는 출신대학이 너무 많은 것을 좌우한다'에는 72.1%가, '한국 기업은 출신대학을 지나치게 중시한다'에는 86.6%가, '우리 사회의 지도층 중에 가짜 학위 소지자가 많을 것이다'에는 72.3%가, '신정아 전 동국대 교수의 사기행각에 학벌주의 풍토가 토양이 됐다'에는 85.3%가, '우리 사회는 외국에서 취득한 학위를 과대 평가하는 경향이 있다'에는 88.2%가, 그리고 '우리 사회는 실력보다 학벌이 중요하다'에서 62.6%가 동의하고 있는 것으로 나타났다.

심지어 국내 유명 결혼정보업체의 내부 심사 기준표에는 회원의 학력(벌)을 매우 중요한 결혼 지표로 삼고 있다. 안타까운 점은 본인의 학력(벌)뿐만 아니라 심지어 부모의 학력(벌)까지도 차등화된 점수를 적용하고 있다는 것이다. 한국사회에서 모든 길은 학력(벌)으로 통한다고 할 수 있다.

한국사회의 비정상적인 학력(벌)에 대한 맹신은, 자연히 치열한 사교육 경쟁으로 나타났다. 1980년대까지의 사교육은 대체적으로 고등학생을 중심으로 이루어졌다. 그러나 1990년대부터는 초등학생 때부터 대학입시를 위한 사교육이 성행하기 시작하였다. 2000년대에는 대학 본고사에 논술이 중요하게 부각되면서 대학입시를 위한 초등학생의 사교육이 전쟁터를 방불케 하였다. 조선일보(2002. 3. 3.)는 '오전엔 초등학생, 오후엔 중등생'이라는 자극적인 제목을 가지고 당시 초등학생의 치열한 사교육현실을 전하고 있다.

대학입시에서 논술이 합격의 주요 변수로 작용하면서 큰 인기를 끌고 있다. 지원자가 몰리다 보니 대기자만 수백 명에 이른다. 처음 입학하면 1학기 동안 그 학년에 맞는 책들을 읽게 한 후, 세 번의 시험을 거쳐 독해력, 작문력, 논리력을 점검한 후 반 편성을 한다. 6학년까지 마치면 〈감자〉〈배따라기〉 등 한국문학은 물론, 〈바보 이반 이야기〉 같은 어지간한 외국문학까지 섭렵한다.

학력(벌)경쟁에 우위를 점하기 위해, 한창 밝게 성장해야 할 초등학생들은 원하지 않는 사교육 시장에 내몰리고 있었다. 실제 박효정 외(2004: 59)의 조사에 의하면 초등학생들의 주된 고민으로 '공부와 성적문제'가 63.9%로 압도적이었으며, 이성, 외모, 건강, 성격, 친구 관계, 선생님 관계, 가족 관계는 뜻밖에 큰 문제가 아닌 것으로 나타났다. 초등학생의 사교육은 대학입시를 미리 준비하고, 학력(벌)경쟁에서 우위를 점유하기 위한 것이다.

특히 영어 사교육은 매우 심각한 상황이었다. 한국사회에서 영어는 신분상승을 위한 매우 중요한 사회적 자본이기 때문이다. 이종각(2003: 38)에 의하면 초등학생까지 고액 영어캠프를 하며, 유아 영어교육시장은 200억 규모에 이르며, 영어 학습지를 공부하는 영·유아가 11만 명이 넘는다고 한다. 유치원에서 문자를 가르칠 뿐만 아니라 원어민 영어교육까지 시키고 있으며, 결국 과도한 조기교육과 입시위주교육 때문에 아동권리 침해가 일어나 '아동권리위원회'로부터 지적을 받기도 하였다.

심지어 「뉴욕 타임즈」(2008)는 〈영어를 배우기 위해 한국의 어린이들은 아버지와 헤어지는 법을 배운다〉라는 특집 기사를 통해서 한국의 사교육 실태를 뼈아프게 꼬집기도 하였다. 과거와 달리 유치원과 초등학교부터 시작된 사교육비는 그 규모가 엄청나고, 가계비에 상당한 부담을 줄 수밖에 없다.

최상근 등(2003: 10)의 조사에서 우리나라 전체 사교육비는 2001년에 약 10.7조 원, 2003년에 약 13.6조 원으로 추산하고 있다. 2003년의 사교육비는 초등학생이 약 7.2조 원(52.5%), 중학생이 약 4조 원(30%), 고등학생이 2.4조 원 (17.5%)을 지출한 것으로 나타났다. 사교육비는 자녀의 저출산에도 불구하고 오히려 증가 추세를 보이고 있다. 다소 계산법은 다르지만, 한국은행(2009)의 사교육비 조사에서도 〈표 12-1〉과 같이 가파른 증가세를 보이고 있다.

그러나 『이코노미스트』(2008: 19)는 당시 사교육비 추산을 20조 4000억 원 이라고 하며, 지하경제를 포함하면 33조 원에 이른다고 하였다. 현대경제연 구소는 '지하경제' 추정 규모인 15조 507억 원을 포함한 2010년 사교육 시장 의 규모는 36조 2,016억 원이라고 하였다. 이러한 사교육비 지출의 이면에는 교육 출세주의를 구현하려는 학력(벌) 욕망이 자리 잡고 있다. 한국사회에서 학력(벌) 획득은 경쟁의 차원을 넘어서 거의 전쟁에 가깝다고 할 수 있다. 이 러한 학력(벌) 전쟁에 대해 강준만(2009: 219)은 다음과 같이 개탄하고 있다.

학부모는 자녀들을 연쇄 과외수업으로 몰아내고 학교와 학원은 학생을 점수 기계로 만든다. 초등학교 5, 6학년생이 선행학습이다 하면서 중3학년 생이 배우고 있는 과정을 미리 공부해야만 안심이 되는 한국사회인 것이 다. 이 말도 안 되는 기형적 교육시스템 속에서 우리 언론매체는 무엇을 하 였는가. 여전히 학벌 위주의 보도 행태를 나타냈고 암묵적으로 인정하는

표 12-1 연간 교육비 및 사교육비 지출(단위: 억 원)

연 도	총지출 대비		교육비 대비	
	교육비	비중(%)	사교육비	비중(%)
2000년	175,453	5.4	61,620	35.1
2002년	228,926	5.8	93,258	40.7
2004년	283,439	6.8	128,559	45.4
2006년	335,729	7.1	156,571	46.6
2007년	368,639	7.3	173,935	47.2
2008년	398,771	7.5	187,230	47.0

논평을 생산하였다. '능력은 학력이고 학력은 점수다.'라는 명제에 동조하지 않았던가.

이렇게 사교육이 주는 가계 부담은 엄청났으며, 한 가정의 정상적인 생활을 저해할 정도로 그 심각성은 매우 컸다. 자연히 역대 정부는 사교육에 대해 심각한 고민을 하였다. 그래서 역대 정부는 분노한 국민을 달래기 위해 '사교육 경감 대책(안)'을 발표하였으며, 심지어 이명박 정부는 학원과의 전쟁을 선포하기도 하였다. EBS 수능 강의도 그 대책(안) 중의 하나였다. 그러나 이런 대책은 한국 교육문제의 본질을 호도하는 미봉책에 불과하다. 우리의 교육문제는 강제적 외압에 굴복할 만큼 그렇게 간단하지 않다. 오히려 사교육 문제는 깊은 늪에 빠진 것처럼 해결하기 어려워지고, 더욱 복잡하게 전개되었다.

사실, 사교육은 우리 교육문제의 핵심이 아니다. 그 뿌리는 학력(벌)주의라는 바위보다 더욱 단단한 교육 출세주의 인식에 있다. 사교육은 학력(벌) 출세주의가 파생한 그림자에 불과하다. 그래서 역대 정부는 이런 교육문제를 해결하기 위해 많은 노력을 해 왔다. 가장 손쉬운 방법이 대학입시(안)를 수정하는 것이다. 새로운 대학입시(안)를 통해 우리의 교육문제를 해결하려는 발상은 집권 기간 동안 국민을 현혹시키는 것에 불과하다. 해방 이후 지금까지 정권이 바뀔 때마다 끊임없이 대학입시(안)가 바뀌었다.

그러나 새로운 대학입시(안)는 그때마다, 학력(벌) 출세주의라는 거대한 블랙홀에 왜곡되어 새로운 교육적 기형아만 탄생시켰다. 예컨대, 대학입시에서 고교내신성적의 비중이 커지자, 그때부터 각 고등학교에서는 내신성적을 자의적으로 부풀리기 시작했다. 당시 내신성적 부풀리기는 사회적으로 큰 충격을 주었으며 심각한 문제로 받아들여졌다.

내신성적 부풀리기를 해결하기 위해, 노무현 정부는 2004년 10월 28일에 「2008학년도 대학입학제도 개선안」을 발표하였다. 그동안 과목 석차만을 표시하던 내신성적을 원점수, 과목평균, 표준편차까지 학생부에 기재하여 엄격하게 관리하게 하였다. 이런 내신성적의 기재 방식은 학급 친구들까지 대학입시의 적으로 만들어, 치열한 내신 경쟁을 하게 함으로써 학생들의 학업 부담을 가중시켰다. 그래서 '내신+수능+논술'이라는 2008학년도의 대학입시 체제는 '죽음의 트라이앵글'이라 불리면서 학생들을 촛불집회로 모이게 하는 등 사회적으로 엄청난 파장을 몰고 왔다. 죽음의 트라이앵글이 적용되는 당시의 교육적 현실에 대해 강준만(2009: 241-242)은 다음과 같이 생생하게 전하고 있다.

> 아니나 다를까, 새 제도가 처음 적용된 2005년의 고1 교실은 친구의 책을 숨기고 공책을 찢는 '정글'이 되었다. 뒤이어 '고1 중간고사가 끝나고 비관 자살하는' 사상 초유의 사건이 속출했고, 중간고사 성적이 기대에 못 미친 학생들은 학교를 자퇴하고 검정고시로 내신 지옥에서 탈출하려 했다. 심지어 현직 교감이 나에게 전화해서 '아들이 시험을 망쳤는데 자퇴시켜야 하는 게 아니냐'고 묻기도 했다. 정부의 기대와 반대로 내신성적을 올리기 위해 사교육이 번창하였다. 결국 학생들은 촛불을 들고 거리로 나섰다.

이명박 정부는 취임 초기부터 교육정책을 쉴 새 없이 쏟아 내어, 교육문제의 양상은 더욱 복잡하게 전개되었다. 전국 초·중등학교의 일제식 학력전수평가, 초등교육의 영어몰입교육, 국제중학교 설립, 학교 자율화 추진 조치로 인한 우열반 편성, 0교시 수업 부활, 사설기관의 모의고사 부활 등은 사회적으로 크게 쟁점화되었다.

이명박 정부에서 또 하나 주목할 대학입시안은 입학사정관제다. 입학사정관제는 노무현 정부에서 실험적으로 시작됐지만, 본격적으로 도입된 것은 이명박 정부에 의해서다. 입학사정관제는 명분상, 성적 중심의 대학입시, 특목고의 입시학원화, 사교육 등의 심각한 교육문제를 완화하기 위해 대두된 것이다. 입학사정관제는 의외로 복잡하여 상당한 준비 기간이 필요한데도, 우리의 경우 거의 전격적으로 도입되었다. 미국과 일본의 입학사정관제는 자율적으로 대학 주도로 이루어져 자연스럽게 정착했지만, 우리의 경우는 정부의 예산 지원을 통해 이루어졌다는 점이 큰 차이점이다.

입학사정관제는 인위적으로 만들어진 점수화된 인재보다 타고난 잠재력이 높은 자연적 인재를 선발하기 위한 것이다. 개인의 잠재력 지표는 시험 점수에서 포착되지 않는 학생의 특별한 각종 경험에 대한 이력, 각종 자격증, 리더쉽, 봉사활동 등을 의미한다. '모든 길은 대학입시로 통하는 한국사회'에서 입학사정관제는 개인의 잠재력 지표를 상품화시킨 '스펙 관리의 시대'를 도래하게 하였다.

초등학생부터 리더십을 입증할 수 있는 학교 임원이 되기 위해 웅변 학원에서 스피치, 대화법, 인간관계 등의 전반에 대해 배운다. 초등학교 반장 선거, 어린이 회장 선거를 위해서 웅변, 스피치 학원에서는 '선거 컨설팅'이 인기였으며, 속성 코스에서 연설문 대필과 실습 1일의 비용이 25만 원이라고 한다(경향신문, 2010. 3. 9.). 심지어 5세부터 스펙을 쌓기 위해 각종 학원에 다니고 있으며, 그중에서 IQ 높이는 사교육도 성행하고 있을 정도다. '私교육이 死교육'을 시키고 있는 셈이다(한국경제, 2010. 3. 15.). 이렇게 입학사정관을 위한 스펙 관리는 초·중등학생에게 엄청난 입시부담으로 작용할 수밖에 없다. 이런 현실에 대해 MBC 후플러스(2010. 5. 20.)는 다음과 같이 함축적으로 보도하였다.

최근 국제중, 특목고, 대학교에 이르기까지 입학사정관 전형이 늘며 봉사점수나 수상경력을 쌓아 '스펙'을 넓히려는 열풍이 학부모 사이에 뜨겁게 불고 있다. 문제는 돈만 있다면 봉사점수나 수상경력도 살 수 있다는 현실에 있다. 실제로 자기소개서를 대필해 명문대학에 진학시켰다는 스펙 브로커도 등장했으며 봉사활동 경험을 5만 원에 파는 봉사 단체도 있다.

입학사정관제 역시 학력(벌) 출세주의라는 블랙홀을 비켜 가지 못했다. 잠재력이 풍부한 타고난 인재를 선발하기 위한 참고 지표인 스펙은 기형적으로 변해, 오히려 사교육 열풍을 주도하였다. 입학사정관제를 통해 학생들의 입시부담을 덜어 준다는 것이, 초등학생부터 스펙 관리를 하게 하여, 오히려 그 부담감을 엄청나게 가중시켰다. 이때부터 '내신+수능+논술'이라는 '죽음의 트라이앵글'에서 입학사정관제를 위한 '스펙'이 가미되면서 '죽음의 사각지대'라는 신조어가 탄생되었다. 스펙 관리가 얼마나 힘들었으면 '저승 스펙'이라는 단어가 생길 정도였다. 그 이후에는 죽음의 오각형(내신+수능+논술+영어+공인인증시험), 죽음의 육각형(내신+수능+학생부+비교과활동+자기소개서+면접) 혹은 죽음의 핵사곤이라고 불리기도 하였다.

이러한 섬뜩한 용어가 암시하듯이, 입학사정관제는 우리 학생들에게 대학입시 부담감을 극복하기 위한 엄청난 인내심을 요구한다. 실제 CNN은 한국의 고3은 지옥의 해며, 힘든 입시 스트레스로 인해 매년 200여 명의 학생이 자살한다고 방송하였다(조선일보, 2011. 11. 12.). 프레시안(2012. 2. 17)은 고등학생 4명 중 1명이 학습과 시험 스트레스로 인해 자살 충동을 느끼며, 실제 학생 10만 명당 5.2명이 자살한다고 하였다.

따라서 이 시기의 교육문제도 어두운 터널에 갇힌 것처럼 해결의 실마리를 찾지 못하고 있었다. 오히려 교육상황을 심각하게 악화시키고 있었다. 사실, 우리의 교육문제는 매우 다양하고 복잡하게 전개되는 것처럼 보이지만, 동일한 패턴을 반복하고 있다. 다양하고 복잡하게 양산되는 우리의 교육문제들은 학력(벌) 출세주의의 파생체에 불과하다. 학력(벌) 출세주의는 너무나 강력한 악성 종양이 되어, 해방 이후의 수많은 교육정책들을 무력화시켰다. 오히려 교육문화를 왜곡하여 학생들에게는 무거운 짐을 지우고, 학부모들에게는 엄청난 부담감을 가중시켰다.

역대 정부의 교육정책들은 국민들을 현혹시키기 위해 모든 교육문제를 해결할 수 있는 것처럼 야심차게 출발한다. 그러나 입 안에서는 달지만 삼키면

독이 되어 오히려 교육적 상황만 악화시켰다. 교육을 교육적 차원에서 보지 않고 정치적 차원으로 접근했기 때문에 생긴 부작용이다.

한국의 교육문제는 매우 복잡하다. 조선시대를 포함하여 지난 수백 년 동안 어느 누구도 해결하지 못했다. 한국의 교육문제는 깊은 역사적 뿌리만큼 해결하기 어려운 난제다. 한국의 교육문제를 일시에 해결하려는 일부 위정자의 생각은 엄청난 착각이며, 큰 오만이다. 이로 인해 힘든 것은 안타깝게도 우리의 어린 학생들이다. 그래서 한국의 교육문제 앞에서는 언제나 겸손해야 한다. 한국의 교육문제는 상대하기에 너무나 큰, 거대한 산맥과 같기 때문이다.

제13장
한국교육의 사회학적 이해

1. 한국 교육문화의 이해

1) 한국 교육문화의 분류

우리의 부모들은 자식을 교육시키기 위해 절박한 상황에서도 교육의 끈을 놓지 않았다. 일제강점기와 6·25 전쟁 중에도 교육적 희생을 주저하지 않았으며, 교육에 대한 강한 집착을 보였다. 어떤 어려운 상황에서도 교육은 미래의 희망이며 자산이라는 긍정적 인식이 강하였다. 교육에 대한 이런 인식은 어느 날 갑자기 생긴 것이 아니라 역사적으로 형성·누적된 것이다. 우리의 인식 속에는 특정 교육관을 강요하는 교육문화가 자리잡고 있기 때문이다.

앞서 논의했지만, 문화는 한 사회의 정신적 소프트웨어며, 집단적 사고의 흐름이다. 교육문화는 교육에 대한 집단적 인식의 흐름이다. 교육문화는 교육에 대한 가치관, 규범, 관습, 태도 등의 정신적 가치 기준이 된다. 교육에 대한 인식 틀인 교육문화는 우리의 일상적 교육행위와 교육정책에 이르기까지 광범위한 영향을 준다.

한국교육을 제대로 알기 위해서는 우리의 교육문화에 대한 이해가 선행되어야 한다. 교육문화는 교육에 대한 사회적 인식의 흐름이므로, 교육적 의사결정의 중요한 기준으로 작용하기 때문이다. 한국교육의 다양한 문제는 교육문화와 무관하지 않다. 한국교육은 입시위주교육, 암기식 교육, 치맛바람, 기러기 아빠 등의 다양한 문제를 표출하고 있다. 이런 문제를 자세히 살펴보면 우리의 교육문화가 깊숙이 자리잡고 있다는 것을 부인하기 어렵다. 물론 시대의 성격에 따라 표출되는 모습은 외관상 다르지만, 그 본질은 교육문화와 많이 관련되어 있다. 한국의 교육문화에 대한 올바른 성찰은 한국교육의 사회적 성격에 대한 심층적 이해의 실마리를 제공할 것이다.

따라서 교육에 대한 역사적 인식의 뿌리인 한국의 전통적 교육문화의 성격에 대해 먼저 논의할 필요가 있다. 한국의 전통적 교육문화는 논의의 관점에 따라 다르게 분류된다. 일반적으로는 숭문주의(崇文主義), 입신양명주의(立身揚名主義), 문벌주의(門閥主義), 가족주의(家族主義)로 분류된다. 여기서는 이런 분류 방법을 따르면서 내용의 정확성과 풍부함을 더하기 위해 상징주의(象徵主義)를 첨부하고자 한다. 사실, 전통적 교육문화는 상호 독립되어 구성된 것이 아니라, 한 몸으로 이루어진 동질적 성격을 가지고 있다. 단지 논의의 편의와 이해의 풍부성을 위해 임의적으로 분류한 것에 지나지 않다는 사실을 유념해야 한다. 한국의 전통적 교육문화를 자세히 설명하는 것은 지면의 한계상 어려우므로, 여기서는 한국의 전통적 교육문화의 핵심만 개관하고자 한다.

2) 한국 교육문화의 특징

(1) 숭문주의 교육문화

숭문주의는 역사적으로 유교 사상과 밀접한 관련을 갖고 전개된다. 숭문주의의 전통은 삼국시대부터 그 기원을 찾을 수 있지만, 사회적으로 일반화되어 보편적 가치가 자리잡기 시작한 것은 조선시대부터다. 고려시대에는 문인과 무인에 대한 차별적 태도가 있었지만, 유교적 숭문주의는 불교의 영향력으로 인해 일상생활 깊숙이 침투하지 못하였다.

고려 말 신진사대부들은 정권 창출을 위해 신유학(新儒學)을 도구적 이데올로기로 삼았다. 조선 초, 이들은 정권의 취약성을 보완하기 위해 신유학의 충과 효의 엄격한 계서적 원리를 강조하였다. 지배계층인 양반은 신유학을 도덕적 실천 원리로 삼아,『소학』『주자가례』『효행록』등을 사회 깊숙이 전파하여 일상생활의 규범을 통제하였다. 신유학은 학문적 위계서열에서 가장 높은 가치로 지배적 정당성을 확보하였다.

따라서 문신(文臣)은 최고의 핵심적 위치인 청요직(淸要職)에 올라갈 수 있었으나, 무신(武臣)은 그렇지 못하여 경시되는 풍조가 있었다. 문관 위주의 관직제도는 문치주의(文治主義) 경향을 촉진하였다. 양반은 신유학에 의한 문 위주의 정치적 질서 확립을 통해 자신들의 지배적 위치를 정당화하였다. 우리의 숭문주의는 엄격히 유교 사상에 편중되어 있었으며, 오늘날의 전문직이라 할 수 있는 잡학과 같은 타 학문에 매우 배타적인 입장을 보였다.

따라서 숭문주의는 유교 사상에 한정된 편협한 문에 대한 숭상주의다. 신유학을 바탕으로 한 숭문주의는 왕권 강화와 지배신분계급의 이익을 보장하는 현실적인 이념적 도구로 작용하였다. 물론 숭문주의를 대변하면서 훌륭한 정신을 소유한 선비도 있었지만, 역사적으로 극소수에 불과하여 일반화하기 어렵다. 숭문주의는 비록 지배적 이데올로기로 작용했지만, 역사적으로 문을 숭상하면 지배적 위치에 놓일 수 있다는 교육적 인식을 강화할 수 있었다.

(2) 입신양명주의 교육문화

입신양명의 원래 의미는 천리(天理)를 깨달아 인(仁)을 사회적으로 실현하여 자연스럽게 사람들에게 자신의 이름을 알려 부모를 영광스럽게 하는 것이다. 입신양명은 유학의 실천 사상을 함축적으로 표현한 말이다.

그러나 입신양명은 과거제와 결부되면서 세속적인 의미를 띠게 된다. 과거 합격이 곧 입신을 의미하게 되고, 이를 통해 부모와 자신의 이름을 세상에 알리는 것이다. 세속화된 입신양명은 '과거 합격은 효의 시작이며 끝'이라는 출세주의적 성격을 가지고 있다.

전근대 사회에서 과거 합격은 일시에 지위, 권력, 부를 획득할 수 있는 극적인 요소를 가지고 있었다. 유교 공부의 목적은 도(道)를 깨우쳐 인을 실현하기 위한 것이 아니라 과거 합격에 초점을 두게 된다. 유교 학문은 수신(修身)에 의한 내면적인 인격의 성숙을 강조하였으나, 불행하게도 관료 사회의 정치사회적 이해관계를 반영하는 세속적인 도구로 변질하였다. 유교 학문은 양반층의 이익을 보장해 주고 사회적 출세의 기회를 제공했기 때문이다.

구체적으로 당시의 세태를 보면 고려 초기에 과거 응시자들은 진사 중심의 과거제로 인하여 구태여 국자감에 얽매이면서까지 과거와 직접 관계가 없는 경학(經學)을 수학하려 들지 않았다(신천식, 1994: 21). 『태종실록(太宗實錄)』에서 사관(史官)이 말하길, 문과(文科)를 통해 관리가 된 사람들은 대개가 배움을 생계의 수단으로 여기기 때문에 일단 과거에 합격하면 곧 학업을 버린다고 하였다(이원호, 2002: 90).

요컨대 과거를 통한 입신양명은 효를 실현하고, 가문의 명예를 높일 수 있다는 세속적인 의미로 변질되었으며, 교육적 출세주의와 밀접한 관련을 가지고 있었다.

(3) 문벌주의 교육문화

문벌(門閥)은 가문(家門)이나 사문(師門), 직업 등에서 여러 세대에 걸쳐 축적된 공적(功績)을 통해 사회적 명망과 위세를 확보하여 세력화된 집단을 의미한다. 문벌주의는 몇 세대에 걸쳐 형성된 족벌(族閥)이나 학벌(學閥)의 공유된 동류의식을 통해 집단적 결속력을 강화하여 개인뿐만 아니라 집단의 이해관계를 고양시켜 사회적 영향력을 행사하는 것이다.

문벌 형성이 제도적으로 나타나기 시작한 것은 고려시대의 사학12도와 좌주문생제(座主門生制)였다. 사학12도는 선후배 간의 학연에 의해 강력한 학벌관계를 형성하여 문벌적 특권을 형성하였다. 사학12도는 마음대로 옮길 수 없었으며 만일 이를 어기면 강한 사회적 제재를 받았다.

좌주(座主)는 과거 시험관인 지공거를 뜻하고, 문생은 그 시험의 합격생을 의미한다. 좌주와 문생은 부자(父子)로 비유될 정도로 끈끈한 연으로 형성되어 매우 친밀한 유대적 관계를 가지고 있었으며, 문벌적 권력을 형성하여 정치사회적으로 많은 영향력을 행사하였다. 좌주문생제는 조선 초기에 혁파되었지만, 조선 중기 이후부터 문벌화 경향이 심하였다.

17세기 이후에는 벌열(閥閱) 가문이 대두되면서 대대로 벼슬을 세습화하는 경향이 강하였다. 특히 과거 급제자 수가 증가함에 따라 분관(分館)뿐만 아니라 청요직에도 문벌이 작용하여 문벌이 아니면 청요직에 배치되기 어려웠다. 조선시대에도 후기로 갈수록 문벌적 영향력이 커졌다.

(4) 가족주의 교육문화

조선 중기에 들면서 혈연에 의한 적장자 중심의 종법제(宗法制) 가족주의 경향이 두드러지기 시작하였다. 종법제 가족주의는 문중과 가문이라는 집단적 사고의식을 강화시켰다. 족적(族籍) 중심의 문중은 하나의 생명체와 같이 움직였다. 개인은 문중의 사회적 부속물에 불과하고, 문중의 지위는 곧 개인의 지위가 되었다.

따라서 문중의 지위를 높이기 위해서는 엄청난 사회적 경쟁을 감수해야 했다. 특히 문중의 사회적 지위를 높이기 위한 가장 확실한 방법은 과거 합격이었다. 과거 합격은 문중 위세의 사회적 척도였다. 각 문중들은 과거 합격에 필사적으로 집착할 수밖에 없었으며, 그것은 사회적 생존권과 관련이 있었다. 문과에 합격하여 관리가 되면 개인의 영광인 동시에 가문의 영광을 보증하는 것이었다. 따라서 양반들은 자제에게 과거 준비에 열중할 것을 요구하였으며, 이러한 노력을 평생 동안 그치지 않았다. 유망한 인재가 있으면 종중(宗中)에서 교육시키기도 하였다(이성무, 1973: 51).

최봉영(1996: 87-173)에 의하면, 자녀를 양육하고 교육하는 일은 가통(家統)의 측면에서 볼 때 가(家)의 존립과 연결되어 있으며, 현재의 가사(家事)뿐만 아니라 후일의 가사를 처리하는 사람을 기르는 일이었다고 한다. 가(家)의 관심은 언제나 자녀의 양육과 교육에 집중될 수밖에 없었다.

따라서 교육은 가문의 존속과 발전을 위한 효과적인 수단이었다. 교육에 대한 의미는 가문 전체의 발전이라는 사회적 생존권과 관련이 있다. 교육에 대한 투자는 가문의 지위를 보장해 주는 현실적인 미래 자본이 된다. 이 점에서 사회적으로 교육에 대한 투자 행위는 긍정적으로 수용될 수밖에 없다.

(5) 상징주의 교육문화

상징은 단순한 기호가 아니라 보이지 않는 사회적 권력관계를 내포하고 있다. 어떤 상징체가 다른 상징체보다 우월하다는 것은 지배집단의 힘이 내포되어 있기 때문이다. 그래서 부르디외는 "상징은 그 자체가 권력"이라고 하였다.

조선시대에서 과거제는 그 자체가 사회적 상징의 기제였다. 과거제는 객관성과 공정성, 그리고 능력주의 이념을 기반으로 하기 때문에 사회적 상징의 의미가 남다를 수밖에 없었다. 과거 합격증은 국가가 공인하는 사회적 인증서였기 때문이다.

그래서 혈연 중심의 음서(蔭敍)제에 의해 승진한 관료는 사회적으로 정당성을 확보하기 어려웠다. 음서에 의해 오늘날의 장관과 비슷한 지위인 당상관(堂上官)에 위치해도 사회적 명예와 객관적 인정을 얻으려고 과거시험에 다시 응시할 정도였다.

실제 관직과 관계없으며 학위 신분층에 불과한 진사와 생원도 마찬가지였다. 진사와 생원이 되기 위한 필사적인 노력이 이루어진 것은 과거제가 갖는 사회적 상징성이 그만큼 컸기 때문이다. 진사와 생원은 단순한 자격증이 아니라 국가가 공인한 사족(士族)의 상징적 자격증이다. 심지어 과거에 합격하지 못해도 유교적 동류의식을 나타내기 위해 죽어도 묘비명에 '學生○○○之墓'로 표기할 정도였다. 죽어서도 양반 신분의 사회적 상징을 보여 주고 싶었던 것이다.

조선 후기에 신분제가 동요되면서 급작스럽게 양반 자격증을 획득한 사람들은 심리적인 신분적 불안을 해소하기 위해 과거에 응시하기도 하였다. 과거 응시 자체는 암묵적으로 양반 신분을 나타내는 상징적 행위였기 때문이다. 이처럼 실질적인 사회적 혜택이 없지만, 상징적 자격증을 획득하기 위한 필사적인 노력은 양반 신분의 상징성을 객관적으로 인정받기 위해서였다. 상징 속에는 보이지 않는 사회의 차별적인 힘이 내재해 있기 때문이다.

지금까지 한국의 전통 교육문화를 알기 위해 숭문주의, 입신양명주의, 문벌주의, 가족주의, 상징주의 교육문화의 특징에 대해 간단히 살펴보았다. 사실 전통적 교육문화들은 비슷한 역사적 흐름으로 이루어진, 한 몸과 같은 문화적 성격을 가지고 있다. 전통적 교육문화들은 서로 다른 성격의 뿌리를 가진 것이 아니라 동일한 속성으로 이루어졌으며, 교육과 사회적 이해관계의 결합에 의해 그 성격이 형성되었다. 즉, 교육의 사회적 혜택의 성격과 정도에 따라 교육에 대한 문화적 인식 틀에 영향을 미쳤다. 유념할 것은 전통적 교육문화의 분류는 단지 논의와 이해의 편의를 위해 제시한 것이라는 점이다.

2. 한국 학력주의의 이해

1) 학력주의의 개념

과거는 개인의 신분과 혈통에 의해 사회적 신분이 결정된 귀속주의 사회

(ascribed society)였지만, 현대는 개인의 재능과 능력을 우선시하면서 형식적 교육경력을 강조하는 학력주의 사회다. 즉, 현대의 사회 구성원 각각은 학교교육에 의한 경쟁과 선발 메커니즘을 통해 학력을 취득하고, 학력 수준에 따라 사회적 지위가 결정된다. 현대사회에서 학력은 과거의 신분과 혈통을 대신하는 귀속적 성격을 가지고 있다. 따라서 학력주의는 학력에 의해 사회적 지위가 결정되는 새로운 사회적 혈통주의라고 지칭될 만큼 사회적 영향력이 크다.

학력은 교육내용의 수준에 따라 학교교육의 일정한 단계를 경험한 형식적인 교육경력을 의미한다. 학력주의는 학교교육의 형식적 경력이 사회적 지위의 중요한 지표로서 작용하는 사회적 관행이다. 학력이라는 지표가 인적 배분의 지배 원리가 되는 것이다.

학력주의는 '수직적 학력주의'와 '수평적 학력주의'로 구분할 수 있다. 수직적 학력주의는 학교교육의 형식적 위계구조를 반영한 것으로서, 중졸, 고졸, 대졸이라는 수직적 차원의 교육단계에 따라 사회적 보상이 달라진다. 수평적 학력주의는 동일 수준의 학교교육의 경력을 가지고 있어도 지명도에 따라 사회적 보상이 달라진다. 특정 대학교와 특정 학과에 따른 사회적 혜택이 부과되는 것이다. 우리나라의 학력주의는 수직적·수평적 학력주의가 동시에 작동하고 있다. 최근에는 고등교육이 보편형 단계에 진입함에 따라 수직적 학력주의보다 수평적 학력주의 형태가 부각되고 있다.

학력주의와 비슷한 의미인 학벌주의는 동일한 형식적 교육경력인 학력을 기반으로 형성된 동류의식을 중심으로 집단화, 세력화하여 직접적인 사회적 이해관계를 고양하는 것이다. 이러한 학벌주의는 동일한 학력을 가진 사람들이 집단적 결속력을 강화하여 개인과 집단의 이익을 높이기 위해 사회적으로 직접적인 영향력을 미친다. 학벌주의는 동일한 학력에 의해 세력화된 파벌을 형성하는 것을 의미한다. 우리나라의 학벌주의는 동일한 대학 출신을 중심으로 지위, 권력, 부를 독점하는 수평적 학력주의와 밀접한 관련이 있다.

따라서 학력주의가 단순히 개인적 차원에서 학력에 의한 사회적 차별을 한다면, 학벌주의는 동일한 학력을 바탕으로 집단화한다는 점에서 차이가 있다.

학벌주의는 논리적으로 수직적·수평적 학력주의에 의한 집단화가 존재하지만, 현실적으로 수평적 학력주의와 밀접한 관계를 가지고 있다. 고등교육 이수자가 많아짐에 따라 그들 간의 이해관계를 고양하기 위한 학벌 간의 경쟁이 첨예하게 이루어지고 있다. 우리의 경우는 대체로 특정 대학과 특정 학과를 중심으로 이루어진 학벌주의가 성행하지만, 특정 고등학교도 학벌주의에 참여하고 있어 다소 복잡한 성격을 가지고 있다. 학벌주의의 이면에는 형식적 교육경력이 학력을 기반으로 파당적 성격을 가지고 있다. 학벌주의는 학력주의의 사회 차별적 요소를 포함하고 있어, 우리는 보통 학력주의와 학벌주의를 혼용하여 사용하고 있다.

2) 학력주의의 이해

근대사회로 오면서 개인의 재능과 노력이 신분과 지위에 영향을 주는 능력주의(meritocracy) 이념이 대두됐다. 특히 학교교육의 제도화 단계인 근대학제의 출현은 능력주의 이념을 제도적으로 더욱 확산하였다. 능력주의는 학력(學力)의 형식적 경력인 학력(學歷)에 의해 보증되었다. 근대사회에서 학력(學歷)은 사회적 능력의 대리 지표로 부각되어 학력주의 인식을 확대하였다.

학력주의는 사회적으로 '學歷=學力=能力'이라는 무의식적 연결도식을 강화하였다. 학력(學力)에 대해 객관적 검증절차와 학교제도에 의해 보증되는 학력(學歷)은 사회적 능력을 상징하게 되었다. 학력주의는 학력(學歷)이 학력(學力)과 능력을 보증하면서, 학력(學歷)이 사회적 능력의 대리 지표로서 신분과 지위를 점유할 수 있는 정당한 기제로서 작용하였다.

그러나 학력주의가 사회적으로 순수한 정당성을 확보하려면, '學歷=學力=能力'이라는 도식에는 논리적이고 과학적인 근거가 마련되어야 한다. 과학적 근거가 전제되지 않으면 학력(學歷)은 학력(學力)과 능력의 제도화된 가면에 불과하다. 형식적 교육경력인 학력(學歷)은 학교교육의 실질적 능력인 학력(學力)의 상징물에 불과하다. 학력(學力)은 사회적 능력을 고양하기 위한 능력의 축소판에 지나지 않는다.

학교의 교육경험은 불가피하게 매우 제한되어 있다. 이것은 교육경험이 제한된 시공간 속에서 교과서의 제한된 지식과 간접 경험에 주로 의존하기 때문이다. 사회적 능력은 시공간의 성격에 따라 광범위한 능력을 요구하기 때문에, 거의 무한에 가까운 능력 요소를 포괄하게 된다. 학교교육의 작은 공간에서 이 모든 능력을 수용하는 것은 거의 불가능에 가깝다. 학력(學歷)과 학력(學力), 그리고 능력의 실제적 관련성을 도식화하면 [그림 13-1]과 같다.

학력(學歷)이 학력(學力)과 능력을 제도적으로 보증하는 것은 객관화된 검사인 시험, 지능과 적성 검사 등에 대한 과학적 믿음과 무관하지 않다. 이것은 시험은 누구에게나 공정한 기회를 주며 객관적이고 합리적으로 선별한다는 사회적 믿음을 전제하고 있다. 앞서 논의했지만 시험에 대한 회의는 역사적으로 오랜 기간 계속해서 제기된 문제다. 시험은 사회경제적 배경이 높은 학생에게 유리하게 작용할 수 있다. 이 점에서 시험에 의해 개인의 재능과 노력을 객관적이고 합리적으로 선별한다는 과학적 믿음에 의문이 제기된다. 학력(學力) 측정에서도 시험은 불완전할 수밖에 없다.

시험의 과학주의를 지지한 것은 지능검사다. 표준화된 지능검사의 과학성은 시험성적의 객관성과 합리성을 더욱 강화한다. 시험성적의 결과는 유

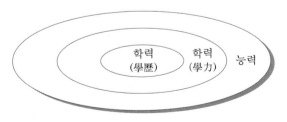

그림 13-1 학력(學歷)과 학력(學力), 그리고 능력의 관계

전에 의해 비롯된다는 것이다. 이런 인식을 뒷받침하는 것이 스피어먼(C. E. Spearman)의 g 이론이다.

g 이론은 모든 사람의 지능적 차이는 시험성적의 차이와 모든 사회적 차별에 대한 유전적인 과학적 정당성을 제공한다는 것이다. 다중지능(multiple intelligence)이론을 제시한 가드너는 IQ 검사와 학업평가검사는 언어와 수학 점수를 합친 것에 불과하다고 비판하였다. 가드너는 IQ에 뒷받침되는 시험성적은 유전적 요인에 의해 비롯됐다기보다는 문화적 차이를 반영하지 못하고 다양한 능력을 도외시한 결과라고 하였다. 따라서 학력(學歷)은 학력(學力)과 능력을 모두 반영하지 못하고 있으며 매우 불안정한 교육적 능력주의를 지탱하고 있다고 본 것이다.

현대사회에서 요구하는 능력은 헤아리기 어려울 정도로 다양하다. 공정한 학력(學力) 경쟁이 이루어진다고 가정해도, 사회적 능력을 반영하기에는 무리가 있다. 형식적 능력인 학력(學歷)이 사회적 지위와 신분의 지표로 작용한다면, 학력(學歷)에 의해 배제된 사람들은 사회로부터 고립되어 외로운 존재가 된다.

학력(學歷)이라는 형식이 학력(學力)과 능력이라는 내용에 우선하여, 형식이 형식을 낳는 사회적 악순환의 고리를 만들게 된다. 형식이 기준이 되는 사회일수록 형식은 권력화가 되며, 내용은 형식의 무게에 눌려 사회적 피로감을 가중시킨다. 따라서 형식적인 교육적 능력주의인 학력주의(學歷主義)는 실제적인 교육적 능력주의인 학력주의(學力主義)로 변모해야 하며, 나아가 사회적 능력주의를 지향해야 한다. 능력주의를 가장한 학력주의(學歷主義)는 반드시 해소될 이념적 대상이다. 따라서 학력(學歷)이 학력(學力)을 보증하고 학력(學力)이 능력을 대신하는 사회가 되어야 한다. 형식보다는 내용이, 학력주의(學歷主義)보다는 학력주의(學力主義)와 능력주의 이념이 지배하는 사회를 구현해야 한다.

3) 한국 학력주의의 특성

한국에서 학력주의의 대두는 일제강점기의 근대학제가 도입되면서 시작
되었다. 구한말에는 이미 근대학제가 도입되었지만 많은 점에서 학력주의가
미흡하였고, 또한 조선 말의 관습과 정서로 인해 과도기적 성격을 가지고 있
었다. 일제강점기에는 엄격한 학교급별 입학시험이 성행하였고, 학력(學歷)
에 의해 사회적 지위가 구분되었다.

해방 이후부터 오늘날에 이르기까지 학력주의 풍토는 조금도 약화되지 않
고 오히려 확대 재생산되어, 학력에 의한 사회적 차별이 매우 다양하고 폭넓
게 이루어지고 있다. 한국사회에서 '학력은 고부가가치를 가진, 평생 동안 퇴
화하지 않는 만능자격증'이다. 즉, 학력은 '현대판 신분 증명서'이며 사회적
능력과 신분의 지표다.

학력경쟁은 사회적으로 심화될 수밖에 없게 된다. 학력경쟁은 교육의 본
질적 목적보다 시험을 위한 점수 기계를 양성하는 비인간화 교육을 성행시키
기 때문이다. 수직적·수평적 학력주의로 인해 모든 학생은 학력경쟁의 굴
레에서 벗어날 수가 없다. 이러한 학력경쟁은 교육문제를 벗어나 사회문제
로 확대되었다.

한국사회에서 학력은 사회의 생존권 기회와 관련이 있다. 학력이 낮으면
처음부터 사회적 기회가 차단될 가능성이 높기 때문이다. 한국은 학력에 의
해 사회적 기회가 부여되는 학력사회라고 할 수 있으며, 학력의 사회적 차별
가치가 높게 작용하고 있다. 한국사회에서 학력의 가치를 부르디외의 관점
에서 간단히 개관하면 다음과 같다.

첫째, 학력의 경제적 가치다. 한국사회에서 학력이 높을수록 경제적 수준
이 높다는 것은 거의 상식에 가깝다. 한국의 임금 수준은 학력에 의한 차별을
하고 있으며, 시간이 갈수록 그 격차가 벌어지고 있는 실정이다.

둘째, 학력의 사회적 가치다. 한국사회에서 학력은 학연에 의한 학벌주의

를 초래하여, 사회적 영향을 미치고 있다. 학벌주의는 학연에 의한 연고주의적 온정을 통해 사회적 이해관계에 결부시켜서, 학벌에 의한 사회적 권력화가 이루어지게 한다. 인사 승진에서도 학력은 가시적·비가시적인 차별적 수단으로 작용하고 있다. 정태화(2003: 173)의 조사에서 '기업체에서 명문대학 출신의 네트워크가 동문의 승진에 영향을 미친다.'는 주장에 대해 기업체 대졸 근로자들의 67.3%가 동의하였고, 10.4% 정도가 동의하지 않았다.

셋째, 학력의 문화적 가치다. 학력은 사회적으로 문화적 연대감을 형성하여 금액으로 환산하기 어려운 다양한 정보교류를 통해 문화적 이해관계를 높이고 있다. 김수곤(1985: 42)에 의하면 기업가들은, 일류대 졸업자들은 그 친구나 동문이 중요한 자리를 차지하고 있기 때문에 비공식적인 통로로 일을 빨리 처리한다고 하였다. 심지어 결혼에 있어서도 학력은 중요한 문화적 지표로 작용한다.

넷째, 학력의 상징적 가치다. 실제적 능력과 관계없이 좋은 학력은 상대적으로 사회적 신임과 위신이 높다. 실제 상장사 임직원을 대상으로 한 2007년 「이코노미스트」의 조사에서 '능력과 성적을 떠나 출신 대학이 취업에 영향을 미친다.'에 94.3%가 동의했고, '승진에 영향을 미친다.'에는 63.9%가 동의하였다. 그리고 '우리나라의 기업인은 출신 대학을 지나치게 중시한다'에 86.6%가 동의하였다. 이 점은 학력이 사회적 능력을 대신한다는 과학적 신비화에서 비롯되었다. 학력은 누군가를 인간적으로 무시하는 판단 기준이 되기도 한다. 학력이 낮으면 능력도 낮다는 어처구니없는 사회적 편견이 작용하기 때문이다.

한국사회에 학력은 거의 사회적으로 만능적인 가치를 가지고 있다. 학력은 사회생활을 영위하는 기능적 편리함과 생존권적 가치를 지닌 실제적 자격증이다. 학력은 사회적 신분과 지위를 상징하며, 학력에 의한 사회적 차별은 의식적·무의식적으로 성행하고 있다. 따라서 학교의 교육경쟁은 학력경쟁으로 변질되어 치열하게 전개되고, 학교교육은 효과적으로 학력을 획득하기 위한 경쟁으로 왜곡되고 있다. 이제 학력은 교육경쟁의 지표이자, 목적 그 자체가 되었다.

3. 한국 조기유학의 이해

1) 한국 조기유학의 현상

기러기 아빠의 네 가지 유형

기러기 아빠의 사회적 애환을 풍자하기 위해, 경제적 능력에 따라 기러기 아빠를 네 가지 유형으로 구분하였다.

첫째는 독수리 아빠다. 이 아빠는 경제적 능력이 높아 미국이나 캐나다 등의 학비와 물가가 비싼 곳으로 아내와 함께 자녀를 보내고, 가족이 그리우면 언제든지 비행기 티켓을 끊고 날아갈 수 있는 돈 많고 힘센 아빠를 의미한다.

둘째는 기러기 아빠다. 이 아빠는 부족한 경제적 능력으로 인해 가족에 대한 그리움을 꾹꾹 참고, 일 년에 한 번 정도 비행기를 타고 철새처럼 가족을 만나러 가는 아빠다.

셋째는 펭귄 아빠다. 이 아빠는 날개가 있지만 날지 못하는 아빠를 말한다. 돈이 없어 비행기를 타지 못하고, 가족이 돌아올 때까지 눈물을 머금고 기다리는 아빠다.

넷째는 제비 아빠다. 이 아빠는 자녀를 해외로 보낼 처지가 못돼 강남으로 유학 보내는 것으로 강남 제비를 빗댄 말이다.

기러기 아빠의 네 가지 유형은 단순한 풍자이지만, 흥미로 대하기에는 우리의 슬픈 교육현실을 날카롭게 꼬집고 있다. 그리고 펭귄 아빠는 다른 의미를 가지고 있기도 한다. 원래 펭귄은 암컷이 알을 낳으면, 수컷은 그 알을 영하 40도 이상에서 시속 40킬로 이상의 칼 바람을 맞으면서, 약 두 달 이상을 자신이 품어서 부화한다. 새끼를 위해 엄청난 고통을 감내하는 펭귄 아빠는 기러기 아빠의 깊은 애환을 상징하는 다른 말이다.

1990년대를 전후하여 한국교육의 사회적 현상은 지금까지와 다른 양상을 보이기 시작하였다. 그동안 사교육비의 과중한 부담, 공교육의 불신, 비인간화 교육, 극심한 대학입시경쟁, 학교붕괴, 학벌 중심의 사회적 풍토 등의 다양한 이유로 한국교육에 대한 사회적 불신이 높아졌다. 그러다가 경제적으로 여유가 생기자 한국교육을 탈출하는 현상이 일어났다. 즉, 한국의 이런 지옥 같은 교육현실을 벗어나 선진 외국의 질 좋은 교육의 혜택을 받고자 조기유학이 성행했던 것이다.

한국의 조기유학 현상은 교육이민, 탈한국사회, 교육 엑소더스 등으로 다양하게 표현되었다. 조기유학으로 인해 경제적 부담을 진 아버지의 고달픈 인생을 빗대어 기러기 아빠, 펭귄 아빠, 나홀로 아버지, 맹모 아빠, 한총련(한시적 총각의 모임)이란 은어가 유행되기도 하였다.

한국의 조기유학 현상에 대해 「워싱턴포스트」는 기러기 아빠에 대한 장문의 특집 기사를 실을 정도였다. 「LA 타임즈」는 기러기 가족의 이중생활을 소개하면서 한국에서는 일류대 입학을 최종 목표로 삼고 평일에도 자정 가까이 학원에서 주입식 사교육을 감수하고 있다고 하였다. 「뉴욕 타임즈」는 한국의 유별난 교육열이 영어를 배우기 위해 아이들이 아빠와 생이별하게 하는 기러기 가족을 양산하고 있다고 기이하게 보았다.

이런 현상은 한국교육의 슬픈 자화상을 보여 준다. 한국의 조기유학은 정상적인 수준을 넘어 심각한 사회문제로 대두되고 있다. 특히 2000년대를 전후하여 한국의 조기유학생은 계속 증가세에 있으며, 사회적 이유 역시 매우 다양하게 나타나고 있다. 먼저 연도별 한국의 조기유학생 수를 살펴보면 〈표 13-1〉과 같다.

표 13-1　초 · 중 · 고등학생의 연도별 유학생 현황(1995~2007년)

구분 (연도)	초등학교		중학교		고등학교		합계	
	유학생 수	증가율	유학생 수	증가율	유학생 수	증가율	유학생 수	증가율
1995	235	100.0	1,200	100.0	824	100.0	2,259	100.0
1996	341	145.1	1,743	145.3	1,489	180.7	3,573	158.2
1997	241	104.3	978	81.5	2,055	249.4	3,274	144.9
1998	212	90.2	473	39.4	877	106.4	1,562	69.1
1999	432	183.8	709	59.1	698	84.7	1,839	81.4
2000	705	305.2	1,799	149.9	1,893	229.7	4,397	194.6
2001	2,107	896.6	3,171	264.3	2,666	323.5	7,944	351.7
2002	3,464	1474.0	3,301	275.1	3,367	408.6	10,132	448.5
2003	4,052	1724.3	3,674	306.2	2,775	336.8	10,498	464.7
2004	6,276	2862.1	5,568	464.0	4,602	558.5	16,446	728.0
2005	8,148	3467.2	6,670	555.8	5,582	677.4	20,400	903.1
2006	13,814	5878.3	9,246	770.5	6,451	782.9	29,511	1306.1
2007	12,341	5251.5	9,201	766.8	6,126	743.4	27,668	1225.7

출처: 김홍주(2008), pp. 170-173.
주: 증가율은 1995년을 100.0%로 기준하여 산정함.

〈표 13-1〉을 보면 조기유학은 경제적 어려움이 가중되었던 IMF 시기인 1998년 전후에는 다소 주춤하였지만, 전체적으로 보면 1995년에 비해 급증한 것으로 나타난다. 특히 초등학교 조기유학은 50배 이상의 급격한 증가율을 보이고 있으며, 중학교와 고등학교는 각각 7.6배와 7.4배의 증가율을 보인다. IMF 회복기인 2000년부터는 전체적으로 조기유학생의 수가 높은 증가율을 보이고 있다. 특히 유의할 것은 2002년부터 초등학생의 조기유학이 중학생과 고등학생보다 급증한 것으로 나타난 사실이다.

2) 한국 조기유학의 특징

2000년 이후는 학교붕괴, 교실붕괴, 왕따현상, 교육적 아노미, 공교육 불신 등 교육의 부정적 측면이 많이 부각된 시기다. 이때는 대학입시체제가 선택 중심 교육과정으로 전환한 과도적 시기로 학생과 학부모에게 교육적 짐이 점차 가중되고 있었다. 특히 정보통신의 발달과 신자유주의적 영향으로 세계화(globalization)가 부각되면서 영어교육의 필요성이 강조되었으며, 이런 교육의 사회적 상황은 교육을 위한 탈한국을 시도하는 중요한 원인으로 작용하였다.

실제 한 조사(동아일보, 2006. 6. 3.)에서, '기회가 된다면 조기유학뿐만 아니라 기러기 아빠도 감수할 수 있는가'라는 질문에 대해 초·중·고생 학부모의 36.2%가 교육이민, 28.9%는 조기유학, 15.5%는 기러기 아빠라고 응답하였다. 상당히 많은 사람들이 교육 엑소더스를 희망할 만큼 우리의 교육문제는 심각하다고 할 수 있다. 특히 한국의 조기유학은 특정 요인에 의해 이루어지는 것이 아니라, 매우 복잡한 요인이 얽히고 있는 양상이다. 이런 조기유학의 원인을 살펴보면 다음과 같다.

첫째, 조기유학의 교육적 요인을 들 수 있다. 우리 사회는 대학입시경쟁으로 인한 과중한 사교육비의 부담과 학벌주의 풍토가 만연해 있다. 한국의 대학입시경쟁은 매우 극심하여 초등학생뿐만 아니라 유아까지도 대학입시교육의 굴레에서 벗어나지 못하고 있다. 어렸을 때부터 과중한 사교육을 받아 가계 경제에 심각한 부담을 주고 있는 실정이다. 구체적으로 실제 교육비 지출 정도를 살펴보면 매우 심각한 수준에 있음을 알 수 있다.

〈표 13-2〉를 보면 2008년에 국내 가계가 지출한 교육비가 40조 원에 육박해 있고, 특히 사교육비는 약 19조 원으로 전체 교육비 지출의 절반 가까이 차지하고 있다. 이는 국내에서 지출한 교육비로 조기유학비를 충당할 만큼 엄청난 액수다. 국내교육비와 조기유학비가 큰 차이가 없다는 것은 조기유학을 부추길 만한 이유로 작용할 수 있다. 천문학적 교육비의 지출은 학벌주의 풍토와 무관하지 않다.

2007년 「이코노미스트」 조사에 의하면, 89.6%가 우리 사회를 학벌사회로, 72.1%는 출신 대학이 너무 많은 것을 좌우한다고 인식하고 있다고 한다. 우리 사회는 학연에 의한 권력화가 되어 지위, 권력, 부를 독점하고 있는 학벌사회다. 따라서 학벌은 사회적 생존권과 밀접히 관련되어 있으며, 좋은 학벌을 획득하기 위한 교육경쟁은 치열할 수밖에 없다. 조기유학은 어렸을 때부터 학벌경쟁에서 비교 우위를 점유하기 위한 교육경쟁과 밀접한 관련이 있다.

표 13-2 │ 연간 교육비와 사교육비 지출(단위: 억 원)

구 분	총지출 대비		교육비 대비	
	교육비	비중(%)	교육비	비중(%)
2000년	175,453	5.4	61,620	35.1
2002년	228,026	5.8	93,258	40.7
2004년	283,439	6.8	128,559	45.4
2006년	335,729	7.1	156,571	46.6
2007년	368,639	7.3	173,230	47.2
2008년	398,771	7.5	187,230	47.0

출처: 한국은행.

둘째, 조기유학의 사회적 요인을 들 수 있다. 오늘날 사회는 세계화가 되면서 영어의 필요성이 그 어느 때보다 부각되고 있다. 정보통신 과학기술의 급속한 발달은 지구촌의 물리적 시공간의 벽을 허물었으며, 신자유주의는 세계를 단일 경제촌으로 변모시켰다. 이에 따라 영어가 세계어가 되면서 의사소통의 일차적 수단으로 활용되고 있다. 세계화는 '영어의 세계화, 권력화'를 초래하여, 이제 영어를 익히지 않으면 사회에서 뒤처지고 신분 상승의 기회마저 차단되게 하였다. 한 조사(한국일보, 2006. 3. 7.)에서는 '영어의 권력화'가 세습되는 것에 대해 부모의 경제력과 빈부 격차를 낳은 악순환의 고리가 우리 사회의 깊은 골을 파고 있다고 하였다.

오욱환(2008: 105)에 의하면 한국사회에서 영어 구사 능력은 예전부터 중요한 자본으로 활용되었지만, 최근에는 '영어 실력만 갖추면 만사가 형통이다'라는 '영어 결정론'이 한국사회에 널리 그리고 깊숙이 자리잡고 있다고 한다. 그래서 유치원 아이들은 물론 젖먹이들도 영어 공부에 시달리고 있는 것이라 한다. 한국사회는 '영어의 권력화와 자본화, 그리고 계급화'를 강요하는 사회라고 할 수 있다. 조기유학은 영어와 밀접한 관련성을 가질 수밖에 없다.

실제 김홍주(2001: 17)의 조사에서는 조기유학을 가는 이유에 대해 '영어(외국어) 능력과 특기를 키우기 위해'가 36.4%로 가장 높게 나타났으며, '우리나라 학교교육에 만족할 수 없기 때문'이 35.5%, '과다한 사교육비 때문'이 34.0%, '지나친 학벌 위주 사회풍토와 극심한 대학 경쟁 때문'이 24.5%로 나타났다.

이미나(2001: 57)에 의하면 학부형들은 '유학을 보내면 우리 아이가 최소한 영어는 배울 수 있다. 영어만 잘하면 평생 먹고 살 수 있는 기반이 마련된다'라는 인식을 많이 하고 있다고 한다. 한국사회에서 영어의 자본화는 조기유학을 촉진하는 원인이 되고 있다.

셋째, 조기유학의 문화적 요인을 들 수 있다. 조기유학은 단순히 어린 자녀를 외국에서 교육시킨다는 의미 외에도 가족적으로 엄청난 부담을 가중한다. 조기유학은 경제적 어려움, 가족 간의 정서적 유대감의 균열, 부부간의 문제, 조기유학의 실패 등 헤아릴 수 없을 정도로 많은 문제를 가지고 있다. 언론 보도를 통해 경제적 어려움과 외로움으로 인한 기러기 아빠의 자살에 대해 종종 듣는 것처럼, 조기유학은 한 가족에게 많은 위험 부담을 준다. 가족의 고위험 부담을 감수해야 함에도 불구하고 조기유학이 가능한 것은 우리의 가족주의 교육문화와 관련이 있으며, 조기유학의 많은 어려움을 극복할 수 있는 가족 간의 끈끈한 유대관계가 있기 때문이다.

넷째, 한국의 교육경쟁은 학생 개인의 경쟁이 아니라 가족의 사회적 경쟁 형태를 띠고 있다. 우리 나라에서는 '자녀의 학력(學歷)을 가족의 계급적 상징물'로 인식하는 경향이 있다. 이미숙(1994: 78)의 교육과 가족주의를 동일시하는 어머니를 대상으로 한 4점 척도조사에서 '자식이 좋은 대학에 가는 것은 내가 가는 것과 마찬가지다'의 응답 평균은 3.05점, '자식을 좋은 대학에 보내면 부모로서 성공한 것이다'의 응답 평균은 3.07점, '자식이 좋은 대학에 들어가는 것은 부모님께 효도하는 것이다'의 응답 평균은 3.17점으로 비교적 높게 나타나고 있다. 교육을 통해 성공하려는 조기유학은 개인의 영광이 곧 가족의 영광이라는 전통적 가족주의 교육문화와 무관하지 않다.

지금까지 조기유학의 특성에 대해 다양하게 살펴보았다. 조기유학의 특성은 다양한 요인들이 복합적으로 연결되어 있어 한마디로 정의하기 어렵다. 그러나 조기유학은 우리의 도구적 교육문화와 무관하지 않아서, 그 이면에는 교육을 통해 출세하려는 입신양명적 교육문화가 자리잡고 있다.

오욱환(2008)은 우리나라 교육문제의 기저에는 출세주의가 관련되어 있으며, 조기유학도 출세욕의 연장선에서 일어난 현상이라 보고 있다. 김홍주(2005: 8)도 조기유학의 특성을 비슷하게 진단하고 있다. 그는 조기유학에 대해 결국은 남보다 한발 앞서기 위한 교육경쟁이 주요 원인이고, 나아가 외국 대학 졸업장 우월의식이 팽배한 한국사회에서 자녀를 좀 더 대접받는 상류계층으로 만들고 싶어 하는 욕망의 분출이라고 하였다.

요컨대 조기유학은 질 높은 선진 교육을 접하려는 욕망 때문이기도 하지만, 본질적으로는 한국의 학벌사회에서 비교 우위를 점하기 위한 생존권 경쟁의 형태를 띠고 있다. 조기유학은 교육을 통한 사회적 지위와 신분 상승 욕망을 실현하기 위한 도구적 교육관과 밀접한 관련이 있다.

4. 한국 다문화교육의 이해

1) 다문화교육의 특징

최근에 우리는 원하든 원하지 않든 다양한 문화세계를 경험하고 있다. 정보통신 과학기술의 발달과 세계화로 인해 물리적 시공간의 벽이 허물어져 노동 인력의 국가 간 이동이 활발히 이루어지고 있다. 지구는 하나의 촌으로 변모하여 단일한 문화 속에 삶을 영위하는 것은 거의 불가능하여, 다양한 문화를 경험하게 된다. 한 사회에 다양한 문화가 공존한다는 것은 상이한 가치 판단의 정신세계가 다양하게 존재하는 것을 의미한다. 상이한 가치 판단의 정신세계는 작은 차이로 인해 문화적 갈등의 골을 깊게 하여 치유할 수 없는 사회적 상처를 남길 수 있다.

따라서 다양한 문화의 공존과 사회적 갈등을 예방하기 위해, 서로의 문화를 이해하고 존중하여 문화적 차이를 극복하기 위한 노력이 필요하다. '차이가 차별'이 되지는 말아야 한다. 다문화주의(multiculturalism)는 이런 입장에서 출발하였다. 다문화주의는 지배문화와 피지배문화, 중심문화와 주변문화 등의 위계화된 서열을 해소하여, 다양한 문화적 차이와 다양성에 대한 이해와 존중, 동등한 공존을 강조하고 있다. 다문화주의는 서로의 문화를 열린 시각으로 바라보며 문화적 차이에서 오는 편견을 없애고 정치적·경제적·사회적 차별을 해소하는 데 있다.

다문화주의는 인식의 차이, 즉 문화적 차이가 사회적 차별로 작용하는 모든 대상을 포함하고 있다. 다문화주의는 인종적 편견과 차별뿐만 아니라 동일한 인종에서 발생하는 계층별, 성별, 세대별, 동성애 등의 광범위한 문화적 차이를 포괄하고 있다. 문화적 차이에서 오는 다문화주의는 세계주의 (cosmopolitanism)와 다원주의(pluarism), 그리고 민주주의 사상에 기초하고 있다. 다문화주의는 차이를 인정하고, 그 차이를 배려하고 존중하며 관용을 통해 인류의 보편적 가치를 실현하는 평화로운 온누리 사회를 만드는 데 있다.

그러나 문화적 차이에서 오는 사회적 편견과 차별을 해소하는 것은 용이한 일이 아니다. '차이가 차별'로 이어지는 악순환적 연결고리를 끊기 위해서는 많은 교육적 노력이 필요하다. 다문화주의를 실현하기 위해서는 교육을 통해 다문화적 의식을 형성해야 한다. 다문화교육(multicultural education)은 문화적 다양성의 존중과 이해를 위한 일련의 교육적 과정을 통해 문화적 차이에서 오는 사회적인 차별을 해결하여 궁극적으로 민주주의 가치를 실현하기 위한 교육전략이다.

장인실(2006: 29)은 다문화교육은 인종뿐만 아니라 다양한 문화집단에 속해 있는 서로 다른 사람들의 상호 이해와 평등관계를 중시하고, 민족과 사회적 지위, 성별, 종교, 이념과 같이 서로 다른 집단의 문화를 동등하게 가치 있는 것으로 인식하여 학생들이 자신이 속해 있지 않는 다른 문화에 대한 편견을 줄이고 다양한 문화를 올바로 이해하도록 하기 위한 지식, 태도, 가치교육을 제공한 것이라고 하였다.

바브루스(Vavrus, 2002: 1)는 다문화교육을 문화적·민속적·경제적 집단들 간의 교육적 평등을 실현하기 위해 고안된 총체적 학교개혁의 노력이라고 규정하였다. 다문화교육은 초·중등학교의 교육과정, 다문화 지식의 구성과정, 편견적 차별 해소, 평등한 교육기회(equity pedagogy), 그리고 모든 아동과 젊은이를 위한 사회구조와 학교문화의 형성 기여도를 높이기 위해 내용통합을 강조한다. 뱅크스(Banks, 2001) 또한 다문화교육은 이념과 개념, 그리고 교육개혁 운동 등 일련의 과정을 포함해야 한다고 하며 다문화교육의 정치사회적 맥락을 강조한다.

니에토(Nieto, 2005: 401-404)에 의하면 다문화교육은 모든 학생을 위한 기본적 교육이며 종합적 학교개혁 과정이라고 한다. 다문화교육은 학교에서 인종주의뿐만 아니라 차별의 다른 형태를 거부하고, 학생과 교사, 그리고 지역사회가 수용하는 다원주의(민속, 인종, 언어, 종교, 경제, 성 등)를 지지한다. 다문화교육은 철학에 기초한 비판적 교육학이고, 사회변화의 기반으로서 지식, 성찰(reflection), 실천에 초점을 두고 있으며, 사회정의의 구현을 위한 민주주의 원리를 고양시킨다고 한다.

따라서 다문화교육은 모든 사회 구성원들에게 다양한 학습기회를 제공하고, 다양한 교육제도와 사회제도에서 나타나는 문화적 다양성을 수용하는 교육적 접근이다. 이러한 다문화교육의 기저에는 인간과 인간관계에 대한 깊은 성찰적 이해를 통해 문화적 차이를 극복하여, 서로가 공존하는 평등사회를 구현하기 위한 종합적인 교육전략이 깔려 있다.

2) 다문화교육의 전개

문화적 차이를 극복하려는 노력은 오래전부터 있었지만, 다문화주의는 1970년대 초반 호주에서 대두되었다. 호주는 강한 인종적 편견을 지닌 백호주의가 시대적 한계에 부딪히자 새로운 이민정책 전환의 필요성으로 다문화주의를 제안하였다. 1983년 캐나다는 세계 최초로 다문화주의 이념을 실현하기 위해 구체적인 정책을 발표하였다. 이때부터 다문화주의라는 용어가 급속하게 전파되었다. 1980년대에는 학자들의 급속한 주목을 끌었으며, 다문화교육에 대한 논쟁이 활발하게 전개되었다. 그러다가 1990년대에 들어 다문화주의라는 용어가 일반인에게 광범위하게 확산되기 시작하였다.

다문화주의는 사실 오래전부터 그 역사의 씨앗이 뿌려져 왔으며, 정착되기

전까지는 많은 시행착오와 지속적인 노력이 있었다. 다문화주의는 역사적으로 여러 단계를 거쳐 진화해 왔다. 하지만 다문화주의의 역사적 단계는 학자마다 구분이 달라 일정한 기준을 정하기는 쉽지 않다.

여기서는 다문화주의의 역사적 단계를 배척주의(nativism), 동화주의(assimilation), 용광로주의(melting pot), 그리고 다문화주의(multiculturalism)로 구분하여 논의하고자 한다. 각 단계는 지향하는 이념에 따라 교육목적과 실천을 강구하였다. 각 단계가 지향하는 이념 그 자체는 교육실천과 밀접한 관련이 있다.

첫째, 배척주의는 미국에서 초기에 미리 정착한 구이민자가 홍수처럼 밀려오는 새로운 이민자를 막기 위한 것이었다. 미국의 초기 문화는 1620년 메이플라워 호를 타고 온 영국인들에 의해 청교도문화가 이식된 것에 지나지 않았다. 그러다가 점차 유럽의 다양한 나라에서 이민자들이 유입되자 청교도문화를 유지하려는 구이민자와 신이민자 사이에 갈등이 시작되었다(장인실, 2006: 30-31).

실제로 19세기 말에 독일계 이민자들은 그들의 언어가 선택되고 성공하기 위해서는 영어가 필요하다는 것을 인식하였다. 복수문화의 교육을 요구하는 사람들과 단 하나의 믿음 기준을 지지하는 사람들 간에 일어난 언어교육에 대한 갈등은 투쟁의 상징처럼 되었다. 학교는 청교도를 지지하면서 가톨릭에 대한 반감을 가졌고 이것은 종교 갈등의 원인이 되었다(Salili & Hoosain, 2001: 3-4).

둘째, 동화주의는 소수집단이 그들의 민속적 정체성을 포기하고, 주류 문화에 합병되는 것이다. 동화주의는 문화적 다양성과 차이를 사회적 갈등의 원인으로 간주하였다(Coelho, 1998: 19). 동화주의 개념을 처음 주장한 쿠벨리(E. P. Cubberly)는 동화주의에 대해, 우리의 과업은 민족집단을 분해하여 미국 인종의 일부로서 이들 집단을 동화 또는 융화시키기 위해 그들의 자녀에게 앵글로색슨의 정의, 법, 질서와 정부의 개념을 심어 주고 그들로 하여금

다문화이론의 유형

- 용광로 이론(theory of melting pot): 18~19세기에 정립된 용광로 이론은 주류 집단과 다양한 이주민들의 문화가 한 국가의 문화 속에 녹아들어 가는 것을 말한다. 용광로는 다양한 물질들을 화학적 결합을 통해 전혀 다른 새로운 물질로 변화하게 한다. 용광로의 이런 특성을 미국의 다문화적 상황에 반영하고 이해한 것이 용광로 이론이다. 기존의 다양한 이주민들이 미국의 지배계급인 WASP라는 문화적 용광로에 용해되어, 새로운 미국인으로 탄생하는 것을 말하며, 때론 동화주의와 혼용하여 쓴다.

- 모자이크 이론(theory of mosaic): 모자이크 이론은 1960년대 이민자의 문화적 뿌리를 제거하는 미국의 용광로 정책에 대한 반성과 1970년대의 캐나다의 다문화주의를 설명하기 위해 기본(J. M. Gibbon)이 제시한 것이다. 모자이크 이론은 다양한 색상과 조각으로 구성된 이민자들이 각각의 고유한 문화적 특성들을 살리면서, 전체적으로 아름답고 통일된 사회를 지향하는 데 있다. 그러나 모자이크 이론의 한계는 그 밑그림이 서구문화를 중심으로 하고 있다는 점이다.

- 샐러드 볼 이론(theory of salad bowl): 샐러드 볼 이론은 민족적·문화적 다양성을 인정하고, 각 집단의 고유한 문화의 유지를 보장하는 것을 의미한다. 샐러드 볼은 접시에 담겨 있는 샐러드가 각각 고유의 모습을 가지고 있는 상태에서 부분적으로는 각 재료들의 맛을 살리면서, 전체적으로는 다른 새로운 맛을 내는 것을 말한다. 이 점은 용광로 이론과 차이가 있다. 샐러드 볼 이론은 각각의 악기들을 통해 완성된 음악을 만들어 내는 오케스트라로 종종 비유된다. 그러나 샐러드 볼 이론 역시 각각의 재료적 특성 그 자체를 살리기보다는 전체적으로 어우러지게 하는 경향이 강하여, 각 이민자들의 고유한 문화적 특성을 인정하고 대변하기에는 한계가 있다. 이 점에서 보면 샐러드 볼 이론은 모자이크 이론과 매우 유사하다.

우리 민주제도의 존엄과 인간 존중의 미국 생활을 깨닫게 하는 것이라고 하였다(장인실, 2006: 31).

동화주의는 소수집단 문화를 인정하지 않으며, 앵글로색슨의 지배문화를 강요하는 인종적 편견을 가지고 있었다. 여기서 모든 소수집단은 자신들의 문화적 정체성을 포기하고 백인 중심의 청교도문화에 합병되어야 했다. 베넷(Bennet, 1995: 89)에 의하면 동화주의는 ① 자신의 고유문화 포기, ② 앵글로색슨의 서유럽 지배문화에 합병되거나 이에 대한 정체성 확립, ③ 앵글로색슨의 서유럽 지배문화를 중심이라고 생각하는 것 등이다.

셋째, 용광로주의는 다양한 국적의 이민자가 증가하고, 인종 편견적 동화주의의 한계를 극복하기 위해 여러 나라의 문화를 용광로에 융해시키듯 특정 문화를 배제한 새로운 형태의 종합문화를 만드는 것을 의미한다. 용광로주의는 다양한 문화의 물리적 결합보다 화학적 결합을 강조하고 있다. 그러나 용광로주의는 이상과 달리, 동화주의와 비슷한 잘못을 범했다. 즉, 용광로주의는 모든 문화를 상대적 입장에서 보지 않고, 백인문화를 소수집단 문화보다 우월적인 위치에 두었다.

베넷(Bennett, 1995: 86-87)에 의하면, 용광

로주의는 동화주의가 소수집단 문화를 고려하지 않은 역사적 사실을 간과하였다고 한다. 구체적으로 그는 다양한 반동화주의 전략에 의해 강요된 노동과 노예 생활을 하고 강제적 보호구역 정착, 강요된 순종, 집단학살을 경험한 아메리카 인디언을 예로 들었다. 아울러 그는 용광로주의에 반대하는 하나의 명백한 증거로서 흑인과 백인의 분리를 합법화한 점과 짐 크로우의 법령 아래 노예 상태에 있었던 아프리카계 미국인의 억압 생활을 들었다.

용광로주의는 새로운 이상적 문화를 탄생시키는 화학적 결합이 아니라, 문화적 위계성이 존재하는 물리적 결합에 가까웠다. 용광로주의는 추구하는 이상과 달리 새로운 형태의 차별을 정당화하는 등 동화주의와 큰 차이가 없었다.

넷째, 다문화주의는 1970년대에 호주와 캐나다에서 시작하여 세계적으로 확산되었다. 다문화주의는 다양성과 민주주의 원리에 기초하여 문화적 편견을 해소하고 사회적 평등화를 도모하고자 한다. 또한 다문화주의는 문화적 상대성과 다원성, 그리고 다양성을 기초로 하며, 문화적 인식 차이에서 오는 차별을 극복하고 모든 문화를 동등한 입장에서 파악하고자 한다. 다문화주의의 관점에서 지배문화와 소수문화의 경계선은 사라지며, 그 목적은 정치, 경제, 사회 등의 모든 차별을 해소하는 데 있다. 따라서 다문화교육은 일련의 교육과정을 통해 문화에 대한 편견을 없애고 상호 간 문화의 존중과 관용을 통해 문화적 차이에서 오는 사회적 차별을 예방하기 위한 것이다.

3) 한국 다문화교육의 이해

다문화주의는 인종, 계층, 이념, 언어, 종교, 성별, 세대 간 등의 차이에서 오는 문화적 다양성을 존중하고 배려하여 평화로운 공존의 사회를 만들기 위함이다. 다문화에서의 문화는 매우 광범위한 의미를 가지고 있다. 다문화주의는 문화적 차이가 발생하는 모든 요인을 포괄하고 있다.

현대사회에서 두드러지게 나타나는 다문화적 갈등은 인종적 차이에서 비롯된다. 물론 나라마다 다문화에 대한 사정은 다르다. 이 점에서 보면 세계는 다문화 사회에 접어들었으며, 각국은 다문화에서 야기된 문제점을 해결하기 위해 많은 노력을 기울이고 있는 것도 사실이다.

한국의 다문화는 1990년대 중반을 계기로 다양하고, 급속하게 형성됐다. 한국 다문화의 형성 요인은 매우 다양하다. 정보통신과 교통수단의 발달로 인한 단일 지구촌의 형성, 고등교육 인구의 증가와 3D(difficult, dirty, dangerous) 직종의 기피로 인한 노동인구의 부족, 경제성장으로 인한 산업연수생의 확대, 농어촌 총각의 국제결혼, 북한 이탈주민의 대량 유입, 재외한국인 동포의 급증 등이 한국을 다문화 사회로 이끌었다.

통계청의 외국인 등록 인구수를 살펴보면 1996년은 167,664명, 2001년은 267,630명은, 2006년은 632,490명, 2007년은 765,429명, 2008년은 854,007명이 체류하고 있는 것으로 나타났다. 이를 통해 2000년을 전후하여 그 인구수가 급속히 증가하는 것을 볼 수 있다. 실제 외국인 체류인구를 살펴보면 1990년은 49,507명, 1995년은 269,641명, 2000년은 491,324명, 2005년은 747,467명, 2006년은 910,149명, 2007년은 1,066,273명으로 증가하고 있다.

특히 2007년에 한국사회는 외국인 체류인구가 백만 명을 넘어서고 있으며, 전체 인구 대비 2.19%를 점유하고 있어 확실히 다문화 사회로 정착하고 있다고 할 수 있다. 한국의 다문화 유형은 국제결혼, 외국인 근로자, 새터민 가정, 중국 동포 등으로 구분할 수 있다. 각각의 다문화는 그 특성이 매우 상이하여, 일괄적으로 특정 문화로 통합하기에는 많은 어려움이 있다. 특히 국제결혼은 다양한 인종과 나라로 인해 문화적 이질성이 더욱 심하다.

한국의 다문화 사회화가 급속히 진행되면서 그에 따른 문제점도 많이 나타났다. 그동안 한국사회는 단일민족의 혈통을 기반으로 한 폐쇄적 문화를 유지해 왔었다. 외국인을 위시한 다문화적 경험이 없었기 때문에 이들을 배려할 수 있는 다양한 정책적 지원이 부족한 것도 사실이었다.

그러나 정부, 학계, 교육계, 언론계 등의 적극적 관심으로 인해 과거보다 다문화에 대한 인식이 많이 고양되고, 특히 학교교육을 중심으로 다문화 가정을 배려하기 위한 다양한 지원을 실시하고 있다. 그러나 아직도 많이 부족한 것이 사실인데, 그 이유는 다문화 가정이 급속하게 증가하면서 그에 따라 다문화 가정 자녀의 취학률도 높게 나타나고 있기 때문이다.

교육인적자원부(2007)의 국제결혼가정 자녀와 외국인 근로자 자녀의 재학 현황을 보면, 2005년은 6,121명과 1,591명, 2006년은 7,998명과 1,391명, 2007년은 13,445명과 1,209명, 2008년은 18,769명과 1,402명으로 증가세를

단일민족주의(the racially homogenuous nationalism)의 허구

민족주의는 개인주의를 탄생시킨 서구 근대사회의 산물이다. 당시의 국왕은 자본가계급과 결탁하여 봉건영주제를 폐지하였다. 그 영향으로 발생한 근대사회는 원자화된 개인을 통제하고, 강력한 연대감을 형성하기 위해 종족의 혈연적 일체감에 기반한 민족(nation)이란 허구적 개념을 탄생시켰다. 민족과 국가의 결합은 인민이란 이름을 지닌 개인의 탄생을 보완하기 위해 나타났다. 따라서 프랑스, 독일, 이탈리아 등은 종족적 혈연을 기반으로 한 단일민족국가를 주장하게 되었다. 당시의 니체(F. Nietzsche)는 민족주의는 국가라는 냉혹한 괴물이 민중을 속이는 사기극에 불과하다고 하며, 민족이라는 혈연적 배타성에 기반한 폭력성에 대해 음산한 경고를 하였다. 대표적으로 나타난 것이 혈연적 민족주의의 깃발 아래, 유대인의 인종적 청소를 단행한 나치즘이다.

한국에서 민족이란 단어가 처음 등장한 것은 1900년 「황성신문」에서 비롯됐으며, 1908년 신채호의 「독사신론(讀史新論)」에서 체계적으로 소개되었다. 여기서 그는 고대사회의 우리 민족은 여섯 종족으로 구성되어 있다고 하며, 혈연적 민족주의보다 정신적 민족주의를 강조하였다. 고려와 조선 사회에서

도 전쟁과 귀화를 통해 인종적 유입이 자연스럽게 이루어졌다. 그래서 한국의 단일민족주의 기원은 매우 모호할 수밖에 없다. 19세기 말, 일본은 서구의 단일민족주의에 위협을 느껴, 이를 극복하고자 오히려 그들의 혈연적 단일민족주의를 수입하였다. 한국의 단일민족주의는 이러한 일본의 단일민족주의에 영향을 받아 탄생하였다. 실제 박찬승(2011)에 의하면 일제강점기에도 단일민족이란 표현은 매우 드물었다고 한다. 단일민족주의가 우리의 의식 속에 깊게 각인되기 시작한 것은 사실 해방 이후부터다. 이때부터 당시의 지도급 인사들은 단일민족주의를 내세웠고, 이승만과 박정희 대통령을 거치면서 단일민족주의는 한국사회에 굳게 뿌리내렸다. 한국의 단일민족주의 기원은 역사적으로나, 과학적으로나, 학술적 근거가 매우 미약하다. 한국의 단일민족주의는 일제강점기와 해방 이후의 혼탁한 정치적 상황을 타개하기 위해 민족적 혼연일체를 강조하기 위한 이데올로기적 성격과 밀접한 관련이 있다. 인류사의 관점에서 볼 때, 순수한 혈통을 보존하여 한 국가를 오랫동안 유지하는 것은 불가능에 가깝다. 유전적 일체성을 보존한 단일민족국가는 지구상에 거의 존재하지 않는다고 할 수 있다.

나타내고 있다. 특히 국제결혼가정 자녀의 재학 현황은 2005년을 기준으로 2008년에는 거의 3배에 가까운 신장세를 보여 주고 있다. 이러한 다문화 학생의 증가세에도 불구하고 그들은 언어적응, 학교적응, 학습적응 등에서 많은 문제를 보이고 있으며 이를 해결하기 위해 정부와 언론계, 교육계는 다양한 인적, 물적, 행·재정적 지원을 강구하고 있으나, 다문화 학생의 원활한 교육적 적응이 이루어지지 못하고 있다.

물론 과거보다 다문화에 대한 인식이 확산되면서 많은 점에서 좋아지고는 있다. 그러나 아직도 이해 부족과 지원체제의 미비로, 다문화 학생들은 문화적 이질감을 느끼고 한국사회에 동화되지 못하고 있는 실정이다. 다문화교육의 관련 기관과 단체들의 더욱 적극적인 관심과 실천이 요구된다. 이러한 한국 다문화교육의 사회학적 기능은 다음과 같다.

첫째, 다문화 사회에 대비하기 위해 교육의 사회통합적 기능이 강조되어야 한다. 한국의 다문화 사회는 급속하게 확대되고 있다. 한국에서도 다문화 사회는 부인할 수 없는 현실적인 문제며, 조만간 다문화로 인한 이질성의 충돌이 예상된다. 다양한 문화적 차이는 사회갈등을 유발하고, 사회통합을 저해할 수 있다. 따라서 다문화교육을 통해 다문화의 이질적 차이를 극복하고, 상호 배려와 인식의 통합이 이루어져야 한다.

둘째, 다문화 학생에 대한 교육의 기회균등에 대한 심층적 고려가 있어야 한다. 다문화 학생은 한국 학생에 비해 교육적으로 평등하지 못한 위치에 있다. 언어문제와 문화적 차이 등으로 학교생활과 학습적응에 많은 어려움을 가지고 있다. 김신일(2006)의 교육적 평등관의 유형을 중심으로 살펴보면, 한국의 다문화교육은 인종, 종교, 지역의 차이에 따른 제도적 차별이 비교적 많이 나아지고 있는 편이다. 이 점에서 보면 한국의 다문화교육은 허용적 평등관을 수용하고 있다. 그러나 경제적 차이로 인한 교육기회의 보장인 보장적 평등관, 학교시설, 교과과정, 교사의 질 등을 고려한 조건의 평등관, 그리고 균등한 학업성취 수준을 고려한 교육결과의 평등관에 상당한 문제가 나타날 수밖에 없다. 따라서 다문화 학생을 위한 교육에 대한 심층적 배려가 필요하다.

셋째, 다문화교육을 통해 사회문화적 이질성을 극복해야 한다. 한국은 오랫동안 단일민족이라는 혈통적 배타성을 지녀 왔다. 이러한 배타성은 다문화 사회에 대한 이해의 부족을 초래할 수 있다. 다문화교육은 단일민족에 의한 동화교육이 아니므로, 소수문화에 대한 차이를 인정하는 사회적 존중과 배려가 필요하다. 그리고 다문화 학생뿐만 아니라 국내의 학생들에게 문화적 · 인종적 편견을 해소할 수 있는 반편견 교육을 실시하여 사회문화적인 이질적 차이를 극복해야 한다.

제 **5** 부

한국 교육정책의
사회학적 실제

한국교육의 사회적 성격을 비교적 명확히 알기 위해서는 실제 적용된 교육정책의 사례에 대한 이해가 필요하다. 한국의 교육정책은 입시교육으로 얼룩진 우리의 교육풍토와 교육문제의 특징들을 종합적으로 포괄하고 있기 때문이다. 한국 교육정책의 정치사회적 대두 배경과 특징 그리고 결과 등에 대한 섬세한 이해는 복잡한 우리 교육의 전반에 대한 이해 수준을 높이고, 교육정책의 기획단계에서도 효과적인 교육전략(안)의 마련에 대한 인식의 제고를 도모할 것이다. 그래서 우리나라에서 대표적인 교육정책인 고교평준화정책, 7 · 30 교육정책, 5 · 31 교육정책, 입학사정관제를 논의하였다. 이러한 교육정책을 선택한 이유는 한국교육의 사회적 성격에 대한 당시의 시대별 특징을 극명하게 보여 주기 때문이다. 네 가지의 교육정책을 이해하면, 한국교육 속에 숨어 있는 정치, 경제, 사회, 문화, 역사 등이 거미줄같이 복잡하게 연결되어 있어, 졸속적인 교육정책으로 한국의 교육문제를 해결하는 것이 얼마나 어려운지를 알게 될 것이다.

제**14**장
고교평준화정책의 실제

1. 고교평준화정책의 배경

1960년대 중학교 입시의 치열한 경쟁은 사회적으로 큰 쟁점이 되었다. 당시 국민학생들은 일류 중학교에 진학하기 위해 입시경쟁의 굴레를 벗어나지 못하고 있었다. 중학교의 입시경쟁은 국민학교의 정상적인 교육활동을 저해할 정도로 교육적 부작용이 심하였다. 문교부(1988: 390-487)는 당시의 상황을 다음과 같이 전하고 있다.

중학교의 치열한 입시경쟁과 함께 중요한 것은 일류 지향성이었다. 이른바, 이 일류병 때문에 재수생이 늘어나 사회문제화되기까지 하였다. 어린 국민학생이 일류 중학교에 입학하기 위해 심신의 발육에 지장을 줄 정도까지 과외공부를 하면서 입시준비에 시달리고 있었다. 또 국민학교 교육 자체가 입시준비를 위하여 비정상적으로 운영되고 있었다. …〈중략〉…

1968년까지는 우리나라의 모든 학생들이 입시지옥에서 시달렸다고 해도 과언이 아니었다. 심지어는 어린 국민학생까지도 과열된 과외로 심신이 제대로 성장하지 못하고, 학교교육은 비정상적으로 운영될 수밖에 없었으며, 가정 생활은 균형을 잃었고 과외비 부담이 극에 달하였다.

당시의 중학교 입시경쟁의 극심한 상황을 잘 표현해 주는 부분이다. 일류 중학교에 입학하기 위해 어렸을 때부터 과외공부에 시달리거나 재수를 선택하는 것은 교육적으로 끔찍한 상황이다. 더욱이 1965년에 일어난 무즙 파동과 창칼 파동은 당시 중학교 입시경쟁의 치열한 상황을 말해 주는 상징적 사건으로 아직도 회자되고 있다. 이러한 교육사회적 상황으로 인해 1968년 7월 15일, 권오병 문교부 장관은 당시에 교육혁명이라 불린 중학교 평준화정책인 '중학교 무시험제'를 발표하였다.

당시 중학교 무시험제의 목표는 ① 아동의 정상적인 발달 촉진, ② 국민학교 교육의 정상화, ③ 과열된 과외공부의 해소, ④ 극단적인 학교 차 해소, ⑤ 가정의 교육비 부담 감소와 일류 중학교 관념의 불식이었다. 이를 위해 1969년에 서울의 세칭 명문교인 경기중, 경복중, 서울중, 경기여중, 이화여중을 폐쇄하였고, 1970년에는 서울을 비롯하여 전국의 일류 중학교를 폐교하거나 학교명을 바꾸게 하였다. 과열된 교육열을 해소하기 위해 전국에 377개교의 중학교를 신설하고 8,579개의 교실을 신축하였으며, 11,517명의 교원을 증원하였다.

이러한 중학교의 양적 증가는 국민학교의 입시문제를 어느 정도 해소하였으나, 이는 곧 고등학교의 치열한 입시경쟁으로 나타났다. 중학교의 양적 증가는 고등학교의 수요를 증가시켜, 고등학교 입시경쟁으로 이어지게 하였다. 즉, 1969학년도에 실시된 중학교 무시험제로 인해 양적으로 증가한 중학생들은 1972학년도부터 고등학교 입시에 몰리게 되었다. 이때부터 '국6병이 중3병'으로 전이되어 치열한 고등학교 입시경쟁이 시작되었다.

당시의 상황을 보면, 중학생이 하루 4시간 이상의 과외수업을 받고 있었고, 대다수가 중3병인 입시 스트레스에 시달리고 있었다. 이러한 과열된 고등학교 입시경쟁에 대해 당시의 문교부 장관인 민관식(1975: 74)은 ① 입시교육으로 인한 중학교 교육과정의 파행적 운영, ② 중학생의 전인적 성장의 저해, ③ 고등학교 간 교육격차 심화, ④ 재수생의 누적과 과외, ⑤ 일류 고등학교 집착에 의한 학생 인구의 도시 집중 등의 다양한 문제가 나타났다고 하였다. 일류 고등학교에 들어가기 위한 입시경쟁은 교육적 차원을 넘어서 사회적으로 심각한 부담으로 작용하고 있었다.

중학교 무시험제로 인한 교육적 후유증을 해결하기 위해, 1973년 2월 28일 민관식은 ① 중학교 교육의 정상화, ② 일류병과 과열 과외 해소, ③ 사교육비 경감, ④ 지역 간 균형 발전, ⑤ 학생, 교원, 시설 등에서 고등학교의 완전 평준화 실현 등을 주요 골자로 하여, 기존의 시험에 의한 선발 방식을 추첨배정 방식으로 전환한 「인문계 고교 학군별 추첨 입시 방안」을 발표하였다. 이 방안은 언론계에서 일반인의 이해를 용이하기 위해 '고교평준화'로 바꾼 것이 계기가 되어, 지금까지 고교평준화가 공식적인 용어처럼 사용되고 있다. 실질적인 고교평준화정책이 대두된 것이다.

2. 고교평준화정책의 전개

1973년에 공포된 고교평준화정책은 그다음 해부터 본격적으로 적용되기 시작하였다. 1974년에는 당시 입시경쟁이 치열했던 서울과 부산이 고교평준화 지역으로 적용되었다. 1975년에는 대구, 인천, 광주 지역으로 확대 실시되었다가 1979년에는 대전, 전주, 마산, 청주, 수원, 춘천(1991년부터 해제), 제주 등의 일곱 개 도청 소재지에 적용되었다.

1980년에는 창원이 도입하였으며, 1981년에는 성남, 원주(1991년부터 해제), 천안(1990년부터 해제), 군산(1990~1995년 동안 해제), 이리(1991~1995년 동안 해제), 목포(1990년부터 해제), 안동(1990년부터 해제), 전주의 여덟 개 시가 고교평준화지역이 되었다.

2000년에는 군산, 익산, 울산이 고교평준화를 도입하였으며, 2002년에는 분당, 과천, 안양, 군포, 의왕, 부천, 고양이 고교평준화지역이 되었다. 그러나 이러한 고교평준화정책은 도입된 지 얼마 안 되어 조직적인 반발에 부딪히게 된다.

1975년 10월에 한국사학재단협의회와 대한사립 중·고등학교의 학교장회의에서 새 입시제도의 전면 폐지, 또는 사립학교만의 과거 방식의 복귀 허용 건의가 이루어졌다. 1977년 1월에 대학교육연합회는 학군 내 고교별 지원·전형제를 건의하였으며, 동년도 5월과 6월에는 한국사학재단협의회와 전국사대연합회, 대학교련의 고교별 지원 입학제에 대한 강력한 건의와 반대에 부딪혔다. 이런 이유로 고교평준화의 확대가 주춤하면서 보류되었다(문교부, 1988: 395).

고교평준화정책에 대한 반발이 계속되자, 문교부는 고교평준화정책의 공과에 대해 전면적으로 재고하기 시작하였다. 문교부는 한국교육개발원에 고교평준화정책 평가 연구를 위촉하여, 1978년에 「고교평준화정책 평가 연구」의 1차 보고서와 1979년에 2차 보고서가 나오면서 당시의 중요한 논쟁점이었던 학력(學力) 저하의 문제에 대해 학력 저하의 실증적 근거는 희박하다는 긍정적인 결론을 맺었다(윤종혁 외, 2003: 41-42).

이 연구에서 고교평준화정책이 비교적 성공적이었다는 결과가 나오자 1979년부터 일곱 개 도시를 추가 적용한다는 시안을 마련하여, 동년 5월 22일에 확정 발표하여 실시하게 되었으며 1986년까지 전국적으로 확대 실시한다는 계획을 세웠다(문교부, 1988: 395). 실제로 1980년대에는 전국 아홉 개의 시·도로 확대되었고, 1990년대에는 고교평준화를 폐지하는 시가 생겼으나 2000년대에는 추가로 열 개 이상의 시가 고교평준화지역으로 적용되었다.

고교평준화정책은 중학교 교육의 정상화, 고등학교의 교육기회 확대, 학교 간 교육격차 완화, 고등학교 과열 입시경쟁의 해소, 사교육비 부담 경감, 지방 학생의 대도시 집중 현상의 해결 등 많은 성과가 있었다. 그러나 이 정책은 고등학교 교육의 학력(學力) 저하를 이유로 아직도 많은 반대에 부딪히고 있다. 실제로 1990년에는 많은 지역에서 고교평준화를 해제하여 과거의 고교입시 방식으로 회귀하는 경향을 보이기도 하였다. 고교평준화정책은 아직도 많은 논란의 대상이 되고 있다.

3. 고교평준화정책의 쟁점

고교평준화정책은 2000년대 들어 교육의 자유주의와 진보주의의 첨예한 이념적 대립 구도 속에서 그 공과에 대한 찬반 논쟁이 한층 치열하게 전개되었다. 지식기반사회의 인재관은 일정한 틀에 얽매이지 않고 상황에 따라 유연하게 대처하고, 지식의 부가가치를 극대화하는 창의적인 두뇌를 소유한 인재를 요구한다. 지식기반사회에서 교육 경쟁력은 곧 국가 경쟁력이라는 것이다. 이러한 시대적 이유로 인해 고교평준화정책은 세찬 도전에 직면하여 전국적인 논란의 쟁점이 되기도 하였다. 고교평준화정책의 논란의 특성을 정리하면 다음과 같다.

첫째, 평등성과 수월성에 대한 논란이다.

고교평준화는 과정의 평등관을 구현하는 정책적 성격을 가지고 있다. 가드너(J. W. Gardner)는 "만인을 위한 교육은 그 누구를 위한 교육도 못 된다."라고 하였다. 교육의 평등성은 수월성 교육에 도움이 되지 못하며 전체적으로 사회 경쟁력을 약화시킨다는 것이다.

자유주의 교육관은 고교평준화정책을 부정하고 수월성 위주의 교육체제 전환을 주장하고 있다. 자유주의 교육관은 고교평준화정책이 교육 경쟁력을 약화시키는 직접적 원인이 되며 미래의 국가 경쟁력의 걸림돌이 될 수 있다고 한다.

진보주의 교육관은 고교평준화로 인해 학교 간의 학력(學力)은 비슷한 수준을 유지하고 있지만, 학교 내에서는 학력의 정상분포를 가지고 있어서 실제로는 평등하지 않다고 본다. 그리고 자유주의 교육관이 주장하는 수월성 위주의 교육은 실질적인 학교체제의 등급제와 과거 교육의 회귀를 의미한다고 주장한다. 학교체제의 등급제는 고교입시 위주 교육의 부활, 사교육비의 증가, 과열 과외, 일류 지향병 등으로 인해 계층 간의 교육적 위화감 조성과 국민의 가계 경제의 부담을 증가시키므로, 전체적으로 볼 때 고교평준화는 학교체제의 등급제보다 사회적 비용이 상대적으로 적게 소모된다는 것이다.

둘째, 획일성과 다양성에 대한 논란이다.

지식기반사회의 시대적 요청은 다양성이다. 자유주의 교육관은 고교평준화하에서는 획일적인 교육과정으로 인해 학생의 재능과 흥미에 적합한 교육을 받을 수 없다고 주장한다. 고교평준화는 교육의 붕어빵을 양성하는 획일화로 인해, 다양한 인재를 요구하는 시대적 배경을 수용하지 못한다는 것이다. 개인의 특성에 적합한 다양한 교육의 제공은 학생의 권리이자 의무이며 기본권에 속하는 문제다. 자유주의 교육관에서는 고교평준화의 획일성이 학생의 잠재적 능력을 고양시키지 못하고, 교육 경쟁력을 저하시키고 있다고 본다.

진보주의 교육관은 고교평준화의 획일성을 어느 정도 인정하면서, 그것은 국가교육과정에 의존해서 생긴 문제라고 한다. 국가에서 교육과정을 획일적으로 제공하기 때문에 학교에서 다양한 교육을 제공할 수 있는 법적 근거가 없다는 것이다. 또한 1983년부터 설립되기 시작한 특수목적 고등학교, 자율형 사립고등학교, 특성화 고등학교, 선택 중심 교육과정 등으로 고교평준화의 획일적 한계를 어느 정도 보완하고 있다고 한다.

특히 진보주의 교육관은 자유주의 교육관에서 주장하는 교육의 다양성에 대해 어느 정도 동의하지만, 대학입시교육에 모든 것을 '올인'하는 우리의 교육풍토로 볼 때 거의 이상론에 가깝다고 한다. 우리 교육의 다양성은 대학입시체제에 함몰되어 다양성을 가장한 입시위주교육의 획일성으로 전환될 가능성이 크다는 것이다. 진보주의 교육관은 교육의 다양성은 미명에 불과하며, 실제로 이를 통해 고등학교 간의 학력 격차를 인정하는 등급제를 부활시키기 위한 것이라고 한다. 결국 교육의 다양성은 일류 고등학교로의 진학을 위한 치열한 입시경쟁의 서막을 알리는 슬픈 전주곡이라는 것이다.

셋째, 공공성과 선택성에 대한 논란이다.

헌법 제31조 ①항에는 "모든 국민은 능력에 따라 균등하게 교육을 받을 수 있는 권리를 가진다"라고 규정되어 있다. 교육기본법 제4조(교육의 기회균등) ①항에는 "모든 국민은 성별, 종교, 인종, 사회적 신분, 경제적 지위, 또는 신체적 조건 등을 이유로 교육에서 차별을 받지 아니한다"라고 규정되어 있다.

전자는 개인의 능력에 따라 교육을 받을 수 있도록 하는 교육의 선택성을, 후자는 누구나 차별 없이 교육을 받을 수 있는 교육의 평등성과 공공성을 강조한다. 전자와 후자의 법률은 이념적으로 매우 상충되어 있어 지혜롭고 균형적인 조화가 필요하다. 이 법률에 근거하여 논의를 전개하면, 자유주의 교육관은 전자를, 진보주의 교육관은 후자를 지지한다. 양극단의 주장은 한 치의 양보 없이 서로의 교육적 타당성을 주장하고 있다.

교육 선택권을 강조하는 자유주의 교육관은 개인의 능력과 흥미에 따른 교육의 수월성과 다양성을 주장한다. 즉, 개인의 능력에 따라 일체의 교육을 차별적으로 지원해야 하며, 아울러 학생들에게 자신의 능력과 흥미에 적합한 교육을 받을 수 있도록 교육 선택권을 부여해야 한다는 것이다.

진보주의 교육관은 인간은 누구나 평등하며, 교육은 공공재의 성격이 강하여 교육적 차별은 없어야 한다고 한다. 특히 학생의 교육적 능력은 사회경제적 배경에 의해 인위적으로 만들어져서, 교육적 선택권은 중·상류계층의 학생에게 유리하게 작용한다. 따라서 학교 선택권은 '교육의 부익부 빈익빈'을

초래하여 미래에 점유할 신분과 지위의 기계적 재생산이라는 사회적 악순환
이 생기게 한다고 한다.

넷째, 자율성과 통제성에 대한 논란이다.

고교평준화정책은 공·사립을 막론하고 일괄적으로 적용되고 있다. 최근
에 설립된 자율형 사립학교를 제외하고는, 대다수의 일반 사립학교는 고교평
준화의 틀 아래에서 국가의 통제를 받고 있다. 그래서 대두된 것이 사립학교
의 자율성 문제다.

자유주의 교육관은 사립학교는 설립 이념에 따라 운영할 수 있도록 교육의
자율성을 보장해 주어야 한다고 한다. 사립학교는 공적 영역보다 사적 영역
에 가깝다는 것이다. 사립학교의 자율적 운영은 교육의 수월성과 다양성을
추구하게 하여 교육의 다양한 질을 보장할 수 있다. 사립학교의 자율성 뒤에
는 언제나 엄격한 책무성이 따르기 때문이다. 사립학교의 자율성은 사립학
교 간의 치열한 교육경쟁을 통해, 교육의 질을 극대화할 수 있는 이념적 기반
이 될 수 있다는 것이다.

진보주의 교육관은 교육 그 자체는 본질적으로 공적인 영역에 속하기 때문
에, 사립학교 역시 예외가 될 수 없다고 한다. 사립학교는 국가의 재정적 지
원을 받고 있어서 공적인 가치를 가지고 있다. 만일 사립학교의 자율권이 보
장된다면 등록금 인상은 불가피하며, 사회경제적 배경에 따른 교육적 차별이
자행될 수밖에 없다. 이 점은 궁극적으로 교육 평등권에 정면으로 위배된다
는 것이다.

다섯째, 학력(學力)의 질 저하에 대한 논란이다.

고교평준화 논쟁의 핵심 가운데 하나는 학력의 질 저하에 관한 것이다. 자
유주의 교육자들은 고교평준화로 인해 학력의 하향 평준화가 이루어졌다고
비판한다. 자유주의 교육자들은 2002년, 위계적 자료분석(HLM)을 적용한 실
증적 근거를 들어 학력의 질 저하에 대한 고교평준화의 한계를 지적하였다.
학력의 질 저하의 모든 원인은 고교평준화에서 발생했다는 것이다. 이로 인

해 고교평준화의 학력 논쟁은 교육계, 학계, 언론계, 정치계 등에서 치열하게 전개되었다.

진보주의 교육자들이 자유주의 교육자들이 주장하는 실증적 분석의 오류를 지적하면서, 학력 논쟁은 크게 교육학자와 경제학자의 대립 양상으로 번졌다. 경제학자들은 교육의 신자유주의적 경쟁을 요구하면서, 경쟁 없이 교육의 질을 보장할 수 없으며, 획일화된 고교평준화는 학력 저하의 실질적 원인이라고 하였다. 그러나 교육학자들은 다양한 실증적 자료를 제시하면서 학력이 저하되었다는 뚜렷한 근거가 없다고 하였다.

특히 진보주의 교육자들은 OECD가 주관하는 중학교까지의 의무교육을 마친 만 15세 학생을 대상으로 한 국제학업성취도 비교 평가인 PISA에서 한국 학생은 최상위의 학업성취 능력을 보이고 있는 객관적 사실을 제시하였다. 진보주의 교육자들은 자유주의 교육자들이 주장하는 학력 저하는 대학 본고사가 시행되는 세대와 비교하여 학력이 낮을 수 있지만, 이 점 또한 고교평준화와는 무관하다고 한다.

실제 1994년부터는 학력고사를 대학수학능력시험으로 전환하여 범교과의 포괄적인 문항을 출제하면서, 교과에서 요구하는 고도의 지엽적인 문항과 거리를 두게 되었다. 또한 선택 중심 교육과정으로 인해, 이공계는 특정 과목만을 선택하여 다른 기초 과목의 능력을 배양할 수가 없는 것도 학력 저하의 원인이 될 수 있다. 우리의 교육풍토로 볼 때, 대학입시문제가 쉽든 어렵든 간에 대학입시경쟁에 모든 노력을 집중적으로 쏟는다. 어려운 문항은 어려운 문항대로, 쉬운 문항은 쉬운 문항대로 그에 적합한 맞춤형 교육적 노력을 한다. 결국 학력 저하는 고교평준화의 문제가 아니라, 대학입시 문항의 난이도와 선택 중심 교육과정과 밀접한 관련이 있다는 것이다.

고교평준화에 대한 논란은 이념적 측면에서 현실적 측면에 이르기까지 매우 다양하고 광범위하게 전개되어 왔다. 치열한 논란에도 불구하고 고교평준화 문제는 종결의 기미를 보이지 않고 아직도 논란의 불씨를 안고 있다. 진보주의 교육자들도 고교평준화는 우리 사회의 교육문제를 해결하는 절대적인 최선책이 아니라 차선책에 불과하다고 인식하고 있다. 단지 학력(벌)주의에 얼룩진 우리의 심각한 교육문제로 볼 때, 고교평준화정책은 치열한 일류 중심의 고교입시경쟁보다 사회적 비용을 상당히 줄일 수 있다는 것이다.

그러나 자유주의 교육관의 주장대로 고교평준화정책이 많은 한계를 가진 것도 분명한 사실이다. 이러한 문제를 해결하기 위해서는 우리의 교육상황에 맞는 지혜로운 교육정책을 고민해야 한다. 양극단에 서서 자신의 이념적 잣대로만 교육을 재단하는 정책은 '인간을 위한 교육이 아니라 이념을 위한 교육'이 될 수 있다. 양극단의 이념적 측면에서 서로를 비판하는 것이 아니라, 함께 노력하여 생산적이며 합리적인 대안을 제시할 수 있는 실용적인 균형 감각을 가질 필요가 있다.

제**15**장
7 · 30 교육정책의 실제

1. 7 · 30 교육정책의 배경

　오랫동안 독재자로 군림한 박정희 대통령이 1979년 10월 26일에 서거하자, 전두환 장군을 중심으로 한 일부의 군부 출신들은 12 · 12 사태를 거치면서 정권을 장악하기 시작하였다. 1980년 5월 18일 광주 민주화 운동이 일어나면서, 우리 사회는 역사적 비극을 경험하였다. 이런 일련의 사건을 통해 제5공 정권이 들어섰다. 제5공 정권은 출발부터 정치사회적 기반이 매우 취약하여 국민적 지지가 절실하게 필요했다. 제5공 정권은 광범위한 계층에서 엄청난 관심을 가지고 있는 우리의 고질적인 교육문제를 해결하면 자연스럽게 국민적 지지의 토대를 마련할 수 있다고 보았다.

　당시의 교육문제는 매우 심각하였다. 중학교 무시험제도와 고교평준화정책은 중등교육의 기회를 팽창시켰지만, 박정희 정권은 대학교육의 교육기회를 제한하였다. 1950년대에는 무분별한 고등교육정책으로 고등교육 유민,

| 표 15-1 | 연도별 재수생 증가 현황 |

연도	1970	1974	1976	1975	1979	1980	1983	1987	1990
증가율	100.0	140.6	166.9	146.0	307.7	402.8	542.4	505.5	621.8

출처: 1) 강무섭, 김재웅, 민무숙(1986), pp. 76-77 재구성.
자료: 2) 최영표, 한만길, 이혜영(1989), p. 84 재구성.

대학망국론으로 불릴 정도로 고등교육의 질적 저하가 심각했으며, 1961년 「교육에 관한 임시특례법」, 1965년 「대학학생정원령」 등의 일련의 조치를 통해 고등교육정원을 억제하였다. 이런 이유로 대학입시문제의 사회적 심각성이 두드러져 국6병이 중3병으로, 중3병이 고3병으로 이어지면서 고등교육의 병목현상이 대두되었다. 고등교육의 병목현상은 재수생과 과열 과외 문제로 나타났다. 〈표 15-1〉은 1970년의 재수생의 수를 100.0으로 기준하였을 때, 연도별 재수생의 증가 현황을 나타낸 것이다.

〈표 15-1〉은 1970년대에 재수생의 수가 급격히 증가하고 있는 것을 보여 주고 있다. 1970년대에는 종로학원, 대성학원, 정일학원 등을 중심으로 수많은 학원들이 재수생의 대학입시교육을 주도하고 있었으며 과외 열풍에서 벗어나지 못하여 심각한 사회문제로 대두되고 있는 시기였다. 이러한 과열 과외의 이면에는 일류 지향적 대학입시교육과의 밀접한 관련이 도사리고 있었다. 당시의 상황에 대해 한 언론(중앙일보, 1988. 8. 29)과 7·30 교육정책 입안에 직접 참여했던 정태수(1991: 61-98)는 과열 과외와 치열했던 대학입시교육 상황의 생생한 교육적 단면을 다음과 같이 전하고 있다.

당시의 과열 과외는 심각한 사회문제의 범위를 넘어 망국 과외로 불리고 있었고 "과외 때문에 못살겠다." "과외를 없애 주면 대통령 표도 찍어 주겠다."는 말까지 나올 정도였다.

우선 대학의 문에 들어가고 볼 일이라는 지고지상의 교육목표를 향해 아무것도 뒤돌아보지 않고 사부일체로 맹진하는 맹수의 돌진과 같은 형상이었다. …〈중략〉… 학생은 사·부 양측의 성화에 못 이겨 아침에 한탕, 저녁에 한탕, 그리고 피로와 수면 부족에 정작 학교 교과 시간에는 졸림이 오고, 교사는 교사대로 부수입을 위해 과외공부방에 드나드는데 학교 수업을 빨리 때우고 과외방으로 가려 하고, 교실은 마음이 콩밭(과외공부방)에 가 있는 학생과 교사가 마주앉아 있는 공동교실(空洞敎室)을 상상해 볼 수 있지 않을까? …〈중략〉… 학교는 학교대로 학부모는 학부모대로 교육 본연의 자세에서 벗어나 온갖 수단과 방법을 가리지 않고 상급 학교의 진학에만 열중했다. 그것도 일류 대학에만 진학시켜 명문교로서의 전통과 가문의 체면과 개인의 부귀영화를 추구하기에만 급급했던 것이다. 누가 무엇이라고 하더라도 과외공부는 학교교육의 정상 기능을 불신시키고 학생들의 심신의 성장을 저해해 왔으며 학부모에게는 과중한 과외비를 부담시켰을 뿐만 아니라 과외공부를 시키는 국민과 시키지 못하는 국민 간에 위화감과 불신감을 조성해 온 것이다.

1970년대의 교육상황 역시 녹록하지 않았다. 본격적으로 고3병인 대학입시문제가 불거진 것에 불과하다. 이때도 일류 지향적 대학입시로 인해 과열 과외와 재수생 문제뿐만 아니라 수월주의적 교육풍토가 만연되어 있었다. 오죽했으면 '망국 과외'라는 표현이 등장했을까라는 생각이 든다. 그만큼 교육문제는 사회적으로 심각하게 받아들여지고 있었다. 교육의 심각한 사회적 상황은 제5공 정권으로 하여금 1980년 「7·30 교육 정상화 및 과열 과외 해소 방안」이라는 정책을 발표하게 하였다. 소위 7·30 교육정책은 온 국민의 관심사였던 교육문제를 해결하기 위해 발표된 것이지만, 실제는 제5공 정권의 정당성과 국민적 지지를 얻어내기 위한 정치적 목적을 가지고 있었다. 정태수(1991: 41)는 이 점에 대해 다음과 같이 회상하고 있다.

신군부 세력은 그 당시 가장 큰 사회적 이슈의 하나였던 과외 수업을 눈에 보이게 해소시킴으로써 국민의 가계상의 압박을 제거하고 국민계층 간의 위화감을 완화시킬 정치적 필요성이 있었다.

7·30 교육정책은 제5공 정권의 정치적 정당성을 확보하기 위한 것도 있었지만, 대학교육을 강화하여 학원 소요 세력을 막기 위한 직접적인 정치적 목적도 함께 작용하였다. 7·30 교육정책은 사회적으로 심각한 교육문제를 해결하기 위해 매우 포괄적으로 접근하여, 그 이후 상당한 교육적 후유증을 남기기도 하였다.

2. 7·30 교육정책의 특징

7·30 교육정책의 발표 직전 당시의 정치적 사태는 매우 긴박하고 심각한 수준이었다. 이런 상황에서 7·30 교육정책 입안 당시에 실제적인 교육 전문가는 거의 참여하지 못했으며, 국가보위비상대책위원회(이하 국보위)에서 주도하였다. 국보위에서 정치적 정당성을 확보하기 위해 마련한 7·30 교육정책은 충분한 준비 기간을 둔 것이 아니라, 매우 졸속적으로 입안된 태생적 한계를 가지고 있었다. 그러면서도 상당히 광범위하고 포괄적인 측면을 담고 있었다. 7·30 교육정책의 내용을 구체적으로 살펴보면 다음과 같다.

① 1981학년도부터 대학입학 본고사를 폐지하고, 출신 고등학교의 내신성적과 예비고사 성적만으로 입학자를 선발한다.
② 고등학교 이하 각급 학교의 현행 교과목 수를 줄이고, 또 그 수준도 낮추는 방향으로 교육과정을 조정한다.
③ 대학의 졸업정원제를 실시하여 신입생은 정원보다 일정 수를 더 입학시

키되, 졸업은 인가정원 수로 한정한다.

④ 대학의 강의를 하루 종일 개설하여 대학의 시설과 인력을 최대한 활용하는 전일제 수업을 시행한다.

⑤ 대학 진학의 문호를 넓히기 위해 대학입학정원을 연차적으로 대폭 확대하여, 1981년에는 최고 105,000명까지 증원할 것을 검토한다.

⑥ 현행 TV 가정고교방송의 운영을 개선하여 방영시간과 대상과목을 늘리는 한편, 1981년부터는 교육전용방송을 실시한다.

⑦ 방송통신대학을 확충하고, 교육대학의 이수 연한을 연장한다.

7 · 30 교육정책은 7개 항목을 주요 내용으로 하여 교육 정상화에 초점을 두었다. 즉, 본고사의 폐지와 고교내신성적의 도입, 졸업정원제의 실시, 교육방송 등의 굵직한 현안을 제시하였다. 교육 정상화를 위한 본고사의 폐지나 고교내신성적의 도입은 우리 실정에 맞게끔 치밀한 준비 과정이 요구된 사안임에도 불구하고, 졸속적인 성격이 강하여 아직도 교육적으로 후유증이 이어지고 있다.

특히 졸업정원제는 세계에서 유례가 드물게 대학입학정원을 일시에 30% 증가시킨 획기적인 교육정책이었다. 이것은 재수생과 과열 과외를 해소한다는 거창한 목적이 있었지만, 의도와 달리 오히려 대학교육의 질 저하와 재수생 수의 증가, 그리고 과열 과외를 부추기는 원인으로 작용하기도 하였다.

7 · 30 교육정책은 과열 과외의 해소를 위해 강압적인 조치를 취했다. 구체적으로 국영기업체 임직원을 포함한 모든 공직자와 기업인, 의사, 변호인 등 사회 지도급 인사들은 어떤 형태의 과외공부도 금해야 하며, 그렇지 않으면 공직에서 물러나거나 상당한 불이익을 당해야만 했다.

모든 교수와 교사의 과외 행위를 일제히 금지시키기도 하였다. 심지어 등록금을 마련하기 위한 대학생의 과외도 금지하였다. 그래서 제5공 정권은 등록금을 마련하기 어려운 대학생을 위해 은행에서 저금리의 융자를 대출해 주는 제도를 처음으로 도입하였다. 그것도 여의치 않은 대학생은 군에 입대하여 유예기간을 벌기도 하였으며, 심지어 대학생이 몰래 숨어서 과외 아르바이트를 한다고 해서 '몰래바이트'라는 은어가 유행하기도 하였다. 이러한 강제적인 과외 금지 조치는 우리 사회에 많은 부작용을 남기기도 하였다.

3. 7·30 교육정책의 결과

졸업정원제로 인한 대학입학정원의 30% 증가는 재수생과 과외 문제를 해소하여 교육 정상화를 도모하기 위한 것이었다. 정부는 졸업정원제가 교육 열기를 완화하는 냉각(cool-out) 기능을 할 것이라 기대했지만, 오히려 교육 열기를 부채질하는 가열(warm-up) 기능을 하였다. 졸업정원제는 의도와 달리 장기적으로 우리의 교육문제를 심화시키는 원인이 되었다.

졸업정원제 조치 이후에도 재수생 수는 줄어들지 않고 오히려 급격한 증가세를 보였다. 졸업정원제는 고등학교에서 대학으로 진학하는 양적 팽창에 초점을 둔 수직적 학력경쟁에 초점을 두었기 때문이다. 우리의 교육경쟁은 수직적 학력경쟁과 동일 교육단계에서 특정 대학과 학과에 진학하려는 수평적 학력경쟁이 동시에 이루어지고 있었다.

졸업정원제는 수직적 학력경쟁인 양적인 측면에 초점을 두었으나, 수평적 학력경쟁인 질적인 측면을 도외시한 정책이었다. 이 점에서 보면 졸업정원제는 우리의 교육 열기를 더욱 가열되게 만들고, 대학을 포기한 사람들의 대학진학 욕구를 자극하는 결과를 초래하였다. 졸업정원제 발표 이후의 상황을 직접 경험한 김재웅(1998: 95-101)은 다음과 같이 회고하였다.

대학에 갈 실력이 안 되는 학생과 그의 학부모에게 이 정책은 '나도 대학에 진학할 수 있다'라는 환상을 심어 주기에 충분한 것이었다. 누적되어 오

던 재수생 문제도 해결할 수 있을 것처럼 보였다. …〈중략〉… 한 고등학교
에서 성적이 50% 정도 되는 학생까지 대학에 가게 되다 보니, 종전에는 대
학 문턱이 너무 높아 감히 올려다보지 못하던 학생까지도(예컨대, 성적이
한 학교에서 70~80% 수준에 있는 학생도) 대학진학경쟁에 뛰어들게 된
것이다. 따라서 경쟁에서 이기기 위해 과외 수업을 필요로 하는 학생의 수
는 오히려 더 늘어났다고 할 수 있다.

　재수생과 과열 과외를 흡수하기 위한 졸업정원제는 대학진학의 가수요를
촉진시켰다. 박정희 정권의 고등교육 기회의 제한 조치는 비교적 교육적 열
망의 냉각 기능으로 작용하고 있었다. 그러나 위의 진술에서 보듯이 성적이
나빠 대학을 포기한 학생들도 졸업정원제로 인해 진학경쟁에 참여하는 현상
이 일어났다. 졸업정원제는 의도와 달리 대학진학의 열기에 불을 지피는 가
열 기능을 하였고, 1980년대 대학진학의 교육열기는 1970년대보다 확대 재
생산되어 더욱 치열한 양상으로 나타났다. 이종각(1989: 247-248)은 당시의
교육경쟁 양식을 연합적 경쟁구조 형태와 가열성, 배타성 및 순환성의 특징
으로 보았으며, 어느 고교의 살벌한 교실 현장의 한 단면을 다음과 같이 제시
하였다.

　　교실 뒤 게시판에 '정복하지 않은 사람은 정복당한다' '네가 지금 그냥 앉
　아 있을 때 다른 사람 책장은 넘어간다' 등의 표어가 붙어 있지요. 학생들
　에게 공부를 독려하는 가장 기본적인 패턴이 '네가 공부 안 하면 밟힌다'
　'죽는다'거든요.

　1980년대부터 과외비를 벌기 위한 학부모 파출부가 등장하였으며, 사당오
락이라는 용어와 함께 살벌한 대학입시교육을 빗댄 고교교육현장이 등장하
였다. 또한 '행복은 성적순이 아니잖아요.' '새가 되어 날고 싶다. 시험 없는

세상에 살고 싶다.' '성적이 떨어져 꾸중을 듣고' '시험을 잘못 봐, 엄마 아빠에게 죄송해서' 등의 다양한 이유로 과중한 대학입시 스트레스를 이기지 못하여 꽃봉오리도 채 피우지 못한 아까운 청춘들이 자살이라는 극단적 선택을 하게 되었다. 우리 교육이 빚어 낸 끔찍한 참상이 아닐 수 없다.

　1980년대에 들어서도 교육경쟁은 조금도 완화되지 않고 오히려 더욱 치열해지고 있었다. 졸업정원제로 인한 대학입학정원의 30% 증가는 우리의 교육현실과 거리가 먼 진단과 처방이었다. 졸업정원제는 우리의 교육적 열망의 근원적 성격에 대한 심층적인 검토 없이 단행된 졸속적인 교육정책이었다. 졸업정원제는 상처 난 환부에 경솔한 처방을 하여, 오히려 우리 교육의 병을 더욱 깊게 하였다.

제16장

5·31 교육정책의 실제

1. 5·31 교육정책의 방향

5·31 교육정책은 미래에는 교육 경쟁력이 국가 경쟁력의 원천이라고 보는 데서 출범하였다. 5·31 교육정책은 그 어느 정책(안)보다 매우 체계적으로 구성되어 있으며, 초등교육, 중등교육, 고등교육, 평생교육까지 포함된 매우 광범위한 교육전략(안)이다. 이 교육정책은 한국교육의 특성에 비추어 볼 때, 교육의 패러다임을 전환할 만큼 매우 진보적이고 미래 지향적인 성격을 가지고 있었다. 그래서 문민정부는 5·31 교육정책을 실현하기 위해 1998년까지 교육재정을 GNP 대비 5%를 확보하여 교육투자에 집중하겠다는 약속을 하였다. 5·31 교육정책인 신교육체제(안)는 이렇게 화려하게 출발하였다.

구체적으로 5·31 교육정책(안)의 비전을 살펴보면, '누구나, 언제, 어디서나 원하는 교육을 받을 수 있는 길이 활짝 열려진 열린교육사회와 평생학습사회의 건설'에 주안점을 두고 있다. 이 교육정책의 기본 특징은 ① 학습자 중심의 교육, ② 교육의 다양화, ③ 자율과 책무성에 바탕을 둔 학교교육의 운영, ④ 자유와 평등이 조화된 교육, ⑤ 교육의 정보화, ⑥ 질 높은 교육을 들 수 있다.

5·31 교육정책의 기본 방향은 ① 암기 위주의 획일적 교육에서 타고난 소질과 창의력 배양 및 인성 함양 위주의 '다양화 교육'으로, ② '교육 공급자 편의 위주 교육'에서 '소비자 선택의 교육'으로, ③ '규제 위주 교육'에서 '자율성과 책무성에 바탕을 둔 교육'으로, ④ 교육제도와 운영에서 '수월성'과 '보편성'의 조화, ⑤ 첨단 정보통신기술을 활용하여 시간과 공간의 제약을 받지 않는 학습환경의 조성으로 나타나고 있다. 5·31 교육정책은 근본적으로 누구에게나 기회가 주어지는 교육복지국가(edutopia)의 건설을 추구하고 있었다. 이처럼 5·31 교육정책은 지금까지의 한국교육과 전혀 다른 새로운 모습을 보이면서, 국민들의 많은 기대 속에 등장하였다.

2. 5·31 교육정책의 특징

5·31 교육정책은 매우 체계적이고 미래 지향적인 속성을 가지고 있으며, 교육체제의 전 과정에 대한 포괄적 개혁을 담고 있는 실천(안)이다. 이러한 5·31 교육정책의 특징을 학교급별로 간단히 살펴보기로 하겠다.

먼저 초·중등교육에 대한 5·31 교육정책의 특징은 다음과 같다. 교육 공급자 중심에서 교육 수요자 중심으로 전환하여 학교 선택권을 확대하였다. 학부모, 지역인사, 교사, 교육전문가 및 동문 대표로 구성된 '학교운영위원회'를 설치하였다. 단위학교의 교육자치 질을 높이고, 과외 수요를 학교 내로 흡수하려고 하였다. 그리고 '학교장 초빙제'와 '교사 초빙제'를 도입하여 종전의 교원임용 틀을 바꾸어 자율·창의와 인센티브를 제공함으로써 학교 변화를 꾀하려고 하였다. 교육과정에서도 획기적인 변화를 시도하였는데, 교과서 중심의 교육에서 참여와 체험 중심의 실천교육을 강조하였으며, 입시 위주의 획일적 교육에서 적성과 능력 중심 교육과정으로의 전환을 꾀하였다. 구체적으로 초등학교 1학년에서 고등학교 1학년까지 10학년으로 구성된 국민공통기본교육과정과 적성과 흥미 위주의 선택 중심 교육과정, 그리고 능력 중심의 수준별 교육과정으로 이루어진 제7차 교육과정을 도입하였다.

5·31 교육정책은 한국교육의 핵심적 문제 중의 하나인 대학입학제도를 개선하였다. 먼저 고등학교 내신성적은 전체 석차 표시가 없는 '종합생활기록부'를 도입하여, 학생들의 다양한 능력, 적성, 인성, 단체 및 봉사활동, 자격증 취득, 입상 실적, 교과성적을 참조하게 하였다. 1997학년도부터 국·공립대학은 국·영·수 위주의 대학별 고사를 폐지하고, 필수 전형자료인 종합생활기록부와 선택형 전형자료인 대학수학능력시험, 논술, 면접, 실기 등을 병행하고, 필요에 따라 가중치를 부여하게 하였다. 사립대학에는 학생선발 방법에 대해 기본적으로 자율적 권한을 주었다.

대학교육에서도 많은 변화가 있었다. 21세기 대학의 국제 경쟁력을 높이고, 대학의 특성을 살리면서 다양한 인재를 양성하기 위해 '대학교육의 다양화와 특성화'를 강구하였다. 교원 및 재정 규모 등에서 최소의 법정 기준을 충족시키면 대학을 자유롭게 설립할 수 있는 '대학 설립 준칙주의'의 도입과 '대학정원 및 학사 운영의 자율화'를 마련해 주었다. 보다 높은 수준의 전문인을 양성하기 위해 의학, 신학, 법학 부분에서 '전문대학원제'를 도입하였다. 대학교육의 효율성을 위해 실질적인 학과의 통폐합과 관련된 '학부제'를 실시하고 대학교육의 질 제고를 위한 '대학평가제'와 '교수업적평가제'를 실시하였다. 그리고 평생학습사회의 구현을 위해서 학점은행제, 재택학습, 시간제(part-time) 등록제 등을 도입하였다.

3. 5·31 교육정책의 논의

1994년 2월 5일 대통령 자문기관으로 출범한 교육개혁위원회가 연구, 협의회, 공청회 등을 거쳐 약 1년 3개월 후에 발표한 것이 5·31 교육정책이다. 25명으로 구성된 교육개혁위원회의 약 50%, 그리고 전문위원의 대부분이 미국에서 학위를 취득한 교수와 학자 출신이란 점에서 교육개혁안의 구상 과정에서 작용했던 개선의 내용을 짐작케 하고 있다(신현석, 2005: 101). 5·31 교육정책(안)은 출발부터 미국의 신자유주의 교육관을 예고하고 있었다. 그러나 공급자 위주의 교육에서 소비자 위주의 교육, 규제 위주에서 선택과 자율성 위주의 교육을 수용하고 있는 5·31 교육정책(안)은 등장 초기부터 상당한 논란에 직면하였다.

5·31 교육정책(안)은 교육을 상품적 가치로 파악하면서, 학교 운영에 대해서도 기업적 경영 마인드를 요구하였다. 소비자 위주의 교육은 학교 간의 치열한 경쟁을 통해 교육의 질을 담보할 수 있다는 적자생존의 시장경쟁 원리를 지향하고 있었다. 따라서 교육은 상품적 가치를 높여야 하며, 교육의 질이 낮으면 불량 상품이 되어 생존 경쟁력을 보장할 수 없게 된다. 상품화된 교육에서 시장과 경쟁은 '보이지 않는 신의 손'과 같이 모든 문제를 해결하는 만능 장치인 것이다.

시장경쟁 원리는 인간을 도덕적으로 선하며, 무한히 합리적인 존재라고 가정하고 출발하여, 인간의 시장적 탐욕과 경쟁적 이기심에 대한 고려를 하지 않는다. 시장경제의 원조인 스미스(A. Smith)는 오히려 이 점을 무척 우려하였다. 시장경쟁 원리는 신자유주의자들이 자신에게 유리한 것만 선택한 결과다. 따라서 5·31 교육정책(안)은 학생을 교육적 무한경쟁에 노출시켜 숨도 제대로 못 쉬게 하는 억압의 틀로서 작용할 수 있으며, 교육의 부익부 빈익빈을 가중시켜 교육 불평등을 심화시킬 수 있다는 우려를 낳았다.

5·31 교육정책(안)은 교육의 장밋빛 청사진을 제공하여 많은 기대를 받고 출발했지만, 나중에는 현실적 토대를 고려하지 않은 정책이라는 비판을 받았다. 5·31 교육정책은 지금까지 볼 수 없었던 다양하고 창의적인 안을 제시했으나, 한국교육의 현실에 대한 적합성의 문제가 대두되었다. 예컨대, 수준별 교육과정과 선택 중심 교육과정을 보더라도 상당한 인적·물적 지원체제가 마련되어야만 효과적인 교육과정 운영이 가능하다. 구체적으로 선택 중심 교육과정의 현실에 대해서, 홍후조(1998: 27-58)는 과목 선택은 대학의 예와 같이 충분한 교실 수와 교사를 전제해야 가능하다고 하였다. 가르칠 교사가 없는 상태, 교사의 절대수가 부족한 상태, 교실의 여유가 없는 상태 등에서 학교의 선택권을 늘리는 것은 학교교육의 혼란과 불신을 초래하고 교육의 질적 저하를 낳을 수 있다는 것이다.

그리고 우리의 치열한 대학입시경쟁의 풍토에서 제대로 적용될 수 있는가 하는 문제도 있다. 의도는 화려하지만 교육현장에 부적합한 수준별 교육과정을 예로 들 수 있다. 김천기(2001: 41-48)는 수준별 교육과정은 치열한 입시경쟁과 사교육의 부익부 빈익빈 현상을 전제해야 한다고 주장하면서, 수준별 교육과정은 능력별 집단 편성을 제도화하여 학습기회와 결과의 불평등을 발생시키고 교육적 약자에 대한 배려가 없어서 오히려 교육의 부익부 빈익빈 현상을 더욱 심화시킨다고 하였다.

5·31 교육정책(안)은 이념적 측면에서는 경쟁 위주 교육의 시장화를 지향하고 있으며, 현실적 측면에서는 미흡한 인적·물적 토대와 대학입시문화를 고려하지 않아 교육현장에서 많은 우려를 낳았다. 이는 한국교육에서 현실 적합성이 떨어진다는 것이다. 그럼에도 불구하고 5·31 교육정책(안)은 자율과 책무, 학교 선택제 등의 미래 지향적인 다양한 정책 아이디어를 포함하고 있는 것도 사실이다. 5·31 교육정책(안)을 우리의 교육현실에 적합하게 재가공하려는 각고의 노력이 필요하다고 할 것이다.

제**17**장

입학사정관제의 실제

1. 입학사정관제의 도입

　입학사정관제의 명확한 이해를 위해서는 입학사정관의 개념(adimission officer)을 먼저 알아야 한다. 교육과학기술부(2008)는 입학사정관을 "직무상 대학 내 다른 행정조직으로부터 독립된 보직으로서 전형기관과 무관하게 연중 입학업무를 수행하는 전문가"라고 하였다. 한국대학교육협의회(2009)는 "성적을 포함하여 학생이 갖고 있는 다양한 전형자료를 통해 개인의 능력과 소질, 잠재력, 발전가능성을 종합적으로 평가하여 입학여부를 결정하는 대입전형 전문가"라고 정의하고 있다.

　입학사정관제의 개념에 대해서 교육인적자원부(2007)는 "대학이 고등학교 교육과정 및 대학의 선발 방법 등에 대한 전문가를 채용하고, 이들을 활용하여 신입생을 선발하는 제도"라고 하였다. 한국대학교육협의회는 "대학이 대입전형 전문가인 입학사정관을 육성 · 채용 · 활용함으로써 대학이나 모집단위별 특성에 따라 보다 자유로운 방법으로 학생을 선발하는 제도"라고 하였다. 여기서는 입학사정관제의 개념을 대학에 중심을 두고 정의하고 있지만, 고등학교에서도 활용이 가능하다.

따라서 입학사정관제는 학업 점수에 의존하던 기계적인 선발 방식에서 벗어나, 학생의 잠재적 능력과 소질, 그리고 발전가능성 등을 종합적으로 분석하여 미래의 쓸모 있는 인재를 양성하는 데 목적이 있다. 입학사정관제는 서열화된 점수로 된 성적의 굴레에서 벗어나 학생의 흥미와 재능을 고양하고, 사회에 적합한 인성을 갖추게 하여 학교교육의 건강성을 회복하는 데 있다. 이러한 입학사정관제의 역사적 탄생은 일반적 사실과 달리 긍정적이지만은 않다.

제1차 세계대전이 끝나고, 유럽으로부터 이주민이 증가하면서 1920년대부터 미국의 주요 대학(하버드, 예일, 프린스턴, 컬럼비아, 펜실베이니아 등)에 유대인의 입학률이 급속도로 증가하였다. 이런 현실에 대해 미국의 지배계급(White Anglo · Saxon Protestant: WASP)은 위기의식을 느꼈다. 이들은 그동안 학업성적에 의한 선발 방법에서 벗어나, 훌륭한 지도자는 지능보다는 '고상한 품격과 인성, 그리고 지도력' 등을 갖춘 인간에게 나온다면서 자신들의 고급문화를 강조하였다. 미국의 일류 대학에서 지배계급에게 유리하게끔, 학업 능력 외에 주관적 평가 요소를 채택하게 된 것이 입학사정관제의 효시였다. 실제 미국의 입학사정관제에 의한 선발은 이념적 특징과 방법적 특징으로 구분할 수 있다.

첫째, 선발의 이념적 특징에서는 대학이 자체 판단에 따라 선발할 수 있는 자유재량(discretion)과 대학의 선발에 대해 공적 감시가 없는 불투명성(opacity)을 들 수 있다. 자유재량과 불투명성은 대학이 선발하고 싶은 학생을 공적 감시 없이 마음대로 선발할 수 있다는 것을 의미한다.

둘째, 선발의 방법적 특징에서는 개인의 환경, 성취, 잠재 능력, 교과성적, 비교과 활동기록, 논술, 면접 등을 종합적으로 전형하여, 인종이나 소득수준에 따라 가산점이 부여되는 '포괄적 검토(comprehensive review)'와 학업성취, 비인지적인 다양한 능력, 개인의 현실 등을 개인적 차원에서 심층적이고 종합적인 평가를 하는 '개별적 검토(individual review)'를 들 수 있다. 이런 주관적 평가는 선발의 객관성보다 주관적 요인이 개입될 여지가 크다.

그래서 1922년 다트머스(Darthmouth) 대학이 입학사정관제를 처음 도입한 이래, 선발의 공정성에 대한 의문이 꾸준히 제기됐다. 실제 카라벨(Karabel, 2005)과 골든(Golden, 2005)은 역사적 분석을 토대로 '미국의 입학사정관제는 상류층에게 유리한 불공정한 선발 방식'이었다고 하였다. 그렇지만 미국의 입학사정관제는 약 100년 동안 우여곡절을 겪으면서, 비교적 안정적으로 정착되고 있다.

일본은 우리와 비슷하게 점수 중심의 대학입시경쟁으로 인해 중등교육은 사회적으로 문제될 만큼 심각한 우려의 수준에 있었다. 교과성적보다 다양한 잠재 능력과 학습 동기를 중시하여 중등교육의 정상화를 마련할 필요가 있었다. 이를 위해 입학사정관제인 AO(Admission Office)제도를 도입하였다. 일본의 AO제도는 1990년에 게이오 대학이 처음으로 도입하였다. 1997년에는 국립대학에서 도입하고, 2000년대에 들어서면서 AO제도가 급속히 확산되었다. 2003년에는 278개의 사립대학과 여덟 개의 국·공립대학, 2004년에는 22개의 국립대학과 일곱 개의 공립대학이 증설됐고, 2007년에는 일본 대학의 60%인 454개의 대학이 AO제도를 활용하였다(박선형, 박남기, 2008: 216-217). 짧은 역사에도 불구하고 일본의 많은 대학들은 대학입학선발에서 AO제도를 채택하여 입학사정관제를 급속히 정착시키고 있다.

한국에서 입학사정관제의 씨앗은 1995년의 5·31 교육정책에 내재되어 있었다. 학교교육의 다양화와 자율성을 표방한 5·31 교육정책은 그동안 점수로 서열화된 획일적 선발 방식에서 벗어나, 전형 방식의 다양성과 모집 절차와 시기의 자율성을 중심으로 한 대학입시안으로 입학전형이 생겼다. 여기서 전형(銓衡: screening, selection, choice)은 사람 됨됨이와 재주, 지능을 시험하여 뽑는 것이고, 사정(査定: assess, revise, screen)은 사실을 조사하여 속 내용을 자세히 살피거나 조사하여 결정하는 것이라고 본다면, 입학전형위원과 입학사정관은 거의 비슷하다고 할 수 있다(양성관, 김택형, 2008: 155).

5 · 31 교육정책의 다양하고 자율적인 입학전형정책은 줄곧 그 골격을 유지하고 있었다. 그러다가 입학사정관제가 처음으로 정부의 공식 문서에 등장한 것은 2004년에 발표된 '학교교육 정상화를 위한 2008학년도 대입제도 개선안'에서다. 당시 학생부의 성적 부풀리기 현상, 대학수학능력시험의 복잡화로 인한 사교육비 증가, 대학별 특성화 전형의 실패, 특목고의 입시학원 현상 등은 사회적으로 매우 심각한 문제였다. 이런 제반 문제를 해결하고자 정부는 입학사정관제를 도입하였다.

입학사정관제를 통해 소모적 선발경쟁에서 건설적 교육경쟁, 성적 위주의 획일적 선발에서 학생의 잠재적 소질과 능력 등을 고려한 다면적 선발 등을 추진하여, 학교교육의 정상화를 도모하고 사교육비를 감소시키고자 하였다. 그래서 교육인적자원부는 2007년에 입학사정관제를 시범 운영할 계획을 가지고 있었다. 그러면서 국회 예산결산위원회에서 20억 원의 지원금을 배당하면서 입학사정관제의 도입이 본격화되었다.

2. 입학사정관제의 전개

한국의 입학사정관제 도입은 정부 주도에 의해서 이루어졌다. 미국의 입학사정관제는 명문대학을 중심으로 탄생하였으며, 일본은 사립대학의 도입을 시작으로 1997년부터 국립대학이 도입하면서 자연스럽게 확산되었다. 미국과 일본의 입학사정관제는 정부 주도의 한국과 달리 자율적이라는 점에서 큰 차이점이 있다. 미국과 일본의 입학사정관제는 대학의 자체 예산으로 안정적으로 운영할 수 있지만, 한국의 입학사정관제는 정부의 지원금으로 운영되기 때문에 불안정한 요소를 가지고 출발하였다. 그래서 김정래(2009)는 국가 주도의 천편일률적 입학사정관제를 우려하면서 '관제 입학사정관제'라고 하였다. 사실, 대학의 요구에 적합한 인재를 선발하기 위한 입학사정관제는 독립된 예산의 확보가 우선되어야만 대학의 자율성을 확보할 수 있다. 그렇지 않으면 입학사정관의 원래 취지와 달리, 대학의 학생선발권이 외부의 간섭에 의해 이루어질 가능성을 배제할 수 없게 된다.

따라서 한국의 입학사정관제는 정부의 예산 지원으로 운영되기 때문에 그 출발부터 순탄치 못했다. 정일환(2009: 25-26)에 의하면 당시 국회 교육위원회에서는 대입전형에서 입학사정관의 활용 여부는 대학이 자율적으로 추진할 사안으로 정부 지원은 바람직하지 않다는 논란이 제기되기도 하였다. 이

표 17-1 | 입학사정관제의 추진 과정

구분	일정	내용	예산
노무현 정부	2004.10.	2008학년도 대학입시 개선(안)에서 입학사정관의 도입 제안	
	2006.12.	국회 교육위원회에서 20억 원의 예산 배정	
	2007.09.	10개 대학을 선정하여 시범 운영	20억 원
이명박 정부	2008.09.	기존 10개 대학과 신규 30개 대학 선정	157억 원
	2009.03.	40여 개 대학에 차등 지원 발표	236억 원
	2010.06.	• 선도대학 29개교, 우수대학 21개교 등 총 60개 대학 선정 • 입학사정관 전문 양성·훈련기관 7개교 선정	350억 원
	2011.05.	• 선도대학 30개교, 우수대학 20개교 등 총 60개 대학 선정	354억 원
	2012.05.	• 선도대학 30개교, 우수대학 20개교, 특성화모집단위 8개교 총 58개교와 교원양성대학 8개교 선정	391억 원
총예산		1,508억 원	

러한 예산 지원은 입학사정관제의 운영을 정부 주도 하에 이루어지게 했다. 따라서 이명박 정부에 들어서 예산 지원의 급격한 증가로 인해, 입학사정관제는 본격적으로 도입되기 시작하였다. 〈표 17-1〉은 입학사정관의 예산 지원에 따른 추진 과정을 보여 주고 있다.

이명박 정부에 들어서 입학사정관제의 예산 지원은 급격한 증가세를 보이고 있다. 2007년의 예산과 비교하면 2012년은 거의 19.6배나 될 정도다. 2007년의 예산 책정도 당시 야당인 한나라당 교육위원회의 주도로 이루어졌다. 입학사정관제는 사실상 이명박 정부가 도입했다고 할 수 있다. 그만큼 이명박 정부는 입학사정관제에 대한 기대가 매우 컸다. 2009년 7월 이명박 대통령은 자신의 임기 말(2012년)까지 "대학들이 입학사정관제로 100% 가까이 학생을 뽑을 것으로 기대한다"라고 자신 있게 밝히기도 하였다.

그래서 이명박 정부는 '입학사정관제 3단계 정착 방안'을 의욕 있게 발표했다. 제1단계는 입학사정관제의 내실화(2009년), 제2단계는 입학사정관제의 확대(2010~2011년), 제3단계는 입학사정관제의 정착(2012년)이라는 로드맵을 제시하였다. 이 점에서 보면 이명박 정부의 입학사정관제는 과열된 대학 입시경쟁의 냉각, 공교육의 정상화를 통한 사교육비의 감소, 저소득층 배려를 통한 교육 양극화의 해소, 소질과 적성 중심 교육을 통한 학력(벌)주의의 완화 등을 기대하게 한다. 이명박 정부에서 입학사정관제는 교육적 유토피아를 만드는 만능의 제도적 장치와 같이 보인다. 이런 기대를 가능하게 한 것은 입학사정관제의 전형자료와 평가 내용이 기존의 획일적인 점수 위주의 선발 방식과 완연한 차이를 보이기 때문이다. 구체적으로 살펴보면 〈표 17-2〉와 같다.

입학사정관제의 전형자료를 살펴보면, 기존의 선발 방식보다 상당히 다양하고 유연하며 종합적인 내용을 담고 있다. 전형자료만 보면 성적 중심의 획일적 교육에서 벗어나, 학생의 잠재적 능력과 다양한 소질을 높이는 교육을 촉진하여 학교교육의 안정화를 기대하게 한다. 그런데 입학사정관제의 이런

| 표 17-2 | 입학사정관전형의 주요 전형자료 및 평가 내용 |

구분	세부 평가 내용
학교생활기록부	• 교과성적: 지원한 전공과 관련된 과목의 성취여부 • 학년 변화에 따른 성적의 추세 • 비교과 영역: 각종 교내활동 등
자기소개서	• 적성(전공적합성), 인성, 흥미, 태도 등
추천서	• 참고자료 활용
증빙자료 (포트폴리오)	• 학교생활기록부, 자기소개서의 내용을 입증할 수 있는 증빙자료
창의적 체험활동 종합지원시스템	• 학교생활기록부 보조자료 • 비교과 영역: 자율활동, 동아리활동, 봉사활동, 진로체험활동 등

출처: 김신영 외(2011), p. 19.

전형 내용은 기존의 5 · 31 교육정책을 기본 골격으로 하는 입학전형안과 큰 차이가 없다. 당시에는 입학전형위원이 입학사정관의 역할을 대신하였다. 단지 차이가 있다면, 입학사정관을 선발하여 조직적으로 운영한다는 점이다.

그래서 한국의 입학사정관은 교육과 선발의 관계가 불분명한 대학 내에서 기존의 교수가 가지고 있던 학생선발권을 완전히 이양받지 못하였다. 미국의 경우는 교육과 선발이 이원화되어 있어 입학사정관이 실제적인 학생선발권을 행사하고 있다. 그리고 한국의 입학사정관제는 대학의 학생선발권을 보장하기 위한 '대학 자율화' 조치의 일환으로, 주로 국 · 사립의 상위권 대학이 주도하여, 정부의 예산 지원을 받지 못한 하위권 대학에서도 점차 관심을 갖기 시작하였다. 일천한 역사를 가진 한국의 이런 현실을 보면, 자연히 입학사정관제에 대한 사회적 기대와 우려가 동시에 나타날 수밖에 없었다.

한국의 입학사정관제는 미국과 일본과는 달리, 사회적으로 심각한 교육문제를 개선하기 위해 정부 주도로 거의 전격적으로 도입되었다. 그래서 입학사정관을 바라보는 사회적 분위기는 호의적인 것만은 아니었다. 입학사정관제에 대한 기대도 있었지만, 우려에 대한 시각도 비등하였다. 일천한 역사를

표 17-3 │ 입학사정관제에 대한 사회적 기대와 우려

사회적 기대	사회적 우려
• 공교육의 정상화 도모 • 대학 자율화 추구의 기반 마련 • 사교육비 경감과 교육 양극화 해소 • 우수학생의 개념 변화로 인한 소질과 적성 중심 교육의 중시 • 다면적 종합평가를 통해 과도한 성적 중심 대학입시교육의 개선	• 정부 주도 지원 예산의 한계 • 입학사정관제의 공정성과 투명성 • 입학사정관의 전문적 판단 능력의 미비 • 신사교육비의 발생으로 인한 교육 양극화 • 고교등급제의 반영으로 인한 학교격차 심화 • 다양한 전형자료의 스펙 관리로 인한 대학 입시의 부담감 증가

가진 한국의 입학사정관제는 앞으로도 이러한 기대와 우려가 반복될 가능성이 크다. 이렇게 보면 한국 입학사정관제의 성공과 실패는 〈표 17-3〉에서 제시한 기대와 우려 사이에서 나타날 수 있다. 한국의 입학사정관제는 우리의 대학입시문화의 관점에서 보면, 긍·부정적인 영향을 동시에 미칠 가능성이 높아 보인다.

3. 입학사정관제의 논의

한국의 입학사정관제는 도입 초기부터 지금까지 끊임없는 논란의 쟁점이 되었다. 한국의 입학사정관제는 정부 주도의 인위적 제도라는 점에서 다소 불안감을 주었지만, 그보다는 우리의 대학입시와 사교육 풍토에서 정상적인 역할을 수행할 수 있는가 하는 것이 쟁점이다. 물론 한국의 입학사정관제가 시행착오를 거치면서 안정적으로 정착하기 위해서는 시간적 여유가 필요한 것도 사실이다. 그러나 지금까지 한국의 입학사정관에 의해 나타난 예기치 않은 결과에 대해 논의할 필요성은 있다. 한국의 입학사정관의 미래에 대한 전망을 재단할 수 있게 하기 때문이다.

한국의 교육문화를 잘 나타내 주는 상징적 지표는 사교육이다. 사교육을 받지 않고 대학에 입학하는 것은 공교육의 정상화가 실현된다는 것을 내포하고 있다. 사교육 하나만 보아도, 교육문제의 심각성을 파악할 수 있기 때문이다. 그래서 교육과학기술부는 2010년 공교육을 내실화하여, 사교육비를 경감하겠다는 청사진을 제시하면서, 입학사정관제를 통해 사교육을 받지 않고도 대학에 갈 수 있도록 하겠다고 발표하였다. 한국의 입학사정관제는 사교육 경감과 밀접한 관련이 있었다. 그런데 사교육 경감과 관련하여 큰 기대를 모았던 입학사정관제는 도입 초기부터 예상과 다르게 나타났다.

학력(벌)의 영향력이 큰 한국사회에서 대학입시는 실제적인 교육문화를 견인하고 있다. 한국에서 좋은 학력(벌)을 획득하기 위한 대학입시는 경쟁의 차원을 벗어나서 전쟁의 수준을 방불케 한다. 따라서 입학사정관제가 대학입시의 중요한 열쇠로 부각되자, 한국의 학부모들은 입학사정관제의 전형 방법에서 유리한 입장을 차지하기 위해 스펙 관리를 위한 사교육에 집중하기 시작하였다. 스펙 관리는 대학입시와 직접 관련이 있는 고등학교에만 나타난 현상이 아니라, 중학교에서 초등학교 심지어 유치원과 유아에 이르기까지 도미노적으로 파급되었다. 입학사정관제는 예상과 달리 스펙 관리라는 새로운 암초를 만나 사교육 열풍을 주도하였다. 이런 비정상적인 교육적 현실에 대해 경향신문은 다음과 같이 생생하게 전하고 있다.

> 대학 · 고교 입시에서 입학사정관 · 자기주도적 전형이 확산되면서 초등학교 사교육도 진화를 거듭하고 있다. 보충 · 선행학습에 집중하던 과거와 달리 영어 · 논술 바람은 이미 불었고, 나름의 특징과 이력을 쌓는 '스펙' 경쟁이 더해지는 상황이다. 반장 · 회장 선거에서 대학 · 특목고 입시가 회자되는 게 단적이다. 대학 · 고교 입시의 '리더십' 항목에서 좋은 평가를 받기 위해서는 초등학생 시절부터 경험을 쌓는 게 도움이 된다는 뜻이다(경향신문, 2010. 3. 9.).

한 대학입시 설명회의 참석자 상당수는 초·중학교 자녀를 둔 학부모들이다. 대학입시에서 전형 비율이 빠르게 확대되자 학부모들의 불안감이 커지면서 초등학교 때부터 입시준비를 시켜야 한다는 조급증이 생긴 것이다. 한 학부모는 "어렸을 때 읽은 책까지 입시자료로 쓰인다고 하니 어느 것 하나 소홀히 할 수가 없다"면서 "요샌 초등학교 때부터 스펙(이력)을 쌓는다는데 우리 아이는 벌써 중학생이라 너무 늦은 게 아닌지 모르겠다"고 초조해했다(경향신문, 2010. 10. 14.).

학력(벌)주의가 성행하는 대학입시경쟁에서 입학사정관제는 왜곡될 가능성이 크다. 입학사정관제의 전형자료인 자기소개서, 교사 추천서, 봉사활동 등도 기형적으로 사교육 대상이 되었다. 한 번에 50~100만원이나 되는 '입학사정관제 컨설팅 학원'도 성황을 이루고 있으며, 자기소개서에 대한 대필이 빈번하게 이루어지고 심지어 수백만 원을 호가하기도 한다. 이런 입학사정관제를 빗대어 '엄마사정관제'로 불리기도 한다. 초등학교부터 입학사정관제 관리와 사교육비 지출은 주로 엄마가 결정하기 때문이다. 심지어 2012년 9월, 어떤 모녀가 수시모집에서 제출한 입학사정관 전형자료인 스펙 서류를 바꿔치기 위해 중국집 배달원으로 위장하여 대학 사무실에 몰래 잠입한 황당한 일이 발생하였다. 이 정도면 '스펙 경쟁'의 차원을 넘어선 '스펙 전쟁'이나 혹은 '스펙 중독'이라고 할 수 있다.

스펙 관리의 사교육 열풍은 학생들에게 엄청난 중압감을 줄 수밖에 없다. 2008학년도 대학입시체제안의 '내신+수능+논술'을 '죽음의 트라이앵글'로 부르던 것을, 입학사정관의 스펙이 더해지면서 '죽음의 사각지대'와 '저승 스펙'이라는 살벌한 용어로 대신하였다. 그것도 모자라 당시 입학사정관제의 절실한 현실에 대해 '내신+수능+논술+영어+공인인증시험'을 '죽음의 오각형'이라고 표현하였다.

그래서 2010년 한국대학교육협의회는 사교육을 조장하는 '인위적 스펙 관리'를 막기 위해 '입학사정관제 운영 공통기준'을 발표하였지만, 그 효과를 예단하기 어렵다. 왜곡된 스펙 관리로 인한 우리 사회에서 입학사정관제에 대한 또 하나의 심각한 문제는 '공정성의 확보'다. 공정성 문제는 도입 초기부터 지속적으로 제기됐다. 그 이유를 살펴보면 다음과 같다.

첫째, 입학사정관제의 '사회적 공정성'을 들 수 있다. 입학사정관제는 인위적으로 만들어진 스펙보다 자연스럽게 습득된 스펙을 요구한다. 그런데 현실은 인위적 스펙을 만들기 위해 상당한 비용을 감수하고 있으며, 심지어 돈을 주고 사는 자기소개서의 대필까지도 자행되고 있는 실정이다. 결국 스펙과 사교육비는 정비례하여 '경제적 부'에 의해 대학이 결정되므로, 사회적 공정성의 문제가 제기된다.

둘째, 입학사정관제의 '교육적 공정성'을 들 수 있다. 입학사정관제는 다양하고 종합적인 검토를 통해 미래의 발전가능성과 잠재력이 풍부한 학생을 선발하기 위한 것이다. 학업성적은 전형자료의 일부분이다. 현실적으로 입학사정관 한 명이 수천 장의 자료를 검토하여 만든 정성적 평가는 변별력을 확보하기 어렵다. 이런 어려움으로 인해 입학사정관제는 손쉽게 학업성적을 정량적 지표로 활용할 경향이 크다. 입학사정관제의 취지와 달리, 우수학생을 성적 위주의 학력(學力)으로 선발하게 되므로, 교육적 공정성에 문제가 제기된다.

셋째, 입학사정관제의 '선발체제의 공정성'을 들 수 있다. 교사 추천서의 허위 작성, 자기소개서의 대필 의혹, 각종 서류의 위조 등에 대한 검증 시스템이 매우 미비하여, 사회적 일탈 전력이 있는 학생이 인위적으로 가공한 미화에 의해 선발될 수 있다. 대표적으로 2012년에 사회적 충격을 준 '봉사왕' 사건을 들 수 있다. 각종 전형자료의 인위적 조작은 사실상 범죄 행위에 가깝다. 이러한 선발체제는 과거의 획일화된 점수로만 선발하는 것보다 훨씬 못한 최악의 결과를 맞게 한다. 궁극적으로 선발체제를 불신하게 되므로, 선발체제의 공정성에 문제가 제기된다.

한국사회에서 입학사정관제는 오히려 사교육을 기형적으로 조장하고 사회 전반의 공정성을 왜곡시키고 있다고 할 수 있다. 입학사정관제를 통해 가열된 사교육을 진정시키고, 붕괴된 공교육을 정상화시킬 수 있다는 처음의 기대에 많이 못 미치고 있는 실정이다. 당시 이런 상황을 직접 체험한 고등학교 2학년 학생의 입학사정관제에 대한 의견(오마이뉴스, 2010. 1. 7.)을 새겨볼 필요가 있다.

> 입학사정관제는 사교육 열풍을 부추기는 원인이 되어 부익부 빈익빈을 부추기기도 하며, 창의적이고 다채로운 생각을 저해할 수 있다. 입학사정관제는 대학에서 다재다능한 인재를 선발하기 위한 제도라고 하지만 우리나라의 교육현실에 맞는지 잘 따져 봐야 한다. 남의 제도를 모방하기보다는 우리의 교육 여건을 고려하여 신중한 접근이 필요하다.

한국의 교육현실에서 입학사정관제는 기대만큼의 역할을 하지 못하고 있다. 고등학생이 말한 것처럼 외국의 교육제도를 우리의 실정에 고려하지 않고 단순히 도입한 것이 원인이 될 수도 있다. 혹은 정치적 성과주의에 집착하여 장기적이고 합리적인 안목을 갖지 못하고 조급하게 진행한 것도 문제가 될 수 있다. 이에 대해 노명순(2012: 207)은 입학사정관제의 정책집행과정에서 속전속결을 요구하는 정치적 판단이 크게 작용하여 장기적이고 안정적인 접근을 필요로 하는 교육적 합리성에 대한 고려가 미흡하였다고 한다. 한국 교육과 입학사정관제의 불안한 동거는 많은 원인이 있을 수 있다. 많이 양보해서 보면 한국의 입학사정관제는 아직도 도입 초기에 있다. 그동안 정부는 입학사정관제의 안정적 정착을 위해 많은 노력을 한 것도 사실이다. 입학사정관제의 성과를 기대하기 위해서는 더욱 많은 인내심을 가지고 지켜볼 필요가 있다.

제18장

고등교육정책의 실제

1. 고등교육의 성장 과정

일제강점기 시대의 고등교육은 매우 미비하였다. 4년제 대학은 경성제국대학 하나뿐이었다. 자연히 고등교육에 대한 열망은 매우 클 수밖에 없었다. 해방이 되면서 고등교육에 대한 열망은 폭발적으로 증가한다. 당시의 상황에 대해 유억겸은 광복이 되자 우후죽순과 같이 대학설립기성회를 각 시·도에 조직하여 그 설립 인가서가 문교부에 쇄도(殺到)하였다. 이러한 상황에 대해 오늘날에는 무감정적일지 모르나 당시에는 매우 감격적이었다고 회고하였다. 구체적으로 1946년에는 미군정에 의해 고려대학교, 연세대학교, 이화여자대학교가 사립종합대학교로 설치 인가를 받았다. 정부수립 당시에는 국·공립을 포함하여 4개의 종합대학교(서울대, 고대, 연대, 이대), 23개의 단과대학(국립 3개교, 공립 4개교, 사립 16개교)과 4개의 초급대학(사립 4개교), 또 대학 정도의 각종 학교로 11개교 등이 설치되어, 총 42개의 고등기관에 42,000명의 재학

| 표 18-1 | 연도별 고등교육기관의 실태 (단위: 개 · 명) |

연도별	기관수	학생수	교원수	연도별	기관수	학생수	교원수
1945	19	7,819	1,490	1965년	162	141,636	6,966
1948	31	24,000	1,625	1970년	168	201,436	10,435
1949	42	28,000	1,800	1975년	205	318,683	13,319
1950	55	11,858	1,100	1980년	237	601,494	15,022
1952	54	31,342	1,823	1985년	262	1,277,825	26,870
1953	57	38,411	1,900	1990년	265	1,490,809	34,889
1954	66	62,663	2,400	1995년	327	2,343,984	47,959
1955	71	76,649	2,564	2000년	373	3,363,549	45,337
1957	79	80,142	3,055	2005년	419	3,548,728	52,820
1959	80	81,641	3,356	2008년	405	3,562,844	73,072

출처: 1) 김종철(1989), pp. 181-185 재구성.
　　　 2) 김형관 외(1990), pp. 64-71 재구성.
　　　 3) 이종재 외(2009), p. 392 재구성.
주: 1) 고등교육기관 수는 대학교, 전문대학, 초급대 등의 각종 학교를 포함하였음.

생을 두었다(문교부 1988: 76-77).

　　당시에는 대학의 붐이 조성된 시기로 대학설립기준령(1946년), 농지개혁법(1949년) 등은 대학의 양적 증가를 부채질하였다. 〈표 18-1〉을 보면 당시의 열악한 경제 · 사회적 상황를 고려하면 대학의 양적 증가는 거의 폭발적이라고 할 수 있다. 해방 이후와 1950년까지만 비교해도 고등교육과 학생수는 거의 3~4배의 증가세를 보이고 있다. 제2차 세계대전의 종전으로 이 당시의 대학의 양적 증가는 세계적인 추세이기도 하였다. 〈표 18-1〉에서 현재와 비교하면 고등교육 기관수는 20배 이상을, 학생 수는 40배 이상의 급격한 양적 증가세를 보이고 있다. 세계적으로 보기 드문 양적 성장이라고 할 수 있다.

　　취학률과 진학률에서도 한국의 고등교육은 급격한 성장세를 보였다. 해방 이후의 대학생은 매우 특별한 존재였다. 진학률은 당해년도 고등학교 졸업

표 18-2 │ 연도별 고등교육 취학률과 진학률 실태(단위: %)

연도별	취학률		진학률	
	전체대학	4년제 대학	전체 대학	4년제 대학
1965	7.1	5.3	31.4	19.1
1970	8.8	6.7	35.9	30.0
1975	8.8	11.8	24.9	22.1
1980	16.6	29.0	33.7	27.9
1985	37.1	•	68.1	38.4
1990	•	•	33.2	•
1995	•	•	51.4	•
2000	50.2	•	68.0	•
2005	62.7	•	82.1	•
2008	•	•	83.8	•
2010	66.7	•	78.9	•
2015	65.5	•	70.8	•
2016	65.4	•	69.8	•

출처: 1) 강무섭 편저(1990), pp. 53-54 재구성.
　　　2) 2016년 한국의 사회지표.
주: 1) 취학률 = (취학적령학생 수 / 취학적령인구 수)×100
　　2) 진학률 = (당해년도 졸업자 중 진학자 / 당해년도 졸업자)×100

자를 대상으로 하기 때문에 교육적 의미가 적을 수가 있다. 〈표 18-2〉를 보면 진학률의 성장은 2.5배 정도에 불과하지만, 진학률의 특성상 실제적으로 높은 성장세를 보이고 있다. 진학률보다 취학률이 교육적으로 더욱 중요한 지표라고 할 수 있다.

　취학률은 전체 취학적령인구 수를 대상으로 하기 때문에 국가적으로 실제적 비교 기준이 될 수 있다. 그래서 트로우(M. Trow)는 취학률 15% 이내를 엘리트형 단계, 15~50%를 대중형 단계, 50% 이상을 보편형 단계로 부른다. 1980년 이전까지는 엘리트형 단계에 있지만 1980년부터 2000년까지는 대중형 단계에, 2000년 이후부터는 보편형 단계에 위치하고 있다. 〈표 18-2〉의 취학률은 매우 빠르고 높게 전개되고 있으며, 모든 사람에게 고등교육의 혜택을 넓힌다는 점에서 실제적인 성장세를 보이고 있다.

2. 고등교육의 환경 여건

우리의 고등교육은 양적으로 눈부신 성장을 이루었지만, 양적 성장만큼 질적 발전을 이룬 것은 아니다. 고등교육의 질적 성장을 나타내는 가장 중요한 지표는 '전임교원 1인당 학생 수'다. 비슷한 지표로는 '전임교원 수' '전임교원 확보율' 등을 들 수 있다. '전임교원 1인당 학생 수'는 자연히 학교의 시설환경에 영향을 주게 되며, 교원의 강의 시수로 인한 교육의 질, 교수학습의 질, 연구의 질과 직접적인 관련을 맺고 있다. '전임교원 수'와 '전임교원확보율'도 고등교육의 질을 이해하는 중요한 지표가 된다.

〈표 18-3〉을 보면 고등교육의 중심인 4년제 대학교가 1980년의 85개교에서 2016년에는 189(7)개교로 약 220%의 높은 증가세를 보이고 있다. 중요한 점은 국·공립 대학교가 줄어듦에 따라 고등교육의 사회적 혜택은 약화되었다는 것이다. 국·공립대의 학교 수 비율은 1980년에는 23.5%, 1990년에는 22.4%, 2000년에는 16.1%, 2010년에는 15.0%. 2016년에는 18.5%를 차지하고 있다. 1945년의 국·공립대 비율은 47.4%, 1952년에는 24.5%, 1953년에는 27.3%, 1955년에는 28.3%, 1957년에는 28.6%, 1961년에는 24.2%로 나타났다. 전반적으로 국·공립대가 차지하는 기관수의 비율은 점차적으로 낮아지고 있는 실정이다.

국·공립대의 학생 수 비율은 매우 심각한 하락세를 보이고 있다. 국·공립대 학생 수 비율은 실제적인 고등교육 혜택의 점유율을 보여 주는 것으로 매우 중요한 지표다. 구체적으로 1980년은 45.8%, 1990년은 24.5%, 2000년은

표 18-3 연도별 · 설립별 4년제 대학 수와 학생 수(단위: 개 · 명 · %)

연도별	대학 수			학생 수		
	전체	국 · 공립	사립	전체	국 · 공립(점유율)	사립(점유율)
1980	85	20	65	402,979	184,686(45.8)	218,298(54.2)
1985	100	22	78	931,884	243,378(26.1)	688,506(73.9)
1990	107(15)	24(1)	83(14)	1,040,166	254,748(24.5)	785,418(75.5)
1995	131(19)	26(1)	105(18)	1,187,735	295,941(24.9)	891,794(75.1)
2000	161(18)	26(1)	135(17)	1,665,398	372,078(22.3)	1,293,320(77.7)
2005	173(11)	26	147(11)	1,859,639	400,668(21.5)	1,458,971(78.5)
2006	175(11)	25	150(11)	1,888,436	405,256(21.5)	1,483,180(78.5)
2007	175(11)	25	150(11)	1,919,504	408,461(21.3)	1,511,043(78.7)
2008	174(11)	25	149(11)	1,943,437	411,675(21.2)	1,531,762(78.8)
2009	177(11)	26	151(11)	1,984,043	420,944(21.2)	1,563,099(78.8)
2010	179(11)	27	152(11)	2,028,841	428,173(21.1)	1,600,668(78.9)
2011	183(11)	30	153(11)	2,065,451	441,946(21.4)	1,623,505(78.6)
2012	189(9)	33	156(9)	2,103,958	459,171(21.8)	1,644,787(78.2)
2013	188(9)	33	155(9)	2,120,296	471,368(22.2)	1,648,928(77.8)
2014	189(7)	35	154(7)	2,130,046	480,870(22.6)	1,649,176(77.4)
2015	189(7)	35	154(7)	2,113,293	484,796(22.9)	1,628,497(77.1)
2016	189(7)	35	154(7)	2,238,807	480,735(21.5)	1,604,072(78.5)

출처: 교육부 · 한국교육개발원(2016), pp. 47-50 재구성.
주: 1) (　)는 분교 수며 전체 대학 수에 포함되지 않음.
　　2) 2012년까지는 전임교원에 총(학)장, 교수, 부교수, 조교수, 전임강사가 포함됨.
　　3) 2012년까지는 전임교원에 총(학)장, 교수, 부교수, 조교수가 포함됨.
　　4) 비전임교원에는 겸임교수, 초빙교수, 시간강사, 명예교수, 대우교수, 기타 등이 포함됨.

22.3%, 2010년은 21.1%. 2016년은 21.5%를 차지하고 있다. 국 · 공립대의 학생 비율은 1980년과 비교하여 2배 이상의 하락세를 보여 주고 있다. 1980년의 국 · 공립 학생 비율이 거의 50%에 육박하지만, 7 · 30 교육개혁조치로 인한 졸업정원제 이후 학생의 증가로 인해 사립대의 학생 비율은 거의 80%에

가깝게 증가하였다.

　해방 이후의 국·공립대 학생 수 비율과 비교하면 더욱 악화되어 가고 있다. 구체적으로 1945년 국·공립대의 학생 수 비율은 52.3%, 1952년에는 52.5%, 1953년에는 47.5%, 1955년에는 43.7%, 1957년에는 28.3%, 1961년에는 28.6%로 나타났다(이혜영, 1992: 44, 재구성). 국·공립대가 차지하는 비율의 하락세는 고등교육의 기회균등성을 저해하고 있다는 것을 보여 주고 있

표 18-4 │ 연도별·설립별 4년제 대학교의 전임교원 수와 비전임교원 수(단위: 개·명·%)

연도별	전임교원 수			비전임교원 수		
	전체	국·공립(의존율)	사립(의존율)	전체	국·공립(의존율)	사립(의존율)
1990	33,340	10,373(66.6)	22,967(56.4)	22,219	5,194(33.4)	17,725(43.6)
1995	45,087	12,697(62.6)	32,390(57.8)	31,265	7,595(37.4)	23,670(42.2)
2000	41,943	11,359(47.4)	30,584(41.6)	55,493	12,626(52.6)	42,867(58.4)
2005	49,200	13,008(45.0)	36,192(36.2)	79,823	15,907(55.0)	63,916(63.8)
2006	51,589	13,385(45.3)	38,474(37.7)	79,848	16,174(54.7)	63,674(62.3)
2007	52,763	13,510(45.2)	39,253(37.4)	82,046	16,406(54.8)	65,640(62.6)
2008	54,331	13,703(43.9)	40,628(37.4)	85,410	17,515(56.1)	67,895(62.6)
2009	54,518	13,301(42.9)	41,217(36.7)	88,769	17,711(57.1)	71,058(63.3)
2010	55,972	13,746(41.7)	42,226(36.3)	93,249	19,218(58.3)	74,031(63.7)
2011	58,104	14,489(42.2)	43,615(37.3)	93,033	19,873(57.8)	73,160(62.7)
2012	61,993	15,341(41.1)	46,652(39.2)	94,423	21,993(58.9)	72,430(60.8)
2013	63,042	15,418(41.2)	47,624(41.5)	89,139	22,003(58.8)	67,136(58.5)
2014	64,378	15,579(42.3)	48,799(43.4)	84,886	21,275(57.7)	63,611(56.6)
2015	65,423	15,653(42.1)	49,770(44.6)	83,298	21,508(57.9)	61,790(55.4)
2016	65,300	15,638(42.9)	49,662(45.4)	80,498	20,780(57.1)	59,718(54.6)

출처: 교육부·한국교육개발원(2016), p. 71 재구성.

주: 1) 2012년까지는 전임교원에 총(학)장, 교수, 부교수, 조교수, 전임강사가 포함됨.

　　2) 2012년까지는 전임교원에 총(학)장, 교수, 부교수, 조교수가 포함됨.

　　3) 비전임교원에는 겸임교수, 초빙교수, 시간강사, 명예교수, 대우교수, 기타 등이 포함됨.

다. 특히 1980년 이후로 나타난 국·공립대 비율의 뚜렷한 하향세는 사회적으로 의미 있게 보여 주고 있다.

고등교육의 질은 '전임교원의 의존율'에 의해 좌우된다. 고등교육의 질을 보장하기 위해서는 실제적인 교육과 연구 그리고 학생지도에 전념하는 전임교원의 비중이 커야 한다. 〈표 18-4〉를 보면 전임교원의 의존율에 의해 고등교육의 질을 간접적으로 추론할 수 있게 한다. 한국의 대학교는 빈약한 재정 상황으로 인해 전임교수보다 비전임교수에게 고등교육을 많이 의존하고 있는 실정이다. 비전임교수 의존율은 국·공립대와 사립대는 각각, 1990년은 33.4%와 43.6%를, 2000년은 52.6%와 58.4%를, 2010년은 58.3%와 63.65%를, 2016년은 56.1%와 54.6%로 나타났다. 한국의 국·공립대와 사립대는 전체적으로 비전임교원에 의해 매우 높게 의존하고 있는 심각한 양상을 보이고 있다. 국가경쟁력의 중추적 역할을 담당하고 있는 한국의 대학경쟁력은 거

표 18-5 연도별·설립별 4년제 대학의 '전임교원확보율'(단위: %)

연도별	전체	국립	공립	사립
2008	70.8	78.8	66.5	68.6
2009	73.1	80.2	74.1	71.0
2010	74.9	81.0	87.4	72.9
2011	80.1	82.2	83.4	75.0
2012	79.3	82.6	73.6	78.3
2013	81.3	82.4	77.1	80.9
2014	83.0	83.5	80.4	82.8
2015	84.8	83.8	80.3	85.2
2016	85.9	85.2	83.9	86.2

출처: 교육부·한국교육개발원(2016), p. 76 재구성.
주: 1) 전임교원확보율(편제정원기준)=[전임교원 수/교원법정정원(편제정원기준)]×100
   2) 교원법정정원: 대학설립운영규정 제6조 1항의 별표5에 의하면, 인문사회는 25명, 자연과학은 20명, 공학은 20명, 예·체능은 20명, 의약은 8명이 전임교원확보율 100%로 규정됨.

의 비전임교원이 담당하고 있다고 해도 지나치지 않다.

우리나라는 '전임교원확보율'을 고등교육의 질적 수준을 가늠하는 중요한 지표로 삼고 있다. 〈표 18-5〉의 전임교원확보율을 보면 전체적으로 2011년 에는 80% 이상을 상회하고 있다. 전임교원확보율에서 국립대는 매우 높은 수준을 보이고 있으며, 공립대도 2010년부터는 국립대 수준에 가깝다. 사립 대 역시 2013년부터는 80% 이상의 높은 확보율을 보이고 있다. 이렇게 보면 한국의 고등교육의 질은 높은 수준을 유지하고 있는 것처럼 보인다. 그러나 이런 전임교원확보율은 꽃은 화려하지만 열매를 맺지 못하는 화이부실(華而 不實)이라는 '빛 좋은 개살구'일 뿐이다.

「대학설립·운영 규정」에서 교원 산출기준인 '전임교원 1인당 학생 수'는 인문사회대는 25명, 자연대는 20명, 공학은 20명, 예·체능은 20명, 의약은 8명의 확보가 100%로 정해져 있다. 이러한 충원율 기준은 뚜렷한 근거를 가 진 것이 아닌 임의적인 것에 불과하다. 이 기준은 오랫동안 법으로 규정되어 적용됐으며, 정부에서 고등교육의 질을 가늠하는 지표로 삼아 왔다. 이 기준 에 의하면 전임교원확보율은 높은 수치를 보이고 있다. 그러나 「대학설립· 운영 규정」에 나타난 전임교원확보율 기준은 고등교육의 발전을 저해할 정 도로 시대에 뒤떨어졌으며, 국제적으로도 비교·적용하기 어려운 미흡한 근 거를 가지고 있다. 이 기준에 따르면 전임교원확보율은 과장될 수밖에 없다. 구체적으로 전임교원확보율이라는 이론적 근거의 취약성은 '전임교원 1인당 학생 수'를 OECD와 EU 국가의 평균과 비교하면 부끄러운 민낯이 드러난다.

'전임교원 1인당 학생 수'는 고등교육의 질을 보여 주는 매우 구체적이고 핵심적인 지표다. '전임교원 1인당 학생 수'는 고등교육의 환경과 시설 그리 고 행정 등과 직접적으로 연동되어 있으며, 고등교육의 질을 높이는 강력한 지표 중의 하나다. 고등교육에서 '전임교원 1인당 학생 수'는 아무리 강조해 도 지나치지 않다.

해방 이후부터 고등교육(대학교, 대학, 초급대학, 각종 대학 포함)에서 '전임교

표 18-6　연도별 · 설립별 고등교육 '전임교원 1인당 학생 수' (단위: 명)

연도별	OECD 평균	EU 평균	대학교			전문대학		
			전체	국 · 공립	사립	전체	국 · 공립	사립
1970	•	•	18.8	13.6	21.5	•	•	•
1975	•	•	20.7	16.4	23.0	•	•	•
1980	•	•	27.9	25.3	29.2	•	•	•
1985	•	•	35.8	29.7	38.6	•	•	•
1989	•	•	32.2	24.8	35.6	•	•	•
1990	•	•	42.7	•	•	•	•	•
2000	•	•	47.8	•	•	•	•	•
2001	•	•	48.4	•	•	•	•	•
2002	•	•	48.3	•	•	•	•	•
2003	•	•	47.6	•	•	•	•	•
2006	15.5	15.7	40.6	34.9	42.6	70.4	63.2	70.7
2007	15.8	16.0	40.0	34.7	41.8	68.9	60.3	69.3
2008	15.3	16.0	39.3	34.3	41.0	64.7	60.1	64.8
2009	15.3	16.0	38.7	33.6	40.4	61.9	56.1	62.1
2010	15.8	15.4	38.2	32.8	40.1	61.9	72.5	61.7
2011	14.9	15.5	37.2	32.0	39.1	60.9	58.2	61.0
2012	15.5	15.8	35.5	31.1	37.1	59.6	56.2	59.6
2013	15.6	15.9	34.9	31.5	36.0	58.9	52.2	59.0
2014	14.0	16.0	33.2	30.9	33.9	58.0	50.1	58.2
2015	•	•	32.4	31.0	32.8	56.1	45.6	56.3
2016	17.0	17.0	32.0	30.8	32.4	54.8	44.8	55.1

출처: 1) 김형관 외(1990), p. 69.
　　　2) 2003년 한국의 교육지표.
　　　3) 교육부 · 한국교육개발원(2016), pp. 40-78 재구성.
　　　4) OECD 교육지표(Education at a glance: EAG)
주: 1) 총장 및 소속학과가 없는 전임교원 수는 제외됨
　　2) 전임교원 1인당 학생 수 = 재적학생 수/전임교원 수

원 1인당 학생 수'를 단순 계산하면, 1945년은 8.1명, 1947년은 9.3명, 1950년은 10.3명(문교부, 1988: 78. 재정리), 1952년은 17.2명, 1953년은 20.2명, 1954년은 26.1명(김종철, 1989: 181. 재정리), 1965년은 20.3명(김형관 외 4명, 1990: 64. 재정리)으로 유지됐다. 〈표 18-6〉을 보면 4년제 대학교는 1970년은 18.8명, 1975년은 20.7명으로 나타났다.

1970년대까지만 해도 '전임교원 1인당 학생 수'는 그렇게 나쁘지는 않았다. 당시에는 대학생이 부족한 실정이었다. 1980년대부터는 7·30 교육개혁조치로 인해 학생 수가 급격하게 증가하였다. 오히려 이때부터 '전임교원 1인당 학생 수'는 심각한 수준으로 악화되어 갔다.

'전임교원 1인당 학생 수'는 4년제 대학교를 기준으로 1980년대부터는 과거보다 후퇴하여 상당히 열악한 상태에 있었으며, 전문대까지 포함하면 엄청난 차이를 보이고 있다. 심지어 현재 초·중등학교의 '전임교원 1인당 학생 수'가 15명 전후인 것과 비교하면 매우 뒤처져 있다. 1970년대의 초·중등학교 교실에는 약 55~70명 정도의 학생이 있어 콩나물 교실이라고 부를 정도로 낙후되어 있었지만, 꾸준히 개선하여 지금은 선진국 수준에 도달했다. 오히려 고등교육은 역사에 역행하여 콩나물 대학이 되었다.

OECD와 EU의 '전임교원 1인당 학생 수' 평균과 비교하여도 거의 후진적 수준에 놓여 있다. 우리의 경우 '전임교원 1인당 학생 수'는 경제적으로 매우 열악한 상황인 1950년대·1960년대·1970년대보다도 더 낙후되어 있어 역사적으로 아이러니하다. 초·중등학교의 '전임교원 1인당 학생 수'는 과거보다 눈에 띄게 호전됐지만, 국가 발전의 고급인력을 양성하는 고등교육이 뚜렷한 하락세를 보이는 것은 매우 우려스런 현실이다. 고등교육의 질적 발전을 위한 개혁의 출발은 '전임교원 1인당 학생 수'에서 시작된다고 할 수 있다. '전임교원 1인당 학생 수'의 고려가 없는 고등교육 개혁은 사상누각(沙上樓閣)으로 요란한 말의 성찬이 될 뿐이다.

3. 고등교육정책의 역사적 특징

한국의 고등교육은 현대사의 부침만큼 많은 변화를 거쳐 왔다. 한국의 고등교육정책은 역동적이었던 시대의 복잡한 정치사회적인 상황과 밀접한 관련을 가지고 전개됐다. 그동안 변화된 한국의 고등교육은 양적으로는 세계적 수준으로 성장했지만, 질적으로는 OECD 수준에 기대만큼 못 미치고 있는 실정이다. '전임교원 1인당 학생 수'의 지표는 과거보다 후퇴하였다. 그래도 한국의 고등교육은 역사적 질곡을 겪으면서도 많은 변화와 발전을 하였다.

해방 이후 1960년까지 한국의 고등교육은 '대학의 붐'인 양적인 팽창이 조성된 시기다. 1960·70년대에는 양적인 부작용을 최소화하기 위해 정원통제정책을 통해 질적인 도약을 하고자 노력하였다. 1980년대에는 7·30 교육개혁조치의 졸업정원제를 통해 교육열을 완화하고자 하였다. 1990년대에는 5·31 교육정책의 대학설립준칙주의 등의 다양한 고등교육정책이 기조를 이루었다. 이때의 신자유주의적 고등교육정책의 흐름은 정권의 성격에 따라 차이가 있지만 박근혜 정부까지 지속되어 왔다.

이 장은 논의의 편의를 위해 문민정부를 기준으로 이전과 이후의 고등교육정책을 개관하였다. 이런 분류는 임의적이며 특별한 기준을 전제한 것은 아니다. 단지 한국의 고등교육정책의 복잡한 흐름에 대한 이해적 편의를 위해 구분한 것에 불과하다.

1) 문민정부 이전의 주요 고등교육정책

해방 이후 한국의 고등교육은 매우 초라하게 출발하였다. 1945년에 고등교육기관 수는 19개, 학생 수는 7,819명, 교원 수는 1,490명에 불과하였다. 미군정기부터 대학설립기준령(1946년)을 발표하면서, 고등교육에 대한 열망에 호응하기 위해 고등교육은 급속하게 증가하였다. 불과 3년 후인 1948년에 이르러서는 학생 수가 24,000명으로 약 3배의 급속한 증가가 있었다. 당시의 특수한 상황으로 인해 농지개혁법(1949년) 등은 대학설립을 가속화시키기도 하였다. 6·25 전쟁 중에 설립된 전시연합대는 지방 국립대의 설립을 촉진하는 역사적 계기가 되기도 하였다. 〈표 18-1〉을 보면 전쟁중에도 고등교육기관과 학생이 증가하는 특수한 현상을 보였으며, 대학의 붐은 그치질 않았다.

표 18-7 문민정부 이전의 주요 고등교육정책

정부별	주요 고등교육정책
미군정기	• 대학설립기준령(1946년) • 국립 서울대학교 설치령(1946년)
제1·2공화국	• 농지개혁법(1949년)　　　　• 재학자 징집연기잠정령(1950년) • 전시연합대설치(1951년)　　• 국립학교설치령(1952~1955년) • 대학설치기준령(1955년)　　• 대학생징집연기장정령(1956년)
제3·4공화국	• 학사학위국가고시제(1961년)　• 대학정비기준령(1961년) • 교육에 관한 임시특례법(1961년) • 사립학교법(1963년) • 대학생정원령(1965년)　　　• 학위등록제(1965년) • 대학입학 예비고사(1969년)　• 실험대학정책(1970년대) • 지역대학 특성화 정책(1970년대) • 대학학생조정안(1973년) • 지역대학특성화정책(1974년) • 실험대학 운영과 대학특성화 방안(1974년) • 단기고등교육기관을 전문대학으로 통합(1977년)
제5·6공화국	• 7·30 교육개혁조치(1980년)　• 대학정원 일시에 30% 확충(1980년) • 대학입학 본고사 폐지(1980년)　• 졸업정원제(1980년) • 대학고사의 상대평가제 도입(1980년) • 한국대학교육협의회설립(1982년) • 졸업정원제 탈락률 자유화(1983년) • 대학별로 특성학과 지정 운영 계획(1984년) • 대학설치기준령개정(1986년)　• 총장직선제 실시(1987년) • 국립대학 특수법인화 권장(1987년) • 대학 '학사제적' 부활(1991년)

대학설치기준령(1955년)과 대학생징집연기잠정령(1956년)이 발표되고, 당시의 피폐한 경제적 상황에도 불구하고 1950년대 후반이 되어도 고등교육은 오히려 급속한 증가를 보였다. 이러한 무분별한 대학의 팽창은 고등교육의 질적 저하를 초래하였으며, 고등교육유민을 양산하여 농촌경제에 의존하던 국가 경제에 상당한 압박을 주었다.

해방 이후와 1950년대에 대학의 무분별한 증가로 인한 고등교육의 질적 저하는 심각한 수준이었다. 이런 상황을 인식한 제3·4공화국은 전반적으로 고등교육의 질적 수준을 높이기 위해 고등교육의 정원을 통제한 시기다. 5·16정부는 교육에 관한 임시특례법(1961년)을 발표하면서 대학 정원을 감축하였고, 사립학교법(1963년)과 대학학생정원령(1965년)을 연이어 공포하면서 무분별한 학생 수의 증가를 억제하고, 부정입학과 졸업을 막기 위해 노력하였다. 부적격자가 대학에 입학하는 것을 막기 위해 오늘날 대학수학능력시험의 효시가 되는 대학입학 예비고사(1969년)를 발표하였다. 1970년대에는 지방대를 육성하기 위해 지역대학 특성화 정책을 실시하였으며, 실험대학 운영과 대학특성화 방안(1974년)을 발표하면서 고등교육의 질적 향상을 위해 노력하였다.

제5·6공화국의 가장 큰 특징은 7·30 교육정책의 실시다. 제5·6공화국은 군사정권의 약점을 보완하기 위해 당시의 극심한 사회문제였던 재수생과 과외 문제를 해결하고자 하였다. 제5·6공화국은 세계에서 유례가 없는 일시에 대학정원 30%를 증가시키는 졸업정원제를 전격적으로 실시하고, 동시에 대학 본고사를 폐지하였다. 대학정원의 30% 증원을 졸업정원제를 통해 감소시킨다는 정책은 완전히 실패로 돌아가고 대학정원만 증가시키는 결과를 초래하였다. 1980년의 학생 수는 601,494명이던 것이, 1985년의 학생 수는 1,277,825명이 되었다. 당시의 상황을 고려하면 엄청난 증가라고 할 수 있다. 고질적인 대학입시문제를 해결하기 위한 졸업정원제의 대학정원 30%의 증가는 오히려 대학입시경쟁만 가열시켰다. 고등학교 때에 대학을 포기했던 학생과 고졸 직장인들도 대학생의 증가로 인해 대학 진학의 희망을 갖게 되어 대학입시경쟁은 한층 고조되었다. 4시간 자면 합격하고 5시간 자면 떨어진다는 사당오락(四當五落)이라는 교육언표는 당시의 치열한 대학입시경쟁을 상징하고 있다.

2) 문민정부 이후의 주요 고등교육정책

문민정부가 들어서면서 신자유주의가 교육정책의 이념적 중심이 되었다. 이때부터 교육에서 소비자라는 개념이 처음 등장하였다. 문민정부는 5·31교육개혁안을 통해 일정한 법적 조건을 갖추면 대학을 자유롭게 설립할 수 있다는 '대학설립준칙주의'를 시행하였다. 그 외에 문민정부는 당시에도 파격적인 고등교육정책을 연이어 발표하였다. 국립대 법인화 추진, 대학정원 자율화 확대, 대학의 다양화와 특성화 정책, 의치약과 법학 전문대학원의 도

표 18-8 문민정부 이후의 주요 고등교육정책

정부별	주요 고등교육정책	
문민정부	• 본고사 부활과 3불정책 실시(1994년) • 5·31 교육개혁안(1995년) • 학부제 도입(1995년) • 대학정원 자율화 확대(1997년) • 대학의 특성화 • 다양화 평가결과와 재정지원 연계방식 도입(1996년) • 의학전문대학원 도입 검토(1997년) • 전문대학원 설립·운영 방안 발표(1997년)	• 대학종합평가인정제 시행(1994년) • 국립대 법인화 추진(1995년~현재) • 대학설립준칙주의 시행(1996년) • 대학의 다양화와 특성화(1995년) • 대학원 대학 설립계획 발표(1997년)
국민의 정부	• 대학별 입학전형 다양화 • 특성화: 다양한 특기자 전형, 무시험 전형(1998년) • 교수계약제 도입(1998년) • 교수연봉제 실시(1998년) • 국립대 총장직선제 폐지 추진(2000년) • 사이버 대학제도 도입(2001년)	 • 대학통폐합 검토(1998년~현재) • 두뇌한국 21: BK 21(1999년~현재) • 지방대육성 대책안 마련(2000년) • 교수계약제 시행(2001년)

참여정부	• 두뇌한국 21: BK 21(1999년~현재)　• 의학전문대학원제도 도입(2003년) • 지방대학혁신역량사업: NURI 사업(2004~2008년) • 대학구조개혁방안 발표: 대학간 통폐합·학생정원감축추진(2004년) • 2008년부터 로스쿨 도입 결정(2004년) • 한나라당 반값등록금 추진(2007년)　• 산학협력중심대학 육성사업: HUNC 사업
이명박 정부	• 두뇌한국 21: BK21(1999년~현재)　• 대학정보공시체제구축(2008년) • 세계수준의 연구중심 육성사업: WCU 사업(2008년~현재) • 대학입시자율화(2008년)　• 교육역량강화사업(2008년~현재) • 지방대학 육성 및 대학특성화사업: CK사업(2008년~현재) • 대학자체평가(2009년~현재)　• 사립대학구조조정(2010년~현재) • 대학입학사정관제 확대(2010년~현재)　• 국립대선진화방안(2010·2012년~현재) • 서울대 국립대학 법인화법 국회 통과(2010년) • 학부교육선진화선도대학지원사업: ACE 사업(2010년~현재) • 대학구조개혁위원회(2011년)　• 성과급적연봉제 도입(2011년~현재) • 국가장학금 1조8천억원 투입 결정(2011년) • 국립대 총장직선제 폐지(2011년)　• 대학평가인증제(2011년~현재)
박근혜 정부	• 두뇌한국 21: BK21(1999년~현재)　• 대학평가인증제(2011년~현재) • 지방대학 육성 및 대학특성화사업: CK 사업(2008년~현재) • 학부교육선진화선도대학사업: ACE 사업(2010년~현재) • 성과급적연봉제(2011년~현재)　• 대학교육역량강화사업(2011년) • 전문대학교육역량강화사업　• 대학자체평가(2009년~현재) • 국립대선진화방안(2010·2012년~현재)　• 대학구조개혁(2011년~현재) • 세계수준의 연구중심 육성사업: WCU 사업(2012년~현재) • 산학협력선도대학 육성사업: LINC 사업(2012~2015년) • 국립대혁신지원사업(2015년)　• 산업수요맞춤형인재양성방안(2015년) • 산업연계 교육활성화 선도대학 육성사업: PRIME 사업(2015년) • 국립대혁신지원사업: PoINT 사업(2014년) • 대학인문역량강화사업: Core 사업(2015년) • 평생교육단과대학(2015년) • 국립대학 자원관리시스템 구축사업: KORUS 사업(2017년~현재)

입 등이다. 문민정부는 당시에 경험하지 못한 고등교육정책의 새로운 방향을 제시하였다. 이런 고등교육정책에는 신자유주의의 시장경쟁이념이 사상적 기반이 되었으며, 지속적으로 논란의 중심이 되기도 하였다. 국민의 정부는 IMF 금융 사태로 인한 위기적인 경제 상황을 타파하기 위해 모든 사회 분야에 걸쳐 구조개혁을 실시하였다. 대학구조조정이란 용어가 처음 등장한 것도 1998년에 추진한 '국립대학 구조조정 계획안'에서다.

국민의 정부는 신자유주의의 시장경쟁원리를 계승하면서 국립대학의 조직 개편과 인력 축소, 국립대학 통폐합 실시, 교수계약제 도입, BK21 사업 실시, 국립대 총장직선제 폐지 추진, 지방대육성 대책안 마련, 사이버 대학제도 등을 도입하였다. 또한 대학 간의 경쟁을 유지하기 위해 대학평가를 시도했으며, 교수연봉제와 성과급 체제를 실시하였다. 교육, 연구, 봉사 활동의 업적평가를 실시하여 인사 · 승진에 영향을 주기도 하였다. 문민의 정부는 대학에 신자유주의 경쟁원리를 구체적으로 도입 · 적용하였다.

참여정부에 들어서도 신자유주의 고등교육정책은 그 기세가 꺾이지 않았다. 참여정부는 국민의 정부가 제안한 고등교육정책을 계승 · 발전시키는 입장을 보였다. 당시의 대통령은 '대학은 기업이다'라는 시장주의적 인식을 노골적으로 드러내면서, 국립대학의 통폐합과 정원 축소를 통해서 대학교육의 경쟁력을 높이고자 하였다. 참여정부는 의학전문대학원제도의 도입과 더불어 2008년부터 로스쿨 도입을 결정하여 우리나라 사법체계의 근간을 바꾸어 놓았다. 그리고 지방대학혁신역량사업(NURI 사업)을 통해 지방대에 4년 동안 1조 4200억원을 지원하였다. 그 외에도 산학협력중심대학 육성사업(HUNC 사업)과 반값등록금 등을 추진하였다. 2004년에는 '대학경쟁력 강화를 위한 대학구조개혁방안'을 발표하였다. 사실상 대학구조개혁이란 용어가 이때부터 등장하면서 국립대를 포함하여 사립대까지 구조개혁의 대상으로 삼았다. 참여정부의 고등교육정책 역시 5 · 31 교육개혁안의 신자유주의의 시장주의적 교육개혁 이념에 크게 벗어나지 못하고 있었다.

　이명박 정부에 들어 고등교육정책에서 신자유주의의 시장경쟁 원리는 더욱 노골적이고 적극적이며 가속화되었다. 이명박 정부는 출범 초기부터 지난 정부보다 더욱 강력하고 광범위한 대학구조개혁을 추진하였다. 국립대학 통폐합과 법인화 추진, 총장직선제 폐지, 성과급적 연봉제의 도입 등이 있었다. 이명박 정부의 대학구조개혁은 역대 정부와 달리 재정지원 방식이라는 국가주도의 타율적인 방식을 통해 생존게임 형식으로 진행된 통제적 성격이 강하였다. 이명박 정부의 대학구조개혁은 국·사립대의 강력한 저항을 받았으나, 전혀 개의치 않고 일관되게 추진하였다. 이명박 정부는 국립대선진화방안, 세계수준의 연구중심 육성사업(WCU 사업), 지방대학 육성 및 대학특성화 사업(CK 사업), 대학정보공시체제의 구축, 사립대학구조개혁, 대학입학사정관제의 확대 실시, 서울대 국립대학 법인화법 국회 통과, 대학평가인증제, 학부교육선진화선도대학지원사업(ACE 사업), 국가장학금 1조 8천억 투입 결정 등의 다양한 교육정책을 실시하였다.

　박근혜 정부는 이명박 정부의 고등교육정책을 계승·발전시키면서 한층 강화하였다. 박근혜 정부에서도 학령인구 감소를 극복하기 위해 대학구조개혁 평가 체제를 2단계로 구분하면서 접근하였지만, 국회와 대학뿐만 아니라 시민사회에서도 많은 논란이 있었다. 박근혜 정부는 재정지원을 통해 국·사립대를 강하게 압박하였다. 박근혜 정부는 대학교육역량강화사업, 국립대선진화방안, 산학협력선도대학 육성사업(LINC 사업), 산업연계 교육활성화 선도대학 육성사업(PRIME 사업), 국립대혁신지원사업(PoINT 사업), 대학인문역량강화사업(Core 사업), 평생교육단과대학, 국립대학 자원관리시스템 구축사업(KORUS 사업) 등의 매우 다양한 정책을 통해 국·사립대에 재정 압박을 하여 통제하였다. 국가주도의 대학재정지원 사업을 통한 국·사립대를 통제할 수 있었던 이유는 이명박 정부 시절에 반값등록금으로 인해 "각 학교는 등록금 인상률이 직전 3개 연도 평균 소비자 물가상승률의 1.5배를 초과할 수 없다"라는 것을 고등교육법으로 규정했기 때문이다. 역사적으로 재정 기반이 열악한 국·사립대학들은 사실상 등록금 인상이 억제되어 재정난을 겪으면서 정부의 대학재정 지원사업에 의지할 수밖에 없었다. 결국 정부는 대학재정 지원사업을 통해 각 대학들을 통제하기 시작하였다. 재정적 압박을 통한 대학에 대한 정부의 통제는 헌법 31조에 보장된 '대학의 자주성과 자율성을 위배할 수밖에 없게 된다. 자연히 정부와 국·사립대학은 많은 교육적 갈등을 겪게 되었다.

제**6**부

한국교육의 미래 과제

한국의 교육 경쟁력을 높이기 위해서는 우리의 교육문제에 대한 정확한 진단을 통해 효과적인 교육정책을 제시해야 한다. 지금까지 한국의 교육정책은 사회적 기대만큼 성과가 높았던 것은 아니다. 오히려 한국의 교육정책은 역사적으로 우리에게 큰 실망을 안겨 주기도 했다. 비슷한 실수를 반복하지 않기 위해서는 한국의 미래교육에 대한 방향을 명확히 해야 한다. 한국의 미래교육을 위해 우리의 교육적 토양에 적합한 토착적 교육전략을 제시해야 한다. 결코 쉬운 일은 아니지만, 이는 미래를 위해서 포기할 수 없는 우리의 교육적 사명이다. 우리에게 교육은 미래의 국가 경쟁력을 높이는 주춧돌이기 때문이다.

제 **19** 장
한국 교육정책의 과제

1. 한국 교육문제의 진단

한국에서 교육은 역사적으로 빛과 그림자의 역할을 해 왔다. 어두운 시대의 교육은 사회적 희망의 원천이었지만, 교육에 대한 과도한 기대는 학생과 학부모들을 억누르는 기제로 작용하였다. 이처럼 한국교육은 야누스적 속성을 가지고 있다. 한국교육의 야누스적 속성을 자세히 살펴보면, 그것은 교육 출세주의라는 동일한 뿌리에서 파생된 두 개의 얼굴이라는 것을 알 수 있다.

근대학제가 도입된 구한말과 일제강점기에서 현대에 이르기까지 우리의 교육문제는 바람 잘 날이 없을 정도로 끊임없이 지속되어 왔으며, 교육적 차원을 넘어서 사회적 차원으로까지 심각하게 받아들여지고 있다. 해방 이후 지금까지 정부 차원에서 이러한 교육문제를 해결하려고 끊임없는 노력을 했지만, 그럴 때마다 오히려 더욱 심각한 양상으로 변모하여 나타났다.

한국의 교육문제는 역사적으로 처방을 할 때마다 면역체계가 형성되어서,

새로운 형태의 질적 변이를 하였다. 이는 어떤 강력한 항생제도 잘 듣지 않는, 한층 진화된 슈퍼 바이러스 형태로 나타났다.

해방 이후의 우골탑과 고등교육 유민, 1960년대의 무즙과 창칼 파동, 1970년대의 과열 과외와 재수생 증가, 1980년대의 학력 인플레이션과 고액 과외, 1990년대의 조기교육과 기러기 아빠, 2000년대의 죽음의 트라이앵글과 스펙 경쟁 등과 같은 각 시대를 상징하는 한국의 교육문제는 우리 사회를 요동치게 하였다. '대학망국론'과 '과외망국론'이라는 언표에서 보듯이, 교육은 한국가를 휘청하게 할 정도로 영향력이 컸다. 이런 교육문제를 조속히 해결하지 않으면, 앞으로도 우리의 교육문제는 질적 변이를 통해 새로운 형태로 변모하여 우리 사회에 엄청난 부담감을 줄 것이다.

한국의 교육문제는 역사적으로 매우 다양한 모습으로 표출되어 왔다. 그러나 각 시대를 관통하면서 일관되게 나타난 교육문제가 있었는데, 그것은 입시위주교육이다. 암기식 교육, 비인간화 교육, 사교육비 부담, 조기유학은 입시위주교육이 빚어낸 교육병리현상에 불과하다. 시대별로 관통한 다양한 교육문제도 입시위주교육의 파생체와 같다. 입시위주교육을 해결하고자 정부 차원에서 중학교 무시험제와 고교평준화정책의 도입, 그리고 무수한 대학입시체제의 변화를 시도하였지만 입시위주교육은 조금도 완화될 기미를 보이지 않고 오히려 심각한 모습으로 확대 재생산되고 있다.

일제강점기에서 지금까지 끊임없이 입시위주교육이 성행한 것은 '현대판 사회적 혈통주의'를 상징하는 학력(벌)주의와 밀접한 관련이 있다. 한국사회에서 학력(벌)은 사회적 구별 짓기의 신분적 상징체며, 사회적 능력의 대리지표라 할 수 있다. 또한 경제적 자본, 사회적 자본, 문화적 자본, 상징적 자본을 포괄하는 만능의 사회적 자격증이다. 학력(벌)은 사회적 지위와 신분을 나타내는 실질적 준거며, 사회적 차별의 강력한 기제다. 학력(벌)주의는 교육의 도구적 교육관인 출세주의와 밀접한 관련이 있다.

실제 김주후(2005: 56)의 한국 교육열의 특성에 대한 연구에서 20개 문항의 순위를 보면, 1위는 '학력이나 학벌을 자녀들에게 갖게 하려는 부모의 욕망', 2위는 '자녀애와 출세욕구의 결합체로 구성된 교육분야의 동기체제', 3위는 '입신출세에 필요한 학력이나 학벌을 추구하려는 동기나 욕망', 4위는 '자녀교육에 적용하는 학부모의 강한 심리적 에너지', 5위는 '교육을 통한 신분 상승 욕구'로 나타났다. 이를 보면 우리의 교육열은 대체로 출세 지향적 학력(벌) 욕구와 밀접한 관련이 있음을 알 수 있다.

따라서 한국사회에서 학력(벌)은 사회생존권을 위한 기회의 제공과 관련된다. 한국사회에서 낮은 학력(벌)은 원하는 지위와 신분에 도달할 수 있는 사회적 기회가 차단될 가능성을 높이기 때문이다. 사회적 기회가 차단되면 사회생존권과 직결된다. 이 점에서 보면 한국의 교육문제는 교육적 차원을 벗어난 사회문제가 되며 '교육생존권=사회생존권'이라는 등식이 성립된다. 사회적으로 생존하기 위해서는 그 기반이 되는 교육에서 먼저 생존해야 하는 것이다.

교육생존권의 지표는 학력(벌)이다. 학부모 입장에서는 사회생존권의 기반이며, 교육생존권의 지표인 학력(벌)을 절대로 포기하지 않으려고 할 것이다. 학교는 사회생존권의 게임 공간이 되며, 교육은 사회생존권의 게임 규칙이 된다. 학력(벌)경쟁은 사회생존권을 위한 게임 그 자체가 된다. 학력(벌)을 획득하기 위해서, 교사와 학생, 그리고 학부모는 가장 효율적인 방법을 선택할 수밖에 없다. 한국의 교육문제는 학력(벌)에서 비롯된 교육생존권을 확보하려는 치열한 노력이 빚어낸 어두운 그림자와 같다.

학력(벌) 획득을 통한 교육생존권의 확보는 한국 교육운동의 근원이자 한국교육의 블랙홀이다. 세계에서 아무리 좋은 교육의 슈퍼 비타민을 처방해도, 한국교육의 블랙홀을 통과하면 왜곡되고 얼룩진 현상으로 나타난다. 학교교육의 정상화를 위한 내신제, 탐구학습, 봉사활동, 열린교육 등 교육의 슈퍼 비타민을 처방해도, 한국교육의 강력한 블랙홀의 작용으로 예기치 않은 모습으로 변질되고 만다.

외국에서 수입한 교육의 슈퍼 비타민이 해결의 능사는 아니다. 한국의 교육문제를 해결하기 위해서는 한국교육의 토착적 성격에 대한 정확한 이해를 바탕으로 한 해결책을 모색해야 한다. 진단을 잘못하면 백약이 무효한 것처럼, 한국교육에 대한 근원적인 토착적 진단이 없이 그저 외국에서 유명한 교육의 슈퍼 비타민으로 처방하면 의도와 달리 불행한 결과를 맞이할 수 있다.

2. 한국 교육정책의 과제

해방 이후부터 지금까지 한국의 고질적 교육문제를 해결하기 위해, 정부 차원에서 다각도로 매우 많은 교육정책적 노력을 해 왔다. 교육은 온 국민의 초미의 관심사이므로 정치적 차원에서 상당한 부담으로 작용하기 때문이다. 새로운 정권이 들어설 때마다 교육의 질을 제고한다는 미명 아래, 언제나 야심찬 교육정책(안)을 내놓고 교육개혁을 단행하였다. 한국의 교육 현대사에서 교육문제의 해결을 위한 정부의 교육정책을 분석하면 몇 가지의 공통된 특징을 발견할 수 있다.

첫째, 교육문제를 해결하기 위해 초·중등교육의 개선에 초점을 두고 있다. 초·중등교육의 변화는 교육과정 개정과 밀접한 관련이 있다. 미군정기와 6·25 전쟁의 역사적 격변기에 나타난 특별한 교육과정의 개정을 제외하고는, 지금까지 총 일곱 차례의 교육과정 개정이 있었다. 정권이 바뀔 때마다 교육과정 개정이 이루어진 것이다. 그 이유는 교육문제가 주로 초·중등교육에서 나타났기 때문이었다. 그러나 초·중등교육의 문제를 해결하면 근본적인 처방이 될 것이라는 인식은 교육정책의 착시현상이 빚어낸 결과다. 해방 이후부터 지금까지 우리의 교육정책은 초·중등교육의 끊임없는 개혁을 요구해 왔지만, 전체적으로 볼 때, 성공한 사례는 거의 찾아보기 힘들다. 오히려 한국 교육문제의 면역성만 더욱 강해진 느낌이다. 일제강점기까지 포함하면 비슷한 실수를 거의 100년 동안이나 되풀이했다고 할 수 있다. 초·중등교육의 질을 높이는 것은 물론 좋지만, 교육문제 해결의 수단으로 삼아서는 안 된다.

둘째, 학력(벌)주의와 과도한 사교육비, 그리고 재수생 등의 교육문제를 해결하기 위해 주로 대학입시체제의 개선에 초점을 두었다. 해방 이후 지금까지 대학입시체제를 크게 보면 약 열세 번의 개정이 있었으며, 정도의 차이는 있지만 실질적으로는 거의 매년 바뀌어 왔다. 앞으로도 계속 개정될 것이라 생각한다. 대학입시체제의 개선을 통해 학력(벌)주의와 사교육비 등의 교육문제를 해결하려는 것은 매우 순진한 발상이다. 그동안의 대학입시체제의 개선에도 불구하고, 교육문제는 조금도 개선될 기미가 보이지 않았으며 오히려 더 악화되었다. 대학입시체제에 어떤 형태의 변화가 이루어져도, 우리의 교육문화는 새로운 대학입시체제에 신속하게 적응하게 되어 있다. 대학입시체제는 교육생존권의 최종 관문이기 때문에 교육적으로 '올인'할 수밖에 없다. 우리의 교육문제가 대학입시체제를 중심으로 나타났기 때문에, 교육문제의 원인이 대학입시체제에 있다는 것은 교육의 근시안적 인식에서 비롯된 것이다. 대학입시체제의 개선은 초·중등교육의 질 개선을 통해 교육 경쟁력을 높이기 위한 것이지만, 교육문제를 해결하기 위한 방편으로 삼는 것은 오히려 많은 교육적 부작용을 초래할 수 있다.

셋째, 한국 교육문제의 해결을 위해 선진 외국의 교육에 의존하는 경향이 너무 컸다. 해방 직후에는 우리 사회의 틀이 제대로 잡히지 않아 어쩔 수 없는 상황이었다고 하지만, 우리의 교육정책 대부분은 외국의 교육 아이디어에 많이 의존하고 있다. 특히 대다수의 교육 아이디어는 미국교육과 관련이 깊다. 한국교육의 현대사를 살펴보면 우리의 교육현장은 외국의 교육 아이디어 실험장이라 해도 지나치지 않을 것이다. 우리는 종종 한국에서 검증되지 않은 외국의 교육 아이디어를 졸속으로 추진하여 교육정책 입안에 활용하였다. 그러나 세계에서 아무리 좋은 교육 아이디어라 해도, 먼저 우리의 교육적 토양에 맞아야 한다. 인삼이 몸에 아무리 좋다고 하지만, 자신의 체질과 맞아야만 약이 될 수 있다. 그렇지 않으면 몸을 해치는 독으로 변할 수 있다. 마찬가지로 한국의 교육도 현실의 적합성을 먼저 검토해야 한다. 외국의 교육 아이디어를 차용하더라도 한국의 교육적 맥락 속에서 신중한 접근을 해야 한다. 좋은 벤치마킹은 원래의 벤치마킹 대상은 사라지고, 자신의 환경 속에 융해되어 완전히 새로운 형태로 탈바꿈하여 나타난다. 물리적 결합이 아니라 한국의 교육현실에 적합한 화학적 결합이 일어나야 한다. 그러나 우리의 교육적 벤치마킹은 한국의 교육적 맥락에 대한 철저한 검토 없이, 기계적으로 성급하게 차용했다는 느낌을 주고 있다. 결과적으로 외국의 좋은 교육 아이디어는 우리의 교육적 토양과 맞지 않아, 많은 사람들을 불편하게 하는 무거운 교육적 짐으로 작용하였다.

해방 이후 지금까지 한국의 교육정책은 외형만 달랐지, 본질적으로 큰 차이점은 없었다. 역사적으로나 문화적으로 그 뿌리가 매우 깊고, 단단한 교육문제에 대해 정치 관계자들은 사회적 관심을 끌기 위해 단순하고 졸속적인 접근으로 일관해 왔다. 한국사회의 교육문화적 맥락에 대한 깊은 이해에 바탕을 둔 심층적 접근이 아니라, 문제의 본질은 감추고 외형만 변화시킨 아이디어 수준의 급속하고 쉬운 해결책만을 모색하였다. 이는 빠른 시간 내에 국민의 관심을 얻고자 하는 정치적 조급성과 밀접한 관련이 있다.

한국의 교육정책은 교육 자체를 목적으로 삼은 것이 아니라, 정치적 이해관계의 수단으로 이용되어 왔다. 그렇기 때문에 국민적 합의에 의한 근원적 해결책을 모색한 것이 아니라, 정권이 바뀔 때마다 일시적이고 외형적 변화에만 초점을 둔 미봉책에 불과하였다. 한국의 교육정책은 근원적인 교육문제의 뿌리는 도외시한 채, 문제 해결과는 무관한 보기 좋은 꽃만 수정 이식하여 외형만 화려하게 변화시킨 것과 같다.

한국의 교육문제가 단순하다면 벌써 해결됐을 것이다. 한국의 교육문제는 일제강점기에서 지금까지 거의 100년 동안이나 해결하지 못한, 그만큼 해결하기 어려운 매우 까다로운 대상이다. 그래서 한국의 교육정책은 뜨거운 햇볕이 내리쬐는 사막의 한가운데 서 있는 것처럼, 타는 목마름과 고통스런 인내를 요구한다. 한국의 교육문제 앞에서는 언제나 겸손해야 하며, 교육정책을 만들 때도 사전에 끈질기고 치밀한 준비가 필요하다. 성급하고 경솔한 처방은 문제의 화근을 더 크게 할 뿐이다.

제20장
한국교육의 미래 과제

1. 미래사회의 교육 전망

오늘날 사회는 정보통신과 디지털 기술의 획기적 발달로 인해 지금까지 경험하지 못한 새로운 사회관계를 요구하고 있다. 정보통신기술과 디지털 네트워크는 산업사회의 물리적 시공간의 벽을 무너뜨리고 언제, 어디에서나 빛의 속도로 사회적 의사소통을 가능하게 하였다. 이런 변화는 사회적으로는 탈가치화를 촉진하였으며, 경제적으로는 자본이 중심이었던 산업사회에서 지식이 중심인 지식기반사회로 급속하게 진행시키고 있다.

지식기반사회에서 지식은 권력의 원천이며, 자본의 핵심적 기반이다. 미래사회의 국가 경쟁력은 사회를 주도하는 창의적 지식의 소유 정도에 의해 좌우된다. 지식 경쟁력은 곧 국가 경쟁력이다. 지식의 끊임없는 생성은 새로운 고부가가치의 창출과 사회 경쟁력 확보의 실질적 기반이다. 사회변화에 유연하고, 새로운 지식을 창출할 수 있는 창의적 인간이 지식 경쟁력의 핵심

인자다. 이러한 고부가가치를 창출하는 창의적 인간을 양성하는 제도적 기제는 교육이다. 자연히 교육 경쟁력은 지식 경쟁력이 되며, 궁극적으로 교육 경쟁력은 국가 경쟁력의 원천이 된다. 교육은 미래의 사회 경쟁력을 확보하는 전략적인 수태 공간이다.

교육 경쟁력은 획일적이고 주어진 틀에만 의존하는 표준적인 '기능적 인간형'보다, 지식의 부가가치를 효율적으로 초극대화하는 '창의적 인간형'에 의해 좌우된다. 교과서에 의존한 교육은 급속히 전개되는 시대변화에 적응하지 못한다. 지식기반사회에서 지식의 생성 속도는 가늠하기 어려울 정도이므로, 새로운 지식에 대해 빠른 적응이 필요하다.

가쿠(Kaku, 1997)에 의하면 인간의 지식은 10년마다 2배로 증가하고 있으며, 특히 지난 10년간 창출된 과학 지식은 지금까지의 인류 역사를 통해 만들어 낸 지식보다 많다고 한다. OECD 보고서에 의하면 전 세계 지식의 총량이 1960년대부터 매 5년마다 배증하여 왔으며, 2020년에는 매 73일마다 배증할 것이라고 하였다(황호율, 1999).

지식의 엄청난 생성 속도는 자연히 새로운 교육적 패러다임을 요구하게 된다. 종래의 경직된 교육으로는 이런 지식의 변화 속도를 감당하지 못하고, 자연히 교육 경쟁력은 뒤처지게 된다. 미래사회의 비교 우위는 교육 경쟁력에 의해 좌우되기 때문에, 이를 높일 수 있는 새로운 교육적 인식의 전환이 필요하다.

지식기반사회의 시대적 흐름에 적합한 교육 경쟁력을 높이기 위해서는 새로운 '창조적 두뇌'를 양성할 수 있는 교육체제의 전환이 필요하다. 토플러(Toffler, 1970: 388-415)는 산업시대의 교육은 획일적이고 경직되어 있어 이는 과거나 현실형 교육이라고 비판하였다. 즉, 학생은 미래가 아니라 과거에 초점을 맞추고 있으며, 미래는 교실에서 금지될 뿐만 아니라 학생들의 의식에도 금지되어 있다고 우려하였다. 그러면서 그는 마치 뼛속까지 미래를 간직한 사람으로 양성하는 미래형 교육의 전환을 요구하면서 교육은 미래 시제로 옮겨 가야 한다고 주장하였다.

교육 경쟁력은 미래 경쟁력의 지표며, 교육은 미래를 여는 열쇠다. 지식이 권력이고, 자본이며, 미래 경쟁력을 고양하는 알파와 오메가다. 교육이 곧 미래라는 것이다. 지식기반사회에서 교육의 중요성은 아무리 강조해도 지나치지 않다. 국가 경쟁력을 높이기 위해서는 새로운 개념의 지식을 창출하는 창의적 인간을 양성할 수 있는, 즐겁고 편한 공간의 변화가 절실히 요구된다.

2. 한국교육의 미래 과제

1990년대를 전후하여 디지털 정보통신이 발달되면서 지구촌의 사회적 의사소통이 활발해짐에 따라, 국가 간의 지역 경계선이 점점 희박해지고 있다. 신자유주의는 세계에 단일 경제권을 형성하여 시장경쟁 원리에 따른 무한경쟁시대를 도래하게 하였다.

세계의 각 나라들은 적자생존의 원리가 적용되는 치열한 경제전쟁에서 잠시만 방심해도 미래 경쟁력이 뒤처질 수밖에 없다는 절박한 인식을 하였다. 각국은 고부가가치를 창출하는 새로운 지식과 기술, 그리고 문화 등 경쟁력 있는 콘텐츠를 개발하기 위해 각고의 노력을 하고 있다. 콘텐츠는 고부가가치의 핵심 자원이다. 이러한 콘텐츠의 개발 능력은 교육을 통해 형성된다. '교육 경쟁력은 콘텐츠 경쟁력'이며, 나아가 국가 경쟁력의 원천이 된다.

그러나 한국교육은 학력(벌)을 획득하기 위한 대학입시교육에 함몰되어 아직도 경직되고 박제화된 상태여서, 시대적 흐름에 조응하지 못하고 있다. 이런 교육체제는 새로운 개념의 콘텐츠를 제시하는 상상력이 풍부한 창의력 배양을 마비시키고 있다. 그래서 세계은행 보고서는 한국의 학교교육이 섬처럼 고립되어 있다는 의미심장한 표현을 하였다. 실제로 2000년대 이후에는 전통적 교육문제를 차치하더라도, 학교붕괴, 교실붕괴, 왕따현상, 교육아노미, 조기유학, 교육 양극화, 학력세습화, 죽음의 트라이앵글, 스펙 관리 등의 예상치 못한 새로운 교육문제가 끊임없이 속출하고 있다.

그리고 당시 N세대라고 불리는 학생들은 과거와 달리 학교교육의 권위에 대해 매우 부정적으로 인식하고 있었다. 이종태(2000)의 연구에 의하면, '학교의 교과 가치에 대한 부정적 인식'이 57.5%, '학생 자신이 원하지 않는 교과는 배우지 않는다'가 59.1%, '학교의 규율이나 예절에 대해 권위적으로 인식하고 있다'가 79.1%, '댄스, 만화, 컴퓨터 게임 같은 과목의 개설에 대한 요구'가 90.9%를 차지하였다. 2000년대 한국의 교육문제는 과거보다 한층 심화되었으며, 안팎에서 심각한 내홍을 겪고 있는 상황이었다. 이런 상황에서 한국의 교육 경쟁력은 요원할 수밖에 없다.

실제 한국의 IMD 국가 경쟁력 순위는 2006년은 32위, 2007년에는 29위이며, 교육 경쟁력 순위는 2006년 전은 40위권에서 맴돌다가 2007년은 29위로 나타났다. 우리의 경제규모와 교육투자로 볼 때, 높은 순위라고 할 수 없으며, 엄청난 사교육비 투자에 비해 그 효율성은 낮다고 밖에 할 수 없다. 부존자원이 부족한 우리나라는 인적 자원에 의존할 수밖에 없으므로, 인적 자원의 가치를 높이는 교육에 대한 효율적 투자는 매우 중요한 문제가 된다. 우리에게 교육 경쟁력은 곧 국가 경쟁력의 핵심적 기반이며, 미래 경쟁력의 열쇠다.

그러나 아직도 한국교육은 나침반 없이 거친 항해를 하는 것처럼, 방향을 제대로 정하지 못하고 표류하고 있는 중이다. 교육정책이 발표될 때마다 학부모들의 신경은 극도로 예민해지고, 여기에 편승해 정치적 당파 간의 교육적 의견은 첨예하게 대립된다. 교육은 우리에게 희망을 주기보다는 골치 아픈 계륵 같은 존재가 되었다.

그럼에도 불구하고 국가 차원에서 교육의 끈을 놓을 수는 없는 입장이다. 교육은 우리의 미래 경쟁력을 좌우하는 실질적인 핵심 기반이기 때문이다. 우리는 교육문제를 해소하고, 교육 경쟁력을 높이는 방안을 끊임없이 성찰하는 것을 시대적 숙명처럼 느껴야 한다. 한국의 교육문제를 완화하고, 교육 경쟁력을 높일 수 있는 한국교육의 미래 방향에 대해 깊게 고민할 필요가 있다. 이를 위해 한국교육의 미래 과제에 대하여 개괄적인 수준에서 간단히 제시하고자 한다.

첫째, 초·중등교육을 통한 교육문제의 해결보다 그 자체의 질 제고에만 초점을 두어야 한다. 한국의 초·중등 교육정책의 대부분은 교육의 질보다는 재수생과 사교육비 같은 교육문제의 해결에 초점을 두었다. 앞서 논의했지만 초·중등교육은 역사적으로 뿌리 깊게 자리매김한 학력(벌)주의에서 파생된 교육문제와 교육적으로 보면 상당한 거리가 있다.

따라서 초·중등 교육정책의 초점을 어디에 두느냐에 따라 그 결과는 완전히 다르게 나타날 수 있다. 예컨대, 교육문제의 해결에 초점을 두면 공교육의 질 저하의 책임을 교사에게만 전가하게 된다. 초·중등 교육정책은 학력(벌)주의라는 교육의 구조적 차원의 문제를 교사라는 개인적 차원의 문제로 접근하기 때문에, 교육의 핵심적 방향을 잘못 잡을 수 있다. 처음부터 교육문제의 해결보다 교육의 질 고양에 초점을 두면 초·중등 교육정책의 방향은 새로운 모습으로 나타날 수 있다.

둘째, 교육 경쟁력을 높이기 위해서는 고등교육의 양적 지원이 강화되어야 한다. 교육 경쟁력의 실질적인 원천은 고등교육인 대학과 대학원 교육이다. 대학과 대학원 교육은 사회적 경쟁력을 높이는 고부가가치의 첨단 지식과 기술을 전수한다. 그렇다고 초·중등교육이 중요하지 않다는 것은 아니다. 고등교육과 무관한 과도한 교육이 문제라는 것이다. 고등교육 경쟁력은 미래 경쟁력의 실질적인 주춧돌이며, 한 국가의 운명을 좌우하는 실질적인 사회 경쟁력의 원천이다.

그러나 우리나라의 고등교육 경쟁력은 안타깝게도 높게 나타나지 않고 있다. 경쟁사회에 부합하는 정도에서 IMD의 대학교육 경쟁력은 2004년은 59위, 2005년은 52위, 2006년은 50위, 2007년은 40위 정도로 아주 낮게 나타났다. 「타임」에서 실시한 세계 대학의 평가 결과에서 2005년은 서울대(93위), 고려대(184위), 한국과학기술원(143위), 2006년은 서울대(63위), 고려대(150위), 한국과학기술원(198위)으로 세계 200위권에는 3개 정도만 속하고 있다. 일본은 11개 대학, 중국은 6개 대학, 홍콩은 4개 대학이 속하고 있는 것과 대비된다. 이와 같은 결과는 우리가 앞으로 고등교육에 대한 인적 · 물적 지원을 체계적으로 강구해야 함을 시사하고 있다.

물론 해방 이후부터 지금까지 우리의 고등교육 이수 인구는 세계의 어느 나라에도 뒤지지 않을 만큼 양적인 외형은 엄청난 팽창을 하였다. OECD 교육통계 지표에서 학생 1인당 고등교육비를 USD-PPP로 환산해 보면, OECD 평균은 2005년은 10,655, 2006년은 11,254, 2007년은 11,100으로 나타났으며, 한국은 각각 6,407과 7,089와 7,068로 많이 뒤지고 있다. 같은 지표에서 OECD 국가의 공공 및 민간 대학교육 투자의 상대적 비중을 살펴보면, OECD 공공 재원과 민간 재원의 평균은 각각 2005년은 78.1%와 29.1%, 2006년은 76.4%와 23.6%, 2007년은 75.7%와 24.3%로 나타났으며, 한국은 2005년은 14.9%와 85.1%, 2006년은 23.2%와 76.8%, 2007년은 21.0%와 79.0%로 나타났다. 한국의 고등교육에 대한 정부의 투자는 다른 OECD 국가보다 훨씬 못 미치는 것으로 나타났다. 따라서 정부 차원에서 고등교육에 대한 양적 지원 투자를 심각하게 재고할 필요가 있다.

셋째, 고등교육의 질을 향상시키기 위한 합리적 전략이 필요하다. 우리나라의 교육 경쟁력에서 가장 심각한 문제는 고등교육의 질과 관련된 문제다. 우리나라 고등교육은 입학과 동시에 졸업을 거의 보장하고 있다. '입학=졸업'이라는 등식이 사회적으로 널리 퍼진 인식이다. 그러나 '입학=졸업'은 고등교육의 질을 저하시키는 결정적인 요소이며, 장래의 국가 경쟁력의 제고에도 많은 문제점을 야기한다.

고등교육의 질을 높이기 위해서는 졸업자격에 대한 가이드라인을 정하여 엄격하게 관리할 필요가 있다. 세부적으로 각 대학과 대학원은 졸업생의 구체적인 사회적 능력 지표를 개발하고 제공해야 한다. 각 대학과 대학원은 입학 당시의 학업성취 능력보다 졸업생의 사회적 능력에 초점을 두어야 한다. 입학 능력은 졸업 능력을 구성하는 한 요인에 불과하다. 사회적 능력과 관계된 졸업 능력은 국가 차원에서 실질적인 사회적 유용 자원이 될 수 있다. 따라서 졸업생의 사회적 능력에 초점을 둔 인재 양성 프로그램에 대해 사회 각계는 큰 신뢰감을 형성할 수 있다.

넷째, 교육 경쟁력을 높이기 위해서는 실제적인 사회 경쟁력을 높일 수 있는 지식, 기술, 문화 등과 같은 내용 중심의 콘텐츠 능력 향상에 초점을 두어야 한다. 우리의 교육은 내용보다 형식에 치중하는 경향이 강하다. 학력(벌)주의는 실질적 능력이라는 내용보다는 학교 경력에 불과한 형식에 지나치게 의존하여 나타난 결과다. 최근 제기된 스펙 관리도 형식 중심의 비슷한 문제를 안고 있다.

특히 내용보다 형식에 가까운 영어교육의 지나친 강조는 아주 좋은 예가 된다. 각국은 신자유주의적 세계화라는 시대적 흐름에 조응하기 위해, 그 어느 때보다 영어교육을 강조하고 있다. 심지어 경제의 세계화가 아니라 '영어의 세계화'라고 일컬어지기도 한다.

한국사회도 예외는 아니다. 한국의 영어교육 열기는 광풍이 불 정도로 매우 심각하다. 영어 경쟁력은 사회적 지위 경쟁력의 상징이 되고 있다. 영어의 세계화는 영어의 권력화를 초래하고 있는 실정이다. 영어는 세계화 현상을 이해하고 경쟁력을 높이기 위한 도구에 불과하지만, 한국사회는 영어에 병적일 정도의 집착을 보여 주고 있다. 유아의 영어 사교육비도 한 달에 거의 백만 원을 호가할 정도다. 영어가 중요한 것은 사실이지만, 영어가 필요 없는 분야에서도 지나치게 영어를 요구하고 있으며 영어를 못하면 사회적 불이익을 감수해야 한다. 심지어 '교육 경쟁력=영어 경쟁력'이란 등식이 성립되기도 한다. 자연히 영어 사교육비는 학부형의 가계에 엄청난 부담을 줄 수밖에 없다.

진정한 의미에서 세계화는 영어의 세계화가 아니라 지식과 기술, 그리고 문화 등의 고부가가치를 창출할 수 있는 내용 중심의 '콘텐츠의 세계화'를 요한다. 영어는 고부가가치를 창출하는 콘텐츠를 위한 도구일 뿐이다. 인재전략 국제 컨설턴트인 조세미(조선일보, 2006. 4. 28.)는 콘텐츠를 경시하고 영어에 집착하는 현상에 대해 다음과 같은 안타까운 심정을 전하고 있다.

> 영어에 목숨을 거는 대한민국의 인재 전략, 정말 안타까워요. 영어는 그야말로 의사소통의 수단일 뿐이니까요. 세계 최고의 글로벌 기업들이 영어를 미국, 영국인 못지않게 구사하는 인재를 원한다고 생각하면 착각입니다. 영어에만 매달리느라 다양한 문화 체험, 창의적이고 논리적 사고를 기를 시간이 줄어드는 것 아닌지 돌아보셔야 해요 …〈중략〉… 문제는 세련된 영어 구사 능력이 아니라, 자기만의 아이디어와 콘텐츠를 어떤 논리로 제시하고 관철시키는가 하는 것입니다. 이것을 잘 해내지 못하면 나무토막 취급을 받습니다.

이 논의는 생각하기에 따라 달라질 수 있지만, 대체로 우리의 전체적인 교육 방향을 제시하고 있다. 우리의 교육은 '콘텐츠라는 경쟁력의 목적'과 '영어라는 경쟁력의 수단'을 구분해야 한다. 교육 경쟁력이라는 목적과 영어 경쟁력이라는 수단을 동일시하면, 실제적인 사회 경쟁력의 고양을 저해하게 한다. 교육은 시대적 흐름에 조응하기 위해 창의력을 향상시켜 새로운 개념의 콘텐츠를 창출할 수 있는 고등사고 능력을 촉진해야 한다. 형식인 영어교육의 강조는 고등정신 능력의 배양과 거의 무관하다고 할 수 있다. 영어교육에 대한 지나친 집착은 오히려 내용의 교육 경쟁력을 약화시키고, 나아가 미래의 국가 경쟁력에도 좋지 않은 영향을 미칠 수 있다. 이 점은 비단 영어교육만을 지칭한 것은 아니다. 목적과 수단이 바뀌어, 실제적인 실력을 뒷받침하는 내용보다도 화려한 외형인 형식을 추구하는 우리 사회의 안타까운 현실을 부각시키기 위해 단지 영어교육을 예로 들었을 뿐이다.

우리 교육은 학력(벌), 스펙 등의 교육의 화려한 외형만 추구하는 형식에 지나치게 얽매여 있다. 우리 사회의 건전한 발전을 위해서는 학력(벌)보다 새로운 개념을 제시하는 고등사고 능력과 스펙보다 고부가가치를 창출하는 창의력이라는 내용을 중시해야 한다. 교육에서 형식도 필요하지만, 더욱 중요한 것은 실제적 사회발전을 견인하는 내용에 초점을 두어야 한다. 미래사회는 학력(벌)과 스펙이라는 형식에 안주하는 '기능적 인재형'보다 새로운 내용을 창출하는 '창의적 인재형'을 더욱 선호하기 때문이다. 이 점은 앞으로 우리가 깊이 숙고해야 할 한국교육의 미래 과제라고 할 수 있다.

참고문헌

강무섭(1990). 한국의 고등교육정책. 서울: 교학사.

강무섭, 김재웅, 민무숙(1986). 고등교육 정원정책 연구. 기본연구 RR 86-18. 한국교육
　　개발원.

강상철, 성용구(1995). 신교육사회학의 이해. 서울: 원미사.

강일국(2002). 새교육운동연구: 1950년대 초등교육과정을 중심으로. 서울대학교 대학
　　원 박사학위논문.

강정인, 김용민, 황태연 엮음(2011). 서양 근대 정치사상사: 마키아벨리에서 니체까지. 서울:
　　책세상.

강준만(2009). 입시전쟁잔혹사. 서울: 인물과 사상사.

강창동(2002). 한국의 교육문화사. 서울: 문음사.

강창동(2003). 지식기반사회와 학교지식. 서울: 문음사.

강창동(1993). 한국 학력주의의 사회사적 연구. 고려대학교 대학원 박사학위논문.

강창동(1996). Bourdieu의 장과 하비투스에 관한 교육적 논의. 교육학연구, 제13권, 제1호,
　　1-22.

강창동(2000a). 한국 교육열의 편집증적 성격에 관한 사회학적 연구: 들뢰즈와 가타리를
　　중심으로. 교육학연구. 제38권, 제3호, 159-177.

강창동(2000b). 교육평가에 대한 니체의 함의. 교육문제연구, 제13집, 1-48.

강창동(2001). 조선조 성리학과 교육문화의 관계에 대한 연구. 교육학연구, 제39권, 제4호,
　　1-18.

강창동(2005a). 조선조 종법제 가족주의와 교육문화의 관계에 대한 연구. 교육학연구, 제
　　43권, 제1호, 109-135.

강창동(2005b). 과거제 선발 경쟁의 교육사회학적 성격에 관한 연구. 교육문제연구, 제22집, 177-204.

강창동(2006). 한국 초등교육의 학력(學歷) 자본화에 대한 사회학적 고찰. 교육문제연구, 제26집, 101-123.

강창동(2007). 한국 대학입시제도의 사회사적 변천과 특징에 관한 연구. 교육문제연구, 제28집, 83-113.

강창동(2008). 한국의 편집증적 교육열과 신분 욕망에 대한 사회사적 고찰. 한국교육학연구, 제13권, 제2호, 5-32.

강창동(2009). 학교교육의 상징적 폭력 작용에 관한 이론적 고찰. 한국교육학연구, 제15권, 제2호, 31-55.

강창동(2010). 學力 개념에 관한 사회학적 연구. 교육사회학연구, 제20권, 제1호, 1-24.

강창동(2010). 단일민족사관의 사회사적 형성과 다문화교육의 방향 탐색. 교육사회학연구, 제20권, 제4호, 1-25.

강창동(2011). 고전적 자유주의 관점에서 본 신자유주의 교육관의 이념적 한계. 교육사회연구, 제21권, 제4호, 1-23.

강창동(2012a). 아담 스미스의 관점에서 본 신자유주의 교육관의 비판적 고찰. 한국교육학연구, 제18권, 제3호, 105-133.

강창동(2012b). 한국의 대학 교양교육의 현황과 특징 분석. 한국교육학연구, 제18권, 제2호. 83-107.

강창동(2014). 한국의 국립대와 사립대의 대학경쟁력 비교 연구. 한국교육학연구, 제20권, 제3호. 301-323.

강창동(2015a). 「국립대학 선진화 방안」의 정책 오류에 관한 연구. 한국교육학연구, 제21권, 제2호. 5-39.

강창동(2015b). 정부의 「대학구조개혁」 정책에 관한 비판적 연구. 한국교육학연구, 제21권, 제4호. 275-306.

강창동(2015c). 한국 고등교육 정책 동향 분석과 평가. 한독교육학회 · 인하대학교 BK21+ 사업팀 공동학술대회. 글로벌시대 고등교육의 성찰과 전망.

강창동(2016). 한국의 학력상징계와 라캉의 인정욕망에 관한 연구. 한국교육학연구, 제22권, 제4호, 337-360.

강창동(2018). Lacan의 관점에서 본 한국의 학력신경증의 구조적 특징 연구. 한국교육학
　　연구, 제24권, 제1호, 5-30.

곽병선(1991). 중・고등학교: 너무 고달프다. 정범모 편. 교육난국의 해부: 한국교육의 진
　　단과 전망. 서울: 나남.

교육부・한국교육개발원(2016). 2016 교육통계 분석자료집: 고등교육・취업통계편. 통
　　계자료 SM 2016-08-02.

교육인적자원부(2007). 다문화 가정 학생의 현황.

김기석 편(1987). 교육사회학탐구: 학교교육의 신화와 현실. 서울: 교육과학사.

김경근(1999). 대학서열깨기. 서울: 개마고원.

김경근(2000). 가족내 사회적 자본과 아동의 학업성취. 교육사회학연구, 제10권, 제1호,
　　21-40.

김경근, 변수용(2007). 한국사회에서의 학업성취에 대한 문화자본의 영향. 교육사회학연
　　구, 제17권, 제1호, 23-51.

김경근, 윤혜준(2005). 교육적 동기에 의한 '탈한국'의 개연성이 있는 가족의 특성. 교육
　　사회학연구, 제15권, 제3호, 29-50.

김경희(2011). 공화주의. 서울: 책세상.

김동환(2002). 일제 강점기 진학준비교육과 정책적 대응의 성격. 교육사회학연구, 제12권,
　　제3호, 25-53.

김동훈(2001). 한국의 학벌, 또 하나의 카스트인가. 서울: 책세상.

김동훈(2002). 서울대가 없어야 나라가 산다: 학벌주의의 뿌리를 찾아서. 서울: 더북.

김만권(2004). 불평등의 패러독스: 존 롤스를 통해 본 정치와 분배정의. 서울: 개마고원.

김명자(1994). 대학 수험생 가족의 전반적 현황 및 문제. 한국가족연구회 편. 자녀교육열
　　과 대학입시. 서울: 하우.

김문조(2008). 한국사회의 양극화: 1998년 외환위기와 사회불평등. 서울: 집문당.

김병욱(2007). 교육사회학. 서울: 학지사.

김부태(1995). 한국 학력사회론. 서울: 내일을 여는 책.

김상봉(2004). 학벌사회: 사회적 주체성에 대한 철학적 탐구. 서울: 한길사.

김상환(2002). 니체, 프로이트, 맑스 이후. 서울: 창작과 비평사.

김상환, 김진석, 박찬국, 백승영, 서동욱, 신승환, 윤평중, 이창재, 장은주(2000). 니체가

뒤흔든 철학 100년. 서울: 민음사.

김상환, 홍준기 역(2002). 라깡의 재탄생. 서울: 창작과 비평사.

김선미(2000). 다문화교육의 개념과 사회과 적용에 따른 문제. 사회과교육연구, 제4호, 63-61.

김수곤(1985). 사내 직업훈련 제도의 개선 방향. 서울: 대한상공회의소.

김신영, 오성근, 지은림, 김경성, 박상규, 김병권, 이현숙, 이광현, 홍세희(2011). 입학사정관제 성과 분석 연구. 연구보고 RR 2011-18-365. 한국대학교육협의회.

김신일(1984). Durkheim 교육이론연구. 서울: 교육과학사.

김신일(2006). 교육사회학. 서울: 교육과학사.

김안나(2011). 고등교육사회학. 서울: 학지사.

김영봉, 김신복, 김기영(1984). 한국의 교육과 경제발전: 1945-75. 한국개발연구원.

김영주(2003). 차터스쿨, 학교인가 회사인가: 미국의 대안 공립학교 차터스쿨, 어떻게 실천되고 있나? 교육개발, 제137권, 71-75.

김영철(1981). 학교교육 정상화를 위한 과열 과외 해소 대책. 한국교육개발원.

김영화, 이인효, 박현정(1993). 한국인의 교육열 연구. 연구보고 RR93-21. 한국교육개발원.

김영화, 이인효, 임진영(1994). 한국인의 교육의식 조사연구. 연구보고 RR94-08. 한국교육개발원.

김완준(2003). 대치동 아이들은 잠들지 않는다. 서울: 프리즘씨알.

김용기(2008). 입학사정관제도의 운영상 문제점 및 발전 방안. 한국교육논단, 제7권, 제2호, 127-147.

김용일(1999). 신자유주의 교육개혁의 성과와 한계. 교육학연구, 제37권, 제3호, 433-457.

김용일(2000). 위험한 실험: 교육개혁의 정치학. 서울: 문음사.

김용일(2002). 교육의 미래: 시장화에서 민주화로. 서울: 문음사.

김용학(1992). 사회구조와 행위. 서울: 나남.

김은실(2004). 사교육 1번지: 대치동 엄마들의 입시전략. 서울: 이지북.

김재웅(1998). 1980년대 교육개혁의 정치적 의미와 교육적 의미: 졸업정원제와 과외금지정책을 중심으로. 안기성, 정재걸, 김재웅, 최준렬, 신현석, 정일환, 김용일. 한국교육개혁의 정치학(pp. 81-122). 서울: 학지사.

김정래(2009). 관제 입학사정관제 문제있다. 한국논단, 10월호, 12-15.

김종철(1979). 한국고등교육연구. 서울: 배영사.

김종철(1989). 한국교육정책연구. 서울: 교육과학사.

김종철, 구병림, 김병구, 남정걸, 정재철, 신동진(1989). 한국 고등교육의 역사적 변천에 관한 연구. 한국대학교육협의회.

김주후(2005). 한국인의 교육열에 대한 델파이(Delphi) 연구. 이종각 편(2005). 한국의 교육열 세계의 교육열: 해부와 대책. 서울: 하우.

김천기(2001). 한국 사회적 맥락에서 본 수준별 교육과정. 교육사회학연구, 제11권, 제3호, 39-56.

김천기(2011). 신자유주의 교육정책의 과거, 현재, 미래. 한국교육사회학회. 한국 교육 정책의 교육사회학적 이해. 2011 한국교육사회학 하계 학술대회. 1-50.

김태수(2003). 학벌, 디지털 대한민국의 그 마지막 굴레. 서울: 서원.

김형관, 유인종, 정우현, 권두승, 손준종(1990). 우리나라 대학교육의 변천에 관한 연구. 고려대학교 교육문제연구소.

김홍주(2001). 조기유학(유학이민)의 현황 및 국민의식 분석. 2001년도 제1차 KEDI 교육정책포럼. 한국교육의 현실과 조기유학(유학이민)의 명암. 한국교육개발원.

김홍주(2005). 조기유학의 명암. 교육정책포럼, 제98호. 한국교육개발원.

김홍주(2008). 2008 교육정책 분야별 통계 자료집. SM 2008-06(교육통계). 한국교육개발원.

김홍주(2011). 고교 다양화 정책의 쟁점과 과제: 교육정의론 관점에서. 한국교육행정학회. 교육의 정의(正義)와 한국의 교육정책. 한국교육행정학회 제39차 연차학술대회(제163차 학술대회). 19-64.

김희용(2011). 공정성 개념 분석과 대학입학사정관 전형의 공정성 확보 방안. 교육사상연구, 제25권, 제1호, 21-50.

나라정책연구회 편(1995). 소비자 주권의 교육 대개혁론. 서울: 길벗.

남태현(2012). 영어계급사회: 누가 대한민국을 영어 광풍에 몰아 넣는가. 서울: 오월의봄.

노명순(2012). 입학사정관제의 정책오차와 오차수정 분석. 고려대학교 대학원 박사학위논문.

대통령자문 교육개혁위원회(1995). 세계화·정보화 시대를 주도하는 신교육체제 수립을 위한 교육개혁 방안: 참고 설명 자료.

대통령자문 교육개혁위원회(1996). 신교육체제 수립을 위한 교육개혁보고서.

목영해(1995). 후 현대주의의 교육학. 서울: 교육과학사.

목영해(2001). 디지털 문화와 교육. 서울: 문음사.

문교부(1980). 한국교육30년.

문교부(1988). 문교40년사.

문지영(2009). 국가를 계약하라: 홉스와 로크. 서울: 김영사.

문지영(2011). 자유. 서울: 책세상.

민경국(2007). 하이에크, 자유의 길. 서울: 한울아카데미.

민관식(1975). 한국교육의 개혁과 진로. 서울: 광명출판사.

박남기(2011). 입학사정관제의 쟁점과 과제: 공정성 차원에서. 한국교육행정학회. 교육
    의 정의(正義)와 한국의 교육정책. 한국교육행정학회 제39차 연차학술대회(제163차
    학술대회). 81-118.

박도순, 김용일, 성병창, 이윤미, 김영석, 김상무(2007). 한국교육개혁의 평가와 대안 탐
    색 연구. 정책연구개발사업 2007-위탁-87. 교육인적자원부.

박선형, 박남기(2008). 일본의 대학입시와 입학사정관제도. 비교교육연구, 제18권, 제3호.
    207-230.

박순성(2009). 아담 스미스와 자유주의. 서울: 풀빛

박윤덕(2010). 시민 혁명. 서울: 책세상.

박재원, 정수현(2010). 대한민국은 사교육에 속고 있다. 파주: 김영사.

박종현(2009). 시장경제를 위한 진실게임: 케인즈 & 하이에크. 서울: 김영사.

박찬승(2009). 한국 민족주의와 종족적 민족주의의 해석. 역사와 현실, 제72권, 330-439.

박찬승(2011). 민족·민족주의. 서울: 소화.

박철희(2002). 식민시기 한국 중등교육 연구: 1920-30년대 고등보통학교를 중심으로.
    서울대학교 대학원 박사학위논문.

박호근(2000). 한국 교육정책과 그 유형에 관한 연구. 고려대학교 대학원 박사학위논문.

박홍기, 김재천(2004). 학벌리포트. 서울: 더북.

박효정, 최상근, 연은경(2004). 한국 초등학생의 생활 및 문화 실태 분석 연구. 연구보고
    RR 2004-1. 한국교육개발원.

배천웅, 최상근, 박인종(1986). 한국인의 교육관 분석. 연구보고 RR 86-15. 한국교육개
　　발원.

백승학(2000). 질서와 변동: 에밀 듀르켐의 교육사회학 연구. 서울: 원미사.

사회발전연구소(1983). 인간자본론. 제1회 국제학술 강연회 종합보고서. 서울: 사회발
　　전연구소.

서울사회과학연구소 편(1997). 탈주의 공간을 위하여. 서울: 푸른숲.

성기선(2005). 자립형 사립고등학교 시범운영 결과에 대한 비판적 검토. 교육사회학연구,
　　제15권, 제3호, 179-204.

성기선(2011). 학교 다양화 정책에 대한 비판적 고찰. 한국교육사회학회. 한국 교육정책
　　의 교육사회학적 이해. 2011 한국교육사회학 하계 학술대회. 151-182.

성열관(1998). 헌장학교(charter school)의 시장화 전략과 적합성 논의. 안암교육학연구,
　　제4권, 제2호, 93-115.

성열관(2004a). 호모 에코노미쿠스 시대의 교육. 서울: 문음사.

성열관(2004b). 마그넷스쿨을 통한 교육과정 혁신 방안 고찰: 뉴욕 센트럴파크이스트
　　중등학교(CPESS) 사례를 중심으로. 교육발전연구, 제20권, 제1호, 89-105.

손인수(1999). 세종시대의 교육문화 연구. 서울: 문음사.

손준종(1994). 한국고등교육정원정책 결정요인에 관한 연구: 국가역할을 중심으로. 고
　　려대학교 대학원 박사학위논문.

손준종(1996). 교육기회의 평등에 대한 고찰: J. Rawls와 R. Nozick을 중심으로. 교육문
　　제연구, 제7집, 161-178.

손준종(2003). 일제 식민지 시기 학력 담론의 출현과 분화. 한국교육학연구, 제9권, 제1호,
　　93-115.

손준종(2004). 교육논리로서 '능력주의' 제고. 한국교육학연구, 제10권, 제2호, 135-153.

손준종(2006). '내신제' 도입의 사회적 성격에 관한 연구: 1930년대를 중심으로. 교육사회
　　학연구, 제16권, 제3호, 134-165.

손준종(2010). 한국 고등학교의 수평적 계층화에 관한 이해와 비판. 교육사회학연구, 제
　　20권, 제4호. 139-169.

손준종(2012). 교육정책과 수의 지배: 신자유주의적 통치 양식으로서 수량적 비판. 교육
　　사회학연구, 제22권, 제1호, 109-139.

송기창(2007). 학교 선택제의 이상과 실상: 국내 적용 가능성 탐색을 위한 미국의 학교 선택제 분석. 교육행정학연구, 제25권, 제3호, 151-176.

신채호(1908). 讀史新論. 박기봉 역(2008). 조선상고문화사. 서울: 비봉출판사.

신천식(1994). 중앙의 교육기관. 국사편찬위원회. 한국사 17: 고려 전기의 교육과 문화. 서울: 탐구당 문화사.

신현석(2005). 한국의 고등교육 개혁정책. 서울: 학지사.

안경식, 김동광, 김향은, 김희용, 박천웅, 이철호, 장인실(2008). 다문화교육의 현황과 과제. 서울: 학지사.

안병영(2000). 세계화와 신자유주의: 충격과 대응. 안병영, 임혁백 편(2000). 세계화와 신자유주의: 이념 · 현실 · 대응. 서울: 나남출판.

양길석(2006). 2008학년도 대학수학능력시험 점수체제(9등급제)에 대한 비판적 고찰. 한국교육학연구, 제12권, 제2호, 141-164.

양성관, 김택형(2008). 대입 자율화의 가능성에 대한 비판적 연구: 입학사정관제를 중심으로. 한국교육학연구, 제4권, 제3호, 145-170.

양성관, 전상훈, 이일권(2008). 새 정부의 학교정책의 방향과 과제: 고교다양화 300 프로젝트 사례 분석을 중심으로. 교육행정학연구, 제26권, 제2호, 181-206.

양성관, 정일환(2007). 미국 대학입학제도의 전형자료, 입학사정관제도 및 기여입학제도 분석: 개별적 검토를 중심으로. 비교교육연구, 제17권, 제3호, 167-190.

양정호(2011). 대학 선발 정책의 교육사회학적 이해: 입학사정관제를 통한 창의인재 선발. 한국교육사회학회. 한국 교육정책의 교육사회학적 이해. 2011 한국교육사회학 하계 학술대회. 121-146.

오성배(2006). 한국의 소수 민족(ethnic minority), '코시안(Kosin)' 아동의 사례를 통한 다문화교육의 방향 탐색. 교육사회학연구, 제16권, 제4호, 137-157.

오욱환(2003). 지능에 대한 교육사회학적 이해와 비판적 논의. 교육학연구, 제41권, 제2호, 1-30.

오욱환(2007). 교육사회학의 이해와 탐구. 서울: 교육과학사.

오욱환(2008). 조기유학, 유토피아를 향한 출국: 조기유학의 복합적 기능과 역기능. 서울: 교육과학사.

오은순, 강창동, 진의남(2007). 다문화교육을 위한 교수 · 학습 지원 방안 연구(I). 연구

보고 RRI 2007-2. 한국교육과정평가원.

오천석(1969). 민족중흥과 교육. 서울: 광명출판사.

오천석(1975a). 한국교육사(상). 서울: 광명출판사.

오천석(1975b). 한국교육사(하). 서울: 광명출판사.

유네스코 아시아・태평양국제이해교육원 엮음(2008). 다문화 사회의 이해. 서울: 동녘.

윤용남(1969). 우골탑 특감 방청기. 월간중앙, 3월호.

윤종혁, 김영철, 김정래, 한유경(2003). 고교평준화정책의 적합성 연구(I). 연구보고 RR 2003-1. 한국교육개발원.

윤평중(1992). 포스트모더니즘의 철학과 포스트마르크스주의. 서울: 서광사.

윤평중(2000). 푸코와 하버마스를 넘어서: 합리성과 사회비판. 서울: 교보문고.

이경숙(2005). 1920・30년대 "시험지옥"의 사회적 담론과 실체. 한국교육, 제32권, 제3호, 35-59.

이경숙(2007). 학적부 분석: 일제말기 학교가 기록한 '국민학생'의 삶, 희망, 현실. 교육철학, 제3집, 45-71.

이광호(1990). 한국 교육체체 개편의 구조적 특성에 관한 연구. 연세대학교 대학원 박사학위논문.

이광호(1996). 구한말 근대교육체제와 학력주의 연구. 서울: 문음사.

이근식(2006). 애덤 스미스의 고전적 자유주의. 서울: 에크리.

이근식(2009). 신자유주의: 하이에크・프리드먼・뷰케넌. 서울: 에크리.

이만규(1988). 조선교육사 II. 서울: 거름.

이미나(1982). 지식사회학적 관점에서 본 교육학. 교육문제연구, 제2집, 179-195.

이미나(1992). 대학입시의 의미와 그 내적 논리. 충북대호서문화연구소. 호서문화연구, 제10집, 267-292.

이미나(2001). 한국교육의 현실과 조기유학. 2001년도 제1차 KEDI 교육정책포럼. 한국교육의 현실과 조기유학(유학이민)의 명암. 한국교육개발원.

이미나, 배중근(1988). 한국교육의 실체: 국민은 교육을 어떻게 생각하나. 서울: 교육과학사.

이미숙(1994). 한국 가족의 교육열 과잉 현상과 관련 가치관. 한국가족학연구회 편. 자녀교육열과 대학입시. 서울: 하우.

이병환(2002). 신자유주의 교육개력의 성격과 평가. 한국교육, 제29권, 제2호, 33-55.

이성무(1973). 십오세기 양반론. 창착과 비평. 여름호, 통권 28호.

이원호(1987). 개화기교육정책사. 서울: 문음사.

이원호(2002). 조선시대 교육의 연구. 서울: 문음사.

이인효, 이혜영, 김정원, 류방란, 오성철(1991). 교육과 사회. 서울: 교육과학사.

이정규(2003). 한국사회의 학력·학벌주의: 근원과 발달. 서울: 집문당.

이정규, 홍영란(2002). 한국사회에서의 학력의 가치 변화 연구. 한국교육개발원. 연구보
        고 RR 2002-15.

이종각(1984). 문화와 교육. 서울: 배영사.

이종각(1989). 연합적 경쟁구조와 학생 삶의 구속 논리. 안범희 편. 교육민주화: 발전적 시
        론(pp. 237-272). 춘천: 강원대학교 출판부.

이종각(1996). 제5공화국 교육개혁의 실상과 허상. 강원대학교 사범대학 교육학과. 송복
        주 교수 정년기념 논문집, 42-61.

이종각(2003). 학력중시 사회의 실상과 과제. 한국직업능력개발원 정책포럼. 학력중시
        사회에서 능력중시로의 전환. 서울: 한국직업능력개발원.

이종은(2011). 평등, 자유, 권리. 서울: 책세상.

이종재, 김성열, 김성기, 정제영, 조난심, 김왕준(2009). 한국교육 60년: 성취와 과제. 연
        구보고 RRO 2009-8-1. 한국교육과정평가원.

이종태(2000). 학교교육 위기의 실태와 원인 분석. 연구보고 RR 2000-6. 한국교육개발원.

이진경(2000). 수학의 몽상. 서울: 푸른숲.

이진경(2002). 철학의 외부. 서울: 그린비.

이진경, 신현준, 백승욱, 이재우, 허재영(1995). 철학의 탈주: 근대의 경계를 넘어서. 서울:
        새길.

이충우(1980). 경성제국대학. 서울: 다락원.

이코노미스트(2007). 학력과 출세. 914호(11월 27일).

이코노미스트(2008). 사교육이 대한민국 교육을 망치다. 957호(10월 14일).

이혜영(1992). 대학 입학정원 결정의 사회적 동인에 관한 연구. 서울대학교 대학원 박사
        학위논문.

이혜영, 윤종혁, 류방란(1997). 한국 근대학교교육 100년사 연구(Ⅱ): 일제시대의 학교
        교육. 연구보고 RR 97-1. 한국교육개발원.

장동진, 김만권(2000). 노직의 자유지상주의: 소극적 이상. 한국정치사상학회. 정치사상연구, 제3권, 195-220.

장문석(2011). 민족주의. 서울: 책세상.

장상수(2001). 한국의 사회이동. 서울: 서울대학교 출판부.

장인실(2006). 미국 다문화교육과 교육과정. 교육과정연구, 제26권, 제4호, 27-53.

전경갑, 최상근, 백은순(1987). 교육에 대한 국민의식 조사. 연구보고 RR 87-8. 한국교육개발원.

정광희(2009). 입학사정관제의 성공적 정착을 위한 정책 방안 탐색. 한국교육개발원. 입학사정관제의 성공적 정책방안 탐색. 제3회 청람교육포럼 · 제44차 교육정책포럼. 3-88.

정범모, 김호권, 이성진, 권 균, 이종승(1993). 교육의 본연을 찾아서: 입시와 입시교육의 개혁. 서울: 나남.

정선이(2002). 경성제국대학 연구. 서울: 문음사.

정영애(1985). 신사회교육학의 쟁점과 가능성. 교육학연구, 제23권, 제1호, 97-112.

정우현 편(1990). 교육사회학학연구. 서울: 교육과학사.

정우현(1996). 교육사회학 연동향: 비판적 관점을 중심으로. 서울: 원미사.

정우현, 병림, 손준종(1997). 한국의 전문직 시험제도. 서울: 원미사.

정인석(1982). Durkheim의 도덕교육론. 서울: 제동문화사.

정일환(2009). 입학사정관제도의 실시배경과 활성화 방향. 고등교육연구, 제16권, 제1호, 23-42.

정일환, 김병주(2008). 미국대학 입학사정관제의 운영사례와 시사점. 비교교육연구, 제18권, 제4호, 113-139.

정태수(1991). 7 · 30 교육개혁. 서울: 예지각.

정태수 편(1992). 미군정기 한국교육사 자료집(상). 서울: 홍지원.

정태화(2003). 학벌주의 극복을 위한 종합대책 연구. 인적자원개발정책연구 2003-4. 교육인적자원부.

조기숙(2008). 왜 우리 아이들은 대학에 가면 바보가 될까? 서울: 지식공작소.

중앙대학교 부설 한국교육문제연구소(1974). 문교사: 1945-1973. 서울: 중앙대학교출판국.

중앙일보 특별취재반(1990). 교육, 이대로 둘 것인가: 참교육으로 가는 징검다리. 서울: 천지.

최봉영(1996). 한국인의 사회적 성격 I. 서울: 사계절.

최상근, 교육인적자원부(2003). 사교육비 실태조사 및 경감 대책 연구. 정책연구과제 2003-지정-19. 서울: 교육인적자원부.

최영표, 한만길, 이혜영(1989). 고학력화 현상의 진단과 대책. 연구보고 RR89-17. 한국교육개발원.

최은영(2004). 서울의 거주지 분리 심화와 교육환경의 차별화. 서울대학교 대학원 박사학위논문.

한국대학교육협의회(2012). 입학사정관제 도입 5년 성과 및 발전과제.

한국대학연구소(2011). 미친 등록금의 나라. 서울: 개마고원.

한국산업사회연구회 편(1995). 탈현대사회사상의 궤적. 서울: 새길.

한국산업사회학회 편(1998). 사회학. 서울: 한울아카데미.

한국철학회 편(2003). 다원주의, 축복인가 재앙인가. 서울: 철학과 현실사.

한만길(1992). 대학 정원의 확대 정책과 교육기회 배분 구조의 변화에 관한 연구: 1980년의 7·30 교육조치를 중심으로. 강원대학교 대학원 박사학위논문.

홍후조(1998). 제7차 교육과정에 따른 일반계 고등학교 선택 교육과정 편성·운영 방안 연구. 연구보고 RRC 98-5. 한국교육과정평가원.

황정규(2002). 21세기 학교교육, 학력 그리고 평가연구. 한국교육과정평가원. 21세기 우리나라 학교교육에서 길러야 할 학력의 성격. 연구자료 ORM 2001-15. 3-12.

황호율(1999). 고등교육기관 재구조화의 전략적 관점 모색. [OnLine]. Available: www.riss4u.net/Cgi/ edu-board/BoardList.cgi.

金諍(1990). 科擧制度興中國文化. 강길중 역(1995). 중국문화와 과거제도. 대구: 중문출판사.

Althusser, L. (1972). Idelogy and idelogy state appratus-notes towards an investigation. In B. R. Cosin (Ed.), *Education: Structure and Society* (pp. 242-280). London: Open University Press.

Anderson, B. (1983). *Imagined Communities: Reflections on the Origin and Spread of Nationalism*. 윤형숙 역(2002). 상상의 공동체: 민족주의의 기원과 전차에 대한 성찰. 서울: 나남출판.

Anyon, J. (1979). Idelogy and united states history textbooks. *Harvard Educational Review, 49*(3), 361-386.

Anyon, J. (1980). Social class and the hidden curriculum of work. *Journal of Education, 162*(1), 67-92.

Anyon, J. (1981). Social class and school knowledge. *Curriculum Inquiry, 11*(1), 3-41.

Apple, M. (1979). *Ideology and currilculum.* 박부권, 이혜영 역(1985). 교육과 이데올로기. 서울: 한길사.

Apple, M. (1982). *Education and power.* 최원형 역(1988). 교육과 이데올로기. 서울: 한길사.

Apple, M. (1996). *Cultural politics and education.* 김미숙, 이윤미, 임후남 역(2004). 문화 정치학과 교육. 서울: 우리교육.

Apple, M. (2001). *Educating the right way: Markets, standards, god, and inequality.* 성열관 역(2003). 미국 교육개혁 옳은 길로 가고 있나. 서울: 우리교육.

Aronowitz, S., & Giroux, H. A. (1985). *Education under siege: the conservative liberal and radical debate over schooing.* Massachusetts: Bergin & Garvey Publishers, Inc.

Aronowitz, S., & Giroux, H. A. (1991). *Postmodern education.* University of Minnesota Press.

Banks, J. A. (2001). *Handbooks of research on multicultural education.* SF: Jossey-Bass.

Ball, J. J. (1990). *Foucault and education: Discipline and knowledge.* London: Routledge & Keaan Paul.

Ballantine, J. H. (1985). *Schools and society: A reader in education and sociology.* California: Mayfield Publishing Company.

Baudrillard, J. (1970). *La société de consommation: Ses mythes ses structure.* 이상률 역(1994). 소비의 사회: 그 신화의 구조. 서울: 문예출판사.

Baudrillard, J. (1972). *Pour une Critique de L'Economie Politique Du Signe.* 이규현 역(1998). 기호의 정치경제학 비판. 서울: 문학과 지성과.

Baudrillard, J. (1981). *Simulacres et Simulation.* 하태환 역(2001). 시뮬라시옹. 서울: 민

음사.

Bennett, C. I. (1995). *Comprehensive multicultural education: Theory and practice*. Boston: Allen and Bacon.

Berg, I. (1970). *Education and jobs*. New York: Praeger.

Bernbaum, G. (1977). *Knowledge and ideology in the sociology of education*. London: The MaCmillan Press Ltd.

Bernstein, B. (1973). *Class, codes and control. volume 3: Towards a theory of edcuational transmissions*. London: Routledge & Kegan Paul.

Bernstein, B. (1990). *The structuring of pedagogy discourse volume IV: Class, codes and control*. New York: Routledge.

Blackage, D., & Hunt, B. (1985). *Sociological interpretations of education*. London: Croom Helm.

Bogue, R. (1989). *Deleuze and Guattari*. 이정우(1995). 들뢰즈와 가타리. 서울: 새길.

Bourdieu, P., & Passeron, J. (1977). *Reproduction in edcucatjon, society and culture [La reproduction: éléments pour une thérié systémed' enseignment]*. London: SAGE Publications Ltd.

Bowles. S., & Gintis, H. (1976). *Schooling in the capitalist america: Educational reform and the contradictions of economic life*. New York: Basic Books.

Boyd, W. L., & Walberg, H. J. (Eds.). (1990). *Choice in education: Potential and problems*. CA: McCutchan Publishing Corp.

Chubb, J. E., & Moe, T. (1990). *Politics markets, and America's schools*. Washington: The Brooking Institution.

Coelho, E. (1998). *Teaching and learning in multicultural schools*. UK: Multilingual Matters Ltd.

Coleman, J. S. (1973). The concepts of equality of educational opportunity. In J. Raynor & J. Harden (Eds.), *Equality and city schools: Reading in urban education*. London: Cox & Wyman Ltd.

Coleman, J. S. (1990). Equality and achievement in education. London: Westview Press.

Collins, R. (1977). Functional and conflict theories of educational stratefication. In J. Karabel & A. Halsey (Eds.), *Power and idelogy in education* (pp. 118-136). London: Oxford University Press.

Collins, R. (1979). *The credential society: A historical sociology of education and stratification.* 정우현 역(1989). 학력주의 사회. 서울: 배영사.

Collins, R. (1985). *The sociological tradition.* London: Oxford University Press.

Cookson, P. W. (1994). *School choice: The struggle for the soul of American education.* New York: Vail-Ballou Press.

Coser, L. A. (1975). *Masters of sociological thought.* 신용하, 박명규 역(1981). 사회사상사. 서울: 일지사.

Darendorf, R. (1959). *Class and class conflict in industrial society.* 정대연 역(1989). 산업사회의 계급과 계급갈등. 서울: 기린원.

Dome, T. (2010). *Adam Smith.* 우경봉 역(2001). 지금 애덤 스미스를 다시 읽는다. 서울: 동아시아.

Dreeben, J. (1977). The contribution of schooling to the learning of norms. *Harvard Educational Review, 37*(2), 211-237.

Durkheim, E. (1933). *Education and sociology.* 이종각 역(1978). 교육과 사회학. 서울: 배영사.

Elias, J. L. (1976). *Conscientization and deschooling: Freire's and Illich's proposals for reshaping society.* 김성재 역(1984). 의식화와 탈학교. 서울: 사계절.

Elias, N. (1939). *Über den prozeß der zivilisation.* 박미애 역(2002). 문명화과정 I. 서울: 한길사.

Elias, N. (1969). *Die höfische gesellschaft.* 박여성 역(2003). 궁정사회. 서울: 한길사.

Esland, G. M. (1971). Teaching and learning as sociology of education. In M. Young (Ed.), *Knowledge and Contro.* London: The Macmillan Press.

Farrell, J. P. (1982). Educational expansion and the drive for social equality. In P. G. Altbach, R. E. Arnove, & G. P. Kelley (Eds.), *Comparitive Education.* New York: Macmillan Publishing Co., Inc.

Farrell, J. P. (1997). Social equality and educational planning in developing nations.

In Saha (Ed.), *International Encyclopedia of Sociology of Education*. New York: Pergamon.

Feinberg, W. (1983). *Understanding education: Toward a reconstruction of educational inquiry*. London: Cambridge University Press.

Freire, P. (1973). *Educatuion for critical consciousness*. 채광석 역(1988). 교육과 의식화. 서울: 중원문화.

Fuller, B., & Elmore, R. F. (Eds.). (1996). *Who Chooses? Who Loses?* New York: Teachers College Press.

Gardner, H. (1983). *Frames of minds: The theory of multiful intelligence*. 이경희 역(1993). 마음의 틀. 서울: 문음사.

Gardner, H. (1999). *Intelligence reframed*. 문용린 역(2008). 다중지능: 인간 지능의 새로운 이해. 서울: 김영사.

Gardner, H. (2006). *Haward Gardner multiple intelligences*. 문용린, 유경재 역(2008). 다중지능. 서울: 웅진지식하우스.

Gardner, H., Kornhaber, M. L., & Wake, W. K. (1996). *Intelligence: Multiful perspctives*. 김정휘 역(2006). 지능 심리학: 다양한 관점에서 지능 연구하기. 서울: 시그마프레스.

Gellner, E. (1983). *Nations and Nationalism*. 최한우 역(2009). 민족과 민족주의. 서울: 한반도국제대학원대학교 출판부.

Gibson, R. (1977). Bernstein's classification and framing: A critique. *Higher education review, 9*(2), 23-45.

Giddens, A. (1989). *Sociology*. 김미숙 외 6인 역(1993). 현대사회학. 서울: 을유문화사.

Giroux, H. A. (1983). Theories of reproduction and resistance in the new sociology of education: A critical analysis. *Harvard Edcational Review, 53*(3), 257-293.

Giroux, H. A. (1983). *Theory & resistance in education: A pedagogy for the opposition*. Massachusette: Bergin & Garve Publisher, Inc.

Giroux, H. A. (1988). *Schooling and the struggle for public life: Critical pedagogy in the modern age*. Minneapolis: University of Minnesota Press.

Giroux, H. A. (1991). *Postmodern education*. Minneapolis: University of Minnesota Press.

Golden, D. (2005). *The price of adimission: How America's ruling class buys its way into elite college and gets left outside the gates*. New York: Crown.

Halsey, A. H. et al. (1997). *Education: Culture, economy, society*. New York: Oxford University Press.

Harvey, D. (2005). *A brief history of neo-liberalism*. 최병두 역(2007). 신자유주의. 간략한 역사. 서울: 한울 아카데미.

Harker, R., Mahar, C., & Wikes, C. (1990). *An introduction to the work of Pierre Bourdieu*. New York: St. Martin's Press.

Hargreaves, A. (1982). Resistance and relative autonomy theories: Problems of distortion and incoherence in recent Marxist analyses of education. *British Journal of Sociology of Education, 3*(2), 107-126.

Henig, J. (1994). *Rethinking school choice*. Princeton: Princeton University Press.

Hirsch, E. D. (1996). *The school we need*. New York: Dell Publishin Group Inc.

Hobsbawn, E. et al. (1983). *The Invention of Tradition*. 박지향, 장문석 역(2008). 만들어진 전통. 서울: 휴머니스트.

Hofstede, G. (1991). *Culture and oragnization: Softward of the mind*. 차재호, 나은영 역(1995). 세계의 문화와 조직. 서울: 학지사.

Holt, J. (1964). *How children fail*. New York: DElta/Seymour Lawrence.

Illich, I., & Gartner, A. (Eds.). (1970). *Deschooling society after deschooling what*. 김광환 역(1987). 탈학교논쟁. 서울: 한마당.

Inglehart, R. (1997). *Modernization and postmodernization*. New Jersey: Princeton University Press.

Jang, Ha-Joon (2002). *Kicking away the ladder*. 형성백 역(2008). 사다리 걷어차기. 서울: 부키.

Jenkins, R. (1982). *Pierre Bourdieu*. London: Routledge.

Joppke, C. (1986). The cultural dimensions of class formation and class struggle: On the social theory of Pierre Bourdieu. *Educational Review, 25*(3), 237-249.

Kaku, M. (1997). *Vision: How science will revolutionize the 21st century*. 김승옥 역(2000). 비전 2003. 서울: 작가정신.

Karabel, J. (2005). *The chosen: The hidden history of admission and exclusion at Havard, Yale, and Princeton.* 이종상 역(2011). 누가 선발되는가: 역사편. 서울: 한울.

Karabel, J., & Halsey, A. H. (1977). *Power and ideology in education.* New York: Oxford University Press.

Keddi, N. (1971). Classroom knowledge. In M. Young (Ed.), *Knowledge and control.* London: The MaCmillan Press.

Kohn, A. (1992). *No contest: The case against competition.* 이영노 역(2009). 경쟁에 반대한다. 서울: 산눈.

Kuhn, T. (1970). *The structure of scientific revolution.* 조형 역(1980). 과학혁명의 구조. 서울: 이화여자대학교출판부.

Lawenthal, D. (1985). *The Past is a Foreign Country.* 김종원, 한명숙 역(2006). 과거는 낯선 나라다. 서울: 개마고원.

Livingstone, D. W. (1983). *Class ideology & educational futures.* New York: The Falmer Press.

Lyotard, J. F. (1979). *La condition postmoderne.* 이현복 역(1992). 포스트모던적 조건: 정보 사회에서의 지식의 위상. 서울: 서광사.

MacIntyre, A. (1981). *After virtue.* 이지우 역(1997). 덕의 상실. 서울: 문예출판사.

Martin, H. P., & Schumann, H. (1996). *Die globalisierungsfalle.* 강수돌 역(1977). 세계화의 덫. 서울: 영림카디널.

Mandeville, B. (1714). *The fable of the bees: Private vices, publick benefits.* 최윤재 역(2010). 꿀벌의 우화: 개인의 악덕, 사회의 이익. 서울: 문예출판사.

Myer, J. (1977). The effects of education as an institution. *American Journal of Sociology, 83*(1), 55-77.

Nathan, J. (1999). *Charter schools: Creating hope and opportunity for American education.* California: The St. Paul Pioneer Press.

Nieto, S. (2005). School reform and student learning: Multicultural perspective. In J. A. Banks & C. A. M. Banks (Eds.), *Multicultural education-issues and perspectives* (5th ed.) (pp. 401–420). New York: Wiley.

Nozick, R. (1974). *Anarchy, State, and Utopia.* 남경희 역(2005). 아나키에서 유토피아로:

자유주의 국가의 철학적 기초. 서울: 문학과 지성사.

Persell, C. (1977). *Education and inequality*. New York: The Free Press.

Polanyi, K. (1994). *The great transformation*. 홍기빈 역(2009). 거대한 전환. 서울: 길.

Popkewitz, T. S. (1991). *A political sociology of educational reform*. New York: Teacher College Press.

Popkewitz, T. S., & Brennan, M. (1998). *Foucault's challenge: Discourse, knowledge, and power in educatuion*. New York: Teachers College Press.

Prichard, K. W., & Buxton, T. H. (1973). *Concepts and theories in sociology of education*. 정우현 역(1984). 교육사회학. 서울: 고려대학교 출판부.

Psacharopulos, G. (1987). *Economic of education research and studies*. New York: Pergamon Press.

Reimer, E. (1971). *School is dead*. 김석원 역(1982). 학교는 죽었다. 서울: 한마당.

Rawles, J. (1971). *A Theory of Justice*. 황경식 역(2009). 정의론. 서울: 이학사.

Riley, J. (1976). Information, schooling and human capital. *Economic Review*. Vol. 66, 254-260.

Salili, F., & Hoosain, R. (2001). *Multicultural education: History, issues, and practice*. CT: IAP.

Sandel, M. J. (2009). *Justice: What's the right thing to do?* 이창신 역(2010). 정의란 무엇인가. 서울: 김영사.

Schultz, W. T. (1963). *The economic value of education*. 천홍범 역(1989). 교육의 경제적 가치. 서울: 정민사.

Shapiro, H. S. (1982). Education in capitalist society: Towards a reconsideration of the state in educational policy. *Teacher College Record, 83*(4), 515-527.

Sherman, H. J., & Wood, J. L. (1979). *Sociology: Traditional and perspectives*. 남춘호 역(1985). 새로운 사회학의 이해. 서울: 나남.

Shusterman, R. (1999). *Bourdieu: A critical reader*. Massachusetts: Blackwell.

Smith, A. (1759). *The theory of moral sentiments*. 박세일, 민경국 역(2009). 도덕감정론. 서울: 비봉출판사.

Smith, A. (1778). *An inquiry into the nature and cause of the wealth of nations*. 김수행

역(2009). 국부론. 서울: 비봉출판사.

Stricke, K. (1989). *Liberal justice and the Marxist critique of educauton: A study of conflicting research program*. New York: Routledge & Keaan Paul.

Swartz, R. (1977). Pierre Bourdieu: The cultural tranmission of social inequality. *Harvard Educational Review, 47*(4), 45–131.

Swingewood, A. (1984). *A short history of sociological thouts*. 임성수 역(1992). 사회사상사. 서울: 문예출판사.

Timasheff, N. S., & Theodorson, G. A. (1976). *Sociological theory: Its nature and growth*. 박재묵, 이정옥 역(1985). 사회학사: 사회학이론의 성격과 발전. 서울: 풀빛.

Toffler, E. (1970). *Future shock*. 이규행 감역(1993). 미래쇼크. 서울: 한국경제신문사.

Trow, M. (1977). The second transformation of american secondery educauton. In J. Karabel & A. Halsey (Eds.), *Power and idelogy in educatuon* (pp. 105–117). London: Oxford University Press.

Turner, B. S. (1986). *Equality: A sociological inquality*. 이복수, 이태원 역(1987). 평등의 사회학. 춘천: 강원대학교 출판부.

Turner, J. H. (1978). *The structure of sociological theory*. 김진균 역(1989). 사회학 이론의 구조. 서울: 한길사.

Usher, R., & Edwards, R. (1994). *Postmodernism and education*. New York: Routledge.

Vavrus, M. (2002). *Transforming the multicultural education of teachers-theory, research and practice*. New York: Teacher College Press.

Veblen, T. (1899). *Theory of leisure class*. 최광열 역(1983). 유한계급론. 서울: 양영각.

Walzer, M. (1998). *Spheres of Justice*. 정원섭 외 역(1999). 정의와 다원적 평등: 정의의 영역들. 서울: 철학과 현실사.

Wehler, H. U. (2001). *Nationalismus, geschichte-formem-folgen*. 이용일 역(2009). 허구의 민족주의. 서울: 푸른역사.

Wexler, P. (1977). *The sociology of education*. Indiana: The Bobbs–Merrill Company, Inc.

Whitty, G. (1985). *Sociology and school knowledge: Curriculum theory, research and politics*. London: Methuen & Co. Ltd.

Wight, J. B. (2002). *Saving Adam Smith: A tale of wealth, transformation, and virtue.* 안진환 역(2009). 애덤 스미스 구하기. 서울: 생각의 나무.

Willis, P. (1977). *Learning to labour, Westmead.* England: Saxou House.

Wrigley, J., & Dougherty, K. (1992). Educational "choice": Its appeal may be illusory. *Sociology of Eduction, 65*(4), 255-260.

Young, M. (1958). *The rise of the meritocracy.* 한준상, 백은순 역(1986). 교육과 평등론: 교육과 능력주의사회의 발흥. 서울: 전예원.

Young, M. (1971). *Knowledge and control.* London: MaCmillan.

Young, M. (1972). On the politics of educational knowledge. *Economy and Society, 1*(2), 194-215.

Young, M. (1998). *The curriculum of the future.* London: Falmer Press.

찾아보기

내용

저자 소개

강창동(Kang Chang-Dong)
강원대학교 사범대학 교육학과
고려대학교 대학원 교육학과 석사 및 박사
한국교육과정평가원 선임연구위원 및 교육정책연구실장
대통령자문정책기획위원회 교육정책평가 전문위원
국무총리자문교육정보화위원회 전문위원
전국국공립대학교수연합회(국교련) 공동회장
국립 한경대학교 교수회장
현   국립 한경대학교 교양교육대학 교수

〈저서〉
시간의 가장자리(글나무, 2016)
한국의 교육문화사(2판, 원미사, 2013)
지식기반사회와 학교지식(문음사, 2003)
한국의 교육문화사(문음사, 2002)
한국교육의 사회적 이해(공저, 교육과학사, 1998)
교육학개론(공저, 하우, 1996)
교육사회학연구(공저, 교육과학사, 1990)

교육사회학의 이해(3판)

The Understanding of Educational Sociology(3rd ed.)

2009년 8월 31일 1판 1쇄 발행
2012년 8월 25일 1판 3쇄 발행
2014년 3월 10일 2판 1쇄 발행
2016년 6월 20일 2판 3쇄 발행
2018년 8월 30일 3판 1쇄 발행

지은이 • 강창동

펴낸이 • 김진환

펴낸곳 • ㈜**학지사**

04031 서울특별시 마포구 양화로 15길 20 마인드월드빌딩

대표전화 • 02-330-5114   팩스 • 02-324-2345

등록번호 • 제313-2006-000265호

홈페이지 • http://www.hakjisa.co.kr

페이스북 • https://www.facebook.com/hakjisabook

ISBN 978-89-997-1633-1 93370

정가 18,000원

이 도서의 국립중앙도서관 출판시도서목록(CIP)은 서지정보유통지
원시스템 홈페이지(http://seoji.nl.go.kr)와 국가자료공동목록시스템
(http://www.nl.go.kr/kolisnet)에서 이용하실 수 있습니다.
(CIP 제어번호: CIP2018024994)

교육문화출판미디어그룹 **학지사**

심리검사연구소 **인싸이트** www.inpsyt.co.kr
원격교육연수원 **카운피아** www.counpia.com
학술논문서비스 **뉴논문** www.newnonmun.com
간호보건의학출판 **학지사메디컬** www.hakjisamd.co.kr